Gottfried Schramm

Anfänge des albanischen Christentums

Die frühe Bekehrung der Bessen und ihre langen Folgen

ROMBACH WISSENSCHAFT · REIHE HISTORIAE

herausgegeben von
Wolfgang Reinhard und Ernst Schulin

in Verbindung mit
Hans-Joachim Gehrke, Gudula Linck, Dieter Mertens, Jürgen Osterhammel, Hugo Ott, Gottfried Schramm, Peter Waldmann

Band 4

Je mehr die Welt in unserer Zeit zu »einer Geschichte« zusammenwächst, desto deutlicher wird die Vielfalt der »Geschichten«, aus der sie besteht. Die westliche Gesellschaft ist in sich zerklüftet und hat andere Gesellschaften mit ihren religiösen, politischen und kulturellen Traditionen neben sich. Soziale Gruppen und Schichten stehen sich mit unterschiedlichen Zeit- und Erinnerungsvorstellungen gegenüber, oft widersprüchlich oder feindlich, noch öfter unbegriffen. Historische Veränderungen können verschiedene Temporalstrukturen haben.

Die historisch arbeitenden Wissenschaften haben eine breite Palette von Methoden, Beobachtungsformen und Fragestellungen entwickelt, um diese großen und kleinen, weitreichenden und speziellen Geschichten zu erfassen. In internationaler und interdisziplinärer Zusammenarbeit hat zumal die deutsche Geschichtswissenschaft bisher unerschlossene Bereiche des Menschen und seiner Umwelt thematisiert. Immer besteht aber die Gefahr, daß sich eine neuere oder ältere Betrachtungsweise verabsolutiert, die Verbindung mit den anderen ablehnt oder gar diese anderen nur sehr bedingt neben sich gelten läßt.

Die Reihe »Historiae« möchte ein Forum für die Vielfalt von historischen Themen und Methoden sein. Sie will dem Leser nicht nur durch das Nebeneinander der Studien, sondern möglichst auch innerhalb der einzelnen Beiträge das Gespräch in der »Ökumene der Historiker« (Karl Dietrich Erdmann) und über sie hinaus mit anderen Fächern vermitteln. Ihre leitende Absicht ist dabei, die offene Pluralität der modernen Geschichtswissenschaft zu fördern.

Die Reihe wird von zwei Freiburger Historikern herausgegeben, denen ein Kreis weiterer Gelehrter beratend zur Seite steht.

Gottfried Schramm

Anfänge des albanischen Christentums

Die frühe Bekehrung der Bessen und ihre langen Folgen

ROMBACH VERLAG

Auf dem Umschlag ist ein Handschriftenblatt aus einem ägyptischen Kloster abgebildet. Ein koptisch wiedergegebener Paulustext wird von Übersetzungen in vier andere alte Kirchensprachen flankiert. Klosterbrüdern, die das Koptische nicht hinreichend beherrschten, sollte dadurch ermöglicht werden, der Verlesung dieses Textes im Gottesdienst verstehend zu folgen. Es wäre schön, wenn in einem ähnlichen mehrsprachigen Text auch einmal ein Stück jener untergegangenen Kirchensprache Bessisch ans Licht träte, von der dieses Buch handelt. Siehe dazu S. 233 f.

Die Deutsche Bibliothek – CIP-Einheitsaufnahme
Schramm, Gottfried:
Anfänge des albanischen Christentums: die frühe Bekehrung der Bessen und ihre langen Folgen/Gottfried Schramm.
– 1. Aufl. – Freiburg im Breisgau: Rombach, 1994
(Rombach Wissenschaft: Reihe Historiae; Bd. 4)
ISBN 3-7930-9083-3
NE: Rombach Wissenschaft/Reihe Historiae

Lektor: Dr. Nikolaus Reiter
Umschlaggestaltung: Barbara Wiesinger
Herstellung: Rombach GmbH Druck- und Verlagshaus,
Freiburg im Breisgau
Printed in Germany
ISBN 3-7930-9083-3

Inhalt

Vorwort

Dieses Buch möchte die Schicksale freilegen, die einem Balkanvolk in der ausgehenden Antike und im frühen Mittelalter, vom Ende des 4. Jh.s bis um etwa 1200, beschieden waren. Über die Völker Südosteuropas in diesem Zeitraum wissen wir so wenig, daß es befremden muß, wenn einem einzelnen unter ihnen so viele Seiten gewidmet werden. Derartig ausführlich bin ich geworden, weil jeder Schritt, der im folgenden auf einem ungebahnten Wege gegangen wird, für einen kritischen Leser nachvollziehbar sein muß. Nur was sorgfältig und abwägend entwickelt wird, kann in unserem Falle weiterhelfen.

Der Leser wird immer wieder Behauptungen lesen, mit einiger Wahrscheinlichkeit hätten Dinge bestanden, die bislang niemand für möglich gehalten hätte. Es soll liturgische Texte im Altalbanischen des 4. Jh.s gegeben haben, noch dazu in einer eigens für diese Sprache entworfenen Schrift. Später wird mit einer nicht geringen Zahl von Kirchen und Klöstern der ausgehenden Antike gerade in der höchsten, abgelegensten Gebirgsgruppe der Balkanhalbinsel gerechnet. Und wenn ich – hier in der Spur von anderen, die eine Autochthonie der Albaner in Albanien bestritten haben – eine Einwanderung aus der Mitte der Balkanhalbinsel behaupte, dann mit der von noch niemandem gewagten Präzisierung, dies habe sich vermutlich zu Beginn des 9. Jh.s abgespielt. Damals sei eine Abmachung mit den Byzantinern getroffen worden, die den Zuwanderern eine autonome Stellung im Reiche sicherte und sich über Jahrhunderte bewähren sollte.

Das sind – zugegeben – kühne Hypothesen. Ich lege sie vor, weil sie mir einen doppelten Wert zu besitzen scheinen. Sie erklären Befunde, die, soweit ich erkennen kann, auf eine andere Weise unerklärt bleiben würden. Und außerdem hat sich ja schon vielfach herausgestellt, daß ein Hinweis, man möge doch einmal Ausschau nach etwas halten, was es einmal gegeben haben müsse, dazu führt, daß es jemandem in die Augen springt. Aber, so willkommen neue Funde und Beobachtungen sind: dies Buch steht und fällt nicht mit Stützen, die erst noch eingezogen werden müssen. Schon die vorgebrachten Argumente erscheinen mir alles in allem ausreichend.

Wird die Forschung sich von meinem Gedankengang überzeugen lassen? Aus langer Erfahrung, die mir meine philologisch-historisch angelegten Beiträge zu älteren Epochen der osteuropäischen Geschichte eingetragen haben, weiß ich, daß, wenn es um osteuropäische Völkergeschichten in quellenarmen Zeiten geht, »die Forschung« als ein

Wesen, das zuhören, rückfragen und punktuelle Irrtümer von groben Fehlkonstruktionen scheiden könnte, vorerst nicht gibt. Es wäre schon ein Wunder, wenn sich – über die Grenzen von Nationen und Disziplinen hinweg – eine geordnete Diskussion über die Frage entspinnen würde, ob ich nun unrecht habe oder ob es mir, bei vielen Schwächen und Blößen in der Argumentation, die mir mit Sicherheit nachgewiesen werden können, gelungen ist, die Schicksale eines Volkes für rund achthundert Jahre im Grundzug richtig zu rekonstruieren. Doch da dieses Buch von einem Wunder und seinen Folgen handelt, bleibe ich nur konsequent, wenn ich auch bei meinen Erwägungen, welches Echo ich finden werde, Wunder nicht ausschließe.

Niemand anderem habe ich vor der Drucklegung zugemutet, die Glaubwürdigkeit meines Gedankengangs zu prüfen. Es schien mir ratsam, ihn allein zu verantworten. Aber Rat habe ich in vielen Einzelpunkten eingeholt, und er ist mir stets bereitwillig zuteil geworden. Für Auskünfte danke ich besonders Alexander Böhlig, Martin Camaj (†), Hans Ditten, Michel van Esbroeck, Egon Flaig, Gunnar Hering, Georg Kretschmar, Aleksandar Loma, Heinz Miklas, Hans Ulrich Nuber, Knut Schäferdieck, Michael Schmidt-Neke, Igor Ševčenko, Jörg Stadelbauer, Vladimir Vavřínek und Pëllumb Xhufi. Am häufigsten zog ich den Byzantinisten Peter Schreiner zu Rate. Ernst Schulin – Mitherausgeber der Reihe, in der mein Buch erscheint – lieh mir seinen freundschaftlichen Rat. Vor der Drucklegung hat Xhelal Ylli den Text mit dem Sachverstand des Philologen und Albaners durchgesehen.

Dem Band sind in Kapitel VI die für die Argumentation wichtigsten Quellenstellen beigefügt. Meine Übersetzungen hat ein alter Freund, der mit dem Griechischen und Lateinischen weit besser vertraut ist als ich, so gründlich überarbeitet, daß mir das Ergebnis mehr sein Werk als meines anmuten will. Aber er bestand auf einer gemeinsamen Urheberschaft: Klaus Widdra bin ich herzlich verbunden. Frau Monika Göpel machte sich um die Abschrift des Manuskriptes, Klaus-Jürgen Schneider um das Zeichnen der Karten, Michael Schmidt-Neke um Korrekturen und Indices verdient. Den tiefsten Dank weiß ich meiner lieben, 1985 verstorbenen Mutter, die mir – neben so vielem anderen – die ersten Einblicke in die Welt des Balkans schenkte.

Gewidmet sei dieses Buch dem Gedächtnis des Aufzeichners des albanischen Volksrechtes Shtjefën Gjeçovi (1873–1929), des Historikers Milan Šufflay (1879–1931) und des Philologen Norbert Jokl (1877–1942). Alle drei haben sich hohe Verdienste um die Erhellung albanischer Vergangenheit erworben. Alle drei starben als Opfer der Unmenschlichkeiten unseres Jahrhunderts.

I. Ein neuer Zugang zur Geschichte der Albaner

I.1 Vorwegbeschrieben: der Verlauf eines Weges

Truppen, die das Volk der Albaner gestellt hatte, haben sich a. 1040 mit einem byzantinischen Feldherrn in Süditalien überworfen und sind einem Rebellen gefolgt, der a. 1043 den Kaiser in Konstantinopel stürzen wollte. Mit diesen Nachrichten rückt Michael Attaleiates, der in den achtziger Jahren des 11. Jh.s aufzeichnete, welche Ereignisse seiner Lebenszeit ihm erinnernswert schienen, ein Volk in das Licht unserer Überlieferung, das – so die landläufige Meinung – über lange Jahrhunderte ein Leben hinter dem Horizont unserer Quellen geführt hatte. Als Albaner sollen jene Illyrer wieder auf den Plan getreten sein, die auf albanischem Boden mit dem Abschluß ihrer Unterwerfung durch Rom a. 168 v. Chr. als Akteure der Geschichte von der Bühne abgetreten waren. Kein Zweifel: Rund 800 Jahre Römerherrschaft und im 7. Jh. n. Chr. die großen Einbrüche der Slawen haben sie überstanden, ohne jemals ihre Eigenständigkeit als Volk mit seiner angestammten Sprache zu verlieren, während alle anderen Barbarenvölker der Antike von der Landkarte Europas weggewischt wurden. Aber wieso gerade in Albanien soviel ethnische Beharrungskraft? Dem Druck einer gewandelten Umwelt entgehen Sprachen am leichtesten, wenn sie in abgelegenen, schwer zugänglichen Regionen gesprochen werden. War aber Albanien, das sich mit seiner ebenen Flanke zur Adria öffnet und von einer wichtigen Verkehrsachse, der Via Egnatia, durchzogen wird, wirklich so abgelegen?

Der Sonderfall der Albaner scheint mithin, so wie er bisher präsentiert wird, schwer zu begreifen. Indes, wir müssen uns gar nicht anstrengen, einen Sinn in die Sache hineinzulesen. Denn die Geschichte, der man bislang zumeist arglos gefolgt ist, hat sich, wenn das vorliegende Buch recht hat, niemals ereignet. Die Albaner sind keine Nachfahren jener Illyrer, die lange vor ihnen Albanien bewohnten, sondern Zuwanderer aus dem Innern der Balkanhalbinsel. Ihre tatsächlichen Vorfahren gehörten zu den Bessen und damit zu einer Ethnie, deren Spuren sich bereits verloren haben, wenn unsere Nachrichten über die Albaner einsetzen. Wir brauchen nur den bessischen Faden, der sich bis zum Zusammenbruch der Römerherrschaft im mittleren Südosteuropa verfolgen läßt, mit jenem Faden der Albaner zu verknoten, der im 11. Jh. aus dem Dunkel auftaucht, und schon gelangen wir zu einer Geschichte, die uns verstehen läßt, warum diesem einen Volk ein ganz anderes Schicksal beschert war als allen anderen Barbarenvölkern der Balkanhalbinsel.

Das freilich sagt sich leichter, als man es nachweisen kann. Damit der Leser abzuwägen vermag, ob es sich für ihn lohnt, einen langen Weg mitzugehen, der erst einmal über weite Strecken aus schwierigen Gedankengängen besteht, sei ihm die neue Geschichte schon einmal vorweg erzählt: unbeschwert von Argumenten und Beweisen. Was vorweg berichtet wird, soll sich anhören, als würden nacheinander Zeitzeugen aufgerufen, die dabei waren und, was sie zu berichten haben, auf ihren Eid nehmen können.

Unsere Geschichte beginnt dort, wo sich der bergige Subkontinent Südosteuropa zu seinen höchsten Gipfellandschaften auftürmt. Heute wird diese Region von jener Grenze durchschnitten, die Serbien und Makedonien im Westen von Bulgarien im Osten scheidet. Hier lebte im Altertum das Volk der Bessen. Daß ihm ein ganz anderes Schicksal beschieden sein sollte als den vielen anderen Barbarenvölkern Südosteuropas, rührt aus der Merkwürdigkeit her, daß die Bessen – und von den alteingesessenen Bergvölkern im weiten Umkreis eben nur die Bessen – schon früh, in der zweiten Hälfte des 4. Jh.s zum christlichen Glauben bekehrt worden sind. Die neue Religion wurde den Bessen in einer Zeit eingepflanzt, als das Christentum, das auf dem Boden des Römerreichs zunächst in den Städten Wurzeln geschlagen hatte, erst im Begriffe stand, das bäuerliche Umland dieser Städte zu durchdringen. Eine Bekehrung von rauhen Bergvölkern war anderswo noch nicht einmal als möglich und notwendig begriffen worden.

Mehrere Umstände mußten sich verketten, damit die Bessen den vorerst eng gesteckten Rahmen durchbrechen konnten. In der Stadt Remesiana, am Nordwestabfall der bessischen Berge, wirkte in der zweiten Hälfte des 4. Jh.s ein bedeutender Bischof namens Niceta, der sich als Theologe und vorbildlicher Prediger einen Namen in der ganzen lateinischen Kirche erwarb. Weit bekannt wurde seine Predigtreihe, in der er Erwachsene, die getauft werden wollten, mit den Inhalten des Glaubens vertraut machte. Hier verrät sich, wie sehr Niceta daran gelegen war, daß die Botschaft der Kirche, soweit irgend möglich, von denen, die ihr angehören wollten, auch mit Verstand und Herz aufgenommen wurde. Den Anstoß, seine Wirksamkeit auf die Berge auszudehnen, lieferte ihm der Westgote Ulfila. Der hatte seine Gemeinde vor den Glaubensverfolgungen nördlich der Donau in das christliche Römerreich gerettet. Hier wurden den Flüchtlingen Sitze an den Nordhängen der Balkankette angewiesen: oberhalb der ackerbaren Talbecken, nur 250-270 Kilometer von Remesiana entfernt. Diese verpflanzte Gruppe zeigte Niceta im lebendigen Beispiel, es könne sehr wohl ein christliches Bergvolk geben, das dank seines Glaubens ein friedfertiges Leben führte und sich als Wächter an einer über die Berge führenden Straße nützlich machte. In gleicher Weise beeindruckte den Bischof von Remesiana, daß von Ulfilas Gemeinde beträchtliche missionarische Wirkungen auf die umwohnenden Völker, Germanen wie andere Barbarenstämme, ausgingen. Das erschien gefährlich, weil Ulfila ein Homöusier, also ein gemäßigter Arianer, war, während Niceta mit Entschiedenheit für die athanasianische Christologie eintrat. Sollte er nicht selber die Bessen bekehren, dann, so stand zu befürchten, würde Ulfila oder sein Gefolge dies in einem Geiste tun, den Niceta als Ketzerei ablehnte.

Ulfilas erstaunliche Ausstrahlung war zu einem guten Teil dadurch mitbedingt, daß er das Gotische zu einer Kirchensprache aufwertete, in die er – zumindest zu einem großen Teil – die Bibel, aber gewiß auch die Meßliturgie übersetzte. Das hatte zu überraschend schnellen, handgreiflichen Missionserfolgen beigetragen. Die Köpfe und die Herzen ostgermanischer Barbaren, denen die Messe in ihrer Sprache gehalten und eine gotische Bibel an die Hand gegeben wurde, öffneten sich dem neuen Glauben bereitwilliger, als das ein in seinen Kernstücken lateinischer oder griechischer Gottesdienst bewirkt hätte. Niceta konnte diesem Beispiel ohne Schwierigkeit nacheifern, da ihm – wie für Bewohner von Remesiana die Regel – das Bessische ebenso geläufig war wie das Lateinische. Zu den Texten, die er – übersetzend, aber gewiß auch neuschaffend – in einer Sprache niederschrieb, die bislang noch niemals in Buchstaben festgehalten worden war, gehörten Lieder, aber, so darf man getrost hinzuvermuten, auch liturgische und biblische Texte.

Gewiß bedeutete es einen Nachteil gegenüber Ulfila, daß jener mit einer bereits bekehrten Anhängerschaft in die neue Heimat auf halber Höhe des Balkangebirges eingezogen war, während Nicetas bessische Heiden über die Hochtäler von schroffen, zerklüfteten Bergmassiven verstreut hausten. Ja, der Bischof konnte sich – durch sein Amt an eine niedrig gelegene Stadt gebunden – nur schwer über längere Zeit einer Missionsarbeit in den Bergen widmen, die ihn weit und lange von Remesiana fortgeführt hätte. Aber diese Nachteile ließen sich dadurch wettmachen, daß Niceta – offenbar als erster in der Geschichte des Christentums – die Aufgabe, ein Volk systematisch zu bekehren, in die Hände von Mönchen und Nonnen legte. Denen gaben ihre Regeln auf, ein weltabgeschiedenes Leben abseits von den Städten zu führen. Eine Lebensform, die, im kontemplativen Osten der Christenheit entstanden, ursprünglich der unabgelenkten frommen Versenkung und unablässigen Anbetung dienen sollte, bekam nun, im tätigeren Westen, eine zweite Bestimmung in der Mission. Schon am Ende des 4. Jh.s rekrutierten sich im Bessenlande Mönche und Nonnen aus dem Kreise solcher Eingesessener, die eben erst für das Christentum gewonnen waren. Für die rasche Entfaltung des Klosterwesens und für Stärke wie Weite seiner Wirkung spricht, daß im 6. Jh. bessische Mönchskolonien in Konstantinopel und – als eigenständige Klostergemeinschaften, aber auch als Untergruppen von ethnisch gemischten Konventen – im Heiligen Lande bestanden. Sie pflegten dort ein Glaubensleben in ihrer eigenen Kirchensprache.

Damit war ein Volk, das lange als wilde, räuberische Bewohnerschaft einer schwer zugänglichen Berglandschaft den Leuten in den Talbecken und Niederungen Schrecken eingeflößt hatte, in den kleinen, erlauchten Kreis jener ausgesprochenen Mönchsnationen aufgerückt, die der Besitz einer eigenen Kirchensprache, ein reges monastisches Leben in der Heimat und die Sitte der Mönchspilgerschaft auszeichneten. In der Reihe, zu der sonst noch die Kopten, Syrer, Armenier und Georgier gehörten, vertraten sie, bevor die im 5. Jh. bekehrten Iren auf den Plan traten, als einzige Gruppe die westliche, nach Rom blickende Hälfte der Christenheit.

Aber dann brachen im 6. Jh. die Slawen ein, die bis zur Mitte des 7. Jh.s die oströmische Herrschaft aus dem größten Teil Südosteuropas wegfegten. Das hat das Christentum nach jahrhundertelanger, nie im Kern erschütterter Geltung auf der Balkanhalbinsel verkümmern, ja über weite Strecken, wie es scheint, aussterben lassen. Denn die Städte verödeten oder vegetierten doch nur armselig fort. Dieser Verfall wiederum ließ zahlreiche Bistümer dahinsiechen oder gar eingehen. Damit verlor die Kirche ihre wichtigsten Rückhalte. Denn die Land- und Bergbevölkerung war in der Regel allzu oberflächlich bekehrt, um unter erschwerten Bedingungen, mehr als bisher auf eigene Kräfte angewiesen, über längere Zeit den christlichen Glauben bewahren zu können. Bei den Bessen war das anders. Denn die Stützpfeiler ihres Christentums – die Klöster und Einsiedeleien samt dem kostbaren Besitz einer eigenen Kirchensprache – machten den im 4. Jh. angenommenen Glauben ebenso widerstandsfähig, wie das für jene Christen in anderen Reichsteilen gelten darf, die in entsprechender Weise gerüstet den Einbruch von Heiden oder Muslimen erlebten.

Es stärkte die Position der christlichen Bessen, daß viele ebenfalls gründlich bekehrte Romanen aus dem ebenen Streifen südlich von Drau und Unterdonau nach Süden drängten und die Zuflucht, die sie begehrten, wohl bloß zum kleineren Teil in den Städten des makedonischen Gürtels fanden. Für viele blieb nur, in die Berge auszuweichen. Aus doppeltem Grund wird es vermutlich zahlreiche Flüchtlinge gelockt haben, sich in die Nachbarschaft der Bessen zu begeben. Einmal hatte dieses Volk die höchstgelegenen und damit geschütztesten Bergregionen der Halbinsel zur Heimat. Zum anderen bewies die alteingesessene bessische Bevölkerung den Flüchtlingen, mit denen sie den fest verankerten christlichen Glauben gemein hatte, eine Brüderlichkeit, die ihnen anderswo wohl schwerlich entgegengebracht wurde. Von den Bessen haben die Urrumänen die Lebensform des Schafhirtentums gelernt. Diese Wirtschaftsweise sollten sie dann vermutlich in einer ausschließlicheren Weise betreiben als ihre Lehrmeister, die meistens Ackerbau und Weidewirtschaft verbunden hatten. Daß die rumänischen Hirten ihre Herden während des Winters meist auf Böden weideten, die sie von bessischen Dorfbewohnern gepachtet hatten, ja, vielfach in den gleichen Kirchen Gottesdienst hielten wie diese, ließ die beiden Völker und ihre Sprachen einander ungewöhnlich tief und vielseitig beeinflussen. Weil aber jedes der beiden Nachbarvölker eine eigene Kirchensprache – das eine Bessisch und das andere Latein – gebrauchte, wurde nicht etwa die eine Sprache von der anderen verdrängt.

Neben der eigenen Kirchensprache und der Symbiose mit einem anderen christlichen Volk kam einer Fortdauer des Glaubens bei den Bessen als dritte Stütze zugute, daß sie von Reich und Kirche der Byzantiner durch keinen festen, von den heidnischen Eroberern aufgerichteten Damm getrennt waren. Selbst im Osten und Westen der bessischen Berge blieb das Imperium bis zum Beginn des 9. Jh.s zumindest an einzelnen Punkten, wie schwach auch immer, auf dem Plan. Im Imperium nahm man junge Bessen, besonders, wenn sie die Kriegsdienste nehmen wollten, bereitwillig auf. Hier aber konnten die Bessen auch Priester weihen lassen. Vermutlich riß auch die Mönchspilgerschaft nach Osten nicht etwa jäh ab.

Die slawischen Eroberer hatten sich im 6.–7. Jh. vor allem in den fruchtbaren Ebenen Südosteuropas niedergelassen. Aber sie schoben sich im Laufe der Zeit immer weiter in höher gelegene Natur- und Wirtschaftsräume vor. Dem Druck, den ihre Ausbreitung auf die alteingesessenen Bewohner ausübte, sahen sich auch die Bessen unterworfen. Der eine Teil dieses Volkes ging allmählich im Slawentum auf und teilte damit das Schicksal der übrigen alteingesessenen Barbarenvölker der Halbinsel. Ein anderer Teil aber wurde durch die Christenverfolgungen, die das Bulgarische Reich in der 1. Hälfte des 9. Jh.s anstrengte, zur Abwanderung nach Westen veranlaßt. Am ehesten kommt für den Abzug die Zeit von a. 816-17 in Frage, als zwischen den Byzantinern und dem – starr und unduldsam am Heidentum festhaltenden – Khan Omurtag ein auf lange Dauer angelegter Friede geschlossen wurde.

Die auswandernden Bessen erhielten ein Bergland namens Arbanon zugewiesen, das im Süden bis zum Fluß Shkumbini und im Norden zumindest bis zum Mati reichte. Hier sollten sie die Küstenfestung Dyrrachion, den Angelpunkt byzantinischer Macht an der Adria, gegen bulgarische Angriffe vom Osten absichern. Auch verpflichteten sie sich, dem

Reich bei Bedarf Truppen für andere Kriegsschauplätze zu stellen. Dafür wurden den Arbaniten, wie die Zuwanderer genannt wurden, sehr weitgehende Autonomierechte im ganzen Arbanon und die kirchliche Betreuung durch einen einzigen Bischof zugesichert, der seinen Sitz in der Bergfeste Kruja erhielt. Da dieser Bischof – ebenso wie sein Erzbischof in Dyrrachion – ein Vertreter der griechisch geprägten Reichskirche war, ist die mitgebrachte bessische Kirchlichkeit bald durch vielfältige Einflüsse aus dem griechischen Christentum durchdrungen worden. Das ließ ihre Eigenständigkeit allmählich dahinschmelzen. Arbaniten, die bald im Reichsdienst Karriere machten, haben dabei kräftig mitgeholfen. Wann die bessische Kirchensprache verstummte und das Alphabet, in dem sie festgehalten wurde, außer Übung geriet, muß vorerst offenbleiben. Nicht ausgeschlossen, daß Gottesdienste, die albanische Auswanderer in Kalabrien um a. 1600 zumindest teilweise in ihrer Muttersprache und offenbar auch in einer nationalen Sonderform orthodoxer Liturgie abgehalten haben, in einer nie unterbrochenen historischen Weitergabekette eine Tradition fortsetzten, die im 4. Jh. Bischof Niceta von Remesiana gestiftet hatte.

Auch für die weltliche Autonomie, die den Arbaniten im 9. Jh. zugestanden wurde, sind allmähliche Einbußen, Brüche und Verwerfungen wahrscheinlich. Daß aber die Albaner einmal eine eigene Kirchlichkeit und weitgehende politische Autonomie besessen hatten, die beide im engen Verbund mit dem byzantinischen Reich hatten gepflegt werden können, wirkte lange nach. Über politische Grenzen hinweg, ja sogar konfessionelle und schließlich auch religiöse Trennlinien übergreifend, die sich allmählich durch die Wohngebiete der Albaner furchten, hat die Herkunft aus einer Vergangenheit, in der die Ethnie einen festen Zusammenhalt gepflegt hatte, immer von neuem Brücken über die entstandenen Klüfte geschlagen und den Auseinanderfall des Volkes verhindert. Damit liefert die Aufhellung der Anfänge albanischer Geschichte einen wichtigen Schlüssel zum Verständnis der Schicksale, die den Albanern bis auf den heutigen Tag widerfuhren. Wenn in einer beklemmenden Gegenwartslage ein jeder von ihnen fragt, wie es weitergehen soll, ist es nicht abwegig, sich auszumalen, es könne den Leuten helfen, wenn sie richtiger als bisher erführen, woher sie kommen.

I.2 Die Entdeckung der Spur

Soweit, im vereinfachten Umriß skizziert, eine bislang noch niemals erzählte Geschichte. Sie wäre nicht neu, wenn sie sich den Quellen, die wir für die Geschichte Südosteuropas während der Spätantike und des Mittelalters besitzen, bequem ablesen ließe. Was an den Anfang gerückt wurde, damit der Leser bei Antritt einer langen Wanderung den Weg überschaut, der ihn erwartet, besteht, wohlgemerkt, nicht aus einer Folge von gesicherten Tatsachen, sondern stellt eine wissenschaftliche Hypothese dar, die sich aus einer langen Folge von Einzelbehauptungen zusammensetzt. Was dem Leser in einem Ton vorgetragen wurde, als habe sich das alles mit Gewißheit so und nicht etwa anders abgespielt, ist in Wirklichkeit als eine Perlenschnur aus vielen Schlüssen zu verstehen, die sich aus oft komplizierten Argumentationen ergeben. Zwanzig Unterkapitel werden nötig sein, um die Fundamente zu mauern, auf die sich das Vorwegerzählte gründet. Der Leser muß sich auf einen langwierigen und notwendigerweise komplizierten Versuch einstellen, dem zunächst entmutigend dürftig erscheinenden Quellenmaterial, das uns zur Verfügung steht, neue Auskünfte, ja schließlich ein geschlossenes Bild von bislang im Dunkel versunkenen Jahrhunderten abzugewinnen. Wer die gleichsam kriminalistische Spurensicherung, aus der dieses Buch hervorgegangen ist, nachvollziehen und ihre Schlüssigkeit überprüfen will, muß viel Geduld aufbringen.

Wie bin ich auf die Spur gekommen, die im folgenden freigelegt wird? Es war eine Besonderheit meines Werdeganges, die mich in ihre Nähe führte. Ich habe, bevor ich zur osteuropäischen Geschichte überwechselte, als Philologe mit einer Arbeit über altgermanische Personennamen begonnen. Weil ich das mühsam erworbene Rüstzeug nicht einfach beiseite legen, sondern auch für den neuen Beruf nutzbar machen wollte, entwickelte ich zu meiner methodischen Spezialität innerhalb der Historie, daß ich philologisches Material, das ein Normalhistoriker nicht zu entschlüsseln vermag, für die Erhellung quellenarmer Abschnitte der Geschichte auswerte. Dabei konzentrierte ich mich zunächst auf Lehnortsnamen: also auf geographische Benennungen, die im Laufe der Geschichte – manchmal mehrmals – aus dem Gebrauch von Alteingesessenen in den Namenschatz eines neu auf den Plan tretenden Volkes überwechselten. Mit sprachhistorischen Mitteln läßt sich vielfach zeigen, welches Volk an welches Volk abgab und wann das geschah. Mittlerweile habe ich in zunehmendem Maße auch den Wortschatz einbezogen, wobei den Lehnwörtern mein besonderes Augenmerk gilt.

Das Fadenende der langen Geschichte, die das vorliegende Buch verfolgt, bekam ich bei Untersuchungen in die Finger, welche den Wirkungen nachgingen, die zwei Eroberungen, durch die Römer und die Slawen, auf das ethnische Schicksal Südosteuropas nach sich zogen.[1] Sobald ich damals – als einen unter vielen Zeugnisbeständen, die es zu prüfen galt – jene Ortsnamen Albaniens unter die Lupe nahm, die sich

[1] Gottfried Schramm: Eroberer und Eingesessene. Geographische Lehnnamen als Zeugen der Geschichte Südosteuropas im ersten Jahrtausend n. Chr. Stuttgart 1981.

aus der Antike bis heute durcherhalten haben, bestätigte sich mir, was eine Reihe von Forschern längst behauptet hatte: die Albaner seien in ihrer heutigen Sitze erst in nachantiker Zeit von Osten her zugewandert. Denn wären sie altbodenständig, dann müßten jene altehrwürdigen Erbstücke unter ihren Ortsnamen, die wir schon in ihren antiken Vorformen kennen, andere Lautgestalten zeigen, als sie tatsächlich erkennen lassen. In der Frage, aus welchen Ausgangsgebieten die Albaner eingeströmt sind, waren sich die Anhänger der Zuwanderungsthese, die sich nie gegen die Autochthonisten durchsetzen konnten, niemals einig. Das Erkenntnisinteresse, das mich bei meinem ersten Balkanbuch leitete, gab mir noch keinen Anlaß, dem liegengebliebenen Problem auf den Grund zu gehen. Immerhin führte mich die Abwägung, wie sich aus dem antiken *Astibos* das heutige *Štip* (an der Bregalnica im Ostteil der Republik Makedonien) ergeben konnte, zu dem Schluß, vermutlich seien jene Forscher im Recht, die hier mit uralbanischer Vermittlung gerechnet hatten. Damit erhielt ich einen Fingerzeig, daß die »Schafsfeld« genannte Ebene östlich des mittleren Vardar zum Verbreitungsgebiet der bessischen Sprache gehörte, von der ein Strang im Albanischen fortlebt.[2] Aber eine Schwalbe macht noch keinen Sommer, und eine einzige Ortsnamenlautung erlaubt es noch nicht, ein Volk zu lokalisieren.

Weiter voran brachten mich spätere Überlegungen, die sich um das wechselvolle Schicksal der frühen Rumänen drehten.[3] Sie sollten vor allem klären, ob, wie es die rumänische Forschung und wohl die Mehrheit der westlichen Sachkenner behauptet, eine Balkanromania vor allem auf dem Boden des heutigen Rumäniens oder vielmehr südlich der Donau den großen Slaweneinbruch des 7. Jh.s überdauert hat. Den Schlüssel zur Lösung lieferte ein Befund, den die Forschung längst philologisch nachgewiesen, aber nie historisch ausgewertet hatte: die Vorfahren der heutigen Rumänen müssen über eine längere Zeit mit den Uralbanern in einer bemerkenswert engen Symbiose gelebt haben. Beide Völker waren einmal in größeren Teilen ihrer Aufenthaltsräume Nachbarn, die noch dazu nicht etwa durchweg in getrennten Räumen einander gegenüber saßen, sondern zumindest in einem weitgesteckten Überlappungsraum durcheinandergemischt wohnten. Ein solcher Befund erhöht die Chancen, die für beide Völker strittigen Frühheimaten zu lokalisieren. Denn es handelt sich ja zum guten Teil um ein und denselben Raum, und deshalb müssen sich die Anhalte, die jede der beiden Sprachen für eine

---

[2] Ebd. 38.18.

[3] Ders.: Frühe Schicksale der Rumänen. Acht Thesen zur Lokalisierung der lateinischen Kontinuität in Südosteuropa. In: Zeitschrift für Balkanologie XXI/2 (1985) S. 223-241; XXII/1 (1986) S. 104-125; XXIII/1 (1987) S. 78-94. – Die Diskussion über diese Thesen eröffnet die (im wesentlichen positive) Würdigung von István Schütz in: Travaux de Linguistique et de Philologie 30 (1992) S. 422-430.

Ortsbestimmung abwarf, addieren, ja potenzieren. Beim Durchspielen aller nur irgend in Frage kommenden geographischen Möglichkeiten drängte sich mir die Erkenntnis auf, daß die Symbiose nur in einer einzigen zusammenhängenden Region Südosteuropas stattgefunden haben kann und zwar in dem Geflecht jener höchsten Massive der Halbinsel, das sich aus der westlichen Balkankette sowie der Rila, den Rhodopen und dem Piringebirge zusammensetzt. Nach der spätantiken Verwaltungsnomenklatur handelt es sich um jene von Kaiser Aurelian im 3. Jh. neu ausgegrenzte Provinz, der im Andenken an die nördlich der Donau den Barbaren überlassene Dakien der Name *Dacia mediterranea*, »Binnendakien«, verliehen wurde. Es gibt Anzeichen, daß jener Teil der Bessen, der nach Albanien abwanderte, eher auf den Westhängen der Gebirgsgruppe zu Hause war als ostwärts der Scheitelhöhen.

Nachdem die Grundlinien der rumänischen Frühgeschichte am Tag lagen, lockte es mich, nun auch die frühen Schicksale jener Albaner zu rekonstruieren, für die ich bereits wichtige Anhalte in die Hand bekommen hatte. Aus Quellenstellen, die ich in einem grundgelehrten Werk über die Thraker aufgereiht vorgefunden hatte, war mir bekannt, daß die Stämmegruppe der Bessen, die in der Antike die Provinz *Dacia mediterranea* bevölkerte, bemerkenswert früh, schon gegen Ende des 4. Jh.s, christianisiert worden war und im 6. Jh. ganze Mönchsgemeinschaften im Heiligen Land gestellt hatte.[4] Die Forschung, der diese Nachrichten immer geläufig gewesen waren, hatte sich nie eingehender mit ihnen befaßt, weil es sich ja um einen früh, offenbar im 7. Jh. im Gefolge des Slaweneinbruchs, abreißenden Strang zu handeln schien. Selbst unter den Gegnern einer »albanischen Autochthonie« ist niemand dem Gedanken nachgegangen, das Volk der Bessen könne sich in den heutigen Albanern fortsetzen.

Die längst überfällige Interpretation der Zeugnisse über die Bekehrung der Bessen ergab, daß ein ganzes Bündel glücklicher Umstände zusammengewirkt hat, damit der neue Glaube auf eine schwer zugängliche Bergregion ausgreifen und sogleich tiefe Wurzeln zu schlagen vermochte. Die bessisch-albanische Kontinuität, von der ich bereits vor dem im folgenden entwickelten Gedankengang überzeugt gewesen war, wurde jetzt durch die Einsicht ergänzt, daß eben die frühe und für ein Bergland ungewöhnlich gründliche Christianisierung eine schlagende Erklärung der erstaunlichen Tatsache liefert, warum von so vielen antiken Barbarenvölkern des Balkans lediglich dieses eine überdauerte. Ja,

---

[4] Wilhelm Tomaschek: Die alten Thraker. Eine ethnologische Untersuchung. Teil I. In: Sitzungsberichte der Phil.-hist. Klasse der kaiserlichen Akademie der Wissenschaften in Wien, Bd. 128 (1883) S. 75-79.

zugleich wird verständlich, weshalb eine christliche Tradition sich bei den Albanern von der Spätantike bis heute durchzuhalten vermochte.

Die frühe Geschichte dieses Volkes wird, wie der Leser im Auge behalten muß, nicht von einem Spezialisten für die Vergangenheit Albaniens oder einem Vertreter des albanologischen Zweiges der Philologie erzählt. Erst der Faden, den ich bei Überlegungen über das Innere der Halbinsel in die Hand bekam, hat mein Interesse für diese Ethnie geweckt. Und wenn im folgenden die albanische Sprache befragt wird, was sie uns über dunkle Wegstrecken der Geschichte zu verraten vermag, dann kennt der Fragesteller, wohlgemerkt, diese Sprache nur in Ausschnitten ihres Wortschatzes gründlicher und möchte sich beileibe nicht als Albanologen ausgeben. Aber ich bin – was mir selber für die anstehenden Fragen als noch größerer Nachteil erscheinen will – auch kein Althistoriker, kein Kirchengeschichtler und kein Byzantinist. Der Leser möge sich auf einen – philologische Werkzeuge zuhilfe nehmenden – Osteuropahistoriker von dem (selten gewordenen) Schlage der Generalisten gefaßt machen, der bei seiner Spurensuche in der Regel nicht viel mehr weiß, als für den jeweiligen Zusammenhang nötig schien. Über die Geschichte des Albanischen und seine Lehnwortbestände habe ich mich vor allem in der Literatur unterrichtet, die darüber in westlichen Sprachen vorliegt, und nur punktuell auch auf Albanisch verfaßte Arbeiten ausgewertet. Auf die Vorarbeit der Spezialisten – so oft ich auch auf Schwächen in ihrer Sehweise aufmerksam mache – bin ich immer angewiesen geblieben. So werden es die Fachleute für manche Gebiete, die mir neu waren, leicht haben, Fehler nachzuweisen. Aber wie will man bei einem Thema sattelfest sein, für das so viele Sättel gebraucht werden? Im übrigen gibt es Fälle, wo jemand, der aus größerer Perspektive auf ein Problem schaut, die Umrisse der Lösung eher erkennt als der Spezialist aus seiner Nahperspektive. Für den bleibt dann noch genug zu tun: als sachkundigen Kritiker, aber vielleicht auch als Helfer und Fortsetzer.

I.3 Die Albaner: alteingesessen oder zugewandert?

Von den vielen Barbarensprachen, die einmal im antiken Südosteuropa gesprochen wurden, hat – wir hörten es schon – ein einziges Idiom bis heute überlebt. Nur natürlich erscheint, daß alle historischen Überlegungen, wo und wie sich dieses Wunder abgespielt hat, von der Annahme ausgingen, die am nächsten lag, ja zunächst einmal selbstverständlich schien: jene von den Griechen und Römer als »Illyrer im engeren Sinne« bezeichneten Stämme, die, nordwärts an die Epiroten anschließend, den Boden des heutigen Albaniens besiedelten, seien Vorfahren der heutigen Landesbewohner gewesen.[5] Der einzige übriggebliebene Stein aus dem bunten ethnographischen Mosaik von Barbarenvölkern der südosteuropäischen Antike war – daran zu zweifeln gab es zunächst keinen Grund – an seinem alten Orte bis in die Moderne liegengeblieben.

Aber dann machte sich die vergleichende Sprachwissenschaft immer gründlicher mit dem Albanischen vertraut, von dem erst im 15. Jh. einige wenige Sprachbrocken und erst im 16. Jh. umfänglichere Zeugnisse festgehalten wurden.[6] Gustav Meyer, selber ein Befürworter der Autochthonie, gab 1891 der Wissenschaft mit seinem Etymologischen Wörterbuch ein für seine Zeit vorzügliches Handwerkszeug an die Hand. Das Albanische, so konnte Meyer belegen, gehört zu jenen, durch die Palatalisierung von *g'*, *k'* usw. gekennzeichneten ostindogermanischen oder Satem-Sprachen, die kurz zuvor als Gruppe identifiziert worden waren. Für die im antiken Albanischen gesprochene Sprache aber gilt, wie Hermann Hirt wenig später klärte, das Gegenteil: es muß sich um ein Idiom des Kentum-Typs, also um eine westindogermanische Sprache gehandelt haben. Das Albanische sei also dort, wo es heute gesprochen wird, nicht altbodenständig.[7] In der damit gewiesenen Denkrichtung ging 1927 Gustav Weigand, ein Philologe von hohen Graden und von erprobtem Sachverstand für die balkanischen Sprachen, weiter. In eingehender, scharfsinniger und vielseitiger Argumentation versuchte er nachzuweisen, die Albaner müßten von Osten in ihre heutigen Sitze eingewandert sein.[8]

Die Diskussion, die Weigand in Gang bringen wollte, hat nie geordnete Formen angenommen. Einige Forscher von Rang, von denen nur der

---

5 Zur Abgrenzung der illyrischen Stämme im ältestüberlieferten griechischen Sprachgebrauch s. Heinz Kronasser: Zum Stand der Illyristik. In: Linguistique balkanique 4 (1962) S. 5-23; ders. Illyrier und Illyricum. In: Die Sprache 11 (1965) S. 155-183. Der Aufsatz war bahnbrechend für die Revision der unter Philologen verbreiteten Vorgehensweise, unkritisch aus einem Sammeletikett »Illyrer« für verschiedene Völker auf eine Sprachgemeinschaft in antiker Zeit zu schließen.

6 Zur Geschichte der Forschung s. u. a. Schramm: Eroberer S. 31-34; Carlo Tagliavini in: Studi Albanesi 5/6 (1936) S. 15-17. Eine eingehendere, kritische Darstellung wäre erwünscht.

7 Hermann Hirt: Die Verwandtschaftsverhältnisse der Indogermanen. In: Indogermanische Forschungen 4 (1894) S. 36–45; ders.: Die sprachliche Stellung des Illyrischen. Zu: Beiträge zur Geschichte und Geographie. Festschrift für Heinrich Kiepert. Berlin 1898, S. 81–188. Überholt erscheint bei H., daß er 1. – wie bis in neuere Zeit allgemein üblich – mit einem im gesamten Nordwesten der Balkanhalbinsel gesprochenen »Illyrischen« rechnete, 2. das Kronzeugnis *Genũsus* falsch etymologisierte und 3. ebd. 2 (1893) S. 143-149 das Thrakische ebenfalls den Kentum-Sprachen zuordnete.

8 Gustav Weigand: Sind die Albaner die Nachkommen der Illyrer oder der Thraker? In: Balkan-Archiv 3 (1927) S. 227-251. Weigand nahm an, die Albaner seien aus dem Raum Sofia-Niš/Skopje nach Albanien eingewandert. Damit wird ihr Herkunftsraum nach Osten wie nach Westen weiter abgesteckt, als es mir gerechtfertigt erscheinen will.

Albanologe Jokl sowie die Slavisten Seliščev und Ivan Popović genannt seien, sprachen sich für eine Zuwanderung aus. Im großen und ganzen aber blieben die Forschung, die Lexika, die historischen Darstellungen im alten Trott. Ja, die Wissenschaft scheint allmählich in den Wind geschlagen zu haben, daß man erst, wenn Weigands gewichtige Argumente als widerlegt gelten dürfen, wieder so weitermachen darf wie eh und je. Seit Weigand ist nur eine einzige weitere Studie zur Urheimatsfrage vorgelegt worden, die auf einer sauber durchdachten Argumentation aufbaut. Stadtmüllers »Forschungen« von 1942 gehen freilich an Weigand im Grunde vorbei und warten mit einer auf den ersten Blick bestechenden Engfassung der traditionellen Autochthoniethese auf: nur in den schwer zugänglichen Bergen des Mati-Gaus, einem Teil Nordalbaniens, habe eine alteingesessene illyrische Bevölkerung erst der Romanisierung und dann der Slavisierung entgehen können.[9]

Seit 1944 sind die Albaner selber, die bis 1939 nur bescheidene Ansätze zu einer landeseigenen Wissenschaft hatten entwickeln können, mit einer ständig steigenden Zahl von Forschern und mit achtunggebietender Gelehrsamkeit darangegangen, die eigene Vergangenheit freizulegen. Albanische Forscher, die zum größeren Teil im Staate Albanien, zum kleineren im Kosovo und Makedonien tätig sind, haben sich mittlerweile in dem internationalen Unternehmen der Albanistik in all seinen Sparten den Löwenanteil der erscheinenden Arbeiten gesichert. Man wird vermuten dürfen, das angewachsene Gewicht der albanischen Wissenschaft habe die Weltmeinung in der Kontinuitätsfrage nicht unwesentlich beeinflußt.[10] Soweit ich zu überschauen vermag, werfen sich alle albanischen Fachleute, die ihre Stimme zur Sache erheben, mit der gleichen Entschiedenheit, ja Inbrunst wie ihr Volk für die Meinung ins Zeug, die Albaner säßen in ihrem Staat, aber auch, jenseits der Grenzen, in der Epirus und im Kosovo auf einem Boden, der seit grauer Vorzeit ihr von Generation zu Generation weitergegebenes Eigentum sei.[11] Ähn-

---

[9] Georg Stadtmüller: Forschungen zur albanischen Frühgeschichte (1. Aufl. 1941). Befürwortet wird Stadtmüllers Mati-Gau-These von Wolfgang Zeitler: Das lateinische Erbe im Albanischen und die älteren Wohnsitze der Albaner. Zur Methode und zum gegenwärtigen Stand der Forschung. In: Zeitschrift für Balkanologie 14 (1978) S. 200-207. Lafe: Toponymes (s. u. Anm. 19) S. 161 kritisiert, daß St. zu Unrecht lateinische Ortsnamen im Matigau geleugnet habe.

[10] Für eine Zuwanderung neuerdings u. a. Vladimir Georgiev z. B. in seiner: Bălgarska etimologija i onomastika. Sofia 1960 S. 151f. und ders.: Albanisch, Dakisch-Mysisch und Rumänisch. In: Linguistique balkanique 2 (1960) S. 1-19. Sein Konstrukt eines »Dakisch-Mysischen« als Frühstufe des Albanischen hat mich nicht überzeugt. Kritisch etwa dazu P. Ivić in: Actes du Premier Congrès international des études balkaniques et sud-est européennes ... 1966. Sofia 1968 S. 228.

[11] Beispiele für autochthonistische Einmütigkeit liefern u.a. die Tagungsbände Les Illyriens et la genèse des Albanais. Travaux de la session du 3-4 mars 1969, hg. v. d. Université de Tirana, Institut d'histoire et de linguistique. Tirana 1971; La Conférence na-

lich wie in Rumänien, wo die Kollektivüberzeugungen über die Geschichte des eigenen Volkes ebenfalls an einer »Permanenzthese« aufgehängt sind, ist das Dogma einer albanischen Altbodenständigkeit längst zu einem Kernstück der National- und Staatsideologie geworden.[12] Abweichende Meinungen wurden mehr als eine Generation lang selbst von gestandenen Forschern unwirsch und pauschal vom Tisch gewischt: es handle sich um unwissenschaftliche, in ihrer Haltlosigkeit längst entlarvte Behauptungen, denen meist antialbanische Vorurteile zugrunde lägen.

Genau wie im verschwisterten Fall der rumänischen Frühheimatsfrage konnte es – unter den Rahmenbedingungen einer engstirnigen kommunistischen Herrschaft – nicht ausbleiben, daß die wissenschaftliche Darlegung eines Standpunktes, der längst als sakrosankt gilt, immer mehr verwilderte, weil eine ernsthafte Auseinandersetzung überflüssig erschien. Das gilt auch für Eqrem Çabej, der sich den Ruf des fruchtbarsten, international angesehensten Albanologen der letzten Generation erwarb. Soviel Hochachtung die wissenschaftliche Leistung dieses kenntnisreichen, in Österreich geschulten Gelehrten verdient: was er zur Frühheimatsfrage beisteuerte, erstarrte bald zu Stereotypen, die er nur noch wiederholte, statt sie durch jene Ergänzungen, Verfeinerungen

tionale sur la formation du peuple albanais, de sa langue et de sa culture 2-5 juillet 1982. Les rapports, hg. L'Academie des Sciences de la RPS d'Albanie. Tirana 1982; Konferenca kombëtare për formimin e popullit shqiptar, të gjuhës dhë të kultures së tij, Tiranë, 2-5 korrik 1982). [Die nationale Konferenz über die Herausbildung des albanischen Volkes, seiner Sprache und Kultur. Tirana 2.-5. Juli 1982] Tirana 1988. s. S. 22. Im gleichen Sinne etwa Zef Mirdita: Problem etnogeneze Albanaca. In: Encyclopaedia moderna Bd. 5 Nr. 13 (1970) S. 30-39; ders.: Genesi del popolo albanese. In: Rivista di studi e ricerche della Cassa di Risparmio di Calabria e di Lucania 12 (Juli-Sept. 1977) S. 57-70; Skender Gashi: La toponymie antique et le problème de l'autochthonie des Albanais. Résultats et problèmes. In: Onomastica Jugoslavica 6 (1976) S. 115-125.

[12] Wie bei den Rumänen hat sich auch in Albanien die Archäologie fest in den Dienst der Autochthoniethese gestellt, s. u. a. Les Illyriens et la génèse des Albanais. Tirana 1971 und Actes du Premier Congrès des Etudes Illyriennes 2 Bde. Tirana 1974. Dagegen richtig Vladislav Popović: Byzantins, Slaves et autochtones dans les provinces de Prévalitane et Nouvelle Épire. In: Collection de l'École Française de Rome 77 (Rom 1984) S. 181-243; ders.: L'Albanie pendant la basse antiquité, einem Beitrag zu dem wertvollen Sammelband serbischer Forscher (mit serbischen und französischen Textversionen) in: Les Illyriens et les Albanais. Belgrad 1988 S. 251-284: es gebe kein historisches, epigraphisches oder archäologisches Argument, mit dem sich eine illyrisch-albanische Kontinuität beweisen ließe. Mehrere von den instruktiven Kartenskizzen, die Popović der serbischen Fassung seines Aufsatzes beigab, habe ich in den Anhang dieses Buches (s. u. Kap. VI) übernommen. Daß die Autochthoniethese in der serbischen und montenegrinischen Forschung kritischer als irgendwo sonst beurteilt wird, zeigt jetzt ein weiterer verdienstvoller Tagungsband: Stanovništvo 1991. Darin spricht sich Aleksandar Loma S. 301 klar für die von Weigand und Ivan Popović und mir vertretene Alternative aus, die Albaner seien nicht altbodenständig, sondern in ein zuvor weitgehend slawisch besiedeltes Albanien zugewandert.

oder Korrekturen zu verbessern, die fast jede wissenschaftliche Theorie nötig hat.[13]

Längst ist es an der Zeit, die von Çabej und seinem Anhang vorgetragenen Plädoyers, die in den letzten Jahrzehnten für die Bodenständigkeit der Albaner vorgetragen worden sind, unter eine methodenkritische Lupe zu nehmen. Wie streng, wie sorgfältig wird hier argumentiert? Wie gewissenhaft wird das Gesicherte vom Wahrscheinlichen, das Wahrscheinliche vom bloß Möglichen geschieden? Sobald man diese Prüfung in der von Weigand und Ivan Popović gewiesenen Spur nachholt, kommt man aus dem Kopfschütteln nicht mehr heraus. Eine lange Liste von geographischen Namen soll erhärten, daß der Weg von den antik belegten Formen bis zu den heutigen Lautungen nur über eine ununterbrochene Weitergabefolge von einer albanischen Generation an die nächste gehen kann. In dieser Liste von Beweisstücken stoßen wir auf einen Fluß, der uns im 4. oder 5. Jh. n. Chr. als *Mathis* bezeugt ist. Diese Lautung müßten die Albaner, die doch im Regelfall betontes *a* vor einem *i* der Folgesilbe zu *e* wandelten, mittlerweile (parallel zu lat. *sanitāte- > shëndét(e), civitāte > qytét* »Stadt«) zu ***Met* fortentwickelt haben. In Wirklichkeit gilt *Mat*, das gerade g e g e n eine albanische Kontinuität in Albanien zeugt.[14] In der gleichen Reihe angeblich beweiskräftiger Namen erscheint der *Scardus mons*, heute das *Šar*-Gebirge, nördlich des oberen Vardar. Hier wird der Wandel von *sk- > š* als Indiz für eine

---

[13] Eqrem Çabej: Le problème du caractère autochthone des Albanais à la lumière des noms de lieu. In: Buletin i Universitetit Shtetëror të Tiranës. Seria Shkencat Shoqërore 1938 H. 2. S. 38ff.; ders.: Die ältesten Wohnsitze der Albaner auf der Balkanhalbinsel im Lichte der Sprache und der Ortsnamen. In: VII Congresso Internazionale di Scienze Onomastiche. Atti e memorie del Congresso della Sezione toponomastica Bd. 1 Florenz 1961. S. 241-251; ders.: Zur Charakteristik der lateinischen Lehnwörter im Albanischen. In: Revue roumaine de linguistique 7 (1962) S. 161-169; ders.: L'Illyrien et l'albanais. Questions de principe. In: Studia Albanica Nr. 1 1970 S. 157-170; ders.: Einige Grundprobleme der älteren albanischen Sprachgeschichte. In: Studia Albanica 1 (1964) S. 69-89; ders.: L'illyrien et l'albanais. In: Les Illyriens (wie Anm. 12) S. 42-52; ders.: Le problème du territoire de la formation de la langue albanaise. In: Bulletin de l'Association internationale d'Etudes du Sud-Est européen 10 (Bukarest 1972) Nr. 2 S. 71-99; ders.: Die Frage nach dem Entstehungsgebiet der albanischen Sprache. In: Zeitschrift für Balkanologie X/2 (1974) S. 7-32; ders.: The problem of the autochthony of the Albanians in the light of the place names. In: Academy of Sciences of Albania (Hg.): The Albanians and their territories. Tirana 1985 S. 33-48; ders.: The problem of the place of formation of the Albanian language. Ebd. S. 63-99. Leider starb Çabej (1908-1980) über dem Druck der Studime etimologjike, die sein Lebenswerk krönen sollten. Ihre über seinen Tod fortgesetzte Veröffentlichung ist vorerst nur bis zu den Wörtern auf D- gediehen. Ein Lebensbild entwarf Çabejs Kollege Shaban Demiraj: Eqrem Çabej. Një jetë kushtuar shkencës [E. Ç. Ein der Wissenschaft gewidmetes Leben]. Tirana 1990. Vgl. auch Mahir Domi: Mbi veprimtarinë shkencore të prof. E. Çabejt [Über die wissenschaftliche Tätigkeit von Prof. E. Ç]. In: Studime Filologjike 33 (Tirana 1979) Nr. 1 S. 3-11.

[14] Schramm: Eroberer 33.5. Zu *-a- > -e-* s. G. Meyer/Meyer-Lübke: Lat. Elemente S. 1043.

Weitergabe innerhalb des Albanischen verstanden, obwohl das Albanische doch *sk* (zumindest vor dunklen Vokalen eindeutig) zu *h* wandelte, was im Wortschatz wohl nur durch Einmischungen aus anderen Idiomen verunklärt wurde.[15] In drei anderen Fällen, dem Flußnamen *Shkumbini* sowie den Ortsnamen *Shkodra* und (in 50 km Abstand vom Šargebirge!) *Shkupi* »Skopje«, soll dagegen eine ganz andere Nachfolge von *sk-* den Beweis liefern, daß die Namen in einer rein albanischen Weitergabekette in die Gegenwart gelangten. Man ist nach dieser Probe versucht, die hier waltende Denk- und Vorgehensweise so zu karikieren: das älteste Namengut läßt mit erstaunlicher Durchgängigkeit Abweichungen von der normalen, aus dem appellativen Bereich des Albanischen bekannten Lautschicksalen erkennen. Ja, ein und dieselbe Lautfolge (*sk*) begegnet sogar in unterschiedlichen Abweichungen von der Norm. Da eine derartig verwirrende Unregelmäßigkeit in keiner anderen uns bekannten Balkansprache vorkommt, darf sie als typisch albanisch gelten. Sie liefert, wo sie auftritt, dem Forscher einen Anhalt für die Behauptung, hier sei ein Name durch zwei Jahrtausende ausschließlich von Albanern an Albaner weitergegeben worden.

Methodische Unschärfe zeigt sich weiterhin dort, wo aus slawischen Lehnortsnamen mit *š* geschlossen wird, die slawischen Landnehmer des 6.–7. Jh.s hätten am Ort Uralbaner angetroffen, weil die frühe Überführung von *s* zu *š* ein Merkmal des Albanischen sei. Das läßt sich für *Štip* < *Astibos* nur deshalb halten, weil noch andere Indizien auf frühe Albaner schließen lassen.[16] Aber in einem zweiten Fall, dem serbischen *Niš*, läuft eine Verknüpfung mit den Uralbanern auf blanke Willkür hinaus. *Niš* – ursprünglich wohl der Name des Flusses Nišava, an dem die Stadt liegt – hieß in der Antike *Naissus.*[17] Das gleiche Suffix *-issos* < –**isjos* wurde auch zur Bildung von fünf großen Flüssen Rumäniens verwendet: Samosch, Kreisch, Mieresch, Temesch und Argeş.[18] Wenn ihre Namen in allen Anliegersprachen heute auf -š ausgehen, dann muß dieser Laut bereits in den Formen vorgekommen sein, die im Dakischen der Spätantike gebräuchlich waren. Wer aus *š* in *Niš* eine Weitergabe durch Voralbaner erschließt, der müßte konsequent bleiben und den ohnehin riesigen Dimensionen, die von der autochthonistischen Philologie für die Reichweite des Uralbanischen behauptet werden, noch Rumänien zuschlagen. Dakisch wäre dann zum illyrischen Dialekt erklärt. Wer wollte glauben, eine einzige Barbarensprache sei

---

15 Man muß den Kopf schütteln, wenn ein Philologe vom Range Çabejs in seinen: Problems S. 84 ausdrücklich betonen konnte: *Skardos, -on, Scardus has developed, according to the phonetic laws of the Albanian, into the present-day Shar.*

16 Schramm: Eroberer 38.18.

17 Zu *š* in *Niš* s. Schramm: Eroberer 34.6.4f.

18 Ebd. 38.2; 31.14.4.; 33.7.1.; 39.3.1.; 23.12.7.

quer durch einen zerklüfteten Subkontinent über so weite Entfernungen gebraucht worden?

Insgesamt geben die Toponyme, die für die Autochthonie herhalten mußten, gerade das nicht her, was man oft aus ihnen herausgelesen hat. Ein Aufsatz von Lafe behauptet, es gebe in Albanien eine ganze Reihe von lateinischen Ortsnamenprägungen, die sich so getreu den albanischen Lautgesetzen entwickelt hätten, daß man sie als Stütze der Autochthonie in Anspruch nehmen dürfe.[19] In Wirklichkeit stimmt *Frakull, Vrakull* < **Oraculum* gerade nicht zu *blatë* < *oblāta* »Hostie«, *Kashnjet* < *Castanētum* nicht zu *kështenje* u. ä. »Kastanie«, *Kashtel* < *Castellum* nicht zu *kështjellë* »*Kastell*«, *Valbonë* »gutes Tal« nicht zu *Ndue* »Antonius«.

Methodische Fehler begegnen auch beim Umgang mit dem wichtigen Material der Lehnwörter des Albanischen. Die dorische Färbung einiger Übernahmen aus dem Altgriechischen hat man zu unrecht für Autochthonie ins Feld geführt: sie stimme zu der Tatsache, daß die hellenischen Kolonien an der Küste Illyriens von Dorern gegründet wurden. Wie, so muß man zurückfragen, steht es denn mit dem Dialektcharakter der griechischen Einflüsse, mit denen in dem langgestreckten Querband zwischen den Illyrern und dem Schwarzen Meer zu rechnen ist? Ist die Wirkung nicht in dem gesamten Gürtel durchweg von dorischen Stadtgründungen ausgegangen?[20]

Unseren raschen Durchgang durch die Mängel, die in den gängigen Begründungen einer Autochthonie begegnen, mag ein Argument abschließen, dem die Autochthonisten eine Schlüsselbedeutung zuschreiben: »Es fällt schwer, sich vorzustellen, daß Auswanderung und Niederlassung eines ganzen Volkes innerhalb der Sphäre der römischen und griechischen Welt und im vollen Lichte der Geschichte stattgefunden haben sollte, ohne bemerkt zu werden«.[21] Nun, eben dies dürfte eigentlich nicht schwerfallen. Denn was immer mit den Albanern vor sich gegangen sein mag: es lag jedenfalls nicht im »vollen Lichte der Geschichte«. Wie wenig wissen wir, ehrlich eingestanden, über die ethnische Landkarte der Balkanhalbinsel in jenem frühen Mittelalter, wo allein, wenn überhaupt, die Vorfahren der heutigen Albaner ihre Sitze verlegt haben können!

---

[19] Emil Lafe: Toponymes latino-romains sur le territoire albanais. In: Studia Albanica 10 (1973) Nr. 1 S. 161-167. – Methodenkritisch zur autochthonistischen Ortsnamenforschung in Albanien jetzt Aleksandar Loma: Sloveni i Albanci do XII veka u svetlu toponomastike. In: Stanovništvo (1991) S. 279-327.

[20] Hamp: Position S. 102: this still does not tell us precisely where the Dorians in question were at the time of contact.

[21] Çabej: Problem of the place S. 79.

Zudem muß man sich die einwandernde Bevölkerung, die als Alternative zu einem alteingesessenen Albanertum in Frage kommt, nicht notwendig als »großes Volk« vorstellen. Wenige Zehntausende von Menschen würden ausreichen, die spätere Geschichte verständlich zu machen, wenn ihnen, aus noch unbekannten Gründen und verteilt auf einen längeren Zeitraum, eine starke Vermehrung ihrer Kopfzahl beschieden war.

Nachdem zu Anfang des 7. Jh.s die römische Nordgrenze längs der Save und der unteren Donau zusammengebrochen war, besitzen wir über lange Jahrhunderte für weite Teile Südosteuropas nur äußerst dünn und zufällig gestreute Nachrichten. *Quod non est in actis non fuit in mundo*: das wäre für sehr viele Kapitel der Weltgeschichte ein krasser Fehlschluß. Die Frühgeschichte der Albaner gehört, das muß am Anfang ihrer Freilegung stehen, mit Eindeutigkeit zu jenen Bereichen, in denen vor derartigen *argumenta e negativo* inständig gewarnt werden muß. Die Behauptung, die Albaner könnten nicht zugewandert sein, weil eine Einwanderung von den Geschichtsschreibern hätte registriert werden müssen, ist unfachmännisch und unzutreffend.

Die Blütenlese, die den Blick des Lesers für die Schwächen der gängigen autochthonistischen Argumentationen schärfen sollte, ließe sich leicht fortsetzen. Aber das Entscheidende liegt bereits auf der Hand. Die Autochthonisten pflegen ihre These so unsorgfältig darzulegen und mit derartig störenden Gefühlstönen zu durchmischen, daß ein kritischer Kopf ihnen selbst dann nicht glauben dürfte, wenn sie im Kern recht hätten.

Nun, so viel Schwachstellen sich auch in den bisherigen Beweisen, die für eine Autochthonie ins Feld geführt wurden, aufdecken lassen: der Altbodenständigkeit muß man dennoch den Vorzug geben, solange nicht zwingende Gründe beweisen, daß die Albaner zugewandert sein müssen. Denn wer für eine Siedlungskontinuität eintritt, behauptet etwas Einfacheres, zunächst einmal Einleuchtenderes als jemand, der mit Verpflanzung rechnet. Die Beweislast, so wird in einem kenntnisreichen Überblick über den gegenwärtigen Forschungsstand zur albanischen Frühheimatsfrage zurecht betont, liegt bei der Einwanderungsthese. Nicht zustimmen kann ich freilich, wenn hinzugesetzt wird, für sie sei noch nichts Zwingendes ins Feld geführt worden.[22] Zwingende Argumente liegen nämlich längst auf dem Tisch und lassen sich leicht ergänzen.

---

[22] Katičić: Ancient languages I (1976) S. 186. Unentschieden auch der Forschungsbericht von Hamp: Position (1966). Eine weitere kritische Würdigung des Forschungsstandes folgert auf S. 111: »Das positive Ergebnis kann also wohl nur so lauten, daß die Vorfahren der heutigen Albaner zumindest seit römischer Zeit in dem durch die ON bestimmten Gebiete siedelten bzw. anzutreffen waren«, s. Georg Renatus Solta: Einführung in die Balkanlinguistik mit besonderer Berücksichtigung des Substrats und des Balkanlateinischen. Darmstadt 1980 S. 109-123.

Gehen wir es systematisch an und fragen zunächst: welche Grundmerkmale lassen sich aufgrund der spärlichen Zeugnisse dem Illyrischen zuschreiben?[23] Und stimmen diese Merkmale zum Albanischen?

Eine erste wichtige Auskunft liefert uns der Name, unter dem die Römer jenen Shkumbini kennenlernten, der Albaniens Querachse bildet.[24] Die Bildung *Genūsus* baut, wie Krahe gezeigt hat, auf idg. *g'enu* »Knie« (lat. *genu*) auf und bedeutet, für einen im Unterlauf stark mäandrierendes Gewässer höchst plausibel, »mit Knien« (d. h. mit Biegungen) versehen.[25] Dieser Name – sicher lokalisierbar und innerhalb des Raumes, um den es uns geht, zentral plaziert, zudem verläßlich überliefert und gedeutet – beweist schlagend, daß, wie Hermann Hirt schon 1894 erkannte, das im antiken Albanien gesprochene Idiom in der indogermanischen Sprachenfamilie zu der Kentum-Gruppe gehörte, in der die Parallele *k'* und *g'* zu bloßen Phonemvarianten der Velare *k* und *g* wurden.[26] Dieser Gruppe stehen die Satem-Sprachen gegenüber, in denen die Aussprache von *g'* und *k'* eine Entwicklung nahm, die diese Laute weit von *g* und *k* abrückten. Eine Satem-Sprache ist nun nach Ausweis von *th*, *dh*, die wie die Anlaute von engl. *thief*, *this* gesprochen werden und *k'*, *g'* fortsetzen, auch das Albanische.[27] Der Einwand sticht freilich nur, wenn sich die Kluft zum Illyrischen des antiken Albaniens nicht durch die Annahme überbrücken läßt, *k'* und *g'* seien hier in einer Zeit, als die Lateiner bereits ihre Lehnform *Genūsus* fixiert hatten, von *k* und *g* abgerückt: so wie das für das Romanische (mit ital. *č* und *dž* in *cento*, *gente*, franz. *s* und *ž* in *cent*, *gents* tatsächlich in einem von der Ausbildung der Satem-Sprachen räumlich und zeitlich weit getrennten Vorgang tatsächlich geschehen ist? Nun, im Albanischen kann, wie eine ein-

[23] »Illyrisch« wird hier als Sprache des antiken Albaniens verstanden. Lange hat die Forschung vermutet, bis in den Norden der westlichen Balkanhalbinsel sei die Sprache »Illyrisch« gesprochen worden: durch nicht mehr als bloße Dialektgrenzen untergliedert. Ja, es gab »Panillyristen«, die mit Illyrerwanderung in weit auseinanderliegende Teile Europas rechneten. Seit den verdienstvollen Aufsätzen von Heinz Kronasser und Illyricum in: Die Sprache 11 (1965) S. 155-183 (s. o. Anm. 1) sind diese Kartenhäuser zusammengestürzt.

[24] Schramm: Eroberer 38.9.1.

[25] Hans Krahe in: Würzburger Jahrbuch für Altertumswissenschaften. 1 (1946) S. 209.

[26] S. o. Anm. 7. sowie Agnija V. Desnickaja: Albanskij jazyk v istorii sravnitel'nogo jazykoznanija. Opredelenie ego prinadležnosti k indoeuropejskoj linguističeskoj sem'e i načalo ego izučenija. In: Balkanskaja filologija. Leningrad 1970 S. 38–61. – Zum heutigen Diskussionsstand s. Johann Tischler: Hundert Jahre Kentum-Satem-Theorie. In: Indogermanische Forschungen 95 (1990) S. 63-98, hier S. 76f. über das Albanische. Als ein Gemisch von Kentum- und Satem-Elementen wird das Illyrische verstanden von Wacław Cimochowski in einem albanischen Aufsatz, den Hamp: Position S. 109-11 referiert. Selbst wenn das zuträfe, schiede das Illyrische wohl als Vorstufe des Albanischen aus.

[27] Stuart M. Mann: An Albanian historical grammar. Hamburg 1977 S. 33; Eqrem Çabej: Studime për fonetikën historike të gjuhës shqipe [Studien zur historischen Phonetik der albanischen Sprache]. Tirana 1988 S. 43f.

fache Kontrollüberlegung zeigt, etwas Entsprechendes nicht stattgefunden haben. Denn sonst müßte es Entlehnungen aus dem Lateinischen geben, die noch am *k'* > *th* und *g'* > *dh*-Wandel teilgenommen haben. In Wirklichkeit stoßen wir wohl durchweg auf *q* und *gj* und damit auf eine lange, erst durch den verhältnismäßig jungen Übergang zur Aussprache *t'* und *d'* mittlerweile preisgegebene Bewahrung der *k*- und *g*-Qualität: etwa in *gjëmoj* »schallen« < *gemere, gjind* »Leute« < *gente.*[28] Die Kontakte zum Lateinischen sind danach erst geknüpft worden, als der *g'* > *dh*- Wandel bereits vollzogen war. Ja, eine Satemsprache war das Albanische bereits, als es sich – vermutlich lange vor der Berührung mit dem Lateinischen – griechischen Lehnwörtern öffnete.[29]

Sobald wir in den Ahnen der Albaner keine Illyrer, sondern Zuwanderer von Osten sehen, lösen sich die Widersprüche auf. Denn die beiden östlichen Sprachen der antiken Balkanhalbinsel, das Getische und das Thrakische, waren, darüber ist man sich heute einig, Satemsprachen, die statt idg. *k'* und *g'* gründlich gewandelte Lautqualitäten zeigten.[30] Die altgriechische Wiedergabe durch Zeta läßt für das Thrakische offen, ob statt *g'* der Lautwert *dz* oder, wie von den slawischen Landnehmern des frühen Mittelalters gehört, *dž* galt.[31] Im Albanischen wird sich das (wie im englischen Artikel *the* ausgesprochenes) *dh* am ehesten aus *dž* herausentwickelt haben.[32]

Noch ein zweites Merkmal des Illyrischen paßt nicht zum Albanischen. Illyrische Ortsnamen setzen, wie Çabej und andere Forscher zurecht aus den romanischen und albanischen Nachfolgelautungen erschließen, einen durchgängigen Anfangsakzent voraus: *Ísamnus, Drívastum.*[33] Ja, eine anders betonte griechische Bildung, *Dyrráchion,* haben sich die Autochthonen offenbar durch eine Akzentverlagerung auf die erste Silbe, wie sie von alb. *Durrës* vorausgesetzt wird, mundgerecht gemacht. Einer eigenen Erörterung bedürfte, daß ital. Durázzo und serbokroat. *Drač* eine n i c h t autochthon beeinflußte Entlehnung von griech. *Dyrrá-*

---

28 Haarmann: Lat. Lehnw. Nr. 251 und 251.

29 Nach dem *k'* > *th*- Wandel entlehnt wurde *kerasa* > *qërshi* »Kirsche« s. Thumb: Agriech. El. S. 14; nach *g'* > *dh* eine Stammklassenvariante zu griech. *eggelys* > *ngjalë* »Aal«, s. Çabej: Lat. Lehnw. S. 184.

30 Vladimir Georgia: Trakijskijat ezik S. 81. I.I.Russu: Die Sprache der Dako-Thraker. Bukarest 1969 S. 157; 172; Ivan Duridanov: Ezikăt na trakite. Sofia 1976 S. 104, 124f., Ariton Vraciu: Limba dacogetilor. Temeschvar 1980 S. 86.

31 Schramm: Eroberer 39.11. zu agriech. *Tonzos*, bulg. *Tundža*, vgl. agriech. *teggō* »benetze«.

32 V. Z. Orel in: Slavjanskoe i balkanskoe jazykoznanie. Problemy jazykovych kontaktov. Moskau 1983 S. 22-25.

33 M. Durante: Il nome di Pesaro e l'accento iniziale in illirico. In: Annali dell' Istituto universitario orientale di Napoli 1 (1959) S. 35-45.

chion ins Lateinische voraussetzen.[34] Genau parallel gingen sie, wie gleich zu erläutern, mit lat. *palātium* um. Das stimmt zu Befunden auf der gegenüberliegenden Seite der Adria, wo *Bríndisi, Táranto* und *Ótranto* noch heute von einer die ersten Silben betonenden Substratsprache zeugen.[35] Das Albanische kann eine derartige Vereinheitlichung des Worttons n i c h t durchgemacht haben, weil es die Akzentstellen altgriechischer und lateinischer Lehnvokabeln – Çabej war das sehr wohl geläufig – in der Regel getreulich beibehielt, auf jeden Fall aber nie durchgängig auf die Anfangssilben verlagert haben kann.[36]

Ein Einzelbeispiel zeigt schlagend, wie unterschiedlich Illyrer und Albaner mit ein und derselben aus lateinischem Munde gehörten Lautung verfuhren. Die Illyrer, die sich *palātium* als Ortsnamen aneigneten, verrückten ihren Akzent auf die erste Silbe und beeinflußten damit sogar die regionallateinische Namenlautung. Nur so lassen sich ital. *Pólato* und jenes dalmat. *Púlato* erklären, aus dem wiederum – über **Pūlotъ* > **Pylot* > *serb. Pilot* hervorging.[37] Erst wenn man annimmt, die Albaner hätten den Namen nicht direkt aus dem Lateinischen bezogen, sondern aus dem Dalmatoromanischen oder Slawischen eine Lautung mit vorverlagertem Akzent übernommen, versteht man, warum im Albanischen heute *Pulët*, als bestimmte Form *Pulti* gilt. Die Diskrepanz zwischen *Púlti* und *pëllás* ergibt sich aus einer unterschiedlichen Weitergabe. In die Lautgeschichte des Ortsnamens haben die Illyrer eingewirkt, die ihre Regel einer durchgehenden Anfangsbetonung auch auf ihn übertrugen. Das Appellativ dagegen ist nur von den entlehnenden Albanern tradiert worden, denen eine solche Regel stets fremd blieb. Sie ließen, wenn sie entlehnten, den Akzent dort, wo die abgebende Sprache

---

[34] Schramm: Eroberer 26.10.5., wo die Betonung von *Dúrrës* noch mit Weigand aus einer albanischen Akzentzurückziehung vor dem in dieser Sprache ungewohnten Ausgang *-as* erklärt wird.

[35] Katičić: Anc. languages S. 186.

[36] Çabej: Studime S. 15f.; Petar Skok in: Arhiv za arbanasku starinu, jezik i etnologiju. 2 (1924) S. 111f.: *»l'albanais a conservé d'une façon générale et prèsque rigide la position de l'accent latin«*. – Eindrucksvolle Beispiele für die Beibehaltung der Akzentstelle sind zwei Lehnwörter, die – im Gegensatz zur großen Mehrheit des albanischen Wort- und Namengutes – Endbetonung zeigen: *qershí* »Kirsche« griech. *kerasía* s. o. Anm. 24; *ullí* »Olive« . *olíva* und das (im folgenden analysierte) *pëllás* »Palast« < *palātium*, s. Haarmann: Lat. Lehnw. Nr. 397; 410. Trotz dieses ihm wohlvertrauten Befundes hat Çabej in: Zeitschrift für Balkanologie 10 (1970) Nr. 2 S. 19 den »Akzent-Einwand« gegen die Autochthoniethese durch die Annahme zu entkräften versucht, die Betonung des Albanischen, die meist die zweitletzte Silbe trifft, habe sich aus dem Anfangsakzent des Illyrischen herausentwickelt. Daß die gegenwärtigen Verhältnisse sich stattdessen ohne eine solche Zwischenstufe aus dem freien Akzent des Indogermanischen ergeben haben, zeigt Vladimir E. Orel ebd. 23 (1987) S. 140-150.

[37] *Polato, Pulato* wurden auf *palātium* zurückgeführt von Bartoli: Das Dalmatische I Sp. 235. Zu lat. *a* dalm. (*o*) *uo* ebd. II S. 286. Als Besonderheit des Norddalmatischen wird der Wandel von *a* > *u* stattdessen verstanden von Bernhard Rosenkranz in: Zeitschrift für romanische Philosophie 71 (1955) S. 271–274.

ihn gesetzt hatte. Das Illyrische gehört, um zusammenzufassen, in seiner Behandlung von idg. *g'* (und gewiß auch *k'*) zu den westindogermanischen Kentum-Sprachen und in seinem durchgängigen Anfangsakzent zu den altbodenständigen Anraineridiomen der südlichen Adria. Für das Albanische, das von Osten (genauer: vom Westrand der Ostindogermania) importiert wurde, gilt beides nicht. Diese Sprache ist somit k e i n e jüngere Stufe des Illyrischen.

In einer so wichtigen Frage, wie wir sie erörtern, empfiehlt sich, es nicht bei einer einzigen Argumentation bewenden zu lassen. Vergessen wir also fürs erste, was wir bereits gelernt haben, und gehen wir unser Problem, als sei es noch ganz offen, ein zweites Mal an: diesmal mit einem ganz andersartigen methodischen Zugriff. Nunmehr handelt es sich zunächst nicht darum, die Autochthoniethese zu widerlegen, sondern sie soweit zurechtzustutzen, bis schließlich ein Reststück übrigbleibt, das sich überhaupt zu verteidigen lohnt. Höchste Zeit, sich von allem Ballast zu trennen, der das Behauptete nur unglaubhaft macht. Freilich wird, soviel sei vorweggenommen, am Ende unserer Überlegungen das Ergebnis stehen, daß auch der Rest bei genauerer Prüfung in sich zusammenfällt. Es gibt kein einziges Gebiet, in dem Albaner in einer seit der Antike nie unterbrochenen Siedlungskontinuität überdauert haben können.

Gehen wir aus von einem Tatbestand, der unter den Albanologen wohl kaum mehr strittig ist. Das Albanische wird sich erst zu einer relativ jungen Zeit in zwei Hauptdialekte, das Gegische nördlich des Shkumbini und das Toskische im Süden, geschieden haben, die sich wiederum in Unterdialekte auseinanderfalteten. Als gemeinsame Grundlage hat man sich ein nach Bau und Vokabelschatz ziemlich einheitliches Idiom vorzustellen, das auf keinen Fall in einem Riesenraum entstanden sein kann, wie er von den meisten Autochthonisten für das Protoalbanische in Anspruch genommen wird. Vielmehr geht es darum, ein sehr viel engeres Gebiet auszugrenzen, das mit allen Fakten, die uns zu Gebote stehen, vereinbar erscheint. Dafür empfiehlt es sich, in einem Negativverfahren vorzugehen. Es gilt, all die Gebiete, die aufgrund gewichtiger Argumente augenscheinlich n i c h t zur Frühheimat der Albaner gehört haben, gleichsam auszuschwärzen, bis schließlich als weiße Insel jener Raum übrig bleibt, in dem sich am ehesten Kontinuität abgespielt haben kann.

1. Der äußerste Süden des heutigen Albaniens muß deshalb ausscheiden, weil der Name seines Hauptflusses, *Vjosë*, nur über slawische Vermittlung ins Albanische gelangt sein kann. Das muß zu einem so späten Zeitpunkt geschehen sein, daß die Lehnform nicht mehr an jenem albanischen Wandel von intervokalischem *-s-* > *-sh-* teilnahm, den im Nor-

den etwa *Rush*, die albanische Nachfolgelautung von *Ragusium*, *Drisht* »Drivasto« und der Flußname *Ishëm* erkennen lassen. Nur bei slawischer Vermittlung wird verständlich, warum die Landschaft *Thyamis* heute alb. *Çamëri*, neugriech. *Tsamuria* heißt. Denn hier liegt der gleiche Lautersatz wie in agriech. *thymbron* > akslaw. *čǫbrъ* für das Gewürzkraut Saturei zugrunde.[38] Außerdem gehörte Albaniens Südflanke zu Epirus, wo sich – mit Pyrrhus als bedeutendstem Herrscher – antike Barbarenstämme zu einem Reich zusammengeschlossen haben, dessen Kultur gewiß durch intensive hellenistische Einflüsse geprägt war.[39] In der regionalen Barbarensprache, dem Epirotischen, muß sich das durch einen reichen und vielseitigen Bestand von Lehnvokabeln aus dem Griechischen widergespiegelt haben. Das Südtoskische, in dem das Altgriechische nicht mehr Spuren hinterlassen hat als in allen anderen Varianten des Albanischen, entspricht diesen Erwartungen in keiner Weise. Es kann also nicht die Sprache des Pyrrhus und seiner Untertanen fortsetzen.

2. Auch der nördlich anschließende Streifen bis zum Flusse Shkumbini und der ihm folgenden *Via Egnatia*, die Dyrrachium an der Adria mit Thessalonike an der Ägäis verband, kommt nicht ernsthaft in Frage. Denn zwei Flußnamen dieser Region, *Osum* und *Shkumb(in)*, sind den Albanern offensichtlich durch Slawen vermittelt worden: im ersten, wie in dem bereits erwähnten Falle *Vjosë*, kaum vor a. 1000, weil *-s-* sich hier nicht mehr zu alb. *-sh-* wandelte.[40] Auch lag in diesem Streifen mit Apollonia eine bedeutende griechische Küstenkolonie, zu der allmählich – über Küste und Hinterland gestreut – ein Haufen kleinerer hellenischer Gründungen hinzukam. Von einigen wenigen lateinischen Einsprengseln der Kaiserzeit abgesehen spiegeln hier die Inschriften, solange die Antike währte, eine unerschütterte Vorherrschaft des Griechischen als Zivilisationssprache, das hier auch Verwaltungssprache gewesen sein wird.[41] Namentlich von Apollonia und später von Aulon, das die Rolle Apollonias weiterspielte, nachdem dieses wohl im 6. Jh. unbewohnbar geworden war, müssen intensive Wirkungen auf die Kultur des Binnenlandes ausgegangen sein. Wichtige Vermittlerdienste werden dabei jenen ziem-

---

[38] Darauf machte mich Aleksandar Loma aufmerksam: ohne slawische Vermittlung wäre alb. *S-* zu erwarten.

[39] Über griechische Einflüsse auf Epirus, die seit der Gründung von Korkyra auf Korfu a. 733 v. Chr. nicht mehr abreißen sollten, und die Ausbildung eines Städtenetzes s. Stanley Casson: Macedonia, Thrace and Illyria. Their relations to Greece from the earliest times down to the time of Philip, son of Amyntas. London 1926; Nicholas G.L.Hammond: Epirus. The geography, the ancient remains, the history and the topography of Epirus and adjacent areas. Oxford 1967.

[40] Schramm: Eroberer 35.4.7; 38.9.3.

[41] Boris Gerov in: Die Sprachen im Römischen Reich der Kaiserzeit. Kolloquium ... 1974. Köln 1980 = Beihefte der Bonner Jahrbücher Bd. 40 S. 150f.

lich durchweg von Einheimischen bewohnten Städten zugefallen sein, die sich zwischen den griechischen Gründungen und ihrem Hinterland entwickelten.[42]

Zu diesem Bild will aber das Toskische ganz und gar nicht stimmen. Es enthält ja nicht mehr Übernahmen aus dem Altgriechischen als sein nördlicher Nachbar, das Gegische, obwohl der Norddialekt doch in einem Gebiet gesprochen wird, das vom römischen Reich bis zum Anfang des 7. Jh.s mit lateinischer Amtsprache verwaltet worden war. Ja, auch im Toskischen haben die frühen Anleihen bei den Griechen eine rund zwanzigmal größere Masse von Lehnvokabeln aus dem Lateinischen neben sich. Wäre die griechisch-lateinische Kulturscheide in Kaiserzeit und Spätantike quer durch die Protoalbania verlaufen, dann müßte das in der mundartlichen Gliederung des albanischen Wortschatzes bis heute durchschlagen: etwa so, wie die deutschen Dialekte an Rhein und Mosel wesentlich stärker von lateinischem Wortgut durchsetzt sind als Mundarten, die jenseits des einstigen Limesverlaufs gesprochen werden.

Zum gleichen Ergebnis kommt man, wenn man die Ortsnamen slawischen Ursprungs durchmustert, die gerade im albanischen Süden besonders zahlreich sind.[43] Die Autochthonisten erklären diesen Befund so: es seien zwar größere Zahlen von Slawen eingesickert, aber neben ihnen habe die altbodenständige Bevölkerung uneingeschmolzen überdauert. In Griechenland jedoch, wo gerade dieser Fall (nur mit Griechen als Alteingesessenen) anhand vieler Ortsnamen dingfest gemacht werden kann, sind slawische Dorfgründungen der Frühzeit in griechischen Lehnformen festgeschrieben worden, die einen frühen slawischen Lautstand voraussetzten. Die Übernahmen müssen spätestens im 8. Jh. zu denken eingesetzt haben: noch bevor der zusammengeschmolzene Bestand an Griechen durch eine byzantinische Ansiedlungspolitik wieder aufgefüllt wurde.[44] Für derartig zeitige Umsetzungen in den albanischen

---

[42] Zur Verteilung griechischer und illyrischer Städte s. u. Karte Nr. 26.

[43] Bahnbrechend dazu A[fanasij] M. Seliščev: Slavjanskoe naselenie v Albanii. Sofia 1931 (Nachdruck besorgt von R. Olesch. Köln 1978); im wesentlichen zustimmend dazu Norbert Jokl in: Slavia 13 (1934-35) S. 281-325; 609-645. Seliščevs These, die Albaner seien in ein slawisch besiedeltes Albanien eingewandert, wurde ausgebaut von Ivan Popović: Slawen und Albaner in Albanien und Montenegro. Zum Problem der slawisch-albanischen Sprachchronologie. In: Zeitschrift für slavische Philologie 26 (1958) S. 301-324. Vgl. dazu u. die Karten VI Nr. 31 und 28. Ich selber wagte in: Eroberer S. 140-165 als allgemeine Regel aufzustellen, daß Niederungen auf der Balkanhalbinsel früh slawisiert wurden, soweit das nicht von den Byzantinern verhindert werden konnte. Die Verhältnisse im frühmittelalterlichen Albanien dürften gut zu dieser Regel stimmen.

[44] Der historische Hintergrund bei Johannes Koder: Zur Frage der slavischen Siedlungsgebiete im mittelalterlichen Griechenland. In: Byzantinische Zeitschrift 71 (1978) S. 315-331. Michael W. Weithmann: Strukturkontinuität und Diskontinuität auf der

Süddialekt fehlen nach meinem Eindruck jegliche Anhalte. Im Gegenteil: etwa der südalbanische Fluß *Bistrica*, ein Zubringer des Shkumbini, läßt mit seinem *i* in der Erstsilbe, das slaw. *y* vertritt, auf einen Übergang schließen, der später als der auf das 9. Jh. datierbare Wandel von slaw. $\bar{u}_1 > y$ stattgefunden haben muß. Der Namenform *Bushtrica*, die im nördlichen Albanien für zwei verschiedene Gewässer begegnet, kann man dagegen ablesen, daß sich die dortigen Albaner die gleiche Prägung schon vor dem eben erwähnten slawischen Lautwandel angeeignet haben müssen. Ein entsprechendes Bild ergibt sich für den *Osumi*, der mittelgriechisch *Ason, Asumis* heißt. Diesen Fluß können die Albaner frühestens im 9. Jh. kennengelernt haben, als slaw. *a* bereits zu *o* umgefärbt war.[45]

3. Im albanischen Norden wird man den Küstenstreifen ausklammern müssen, weil, wie Weigand erkannt hat, die albanische Terminologie für Seefahrt, Fischerei und Meeresfauna mit erdrücktem Übergewicht aus dem Romanischen und zwar vor allem aus dem heute ausgestorbenen Dalmatischen stammt. Die Autochthonisten haben entgegengehalten, es gebe auch im maritimen Sinnbereich angestammtes albanisches Wortgut.[46] Entsprechendes kommt aber sehr wohl auch bei Völkern vor, die ans Meer, von kaum jemand bestritten, erst durch Wanderungen von einer meerfernen Urheimat vorgedrungen sind: etwa bei den Slawen. Eine Sprache wie das Albanische, dessen Wort für Fisch, *peshk*, eindeutig aus **pesk*, der Vorform von dalmatisch *pask*, entlehnt wurde, kann man sich nur schwer als Erbgut eines Volkes vorstellen, das seinen Zugang zum Meer niemals verlor.[47]

Griechischen Halbinsel im Gefolge der slawischen Landnahme. In: Münchner Zeitschrift für Balkankunde 2 (1979) S. 141-176.

45 Schramm: Eroberer 35.4.7.

46 S. u. s. Çabej: Frage S. 27. L. Dodbiba: La nature du lexique albanais et ses éléments non empruntés. In: Actes du Premier Congrès International des Études Balkaniques et Sud-Est Européennes: VI Linguistique. Sofia 1968 S. 857-872.

47 G. Meyer: Et. Wb. der alb. Spr. S. 329; Weigand: Albaner S. 233f. – Vgl. auch Seliščev: Slavj. naselenie S. 167-170. – Methodisch verfehlt scheint mir der Schluß von Mahir Domi: Problèmes de l'histoire de la formation de la langue albanaise: resultats et taches. In: Conférence nationale … 1982 Rapports S. 33-87: »*L'existence d'une terminologie assez riche relative aussi bien à la flore et à la faune maritimes qu'à la navigation et à la pèche … prouve que les Albanais vivaient depuis les temps les plus anciens sur la côte également*«. Das Gegenteil scheint mir richtig: aufschlußreich für den Historiker ist vielmehr der hohe Anteil von Seevokabeln, die n i c h t dem albanischen Erbwortschatz entstammen. Treffend Heinz Kronasser in: Die Sprache 11 (1965) S. 180: »Die Terminologie für Seefahrt und Fischfang ist im Albanischen ein buntes Gemisch von Lehngut aus verschiedenen Sprachen. Dies wäre kaum möglich, wenn die Albaner seit dem Altertum in ihren historischen Sitzen gewesen wären.«

4. Auch für die nordalbanische Ebene ist eine ununterbrochene Siedlungskontinuität der Shqipetaren nicht wahrscheinlich. Denn sie hätte zu einer viel dichteren und breiteren Streuung von Wortübernahmen führen müssen, als sie das Albanische dem Altgriechischen verdankt. Nordalbanien war einmal das Hinterland der bedeutenden griechischen Kolonie Epidamnos oder Dyrrachion, die a. 625 v. Chr. als Ablegerin von Korkyra entstand. Wenig später wurde, südlich von Epidamnos, Apollonia gegründet. Beide Städte blieben über 600 Jahre wichtige Ausstrahlungspunkte griechischer Zivilisation.[48] In Dyrrachion gewann zwar, nachdem Augustus hier eine römische Kolonie hatte anlegen lassen, nach Ausweis der Inschriften ein lateinisches Element die Oberhand. Aber für die Kaiserzeit hat man beobachtet, daß gerade die Unterschichten von Dyrrachion zum guten Teil am Griechischen als Inschriftsprache und damit an einer älteren Ausrichtung der Regionalkultur festhielten.[49] Gerade die einfachen Leute, für die nicht lateinische, sondern bodenständige Namen typisch sind, werden sich aber in hohem Maße aus der illyrischen Bevölkerung des Hinterlandes rekrutiert haben. Nachdem die Feste Dyrrachion, durch Natur und durch Menschenhand abgeschirmt, dem Einbruch der Slawen erfolgreich getrotzt hatte und seit dem 7. Jh. von den Byzantinern zu einem wichtigen Stützpunkt des Reiches ausgebaut worden war, ist hier erneut mit einer Vorherrschaft griechischer Kultur zu rechnen. Allein von diesem einen wichtigen Platz sind in einem Zeitraum von mehr als tausend Jahren gewiß immer neue, tiefdringende Wirkungen auf die Zivilisation des Hinterlandes ausgegangen. Das steht nicht zuletzt deshalb zu erwarten, weil sich von dorther die Stadtbevölkerung, namentlich in ihren Unterschichten, unablässig ergänzte.

Nicht genug damit. Wir müssen darüber hinaus mit Hellenisierungsströmen rechnen, die daher rühren, daß Nordalbanien über mehrere Jahrhunderte der Antike zu jenem Illyrischen Reich gehörte, das sich im Vorfeld der griechischen Staats- und Kulturwelt ausbildete und, stets von

---

[48] Zur Ausdehnung der Inlandterritorien von Epidamnos-Dyrrachion und Apollonia s. Hammond: Illyris S. 8. Archäologische Anhalte für eine enge kulturelle Verbindung zwischen den Küstenzentren und dem illyrischen Inland stellten zusammen Skënder Anamali: Les villes de Dyrrachion et d'Apollonie et leurs rapports avec les Illyriens. In: Studia Albanica 1970 Nr. 2 S. 89-98; Vladimir Blavatskij: Apollonia et les Illyriens (avant 229 av. notre ère). In: Actes du VIIIe Congrès International des sciences préhistorique et protohistorique Bd. 1. Belgrad 1971 S. 235-239.

[49] O. Masson: Les relations entre les Grecs et les Illyriens d'après l'onomastique d'Illyrie et de Dyrrachion. In: Actes du Premier Congrès des Études Balkaniques 1966. Sofia 1968 S. 233-239; V. Toi: Données sur l'onomastique illyrienne à Dyrrachium et dans d'autres centres de l'Albanie. In: Studia Albanica 1969/2 S. 163-185; ders.: La population illyrienne de Dyrrachion à la lumière des données historiques et archéologiques. In: Iliria 4 (1976) S. 301-366.

dieser beeinflußt, fortentwickelte.[50] Seit Ende des 5. Jh.s v. Chr. können wir im Nordwesten von Makedonien einen Zusammenschluß von Stämmen fassen, die in der griechisch-lateinischen Überlieferung mit dem Etikett »Illyrer« belegt werden. Diese Formation hat sich, unter allmählicher Einbeziehung weiterer Völkerschaften, bruchlos bis a. 168 v. Chr., dem Jahr der römischen Eroberung, durcherhalten. Aber bei aller Beständigkeit der Reichsbildung wandelte sich die innere Struktur Illyriens gründlich. Offenbar nach dem Vorbild der Makedonen kam es, ebenso wie bei den benachbarten Epiroten, zu einem in männlicher Linie erblichen Königtum, das bald politische Eheverbindungen mit Fürstenfamilien Makedoniens und Griechenlands knüpfte. Gespiegelt wird das etwa von den griechischen Namenprägungen Eurydike, Glaukias, Mytilios und Demetrios, die im illyrischen Herrscherhaus mit einheimischen Bildungen abwechseln. Die Könige zogen Steuern ein, die schließlich höher waren als die später von den Römern erhobenen Abgaben. König Monunios ließ Münzen (mit griechischen Inschriften) schlagen, während Gentios das Münzrecht an einzelne Städte und Stämme verlieh.[51] Die Römer konnten die Hand auf einen wohlgefüllten Staatssäckel legen.

Zum Illyrerreich gehörten schließlich siebzig Städte: darunter – mehr oder weniger fest eingeordnet – bedeutende griechische Kolonien wie Dyrrachion, außerdem kleinere Städte mit einer überwiegend oder doch teilweise hellenischen Bürgerschaft bis hin zu Ansiedlungen jener Altbodenständigen, bei denen – faßbar seit dem 5. Jh. v. Chr. – unter griechischem Einfluß ein Urbanisierungsprozeß Fortschritte machte.[52] Das illyrische Reich baute – faßbar seit a. 231 v. Chr. – in den süddalmatischen Buchten eine bedeutende Flottenmacht auf, die der Schiffahrt auf Adria und Ionischem Meer schweren Schaden zufügte, ja sich Epidamnos als Stützpunkt hinzuzugewinnen suchte. Darüber kam es zu Spannungen mit den griechischen Kolonien, die römische Hilfe anrufen

---

[50] Alberto Gitti: La politica dei rei illiri e la Grecia fino all'intervento Romano. Mailand 1936. – Überzeugend wird die Struktur des illyrischen Staatswesens konstruiert von Fanula Papazoglu: Les origines et la destineé de l'Etat illyrien. *Illyrii proprie dicti.* In: Historia 14 (1965) H. 2 S. 143-179; dies.: Politička organizacija Ilira u vreme njihove samostalnosti. In: Akademija nauka i umjetnosti Bosne i Hercegovine (hg): Posebna izdanije 5. Centar za balkanoložkog ispitivanja kn. 2. Sarajevo 1967 S. 11-22; dies.: Royaumes; N. G. L. Hammond: The kingdoms in Illyria circa 400-167 B. C. In: Annual of the British School of Athens 61 (1966) S. 239-253 und die jüngste, zur Zeit beste Kurzdarstellung der Geschichte Albaniens: Hauziński/Leśny Hst. Albznii (1992) S. 17–38.

[51] Selim Islami: Le monnayage de Skodra, Lissos et Genthios (Essai d'une révision du problème). In: Actes du Premier Congrès International des Études Balkaniques et Sud-Est Européenes Bd. II. Sofia 1969 S. 429-443.

[52] Frano Prendi: L'urbanisation de l'Illyrie du Sud à la lumière des données archéologiques (Ve-IIe siècles avant notre ère). In: Iliria 4 (Tirana 1976) S. 89-160.

mußten.[53] Dem Senat, der ohnehin eine Machtausweitung über die Adria anstrebte, kam das nur gelegen.[54] Das Ergebnis der Kriege von a. 229-228 und 168 v. Chr. war, daß Rom das albanische Küstenland unter seine feste Herrschaft nahm, die es dann auf den nördlich angrenzenden Uferstreifen ausdehnte.

Malt man sich aus, wie sich die mit Händen zu greifenden, gewiß hochintensiven Hellenisierungsvorgänge, die den Ausbau der illyrischen Machtstellung erst ermöglicht haben, auf die Sprache jener Stämme auswirkte, die im Illyrerreich zusammengeschlossen waren, dann wird man mit zahlreichen Lehnwörtern in einem breiten Spektrum von Lebensbereichen rechnen. Die Übernahmen müssen Politik und Recht ebenso wie Kleidung und Schmuck, Geldwesen, Arzneien, Technik, Architektur und Wohnkultur betroffen haben, aber auch in die geistig-religiöse Begriffswelt eingedrungen sein. Derartige Annahmen können sich auf Vergleichsfälle stützen: im Koptischen und im syrischen Aramäisch etwa haben griechische Stadtkultur (namentlich von Alexandrien und Antiochien) und hellenistische Reiche vielfältige Spuren hinterlassen.

Wie sieht es nun aber im Albanischen tatsächlich aus? Aus dem Altgriechischen stammen hier nur rund 30 Entlehnungen.[55] Deren Masse (wenn man überhaupt von Masse reden kann) ballt sich in einem einzigen Lebensausschnitt, der Küche. Unter frühem griechischen Einfluß, so lernen wir, wurde der uralbanische Speisezettel angereichert: um Fenchel, Sauerampfer, Lauch, Knoblauch, Thymian, Pflaumen, Kirschen, Mispeln und Zuckermelonen.[56]

---

[53] Harry J. Dell: The origin and the nature of Illyrian piracy. In: Historia 16 (1967) S. 344-358.

[54] N. G. L. Hammond: Illyris, Rome and Macedon in 229-205. In: Journal of Roman Studies 58 (1968) S. 1-21; Karl-Ernst Petzold: Rom und Illyrien. Ein Beitrag zur römischen Außenpolitik im 3. Jahrhundert. In: Historia 20 (1971) S. 199-223.

[55] Grundlegend dazu Albert Thumb: Altgriechische Elemente des Albanesischen. In: Indogermanische Forschungen 26 (1910) S. 1-26. Einiges in Thumbs Liste wird heute nicht mehr als Übernahme aus dem Altgriechischen verstanden. Einiges Lehngut ist inzwischen neuidentifiziert worden. Bei der Größenordnung von etwa 30 sicheren Anleihen ist es geblieben, s. Hermann M. Ölberg: Griechisch-albanische Sprachbeziehungen. In: Innsbrucker Beiträge zur Kulturwissenschaft 17 (1972) S. 33–64; Haralambie Mihăescu: Linguistique et ethnogenèse des Albanais. In: Studia Albanica XIX/2 (1982) S. 137-148 (hier S. 140).

[56] Auch für die Namen zweier Speisefische sind als Entlehnungen aus dem Altgriechischen gedeutet worden: *labrik* »Seewolf« (mit unerklärtem *i)* < *labrax*, s. Thumb: Agrie. Elemente S. 14; blî »Stör« < blānós »eine Art Fisch«, s. Çabej: Grundprobleme S. 84. Da es sich in beiden Fällen um Meeresfische handelt, lassen sich beide Herleitungen mit der These einer binnenbalkanischen Frühheimat der Albaner, wie sie in diesem Buch vertreten wird, nur vereinen, wenn man eine Weitergabefolge agriech. > dalmatoroman. > alb. annimmt.

Zu andersartiger Verwendung dienten – ebenfalls durch Bezeichnungen aus dem Altgriechischen als Importe kenntlich – die Tamariske, die harzliefernde Ruchbirke und – als Zierpflanze übernommen? – der Farn. Eine zweite, kleinere Gruppe bilden Waffen und Geräte wie Schwert, Helm, Sichel, Mühlstein, Anker und eine Krugart. Darüber hinaus zeichnet sich keine einzige weitere, von einer anderen Sparte des Zivilisationseinflusses zeugende Gruppe von inhaltlich zusammengehörigen Frühübernahmen ab. Als Beispiel für die höchstens punktuelle Vertretung weiterer Sinnbereiche: dem geistig-religiösen Leben läßt sich mit hinlänglicher Sicherheit nur ein gegisches Wort für Zauberei (*mëngji*) zuordnen. (Daß sich alb. *krua*, Plur. *krojë* »Quelle« < *griech. krānā* und *shpellë* »Höhle« < *spélaion* als Entlehnung mit kultischem Hintergrund erklären, erscheint möglich, aber nicht sicher).

Das Fazit fällt eindeutig aus. Die sicheren Entlehnungen spiegeln genau das nicht, was man gern aus ihnen herausgelesen hat: nämlich eine langandauernde Nachbarschaft zwischen einem Barbarenvolk und hellenischen Stadtgründungen. Sie verraten vielmehr, daß Griechen und Uralbaner während der Antike durch einen geographischen Zwischenstreifen getrennt gewesen sein müssen. Ja, was die Uralbaner entlehnten, vereint sich durchaus mit längeren Transportwegen. Wie leicht lassen sich etwa Samen von Pflanzen, die den Speisetisch bereichern, über Land befördern! Das altgriechische Lehngut im Albanischen spricht – was bisher am klarsten dem bedeutenden dänischen Balkanologen Sandfeld aufging[57] – nach seiner Zahl wie seiner Bedeutung massiv gegen die Autochthonie.

Wahrscheinlich hätte auch die Anwesenheit von Goten, die sich für a. 396-536 n. Chr. im küstennahen Nordalbanien sichern läßt, eine Spur im gegischen Dialekt des Albanischen hinterlassen, wenn dieser altbodenständig wäre.[58] Eindeutig unvereinbar mit der Annahme einer »illyrischen Kontinuität« in Nordalbanien ist, was sich aus einer Prüfung der frühen Lehnbeziehungen zwischen Albanern und Slawen ergibt. Die slawischen Landnehmer des 7. Jh.s, denen noch die Wirtschaftserfahrung von Bauern aus den Ebenen der Ukraine und Rumäniens anhing, haben auf der ganzen Balkanhalbinsel zunächst die Niederungen und frucht-

---

[57] Christian Sandfeld: Linguistique balkanique. Problèmes et résultats. Paris 1930 S. 27. Der bescheidenen Zahl von etwa 30 altgriechischen Entlehnungen hat schon Thumb: Agriech. Elemente S. 8 – ohne die nötigen Folgerungen daraus zu ziehen – gegenübergestellt, daß es im Gegischen 100 Übernahmen aus dem Mittel- und Neugriechischen gibt. Dabei kann man spätestens seit dem 11. Jh. nicht mehr mit zivilisatorischen Wirkungen griechischer Küstenstädte auf das nordalbanische, römisch-katholisch dominierte Inland rechnen, die es an Stärke und Vielfältigkeit mit den für die Antike anzunehmenden Einflüssen aufnehmen konnten.

[58] S. u. I.4. Anm. 2.

baren Tallagen besetzt. Hier vollzogen sich Verdrängung und Einschmelzung der Vorbewohner wesentlich früher als in den höher gelegenen Teilen des Subkontinents.[59] Die auch in den niedrigen Lagen Nordalbaniens reich vertretenen Ortsnamen slawischer Herkunft lassen vermuten, daß wir es mit einem Regionalfall zu tun haben, der die gesamtsüdosteuropäische Regel bestätigt. Nichts läßt auf den Ausnahmefall einer ethnischen Beharrungskraft von Einheimischen in Niederungen schließen, die sich nun einmal für eine solche Resistenz wenig eignen. Aussagekräftig ist auch, daß der Name des *Shkumbini*, der Nord-und Südalbanien trennt, offensichtlich durch slawische Vermittlung ins Albanische gelangte.[60]

Wollte man trotzdem annehmen, mitten unter den slawischen Neubewohnern hätten Siedlungen von uneingeschmolzenen Illyrern überdauert, dann stünde dem wiederum das schon für Südalbanien vorgebrachte Argument entgegen, daß dann die albanischen Entlehnungen slawischer Namenprägungen einen wesentlich älteren slawischen Lautstand voraussetzen müßten, als es tatsächlich der Fall ist. Zwar beweist der bereits erwähnte, gleich zweimal begegnende Flußname *Bushtrica*, daß am Ostrand des nördlichen Albanien spätestens bis um a. 900 mit Albanern zu rechnen ist. Aber Anhalte für das 8. oder gar 7. Jh. heben sich auch hier nicht ab.

5. Weiterhin kommt das östliche Vorland des heutigen Albaniens als Sitz der Protoalbaner nicht ernsthaft in Frage. Denn hier zeichnen sich an zwei Stellen barbarensprachliche Lautentwicklungen ab, die nicht zum Albanischen stimmen. Im westmakedonischen *Skopje* wurde, als die Slawen sich wohl im 7. Jh. diesen Namen zu eigen machten, eine altbalkanische Sprache gesprochen, die offensichtlich idg. *sk* bewahrt und nicht etwa – wie das Albanische noch vor dem Einstrom lateinischen Wortguts – zu *h* verschoben hatte.[61] Als mindestens zwei Jahrhunderte später (auf jeden Fall nach etwa a. 800, als slaw. *a* bereits zu *o* geworden war) die Slavisierung auch auf das benachbarte Šargebirge ausgegriffen hatte, war in dem dort gesprochenen, heute untergegangenen Idiom – wahrscheinlich war es dieselbe Sprache, die man ursprünglich auch in Skopje gebraucht hatte – die ursprüngliche Lautung *Skardos* mittlerweile zu *Šar* gewandelt worden.[62] Weder die Verschiebung im Anlaut noch der wohl im Auslaut nach *r* vollzogene *d*-Schwund vertragen sich mit den Regeln albanischer Lautgeschichte.

---

59 Schramm: Eroberer S. 140-165.
60 Ebd. 38.9.
61 Ebd. 38.13.4.
62 Ebd. 38.3.2.

Ein gleiches gilt für die Entwicklung von **Au Luchnido-* »am Lychnidos-See«, wie wir die Ausgangsform des Namens der Stadt *Ohrid* rekonstruieren dürfen.[63] Die Slawen hörten, das ergibt sich aus der an die Griechen weitergegebenen Lautung *Achrida*, den Stadtnamen als **Alchrid.* Eben diese Form liegt auch der ursprünglichen albanischen Lehnlautung zugrunde, die, latinisiert zu *Alchria*, a. 1504 festgehalten wurde. Die altbalkanische Sprache, in der diese Prägung entstand und später an die Slawen wie an die Albaner weitergegeben wurde, läßt lautgeschichtliche Parallelen zum Albanischen erkennen: *au* wandelte sich auch hier zu *a*; zwischen zwei Konsonanten erscheint ein Mittelsilbenvokal (*u*) synkopiert; schließlich erinnert der Wandel von *hn* > *hr* an jenen Rhotazismus, der im Toskischen aus *n* in bestimmten Positionen ein *r* machte. Aber wohlgemerkt: in der vorliegenden Lautverbindung mit voraufgehendem *h* wäre dieser Wandel im Toskischen gerade n i c h t eingetreten. Der Befund verrät also, daß die Slawen den Namen *Achrid*, den sie später zu *Ohrid* umgestalten sollten, nicht von Frühalbanern entlehnt haben. Sie übernahmen vielmehr aus einer anderen altbalkanischen Sprache. Zwei Übereinstimmungen und eine Ähnlichkeit in der Lautentwicklung legen die Annahme nahe, daß dieses heute untergegangene Idiom in relativ kurzer Entfernung zum Verbreitungsgebiet jenes Idioms der Bessen gesprochen wurde, dessen Reichweite später abgeschätzt werden soll.

6. Bei unserem Vorgehen, einen Raum nach dem anderen auszuschwärzen, weil die Präsenz von Frühalbanern dort nicht wahrscheinlich anmutet, hat innerhalb der heutigen Verbreitungsräume des Albanischen nur ein einziges Gebiet freigelassen: die bergigen Teile Nordalbaniens. Gut zu den natürlichen Bedingungen dieses Raumes will stimmen, daß die Albaner für Flora und Fauna sowie für Wirtschaftsweisen, die mit Lagen über 900 Metern verknüpft sind, im wesentlichen Erbwörter verwenden, während für die darunterliegende Zone von 600-900 Metern bereits ein Gemisch aus slawischen und ursprünglich albanischen Benennungen begegnet. Was die Natur der Talbecken und Ebenen kennzeichnet, erscheint dagegen im erheblichen Maße mit Etiketten von slawischer Herkunft belegt, während der Küstenwortschatz ein stark romanisches

---

[63] In meiner Rekonstruktion der komplizierten Namengeschichte von *Ohrid* in: Eroberer 35.2.7. wurde *O* – wie ich festhalte: zurecht – auf ein Suffix mit der Bedeutung »bei, am« zurückgeführt und der Stadtname als »am Lychnidos(-See)« gedeutet. Doch nahm ich irrtümlich *Ad-* an, weil ich den Beleg *Aulinidos* übersehen hatte. Er begegnet – neben vorherrschendem, der traditionellen Reichsnomenklatur entsprechenden *Lychnidos* – in der handschriftlichen Überlieferung eines frühbyzantinischen Textes über die Verwaltungsgeographie des Imperiums, s. : Le Synekdémos d'Hieroklès ... hg. Ernest Honigmann (Brüssel 1939) = Corpus Bruxellense historiae Byzantinae. Formae Byzantini Fasc. 1. Zu *au-* »bei« (slaw. *u*) s. u. a. den Stammesnamen *Autariátai* bei Schramm: Eroberer 39.2.1.

Gepräge zeigt. Georg Stadtmüller hat 1942 aus diesem Befund den historischen Schluß gezogen, in dem vielleicht geschütztesten Teil des balkanischen Raums, nämlich in den Bergen um den Oberlauf des Mati, seien die dortigen Illyrer von zwei Überspülungen ausgespart worden, in der die Bevölkerungen der niederen Lagen untergingen. Zunächst entgingen sie der Romanisierung und später der Slavisierung.[64] Als die Zeitumstände allmählich wieder günstiger wurden, breiteten sich die Albaner dann – so darf man Stadtmüllers Skizze auszeichnen – allmählich über all die Räume aus, in denen sie heute sitzen. Dieser Ansatz ist zu Recht kritisiert worden, weil er die Frühheimat der Albaner auf einen ausgesprochen unwirtlichen Raum eingrenzt, der nur recht kleine Zahlen von Menschen ernähren konnte.[65] Aber man darf ja, ohne das Wesentliche an Stadtmüllers Vorschlag preiszugeben, den Radius ruhig etwas weiter schlagen. Entscheidend für uns, daß nur bei einer Einschränkung auf die bergigen Teile Nordalbaniens eine Autochthonie der Albaner ernsthaft in Frage kommt.

Jedoch auch in dieser, wie mir scheint, bestmöglichen Gestalt hat die These, die Albaner säßen schon seit der Zeit, als indogermanische Einwanderer die Balkanhalbinsel durchdrangen, auf Teilen der Fläche, die sie heute besetzen, gewichtige Fakten gegen sich:

- Der Bestand von Übernahmen aus dem Altgriechischen ist selbst für eine illyrische Bergbevölkerung zu klein und verdächtig eingeengt auf wenige Sachbereiche. Haben wir doch keinen Anlaß zu unterstellen, der um a. 200 v. Chr. faßbare Zusammenschluß der illyrischen Stämme zu einer hellenistisch beeinflußten Reichsbildung habe nur Bewohner der Ebenen einbezogen.

- Beweiskräftig weiterhin: die Urheimat der Albaner fiel nach sicheren philologischen Indizien über weite Strecken mit einer Zwischenheimat der frühen Rumänen zusammen. Die enge Symbiose dieser beiden Völker, von der im ersten Abschnitt des dritten Kapitels die Rede sein wird, kann sich schon deshalb nicht im Westen der Halbinsel abgespielt haben, weil die Urrumänen in ihrer Frühheimat die Wirtschaftsformen des Bergnomadismus entdeckten, die auf lange Entfernungen zwischen Sommer- und Winterweiden zugeschnitten ist. Diese Lebensform aber hätte die Hirtenromanen alljährlich vom Herbst bis zum Frühling in die Küstenebenen geführt. Die Folge wären regelmäßige, enge Kontakte mit jenen Dalmatoromanen gewesen, die längs der Adriaküste saßen. Vom Albanischen und Rumänischen des Frühmittelalters läßt sich aber mit guten Gründen behaupten, daß beide

[64] Stadtmüller: Forschungen.
[65] S. etwa Ducellier: Arbanon S. 355.

Sprachen sich nicht mit dem Dalmatoromanischen berührt haben können. Sie müssen vielmehr in weitem Abstand zur Küste und über lange Zeit ohne Beziehungen zur Adria gesprochen worden sein.[66]

- Weiterhin lassen beide Sprachen alle sicheren Entlehnungen aus der Sprache jener Goten vermissen, die immerhin 130 Jahre lang an der nordalbanischen Küste geherrscht haben.

- Nicht für, sondern gegen die Autochthonie spricht weiterhin der Name *Arbanum*, den die mittelalterlichen Quellen für das Bergland zwischen dem heutigen Tirana und dem oberen Drin verwenden. Im Albanischen erscheint diese Bezeichnung als *Arbëria* auf einen Landstrich verlagert, der sich von Valona aus südwärts erstreckt. Die Slawen, die für *Arbanum* zwischen den – durch die Liquidenmetathese durchgegangenen – Formen *Rabъn* und *Labъn* schwanken, haben in der dort angetroffenen altbalkanischen Sprache wohl eine Konkurrenz von *Alb-* und *Arb-*, wenn nicht einen Zwischenlaut zwischen *r* und *l* angetroffen. Gewiß gibt es für eine Reihe von Wörtern mundartliche Varianten mit *l* statt *r* und *r* statt *l:* manchmal am selben Ort nebeneinander gebraucht. Aber wohl in keinem einzigen Wort gilt heute gesamtalbanisch *r*, wo ursprünglich *l* stand.[67] Und solche Gegenstücke braucht man, wenn *Alb-* inneralbanisch zu *Arb-* geworden sein soll. Dieser Befund setzt das Tüpfelchen aufs *i*: jenes »Illyrische im engeren Sinne«, das die Sprache des antiken Albaniens war, kann keine Frühstufe des heutigen Albanischen gewesen sein.

---

[66] Nach Harald Haarmann: Der lateinische Einfluß in den Interferenzzonen am Rande der Romania. Vergleichende Studien zur Sprachkontaktforschung. Hamburg 1979 = Romanistik in Geschichte und Gegenwart Bd. 5 bleiben nur 28 albanisch-vegliotische Isoglossen ohne rumänische Entsprechungen, während 44 auch im Rumänischen begegnen. In 254 Fällen gehen Vegliotisch und Rumänisch ohne Beteiligung des Albanischen zusammen. Die Küstenlatinität, die H. aus dem Dalmatischen und dem Albanischen als Regionalvariante des südosteuropäischen Lateins rekonstruiert, will mir danach als bloßes Papiergebäude erscheinen.

[67] M. Ölberg: Albanica I: zum r/l-Wechsel. In: Beiträge zur Indogermanistik und Keltologie. Festschrift Pokorny. Innsbruck 1965 = Innsbrucker Beiträge zur Kulturwissenschaft 13 S. 67–68 hielt mit (Jokl) *-l-* in *kulpër/kurpër* »Klematis« für ursprünglich. Überzeugt hat mich statt dessen I. I. Russu: Elemente autohtone în limba română. Substratul comun româno-albanez. Bukarest 1970 S. 153f., der eine Prägung mit *-r-* annimmt.

I.4 Die Zentrale Balkanische Gebirgsgruppe als ältere Heimat der Albaner

Wenn die Albaner, wie sich gezeigt hat, nicht etwa seit grauer Vorzeit in jenem Raum ansässig waren, den sie heute bewohnen: woher sind sie gekommen? Wo lag ihre frühere Heimat?[68] Von der gesuchten Region können wir ein Phantombild mit einer ganzen Reihe von präzise beschreibbaren Merkmalen entwerfen:

- Es handelt sich, nach dem durcherhaltenem Erbwortschatz der Albaner zu urteilen, um eine hochgelegene, für Kleinviehweide geeignete Berglandschaft.
- Nach dem breiten Graben, der sich zwischen dem Dalmatoromanischen und dem Rumänischen, als dieses Symbiosepartner des Albanischen war, aufgetan hat, lag der Raum, nach dem wir fahnden, weit weg von der Adria.
- Das Gebiet stellte wohl kaum das Hinterland griechischer Kolonien, ja nicht einmal von bedeutenderen Städten dar, in denen, bevor die Römer kamen, zwar mehrheitlich eine autochthone Sprache gesprochen wurde, aber ein starker griechischer Kultureinschlag waltete. Doch wurde die gesuchte Region immerhin von gewissen Fernwirkungen altgriechischer materieller Kultur erreicht.
- Innerhalb des römischen Reiches gehörte es (vermutlich von vornherein) zu jenem Länderstreifen, der mit lateinischer, nicht griechischer Amtssprache verwaltet wurde. Die Prägung durch die lateinische Zivilisation drang ungleich tiefer als die voraufgegangenen griechischen Kultureinflüsse. Ja, sie erfaßte die meisten Lebensbereiche, darunter das Recht und das geistige Leben.
- Ostgermanen hinterließen in dem Gebiet, nach dem wir fahnden, keinerlei Spuren, die bis zum Ausgang der Antike unverweht blieben.[69]

---

[68] Diesem Kapitel liegt zugrunde, was ich in: Frühe Schicksale II S. 108-120 erstmals behauptet und z. T. ausführlicher als im folgenden begründet habe. In der Feinausführung ergänze und berichtige ich das damals entworfene Bild.

[69] In beiden Sprachen ist wohl zu Unrecht mit Spuren ostgermanischer Nachbarschaft und Herrschaft gerechnet worden, s. Constantin Diculescu: Altgermanische Bestandteile im Rumänischen. In: Zeitschrift für romanische Philologie 49 (1929) S. 385-436; Gustav Kisch: Reflexe romanisch-germanischer Kulturberührungen im Wortschatz des Gotischen und Rumänischen. Hermannstadt 1931; Ernst Gamillscheg: Romania Germanica Bd. 2 Berlin ... 1935 = Grundriß der germanischen Philologie Bd. 11/2 S. 247-263; Norbert Jokl: Balkangermanisches und Germanisches im Albanischen. In: Festschrift der 57. Versammlung deutscher Philologen und Schulmänner. Salzburg 1929 S. 105-137 und Hamp: Position S. 102, bei dem das sicher romanisch vermittelte *shkum* »Schaum« zu streichen ist. Die spärlichen altgermanischen Lehnwörter im Rumänischen und Albanischen wurden wahrscheinlich durch den lateinischen Truppen- und Grenzerjargon vermittelt, auf den germanische Söldner eingewirkt haben, vgl. Barić: Albanorum. Studien S. 61.

Vermutlich haben sich hier also keine Goten (oder ihnen nahverwandte Erobervölker) in größeren Zahlen niedergelassen.

– Nach dem großen Slaweneinbruch, der zu Anfang des 7. Jh.s die Nordgrenze endgültig einstürzen ließ, sind in die frühe Heimat der Albaner Romanen hinzugestoßen, die aus dem Streifen südlich von Save und Unterdonau geflüchtet waren. Zwischen Urrumänen und Uralbanern entspann sich in der Region, die lokalisiert werden soll, eine enge Symbiose. Dabei lernten die Urrumänen von ihren neuen Nachbarn eine ihnen bislang fremde Lebensform, nämlich die Haltung von Schaf- und Ziegenherden auf jahreszeitlich wechselnden Weiden. Es muß sich also um einen Raum gehandelt haben, der es zwei Völkern ermöglichte, durcheinandergewürfelt eine längere gefahrenreiche Zeitspanne durchzustehen, in der sie sich von heidnischen Landnehmern eingeengt und bedrängt sahen.

Wenn man alle geographischen Möglichkeiten durchspielt, dann bleibt nur eine einzige Region übrig, die zu all diesen Aussagen stimmt, nämlich jene höchste Berggruppe Südosteuropas, die sich zu beiden Seiten der heutigen Westgrenze Bulgariens türmt. Der Fächer von vier Gebirgen setzt sich zusammen aus dem Westen der Balkankette (untergliedert in die Westliche und in die Ihtimanische Sredna Gora), aus der Rila (mit dem 2925 Metern aufragenden Musala, dem höchsten Gipfel der Halbinsel), aus den westlichen Rhodopen und schließlich dem Pirin. Für den Norden wie den Süden dieses mächtigen Bergwalls sind walachische Wanderhirten seit Einsetzen unserer Überlieferung bezeugt. Er bot sich als ein natürliches Refugium in bedrohter Zeit wohl mehr als jeder andere Teil Südosteuropas an. Administrativ gehörte unser Gebiet zu der von Kaiser Aurelian in den siebziger Jahren des 3. Jh.s neu geschaffenen Provinz *Dacia mediterranea*, die in ihrem Westteil die Städte Viminacium (an der Mündung der Morava in die Donau), Naissus »Niš« und Remesiana »Bela Palanka«, beide an der Nišava gelegen, einschloß. Der – heute zu Bulgarien gehörige – Ostteil hatte die Städte Serdica »Sofia« und Pautalia »Kjustendil« zu Vororten.[70]

Wir werden die Region, um die es uns geht, noch weiter eingrenzen dürfen. Wahrscheinlich bewohnten die Uralbaner die Berge w e s t l i c h jener Gipfelkette, welche die Wasserscheide zwischen Mittelmeer und Pontos bildet. In der administrativen Geographie des Römerreiches ordnete sich die älteste Heimat der Albaner wohl in die Westhälfte der von Aurelian geschaffenen Provinz Binnendakien ein, die von vornherein auf Lateinisch verwaltet worden war. Östlich des Bergkamms herrschten Verhältnisse, die nicht zur Sprache der Protoalbaner passen. Denn hier

---

[70] Zum Verlauf der Provinzgrenze, in die zeitweilig auch Bargala an der Bregalnica einbezogen war, s. Velkov: Cities S. 21.

Um die heutige Westgrenze Bulgariens erhebt sich die Zentrale Balkanische Gebirgsgruppe, deren mächtigste Massive die Westliche Balkankette (bis 2376 m), das Rilagebirge (bis 2925 m), die Rhodopen (bis 2186 m) und der Pirin (bis 2914 m) bilden. In diesem höchsten Teil der Balkanhalbinsel, ja vermutlich auch in dem umgebenden Kranz von Flachländern wohnte in der Antike der Stämmeverband der Bessen. Seine Ausdehnung im Raum läßt sich nur sehr grob rekonstruieren. Sie kann namentlich im Osten weiter gereicht haben.

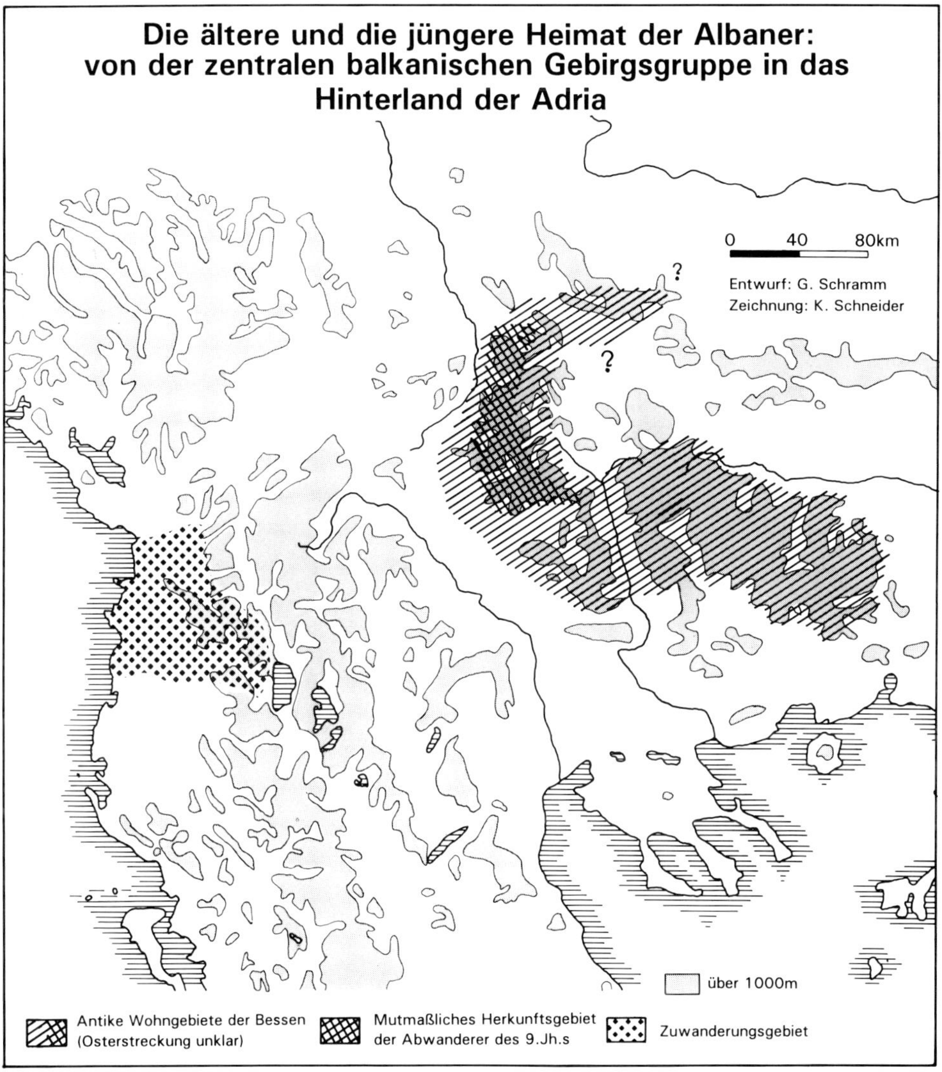

Die ältere und die jüngere Heimat der Albaner: von der zentralen balkanischen Gebirgsgruppe in das Hinterland der Adria

hatte vor etwa a. 275 die griechische Amtsprache gegolten. Und Pautalia, ja in wohl noch höherem Grade Serdica muß man sich als Städte vorstellen, in denen zwar vermutlich vorwiegend Thrakisch gesprochen wurde, aber die örtliche Zivilisation eine starke griechische Prägung aufwies.[71] In Serdica fällt ein guter Teil jener Wachstums-und Blütephase, die auf einen Goteneinfall der fünfziger Jahre des 3. Jh.s folgte, noch in eine Zeit, als hier das Griechische als Kultursprache vorherrschte. Erst im 5.-6. Jh. sollten die meisten Inschriften zum Lateinischen überwechseln. Ein Idiom, das in der Nähe von Serdica zu Hause war, hätte, so will mir scheinen, stärker mit altgriechischen Lehnwörtern durchsetzt sein müssen. Für die weitere Umgebung von Pautalia gilt wohl ein gleiches. Spätere Überlegungen zum albanischen Kirchenwortschatz werden diese Schlüsse bestätigen.

Daß der Osten der Zentralen Gebirgsgruppe sich für eine Lokalisierung des Uralbanischen schlechter eignet als der Westen, wird übrigens für den Südabschnitt dieser Gruppe durch ein anderes Argument bestätigt. Hier müssen die Griechen nach Ausweis ihrer Lehnsform *Strymōn* eine Lautung **Strūmōn* angetroffen haben. Deren *ū* war noch intakt, als die Slawen weit über ein Jahrtausend später sich den Namen des Flusses zu eigen machten und *Strūma* zu *Struma* umsetzten. Zugrundeliegen wird eine Prägung, die im Stammwort, aber auch in der Ablautstufe zu lett. *straume* »Fluß«, poln. *strumień* »Strömung«, ahd. *stroum* »Strom« stimmt. Ist das richtig, dann kann das Anwohneridiom nicht zum Uralbanischen gehört haben. Denn im Albanischen hat sich idg. *ou* über *au* zu *a* fortentwickelt, was eine Durchgangsstufe *ū* ausschließt.[72] Die Monophthongierung unterschied sich in den beiden Gegenden nicht nur darin, daß dort der zweite und hier der erste Vokal des Diphthongs erhalten blieb, sondern klafft auch chronologisch weit auseinander. Denn der Vorgang, der an der Struma schon bei Einsetzen der griechischen Zeugnisse im 5. Jh. v. Chr. vollzogen war, kann im Uralbanischen erst eingetreten sein, nachdem es die ersten Lehnwörter aus dem Lateinischen aufgenommen hatte: etwa *aurum* und *laurus* wurden noch zu *ar* »Gold«, *lar* »Lorbeer«, während *laude*, *causa* sich zu *l(l)aft*, *lavd(ë)* »Ruhm«, *kafshë* »Gegenstand« wandelten. In dieselbe Richtung weist, daß der *Džerman* – ein Nebenfluß der oberen Struma, der nach heißen Quellen in seinem Talbereich benannt sein wird – auf eine Prägung mit idg. *gw^h*- schließen läßt.[73] Die von den Slawen übernommene Lehnform

[71] Zu Serdica s. Schramm: Eroberer 38.16. mit Lit. – Zu den Inschriften s. Gavril I. Kacarov: Starochristijanskite nadpisi ot Serdika. In: Predistoričeski i starochristijanski pametnici ot Sofia i ot okolnostta. Sofia 1921 = Materiali za istorijata na Sofija, Buch 5 S. 37-53.

[72] Schramm: Eroberer 38.20.

[73] Ebd. 26.12.

läßt sich offensichtlich nicht in die Lautgeschichte jenes albanischen Wortes einpassen, in dem das gleiche Stammwort ohne *-n-* Suffix fortlebt: *zjarr, zjerm* »Feuer« < *gw^{h}ermos.*[74]

Wie weit wird die Protoalbania nach Westen gereicht haben? Es bietet sich an, ihr auch das Schafsfeld (*Ovče polje*) zuzuschreiben, das sich in etwa 400 Metern Höhe zwischen der Zentralen Gebirgsgruppe und dem Vardar ausbreitet. Denn am Südrand dieser Hochebene findet sich eine Stadt, deren Name ohne jede Schwierigkeit mit einer solchen Präsenz vereinbar anmutet. Die Slawen haben sich nicht mehr die antike Form *Astibos*, sondern eine bodenständige Nachfolgelautung *Štip* zu eigen gemacht. Darin erinnern gleich drei Merkmale an das Albanische: der Abfall des (unbetonten) Anlauts *a-*, noch vor Ende der Antike, der Wandel von *st* > *št* und die Verhärtung von auslautendem *-b-* zu *-p*, die im Albanischen als Dialektphänomen begegnet.[75] Zu jenen Uralbanern freilich, die nach Albanien abwanderten, können die Bewohner der Hochebene von Štip kaum gehört haben. Denn der albanische Erbwortschatz weist eindeutig auf einen höher gelegenen Herkunftsraum. Aber dadurch wird natürlich nicht die Möglichkeit ausgeschlossen, jenes Idiom, das auf dem Schafsfeld gesprochen wurde, habe sich vielleicht nur geringfügig vom Uralbanischen unterschieden. Es empfiehlt sich, begrifflich sauber zwischen dem mutmaßlichen Herkunftsraum einer Population und dem Verbreitungsgebiet einer Sprache zu scheiden.

Fassen wir zusammen. Stellt man sich die Zentrale Gebirgsgruppe grob vereinfachend als Satteldach vor, so läßt sich der Raum, den es abzugrenzen gilt, auf dem Dachabfall westlich des Firstes lokalisieren. Wir haben in *Štip* einen ersten, freilich keineswegs hinlänglichen Anhalt, daß die gleiche Sprache auch noch weiter westwärts, bereits außerhalb des Dachbereichs, gesprochen wurde. Versuchsweise angesetzt: bis zum Vardar.[76] Für die noch weiter westlich gelegenen Gegenden von Skopje und den Šargebirge gibt es dagegen lautliche Indizien, die für eine an-

---

[74] Zu *gw^h* > *zj* s. u. a. Stuart Mann: An Albanian historical grammar. Hamburg 1977 S. 35.

[75] Schramm: Eroberer 38.18. Stimmlose Artikulation auslautender Verschlußlaute tritt im Toskischen auf: nicht konsequent durchgeführt und geographisch mehr in Zentrallagen als an den Rändern, aber auch in den Außenpositionen der albanischen Streusiedlung in Griechenland und Sizilien -, s. Eqrem Çabej in: Zeitschrift für Balkanologie 2 (1964) S. 15f.; Armin Hetzer in: Südost-Forschungen 41 (1982) S. 392. Denkbar ist auch, daß die entlehnenden Slaven ein *-b* in der ihnen damals noch unvertrauten Auslautposition als *-p* hörten und zu *-pЪ* umsetzten.

[76] Nach Jordanes: Getica XII 75 bewahrten die Bessen den Donaunamen *Ister*. Dieser Autor des 6. Jh.s entstammte wahrscheinlich der kleingotischen Volksgruppe, die nahe der Stadt Nicopolis ad Istrum den Nordabfall der mittleren Balkankette bewohnte, s. Schramm: Eroberer S. 52f. Der *Ister*-Beleg ließe sich so auslegen, Jordanes habe die ihm aus seiner Heimat gründlicher vertraute altbodenständige Bevölkerung zum bessischen Stämmeverband gerechnet.

dere sprachliche Zugehörigkeit sprechen. So wie das Uralbanische auch im Vorland der Zentralen Gebirgsgruppe und damit außerhalb jenes Raumes gebräuchlich gewesen sein kann, aus dem die Uralbaner abwanderten, so bleibt für das Urrumänische möglich, daß sein Verbreitungsgebiet über jene Gegenden hinausragte, in denen man Uralbanisch sprach. Denkbar zum Beispiel, die Hirtenromanen hätten schon früh die östlichen Teile der Balkankette beweidet, wo sich zumindest vorerst keine sicheren Hinweise auf Uralbaner finden.

Das Herkunftsgebiet der Albaner, das wir nunmehr mit hinlänglicher Genauigkeit und außerdem, wie ich meinen möchte, mit ausreichender Sicherheit ausgrenzen können, gehört auf der ethnischen Landkarte, die sich aufgrund unserer antiken Quellen herstellen läßt, zum Verbreitungsraum jener Ethnien, die Griechen und Lateiner seit der Kaiserzeit unter dem Sammelnamen *Bessen* zusammenfaßten.[77] Die griechische Lehnlautung *Bessoi* erscheint in spätantiken und frühmittelalterlichen Texten auch als *Bēssoi*. Dabei liegt wohl Anlehnung an *bēssa* »Schlucht« oder an *Bēssos*, den Namen eines aus der Geschichte Alexanders des Großen bekannten Persers, zugrunde.[78] Der Stamm, dessen Name auf eine Reihe benachbarter Stämme ausgeweitet wurde, war im Quellgebiet der Marica, höher als jede andere Ethnie der Balkanhalbinsel, beheimatet.[79] In diesem Falle wurde – wie vielfach anderswo – der Name eines Einzelstammes zum Etikett einer ganzen Stämmegruppe. Wo die Bessen (im engeren wie im weiteren Sinne) von antiken Autoren charakterisiert werden, da in der Regel als Berg- und Hirtenvolk. Manchmal erscheinen sie als Spezialisten für Metallgewinnung: besonders von Gold, das aufgesammelt, aus Gewässern gewaschen oder im Tagebau gegraben wurde. Auch dabei ist eine bergige Umgebung wahrscheinlich.[80] Denn im mitt-

---

[77] Zu den Bessen s. Wilhelm Tomaschek: Über Brumalia und Rosalia nebst Bemerkungen über den bessischen Volksstamm. In: Sitzungsberichte der Philos.-hist. Klasse der Kais. Akademie der Wissenschaften in Wien 60 (1868) 2. H. S. 351-404; Gavr. I. Kacarov: Trakijskite besi. In: Izvestija na Istoričeskoto družestvo v Sofija 6 (1924) S. 31-47.

[78] Nach Christo Danov: Altthrakien. Berlin 1976 S. 11 habe man als Bessen schließlich die Bewohner der thrakischen Gebirgsgegenden bezeichnet und von den Stammverwandten in den Ebenen abgehoben. – Wenn G. Cankova-Petkova: La survivance du nom des Besses au Moyen Age. In: Linguistique balkanique 6 (1963) S. 93-96 als sicher hinstellt, der Name *Bessen* sei in der Spätantike auf alle Thraker übertragen und später auch für Wlachen und Petschenegen verwendet worden, so kann sie dafür keine stichhaltigen Argumente anführen.

[79] Strabo: Geogr., Fragm. 47 (48) zu Buch VII. Zu Strabons Lokalisierung stimmt, daß in der Antike unterhalb des höchsten Rilagipfels bei den Maricaquellen ein Ort *Bessapara* lag. Constantin Jireček: Gesch. der Bulgaren S. 59 erfuhr dort, die alten Bewohner des Nachfolgeortes würden *Besjafara* genannt. Diese Lautung ist hinten offenbar an alb. und mak. *fara* »Geschlecht« angeglichen.

[80] Tomaschek: Alte Thraker S. 76; Constantin Jireček: Archäologische Fragmente aus Bulgarien. In: Archaeologisch-epigraphische Mitteilungen aus Oesterreich-Ungarn 10 (1986) S. 43-104; 129-209 (hier S. 75-85); Oliver Davies: Roman mines in Europe. Ox-

leren Südosteuropa bargen Böden und Gewässer nur in den höheren Regionen Gold und Silber in einer Menge, die den Arbeitsaufwand lohnend erscheinen ließ.[81] Ob der Bessenname auch den Bewohnern der niederen Lagen bis zum Vardar beigelegt zu werden pflegte, läßt sich nicht entscheiden.

Wer die Albaner von den Illyrern abkoppelt und mit den Bessen verknüpft, stellt nicht nur einen völkergeschichtlichen Irrtum richtig, sondern gewinnt einen völlig neuen Schlüssel zur Geschichte der Albaner. Denn von den Bessen ist uns verläßlich überliefert, daß sie erstaunlich früh und – was nur ganz wenigen Barbarenvölkern des antiken Südosteuropas beschieden war – gründlich zum Christentum bekehrt worden sind. Ihr Christentum, so wird sich zeigen, überlebte den Zusammenbruch des Reiches auf der mittleren Balkanhalbinsel. Die Bewahrung des Glaubens erklärt auf einfache Weise, warum sich das Albanische als einzige von vielen Barbarensprachen durchzuerhalten vermochte, die im antiken Südosteuropa gesprochen wurden. Und die gründliche Bekehrung liefert schließlich einen schlagenden Grund, weshalb ein Teil der Bessen zu einem Zeitpunkt, der noch bestimmt werden muß, die alte Heimat verließ, um ein Refugium im Westen zu suchen: ihr Glaube war bedroht.

---

ford 1935 S. 14-16; 231; Emanuel Maximov. In: Academia literarum Bulgarica (hg.): Primus Congressus studiorum Thracicorum: Thracia III: Sofia 1974 S. 397-408. – Auf eine Siedlung bessischer Bergleute nördlich der Donau schließen Zah; Alexandru Suceveanu: *Bessi Consistentes*. In: Studii şi cercetări de istorie veche 22 Nr. 4 (1971) S. 567-578. –

[81] Wenn ich den Ostrand der ostbalkanischen zur thrakischen Gruppe gehörigen Idiome versuchsweise in die Talbecken von Serbischer Morava und mittlerem Vardar lege, dann stimmt das zu dem aus ganz andersartigen Überlegungen gewonnenen Ansatz von Franjo Barišić in: Simpozijum o teritorijalnom i hronološkom razgraničenju ilira v praistorisku dobu. Sarajevo 1964 S. 291: im Flußgebiet der Morava sei die Grenze zwischen Thrakern und Illyrern verlaufen. Mit einer Westausbreitung der Thraker über die Morava-Vardar-Achse hinaus rechnet Fanula Papazoglu: The Central Balkan tribes in Pre-Roman times. Triballi, Autariatae, Dardanians, Scordisci and Moesians. Amsterdam 1978. Zum Gebiet um Remesiana s. hier S. 240. Ähnlich Zef Mirdita: Zum Problem der Dardaner. In: Akten des Internationalen alb. Kolloquiums 1972 S. 630-676. Ob die Sprachen der westlichen Balkanhalbinsel (eventuell ohne Dalmatien und sein Hinterland) als »illyrische« Untereinheit der indogermanischen Sprachfamilie zusammenhingen, ist mittlerweile zweifelhaft geworden. Bei der schmalen, auf Namen beschränkten Überlieferung empfiehlt es sich, auf dezidierte Behauptungen zu verzichten. Zum Stand der Forschung s. Katičić: Ancient languages I S. 154-188.

II. Bekehrte Barbaren (4.–6. Jh.)

II.1 Ein Bischof und seine Predigten für Taufbegehrende: Niceta von Remesiana

Wohl im Jahre 400 empfing Paulinus – das Haupt einer frommen, asketischen Gemeinschaft in Nola bei Neapel – den Besuch eines Bischofs aus einem fernen, nordöstlichen Teil des Reiches. Der Gast hatte eine lange, gewiß beschwerliche Reise auf sich genommen, um eine Zeitlang Bruder unter Brüdern sein zu dürfen.[1] Es verlangte ihn, das Leben von frommen Männern zu teilen, die wie er fühlten. Jetzt, als er sich anschickte, wieder an seine heimische Wirkungsstätte zurückzukehren, pries ihn sein Gastgeber Paulinus in einem rührenden Abschiedsgedicht als den Mann, dem die erstaunliche Bekehrung des räuberischen Bessenvolkes zu danken sei.[2] Eben dieses Missionswerk wird, ohne Nennung seines Urhebers, ähnlich begeistert gefeiert in einem Brief, den der große Hieronymus a. 396 an einen Freund richtete: die wilden, in Pelze gehüllte Bessen, die bislang den Unterirdischen Menschenopfer dargebracht hätten, seien für Christus gewonnen. Und auch darin stimmt die zweite Nachricht zur ersten: die wilden Bessen seien in ihren Sitten friedlich geworden.[3]

Unsere beiden Zeugen sind, wohlgemerkt, keine kühlen Berichterstatter, denen es um nüchterne Tatsachen geht. Sie schlagen vielmehr einen hohen, panegyrischen Ton an, weil sie ein Loblied auf die Kraft des Heilands und seines Evangeliums anstimmen wollen. Paulinus möchte zudem seinem Freunde, der schon zu Lebzeiten als heilig galt, ein Denkmal setzen. Aber soviel werden auch nüchterne, quellenkritische Historiker festhalten dürfen: unsere beiden Zeugnisse, von denen keines dem anderen zugrundeliegt oder auf einen gemeinsamen Informanten zurückgeht, erscheinen in der Kernaussage, die beide gemeinsam haben, verläßlich. Ja, was Paulinus im hochpoetischen, lyrischen Ton erklingen läßt, beruht auf gewiß ausführlichen Erzählungen des Bekehrers selber. Nach allem, was wir aus den Gedichten und Briefen des Mönchsvaters von Nola über den Geist wissen, der in seinem Kreise waltete, dürfen wir sicher sein, daß Aufschneiderei dort keinen Platz hatte. Man pflegte in Bescheidenheit und christlicher Demut von sich selbst zu sprechen

---

[1] Joseph I. Lienhard S. J.: Paulinus of Nola and early Western monasticism. With a study of the chronology of his works, and an annotated bibliography, 1879-1976. Köln ... 1977 = Theophaneia Bd. 28.

[2] S. u. VI Nr. 3.

[3] Ebd. Nr. 2.

und lobte nur den anderen.[4] So muß es auch der Besucher aus dem Osten gehalten haben. Das schließt nicht die Möglichkeit aus, seine große Freude über die bereits Bekehrten habe ihn in seinen Berichten vielleicht vergessen lassen, daß ein Volk, das verstreut über unwegsame Gegenden verteilt hauste, in so kurzer Zeit nicht vollständig und nicht überall gründlich zu gewinnen war. Doch der Durchbruch war geleistet, und das war Grund genug, den himmlischen Herren zu preisen. Wir dürfen nach allem festhalten, in der zweiten Hälfte des 4. Jh.s – grob geschätzt: zwischen a. 370 und a. 390 – sei hoch oben in abgelegenen balkanischen Bergen ein erstaunlicher Missionserfolg gelungen.

Wer war der Mann, dem das vor allem zu danken war? Er hieß Niceta und ist uns von a. 366 oder 367 bis a. 409 als Bischof von Remesiana bezeugt. Das ist, hält man die damalige Lebenserwartung der Menschen dagegen, eine ungewöhnlich lange Amtszeit.[5] Dieser Umstand eines langen Wirkens wird gewiß dazu beigetragen haben, daß die Lebensleistung des Niceta so tiefe Wurzeln zu schlagen vermochte und über lange Jahrhunderte fortwirkte.

Niceta ist die Schlüsselgestalt unserer Geschichte. Remesiana, wo er sein Amt versah, hat mehrfach den Namen gewechselt. Ein Reisebericht von a. 1437 überliefert – wohl auf unseren Ort zu beziehen – *Yswoure*, das aserb. *Izvor* oder den Plural *Izvori* wiedergibt.[6] Eine Benennung nach der in der Nähe entspringenden, auffällig starken Karstquelle Belopalačno Vrelo (und vielleicht zugleich einem Nachbarbach) erschiene durchaus glaubhaft. Unter den Türken, die den Ort 1877 an die Serben verloren, begegnen wechselnde Namen, die das Städtchen auf dort gerade residierende Paschas bezogen. Daneben ist *Ak-Palanka* bezeugt, das – wie seine serbische Entsprechung *Bela Palanka* – als »weißer Marktflecken« zu verstehen ist. Mittlerweile gehört die am Gebirgsrand in 295 Meter Höhe gelegene Stadt zu Ostserbien. In der Antike lag der Ort an jener Militärstraße, die – mit dem Dragoman-Paß als Scheitelpunkt über den Südwestabfall der Balkankette führend – die römischen Zentren Naissus und Serdica verband. Naissus, heute Niš, ist von Reme-

[4] S. etwa u. VI Text Nr. 5.

[5] Wollte man einen Nichas, der a. 335 als Bischof im weiterem Umkreis von Sirmium genannt wird, auf Niceta beziehen, ergäbe sich eine – wenig wahrscheinlich anmutende – Amtsdauer von mindestens 74 Jahren.

[6] Le voyage d'Outremer de Bertrandon de la Broquière, Premier Escuyer tranchant et Conseiller de Philippe le Bon, Duc de Bourgogne, hg. v. Charles Schefer. Paris 1892 = Recueil de voyages et de documents pour servir à l'histoire de la géographie depuis le XIIIe jusqu'à la fin du XVIe siècle Bd. 12 S. 203. Hier folgt als Station der Straße von Sophia nach Westen auf Pirotte (= Pirot) eine Stadt namens *Yswoure*: *au pié de la montaigne et les murs abatus*. *Yswoure*, die korrektere Wiedergabe von *Izvor(i)*, erhielt sich nur in einer einzigen Handschrift. Der Hrsg. entschied sich aufgrund der übrigen Überlieferung zu unrecht für *Ysmoure*.

siana 35 Kilometer entfernt, während der Abstand zu Serdica, dem heutigen Sofia, 106 Kilometer beträgt. Bei Bela Palanka weitet sich das Tal der Nišava zu einem sechs Kilometer langen und drei Kilometer breiten Becken. Der Platz eignete sich damit für die Anlage eines römischen, von einer Siedlung umgebenen Kastells, das als einer der Hauptstützpunkte an der Heerstraße diente und allmählich durch zahlreiche Befestigungen in der bergigen Umgebung abgesichert wurde.

Die *via diagonalis*, an der Remesiana lag, stellte die wichtigste Landbrücke zwischen dem West- und Ostteil des Reiches, zwischen Rom und Konstantinopel dar: eine Achse des römischen Imperiums.[7] In Remesiana wurde sie, wenn man aus den heutigen Verhältnissen rückschließen darf, von einer (weniger wichtigen) Nord-Süd-Verbindung gekreuzt.[8] Remesiana erstreckte sich um eine von den Römern erbaute Festung mit 2-300 Metern Seitenlänge. Drei am Ort gefundene Inschriften lassen auf die Gründung einer *respublica Ulp(ia oder -iana)* durch Trajan schließen. Man vermißt den Zusatz *Remesiana*, der die Parallelität zu *Ulpia Serdica* und *Ulpia Ratiaria* herstellen würde. Bei der Spärlichkeit unserer Zeugnisse mußte offen bleiben, ob man mit einer Römersiedlung *respublica Ulpianorum* zu rechnen hat, die neben dem von Alteinheimischen bewohnten Remesiana entstand. Die Alternative wäre, daß eine römische Neubenennung schließlich durch den ursprünglichen bodenständigen (oder nur im Suffix latinisierte) Name *Remesiana* später verdrängt wurde. Ungeklärt weiterhin, wieso eine weitere Inschrift aus Remesiana von der Provinz *Moesia Superior* ausgestellt werden konnte.[9] Nach der bebauten Fläche, die sich aufgrund der Ausgrabungen ergibt, ist für die Amtszeit des Niceta mit roh geschätzt, 600 – 800 zivilen Be-

[7] Constantin Joseph Jireček: Die Heerstraße von Belgrad nach Constantinopel und die Balkanpässe. Prag 1877; Felix Kanitz: Römische Studien in Serbien I. In: Denkschriften der Kaiserlichen Akademie der Wissenschaften in Wien. Phil.-hist. Kl. Bd. 41 (1892) II. Abh. S. 81f., 103-105. – Den Straßenabschnitt von Niš bis zur bulgarischen Grenze beschrieb Kanitz für die Zeit um 1900 anschaulich in seinem: Königreich Serbien II S. 192-232.

[8] Am ausführlichsten mit einer Kartenskizze der römischen Stadtanlage über Remesiana: Inscriptions de la Mésie Supérieure vol. IV Naissus-Remesiana-Horreum Margi par Peter Petrović sons la direction de Fanoula Papazoglu. Belgrad 1979 S. 51-57. Die zwölf in und um Remesiana gefundenen Inschriften der Römerzeit s. in der gleichen Edition Nr. 69-81. Zur Lage von Bela Palanka s. die Karte in: Enciklopedija Jugoslavije 1 (Zagreb 1980) S. 578. – Zum Städtewesen der Region s. Velizar Velkov: Cities on Thracia and Dacia in late antiquity (Studies and materials). Amsterdam 1977 = Publications of the Henri Frankfort Foundation Bd. 3.

[9] Eine Vermutung von Carl Patsch in: Festschrift für Otto Brenndorf. Wien 1898. S. 287f., Remesiana sei zeitweilig – vielleicht in Fortsetzung eines regionalen Kultzentrums – der Versammlungsort der Landtage der Provinz Obermösien gewesen, überzeugt wegen der peripheren Lage der Stadt kaum.

wohnern zu rechnen. Hinzu kam eine Garnison, deren Größe lieber offenbleiben sollte.[10]

In den siebziger Jahren des 3. Jh.s schlug Aurelian die Stadt jener neugeschaffenen Provinz *Dacia mediterranea* zu, die sich über die nordsüdliche Bergbarriere im Inneren der Halbinsel hinweg erstreckte. Serdica, wo bislang als Kultursprache das Griechische gedient hatte, fand sich dabei unter einem gemeinsamen Dach mit solchen westlichen, auch Remesiana einschließenden Gegenden wieder, in denen von Anfang das Lateinische die römische Amtssprache gewesen war.[11] Daß dies nun auch im Osten der neugeschaffenen Verwaltungseinheit den Vorrang eroberte, läßt sich den Inschriften von Serdica ablesen, unter denen sich das Übergewicht im 5.-6. Jh. vom Griechischen zum Latein verlagerte.

Das Castrum von Remesiana, das Justinian noch einmal hatte wiederherstellen lassen[12], wird im 7. Jh. nach dem großen Slaweneinbruch verfallen sein. Die Byzantiner bauten die Reste nach der Wiedereroberung um a. 1000 erneut zur Festung aus. Teile ihrer Mauern sind später in einer türkischen Befestigungsanlage weiterverwendet worden.[13] In deren Nähe fand sich eine lateinische Inschrift, die zum Schutz eines Gotteshauses dessen Patrone, Petrus und Paulus, anruft. Es kann sich sehr wohl um einen Überrest der Bischofskirche handeln, und die mag unter Niceta als Bauherrn erbaut worden sein. Wenn das zutrifft, dürfte wohl am ehesten er jene Weiheinschrift verfaßt haben, von der sich ein Bruchstück erhalten hat.[14]

Niceta gehört zur lateinischen Kulturwelt, aber war auch in der griechischsprachigen Theologie beschlagen. Einen besonderen Namen machte er sich durch seinen Beitrag zur Formulierung jener Lehre vom Heiligen Geist, die in seiner Amtszeit, als die Christologie in klare Dogmen gefaßt vorlag, zur Präzisierung anstand.[15] Niceta reicht in Breite

---

[10] Die Schätzung, die ich Hans Ulrich Nuber verdanke, geht von dem archäologischen Befund aus und rechnet mit 100 Einwohnern je Hektar.

[11] Zu den administrativen Verhältnissen des 4. Jh.s s. Sandro Mazzarino: Stilicone e la crisi imperiale dopo Teodosio (Rom 1942); kritisch dazu Emilienne Demougeot: Les partages de l'Illyricum à la fin du IV siècle. In: Revue historique 71. Jg. Bd. 198 (1947) S. 16 -31; V. Grumel: L'Illyricum de la mort de Valentinien Ier (375) à la mort de Stilicon (408). In: Revue des Études Byzantines 9 (1951) S. 5-46; Velizar Velkov: Thracia and Dacia.

[12] Prokop: De aedif. 4,4.

[13] S. den Bericht über eine Probegrabung von 1956, auf die sich die archäologische Erschließung in jüngerer Zeit beschränkt hat, in: Zbornik radova Narodnoj Muzeja u Beogradu 1 (1956-57), Belgrad 1958 S. 353; Dj. Mano-Zisi/Lj. Popović in: Starinar, N. S. B. IX-X (1958-59) S. 381f.

[14] S. u. VI Nr. 1.

[15] Zur theologischen Diskussion des 4. Jh.s über den Heiligen Geist innerhalb der Trinität s. u. a. Hermann Dörries: De Spiritu Sancto. Der Beitrag des Basilius zur Ausbildung des trinitarischen Denkens = Abhandlungen der Akademie der Wissenschaften in Göttingen. Phil.-hist. Kl. Bd. III/39 (1956).

Ruine von Remesiana bei Bela Palankas Bahnstation.

Ruinen von Remesiana um 1890 (aus: Felix Kanitz: Das Königreich Serbien. Leipzig 1909, S. 198)

und Tiefe seiner Theologie nicht an die größten westlichen Zeitgenossen Augustin, Hieronymus und Ambrosius heran und er hat nicht in dem Maße wie diese zu jener Ausprägung von charakteristischen Zügen der lateinischen Christenheit beigetragen, die gerade zu seinen Lebzeiten rasche Fortschritte machte. Aber er behielt – durch klare Gedankenführung, Knappheit und Treffsicherheit in der Sprache ausgezeichnet – weit über seinen Tod hinaus das Ansehen eines geistlichen Autors, der leicht faßlich und verläßlich zu lehren wußte. Man empfahl ihn als gediegenen Ausleger des Glaubensbekenntnisses. Und man schätzte ihn, was für uns besonders ins Gewicht fällt, als Meister in der Kunst, Heiden mit der christlichen Botschaft vertraut zu machen. Die Kirche reiht ihn unter die Heiligen. Obwohl er sein Leben in einem abgelegenen Provinznest, fern von den Zentren des geistigen Lebens seiner Zeit, zubrachte, ist ihm also jene weite und lange fortdauernde Anerkennung zuteil geworden, die er verdiente.

Der um 500 gestorbene Gennadius von Marseille hat in sein Verfasserlexikon *De viris inlustribus*, das eine Zusammenstellung des Hieronymus fortsetzt, auch unseren Niceta aufgenommen. Dadurch kennen wir die Titel einiger Schriften, die der Bischof von Remesiana verfaßt hat. Seinem in sechs Bücher gegliederten Werk, das der Einführung von Katechumenen in den Glauben dienen sollte, rühmt Gennadius Klarheit und Schlichtheit nach.[16] Von den Hinweisen dieses Lexikographen ausgehend hat die Patristik in einem runden Jahrhundert geduldiger Arbeit versucht, das Werk des Autors Niceta, das lange als verschollen gegolten hatte, wie in einem Puzzlespiel aus weit verstreuten Steinen wieder zusammenzusetzen.[17] Dabei galt es Schriften aus der Feder von gleichen oder ähnlich heißenden Verfassern von der authentischen Hinterlassenschaft des Remesianer Bischofs zu sondern. Im Falle des ehrwürdigen Prosahymnus *Te Deum laudamus* hat sich eine frühe Tradition, es handle sich um eine Schöpfung des Niceta, schließlich als unhaltbar erwiesen.[18] Wenn ein emsiger, für Niceta begeisterter Gelehrter unserer Tage meinte, die Predigtreihe, die der Autor Niceta wohl vor allem bekannt gemacht hat, lasse sich über weite Strecken wieder aus Schriften zusammenstücken, die anonym oder unter anderen Namen überliefert sind, so ist die Forschung seinem Optimismus nicht gefolgt.[19] Allzu leicht, so wird dagegen eingewandt, stellt sich bei derartigen Versuchen der Irrtum ein, daß Ähnlichkeiten in Stil und Gedankengang als Beweise genommen werden, es müsse sich um Schöpfungen des gleichen Schriftstellers handeln, wo in Wirklichkeit nur Entstehungsepoche und Geistesrichtung übereinstimmen. Aber schon diejenigen Schriften, die mit hinläng-

---

[16] Ebd. Nr. 6.

[17] Zu Leben und Werk s. Ernst Hümpel: Nicetas Bischof von Remesiana. Studien zur Geschichte des altkirchlichen Taufsymbols. Diss. phil. Erlangen 1895; E. A. Burn: Niceta of Remesiana. His life and works Cambridge 1905, Berichtigungen dazu von C. H. Turner in: The Journal of Theological Studies 7 (1905) S. 209-219; von dems. ebd. 7 (1906) S. 203-219 Niceta and Ambrosiaster I. Teil; Wilhelm August Patin: Niceta, Bischof von Remesiana als Schriftsteller und Theologe. München 1909 u. a. über die Benutzung anderer Autoren durch N.; J. G. Coman: Operele literare St. Niceta de Remesiana. In: Studii teologice 9 (Bukarest 1957) S. 200-232; Zoran Semjak: Niceta von Remesiana. Christliche Unterweisung und christliches Leben im spätantiken Dacien. Diss. theol. Freiburg i. Br. 1975. – Die erhaltenen Werke des Nicetas verzeichnet Friedrich Stegmüller: Repertorium biblicum medii aevi Bd. 4 Madrid 1954 N. 5659-5663. – Knapp zusammengefaßt wird der gegenwärtige Wissensstand über Niceta von Guido Bosio in: Bibliotheca Sanctorum 9 (Rom 1967) Sp. 893-897 und Aimé Solignac in: Dictionnaire de la spiritualité ascétique et mystique, doctrine et histoire 11 (1982) Sp. 214-219.

[18] Eine lange Kontroverse scheint abgeschlossen durch Ernst Kähler: *Te Deum laudamus*. Studien zum *Te Deum* und zur Geschichte des 24. Psalms in der alten Kirche. Berlin 1958 S. 119-130: aus den Texten selbst lasse sich nicht wahrscheinlich machen, daß N. irgendetwas mit dem *Te Deum* zu tun habe.

[19] Gemeint ist der Rekonstruktionsversuch von *Ad competentes* durch den gelehrten, 1989 verstorbenen Regensburger Mönch Klaus Gamber, der in diesem Werk das erste umfassende katechetische Handbuch der abendländischen Kirche erblickte. In seinen Beiträgen: Niceta von Remesiana als Katechet und Hymnendichter. Ein Rechenschafts- und Forschungsbericht. In: Spätantike S. 71-83 und: Fragen zu Person und Werk des Bischofs Niceta von Remesiana. In: Römische Quartalsschrift für christliche Altertumskunde und Kirchengeschichte 62 (1967) S. 222-231 gab einen Überblick über seine mit großer Gelehrsamkeit durchgeführten Untersuchungen und Editionen.

licher Sicherheit aus Nicetas Feder stammen, lassen die Schreibart und den geistigen Umriß des Verfassers hinreichend deutlich erkennen.[20]

Sein umfangreichstes – lediglich in verstreuten Bruchstücken überliefertes – Werk besteht aus belehrenden Predigten, denen eine Schar von Taufbegehrenden lauschen sollte, bevor sie in der Osternacht in die Gemeinde aufgenommen wurden.[21] Dem Bischof von Remesiana, so läßt uns die Lektüre nachempfinden, lag am Herzen, daß der heiligen Handlung eine gründliche Zurüstung vorausgehen sollte. Nur, wer die christliche Botschaft kannte und beherzigte, sollte die Taufe empfangen.[22] Daß der Seelsorger Niceta bemüht war, die Taufe vor einer Verflachung zum bloßen Ritus zu bewahren, wird man eng mit der Bemühung des Theologen Niceta zusammensehen dürfen, die besonders dem Heiligen Geist gewidmet waren. Denn die enge Beziehung zwischen Taufe und Heiligem Geist war ja durch die Bibel und ihrem Zeugnis über Christi Taufe im Jordan und durch Stellen wie im Brief an Titus 3,6 vorgegeben: *In der Taufe wurde uns eine neue Geburt zuteil. Wir sind zu neuen Menschen geworden durch den Heiligen Geist, den Er als Gabe Jesu Christi, unseres Heilandes, reichlich über uns ausgegossen hat.*

Gewiß sind diese Predigten keine Niederschriften von tatsächlich gesprochenen Wortlauten, sondern ein Stück Literatur, das an andere weitere Geistliche weitergegeben werden sollte, um ihnen als Anleitung zu dienen, wie sich der christliche Glaube jenen Menschen nahe bringen ließ, die von den Inhalten des Christentums noch wenig wußten.[23] Einen Wortlaut, der für gebildete Leser festgehalten war, darf man kaum mit der mündlichen Zuwendung gleichsetzen, die sich an einfache, mit den Lehren der Kirche noch unvertraute Menschen richtete. Und doch verrät uns der Text viel über die Art und Weise, in der Niceta sich »sei-

---

20 Die Cassiodorstelle s. u. VI Nr. 7.

21 Drei um a. 390 im syrischen Antiochien verfaßte Predigtreihen zum gleichen Zweck haben sich aus der Feder des größten Kanzelredners der gleichen Zeit erhalten, s. Jean Chrysostome: Huit catéchèses baptismales inédites, hg. Antoine Wenger. Paris 1957 = Sources chrétiennes Nr. 50. Zu der Katechumenenseelsorge eines Amtsbruders, der für Niceta wohl mehr als jeder andere Autorität und Vorbild war, s. Jean Mesot: Die Heidenbekehrung bei Ambrosius von Mailand. Schöneck/Beckenried 1958 = Neue Zeitschrift für Missionswissenschaft. Supplementa VII S. 73-117.

22 Für Gamber: »*Ad competentes*« S. 178 war Niceta, ein großer Theologe und Kenner der einschlägigen Literatur seiner Zeit, in erster Linie Seelsorger, der sich dem Maß der Erkenntnis und des Verständnisses seiner Zuhörer anpaßte.

23 Sobald mit den raschen Fortschritten der Christianisierung Erwachsenentaufen unnötig wurden, hat man die einzelnen Teile von Nicetas Katechumenenzurüstung aus ihrem – funktionslos gewordenen – Zusammenhang gerissen und einzeln tradiert. Zur Gattung der Katechumeneneinführung s. Ferdinand Propst: Katechese und Predigt vom Anfang des vierten bis zum Ende des sechsten Jahrhunderts. Breslau 1884 S. 59-122; Friedrich Wiegand: Die Stellung des apostolischen Symbols im kirchlichen Leben des Mittelalters I. Symbol und Katechumenat. Leipzig 1899 = Studien zur Geschichte der Theologie und der Kirche 4. Bd. H. 2. Dort über Niceta S. 107-120.

nen Leuten« zugewandt haben wird: stets bemüht, ihnen die Heilsbotschaft klar und verständlich, jedoch ohne Verflachung auszurichten.

Wen haben wir uns unter den angesprochenen Katechumenen vorzustellen? Niceta faßte das Volk von Remesiana und darüber hinaus die Bewohner von anderen Städten ins Auge, denen das Lateinische geläufig war, und er sprach sie in einem Stil an, der wohl kaum dem gemeinen Manne abgelauscht war. Damit predigte er nicht etwa an den Leuten vorbei, denn selbst einfache städtische Schichten werden erwartet haben, daß ihnen Predigten gehalten wurden, deren Sprachgestalt in einer gehobenen, rhetorischen Tradition stand. Die rauhen, in Fälle gekleideten Schafhirten der Berge hätten nicht einmal dem Latein, geschweige denn einem anspruchsvollen Gedankengang folgen können. So wenig wir also die *Instructio ad competentes* als Missionspredigten vor Barbaren verstehen können: immerhin läßt sich ihnen doch eine Haltung, eine Einstellung ablesen, die gewiß eine wichtige Voraussetzung für das Werk des Niceta unter den Bessen darstellt. Es muß ihm – in der Stadt wie in den Bergen – darum gegangen sein, daß Täuflinge begriffen, was sie glauben sollten.

Aber mit dieser Einsicht in seine Wesensart ist nur ein erster Schritt zum Verständnis von Nicetas missionarischem Wirken getan. Denn zunächst einmal müssen wir auch von ihm annehmen, er sei in die Normen seines Jahrhunderts eingebunden gewesen, nach denen die christlichen Gemeinden, ihre Kirchen und ihre Geistlichen, in den Städten des Reiches beheimatet zu sein pflegten.[24] Selbst hier blieb, obwohl fast jede Stadt Südosteuropas bis um die Mitte des 4. Jh.s eine Gemeinde und immer durchgängiger auch einen eigenen Bischof beherbergte, noch viel zu tun. Das Christentum stellte, nachdem das Mailänder Edikt von 313 die schweren Zeiten der Verfolgung beendet und mit der öffentlichen Duldung freie Entfaltungsmöglichkeiten eröffnet hatte, auch im urbanen Milieu erst Bruchteile der Bewohner.[25] Und vor Theodosius fehlte der kaiserlichen Religionspolitik jene langandauernde Stetigkeit, die es erlaubte, die Einwohnerschaften der Städte mit einiger Durchgängigkeit zu bekehren. Um darüber hinaus auf das Umland, auf die Bauern einzu-

---

[24] Rajko Bratož: Die Entwicklung der Kirchenorganisation in den Westbalkanprovinzen (4.-6. Jahrhundert). In: Miscellanea Bulgarica 5 (Wien 1987) S. 149-194 konstatiert für zwei Diözesen im Nordwesten der Halbinsel, die Bischöfe von Salona und Sirmium seien bis zum Anfang des 4. Jh.s »offensichtlich auf die Stadt, auf die kirchlichen Muttergesellschaften beschränkt« und ließen keine »territoriale Macht« erkennen. Auch Aquileja habe hier nicht hineingewirkt.

[25] Zu der über unsichere Vermutungen nicht hinausgelangten Diskussion, welchen Anteil die Christen an der Stadtbevölkerung und an der gesamten Reichsbürgerschaft beim Ausgang der Verfolgungszeit ausmachten, s. u. a. Ludwig Hertling: Die Zahl der Christen zu Beginn des 4. Jahrhunderts. In: Zeitschrift für katholische Theologie 58 (1934) S. 243-253.

wirken, wäre Mühe und Eifer nötig gewesen. Aber die Traditionen jener Missionare, die im 1. und 2. Jh. die Ausbreitung des neuen Glaubens über die Weite des Reiches befördert hatten, war längst abgerissen.[26] Die Kirche taufte Menschen, die um die Taufe baten, aber drängte vorerst niemanden, sich taufen zu lassen.[27]

Es waren die auf den Boden des Christentums getretenen Kaiser, die im 4. Jh., auf religiöse Einheitlichkeit erpicht, die Kirche ermunterten, das Ihrige zu tun, damit sich die Zahl der Gläubigen vermehrte.[28] Das aber hieß zunächst einmal, den neuen Glauben in den Städten auszubreiten, die nun einmal sein Milieu darstellten. Daß im Lateinischen das Wort *pagānus* »Dorfbewohner« die Bedeutung »Heide« annahm, erklärt sich nach einer verbreiteten, wenn auch umstrittenen Deutung aus einem im 4. Jh. noch weitgehend intakten, ja durch den raschen Rückgang des Heidentums im urbanem Milieu eher noch klarer ausgeprägten Bewußtseinszustand, nach dem sich das Christentum – im Unterschied zu den Dörfern, in denen noch die alten Gottheiten angebetet wurden – als eine Religion verstand, deren Verbreitungsraum die Städte waren.[29] Nur wenige dort residierende Bischöfe werden die – harte Konfrontationen nicht scheuende – Tatkraft Martins von Tours aufgebracht haben, der in seiner Diözese nicht nur heidnische Tempel zerstören ließ, sondern – mit

---

[26] Adolf von Harnack: Die Mission und Ausbreitung des Christentums in den ersten drei Jahrhunderten. 4 Leipzig 1924 S. 557: »Die Kirche missioniert durch ihre Existenz und ihre Besitztümer und Ordnungen, viel weniger durch berufsmäßige Missionare«. Vgl. auch E. Molland: L'Antiquité chrétienne a-t-elle eu un programme et des méthodes missionaires? In: Miscellanea historiae ecclesiasticae III (Löwen 1970) S. 53-61.

[27] S. dazu u. a. Albert Hauck: Altkirchliche und mittelalterliche Missionsmethode, Teil 2. In: Allgemeine Missionszeitschrift 28 (1901) S. 375-383; Karl Holl: Die Missionsmethode der alten Kirche und die der mittelalterlichen Kirche (1912). In seinen: Gesammelten Aufsätzen zur Kirchengeschichte Bd. III Der Westen. Tübingen 1928 S. 117-129. Für das 4. Jh. in Thrakien konstatiert Velkov: Thracia und Dacia Verhältnisse, die für die ganze Halbinsel gegolten haben werden: in den Städten deutet die große Zahl der frühen Basiliken, von denen in Bulgarien 80 nachgewiesen wurden, auf rasche Erfolge des Christentums. Die Bauern blieben dagegen bei ihrer angestammten Religion, bis die Zerstörung ihrer Heiligtümer gegen Ende des Jahrhunderts einen Wandel einleitete (S. 8).

[28] Ramsay MacMullen: Paganism in Roman Empire. New Haven Conn. 1981 S. 132.

[29] Carsten Colpe: Die Ausbildung des Heidenbegriffes von Israel zur Apologetik und das Zweideutigwerden des Christentums. In: Richard Faber / Renate Schlesier (Hgg.): Die Restauration der Götter. Antike Religion und Neo-Paganismus. Würzburg 1986 S. 61-87 (hier S. 73-76). Christian Mohrmann meint in: Vigiliae Christianae 6 (1952) S. 109-121, der popular-christliche Ausdruck *pagānus*, der neben das literarische und kirchensprachliche *gentilis* trat und zwischen a. 300 und 330 durch eine Inschrift erstmals als »Heide« belegt ist, habe sich aus der Bedeutung »nicht zu einer Gruppe gehörig, profan« herausentwickelt. Die Heiden wären dann von den Christen ebenso als »die Leute draußen vor, außerhalb der eigenen Gemeinschaft« gesehen worden, wie aus der Sicht des Militärs jene Zivilisten erschienen, die ebenfalls als *pagāni* bezeichnet werden konnten. – Zur Diskussion über die Wortgeschichte von *pagānus* s. auch Tagliavini: Storia A. 9-12, 465f.

der Errichtung von Klöstern und der Ansetzung von Mönchen an gleicher Stelle – einer Missionierung des platten Landes Bahn brach.[30]

Eine allmähliche Bekehrung der ländlichen *pagani* bahnte sich in der Regel wohl als Folge jener administrativen und sozialen Ordnung an, die das Reich zu einem Mosaik aus vielen einzelnen Stadtbezirken machte. Seit Diokletian waren alle Grenzen, alle Rechtsunterschiede zwischen den urbanen Zentren und ihren Umländern aufgehoben. Daß jeder Winkel des ausgedehnten Imperiums einer Stadt zugeordnet war, hat den Alltag der Dörfer immer vielfältiger und tieferdringend geprägt. Wenn die Landbewohner nun mit steigender Häufigkeit und aus immer mehr Anlässen »ihre Stadt« aufsuchten, dann führte sie das auch in die Kirchen, die dort eine immer wichtigere Rolle spielten, aber auch vor das Bischofsgericht, dessen Vorzüge gegenüber weltlichen Justizinstanzen sich rasch und weit herumsprachen. Diese Art von »Besucherbekehrung«, meinte Johannes Chrysostomos, wenn er in einer Predigt, die er gegen Ende des 4. Jahrhunderts in Antiochien hielt, die Bauern unter seinen Hörern lobte: sie seien von anderer Sprache und reineren Sitten als die Städter.[31] Sie lauschten ihm andächtig, ohne den Sinn der gesprochenen Worte zu verstehen. Waren sie doch, als Syrer vom Lande, des Griechischen unkundig.

Nur selten erfahren wir von Bischöfen, die – statt nur dem kaiserlichen Gebot nachzukommen und die heidnischen Kultstätten in ihrem Sprengel zerstören zu lassen – sich als Seelsorger um die Bauern bemühten. Nachgerühmt wird das einer Gruppe von vier Glaubensboten, die zunächst in Thessalonike und seiner Umgebung missionierten und dann ihre Tätigkeit in die Gegend von Tiberiupolis im südlich von Remesiana gelegenen Dardanien verlegten. Einer von ihnen, Timotheus, wurde hier Bischof und nahm a. 325 am Konzil von Nicäa teil. Nach einem Hagiographen des 11. Jh.s, auf den wir leider als einzigen Informanten angewiesen bleiben, nahmen zwei der Gefährten des Timotheus die Lebensform von Mönchen an. Dank ihrem Bekehrungseifer sei, als die Verfolgungen unter Julian dem Abtrünnigen (a. 361-363) auch Tiberiupolis heimsuchten, diese Stadt samt ihrem Umland bereits vollständig christianisiert gewesen.[32] Offenbar ist hier in der Niceta voraufgehenden Generation unter vergleichsweise leichteren Bedingungen das Werk einer flächigen Missionierung gelungen, das der Junior unter schwereren Umständen fortsetzen sollte. Tiberiupolis – in Dardanien an der gleichen Stelle wie das spätere Strumica oder doch in seiner Nähe gelegen –

---

30 Sulpicius Severus: Vita S. Martini 13,9.

31 *Ad populum Antiochenum homilia XIX* in: Migne: Patrologia Graeca 49 (1859) Sp. 189f. Vgl. dazu u. VI Nr. 9.

32 Theophylaktos von Ohrid in Migne: Patrologia Graeca 126 (Paris 1864) S. 17.

war gewiß von einem verhältnismäßig ebenen, für den Ackerbau geeigneten Umland umgeben.[33] Hier waren die Leute, verglichen mit den Bessen droben in den hohen Bergtälern, offener für städtische Einflüsse, bereits stärker von urbaner Zivilisation berührt.

Von dem augenscheinlich umfangreichen Gebiet, das zu Remesiana gehörte, dürfte nur ein kleiner Teil aus Bauernland ähnlicher Art bestanden haben. Ein größerer Teil dagegen stellte sich, von der Stadt her betrachtet, als schroffe, abweisende, kulturferne Berg-und Hirtenlandschaft dar.[34] Von Remesiana, in einem Talbecken am Ostrand der Ebene und 300 Meter hoch gelegen, bis zu einem etwa 1800 Meter aufragenden Gipfel waren es kaum 20 Kilometer, ja 40 Kilometer nordöstlich erreichte das Gebirge beinahe 2200 Meter. Diese geographischen Verhältnisse besagen, daß wir mit dem Beispiel des Amtsgenossen aus Tiberiupolis, das Niceta vermutlich zu Ohren kam und ihm Eindruck gemacht haben wird, der Bekehrung der Bessen allenfalls um einen Schritt nähergekommen sind. Wenn die Bauern während der zweiten Hälfte des 4. Jh.s immerhin auf die Kirche aufmerksam wurden und umgekehrt die Kirche ihnen erste Aufmerksamkeit zu widmen begann, so blieben die hohen Berge und ihre Bewohner vorerst noch eine Welt für sich. Wir müssen, um jenes Bekehrungswerk des Niceta zu verstehen, das die Norm der Zeit so krass durchbrach, noch nach weiteren Antriebskräften und Vorbildern Ausschau halten.

II.2 Andersgläubige Christen in einer benachbarten Bergregion: Ulfila und die Kleingoten

Ein Stück weiter gelangen wir, wenn wir uns daran erinnern, wie tief die Christenheit des 4. Jh.s durch den aufs neue entbrennenden christologischen Streit erschüttert wurde. Hier ging es um die dogmatische Frage, wie das Verhältnis von Vater, Sohn und Heiligem Geist in der Dreieinig-

[33] Nach Constantin Jireček: Das christliche Element in der topographischen Nomenclatur der Balkanländer. In: Sitzungsberichte der Kaiserlichen Akademie zu Wien 136 1897 40. Abh. S. 13-98 ist nicht auszuschließen, daß die Gleichsetzung mit Strumica in der Schilderung der Ereignisse, die sich in Tiberiupolis während der julianischen Verfolgung und danach abspielten, durch Theophylakt von Ohrid auf Attraktion der ehrwürdigen Tradition einer untergegangenen Eparchie durch eine jüngere Bistumsgründung beruht. Das Bistum Strumica wurde erst nach Zar Samuel errichtet (oder wiedererrichtet), s. V. Ivanova: Stari cărkvi i monastiri v dnešnite bălgarski zemi (IX-XII v). In: Godišnik na Narodnija muzej v Sofija 4 (1922/1925) S. 429-588 (hier S. 536f. mit Lit.).

[34] Auf eine weite Ausdehnung des Umlands von Remesiana deuten die 30 Plätze, die hier unter Justinian ausgebessert bzw. neu angelegt wurden (bei Serdica waren es nur 9, dagegen 39 bei Naissus), s. Prokop: De aedif. IV 4 (= seine: Bauten S. 203f.); Velizar Velkov: Cities in Thrace and Dacia in the late antiquity (Studies and materials). Amsterdam 1977 = Publications of the Henri Frankfort Foundation Bd. 4 S. 96f.

keit präzisiert werden sollte. Der eigentliche Streitpunkt war, ob der Sohn mit dem Vater wesensgleich oder -ungleich war. Das Konzil von Nicäa hatte a. 325 die Kontroverse keineswegs klar und endgültig entschieden. Zudem schwankte die kaiserliche Gunst zwischen den Glaubensparteien. Daß die Front, die allmählich klarere Konturen annahm, quer durch das Reich verlief, hing auch mit einer längst angebahnten Ausdifferenzierung von kulturellen Großräumen innerhalb des Imperiums zusammen, die sich durch markante Eigenmerkmale unterschieden. Das christologische Problem war einer der Anstöße, die ein Auseinanderdriften von westlich-lateinischer und östlich-griechischer Christenheit vorantrieben. Schon auf dem Konzil von Serdica a. 343 schien, nach dem Urteil eines Kirchenhistorikers des 5. Jh.s, der Berg in der Nähe dieser Stadt die Reichsteile Illyricum und Thracia, aber zugleich zwei rivalisierende Theologien zu scheiden.[35]

Eben diese Trennlinie nahm in den sechziger und siebziger Jahren des 4. Jh.s an Deutlichkeit noch zu. Im Westen, wo der Arianismus zunächst einen Nordstreifen mit Mailand, Aquileia, Mursa, Sirmium und Singidunum durchdrungen hatte, gewann – nicht zuletzt dank der Tatkraft des römischen Bischofs Damasus (a. 366-384) und seines Mailänder Amtsbruders Ambrosius – die athanasianische Gegenposition immer durchgängiger die Oberhand. Dagegen rangen im Osten beide Richtungen um den Sieg. Die Arianer bekamen hier Auftrieb durch den Rückhalt, den ihnen seit a. 360 bis zu seinem Tode a. 378 Valens bot: zunächst als Mitregent und Augustus des Ostens, dann, seit 375, als Kaiser des Gesamtreiches.

Während dieser Jahrzehnte erbitterter Auseinandersetzungen, in denen Theologie und Politik sich aufs engste verstrickten, mußte Niceta – ein entschiedener Verfechter der Wesensgleichheit Christi mit Gottvater – den Eindruck gewinnen, auf einen bedrohten Außenposten gestellt zu sein. Ja, er sah sich doppelt exponiert, weil ostwärts in Thrakien, aber zugleich in einem Nordstreifen (bestehend aus den Provinzen *Dacia ripensis* und *Moesia II)* Theologien vorherrschten, die er scharf ablehnte. Wichtig für uns besonders, was sich im Norden abspielte. Denn hier, im Grenzstreifen südlich der unteren Donau, schob sich die lateinische Kirche, der auch Niceta zugehörte, bis an das Schwarze Meer vor. Und ihre Nordoststrecke entzog sich, aus der Randlage leicht erklärlich, jener Fixierung auf einen antiarianischen Kurs, die im Westen sonst überall den

[35] Socrates Scholasticus: Historia ecclesiastica II 22. Zur Datierung des Konzils s. L. W. Barnard in: Ancient Bulgaria II S. 215-228. – Zum West-Ost-Gegensatz in Serdica s. ebd. und Ilona Opelt: Die westliche Welt auf dem Konzil von Serdica. In: Spätantike S. 85-92; Günther Gottlieb: Ost und West in der christlichen Kirche des 4. und 5. Jahrhunderts. München 1978. = Schriften der Philosophischen Fachbereiche der Universität Augsburg Nr. 12.

Sieg errungen hatte.[36] Ja, auch im griechischen Osten beherrschte sie immer durchgängiger das Feld: dazu hatten besonders die drei großen kappadokischen Kirchenväter beigetragen. In der Nordostecke römischer Herrschaft über Südosteuropa behauptete sich stattdessen eine dogmatische Mittelpartei, die, nachdem ihr a. 360 ein Konzil in Konstantinopel offizielle Anerkennung verschafft hatte, anderswo schon bald das Feld an die beiden scharf entgegengesetzten Gruppen der Athanasianer und der strengen Arianer verloren hatte. Es handelte sich um die Homöer oder Semiarianer, die den Gottessohn als gezeugt und somit nicht gottgleich, aber – anders als die strengen Arianer – als dem Vater wesensähnlich ansahen. Die Wortführer dieser Partei waren in ihrer Rückzugsposition südlich der unteren Donau, die sich in den siebziger Jahren herausschälte, Bischof Palladius von Ratiaria und im Mittelabschnitt des Balkangebirges das Oberhaupt der Kleingoten, Ulfila. Der letztere verdient unsere besondere Aufmerksamkeit.

Dieser bemerkenswerte Germane war kein eifernder Kämpfer, sondern eher ein vermittelnder Geist.[37] Als Anwalt eines Bekenntnisses indessen, das Niceta in entscheidenden Punkten für Ketzerei hielt, muß er auf diesen als eine beunruhigende, aber gerade deshalb anspornende Herausforderung gewirkt haben. Auch ohne Anhalt an den überlieferten Nachrichten, die nirgendwo eine Verbindung zwischen Ulfila und Niceta knüpfen, drängt sich die Vermutung auf, der Gote gebe uns den Schlüssel zu der – für sich allein betrachtet: unbegreiflichen – Lebensleistung des Niceta an die Hand. Ich möchte behaupten, daß ein bedeutender Bischof, der in nur etwa 270 Kilometer Abstand am gleichen Gebirgszug wie Ulfila wirkte, einen entscheidenden Einfluß auf den Werdegang des Niceta ausgeübt hat und zwar als Vorbild, aber zugleich als Rivale. Denn wo die Norm einer Zeit in so kurzem Abstand gleich zweimal und zwar auf eine so bemerkenswert gleichgerichtete Weise durchbrochen erscheint, ist die Annahme, hier sei der zweite Durchbruch durch den ersten angestoßen worden, viel einfacher und einleuchtender, als wenn

---

[36] Zum Schicksal des Arianismus im Westen s. Angelo Paredi: S. Ambrogio e la sua età. ²Mailand 1960 S. 247-278; M. Meslins: Les Ariens d'Occident (335-400). Paris 1967; Günther Gottlieb: Ambrosius von Mailand und Kaiser Gratian. Göttingen 1973 = Hypomnemata H. 40; Rajko Bratož in: Klio 72 (1990) S. 528–531.

[37] Zu Ulfila, über den es eine Fülle von Untersuchungen gibt, s. u. a. (mit Lit.) Knut Schäferdieck: Wulfila. Vom Bischof von Gotien zum Gotenbischof. In: Zeitschrift für Kirchengeschichte 90 (1979) S. 253-292 mit einer Neuerörterung von Ulfilas theologischem Standort; Herwig Wolfram: Geschichte der Goten von den Anfängen bis zur Mitte des sechsten Jahrhunderts. Entwurf einer historischen Ethnographie. München 1979 S. 83-96. – Die originale Namenlautung ist umstritten. Nach Karl Kurt Klein in: Zeitschrift für vergleichende Sprachforschung 79 (1952) S. 154-176 nannte der Gotenbischof sich *Wulfila*. Überzeugender bleibt für mich Edward Schröder in: Festschrift Adalbert Bezzenberger ... Göttingen 1921 S. 132-139: die authentische Form habe *Ulfila* gelautet.

man mit zwei voneinander unabhängigen Ausnahmefällen rechnen wollte.

Dem Beispiel des Goten Ulfila wird Niceta abgelesen haben, daß sich das Christentum auch über Berglandschaften und damit in einem bisher heidnisch gebliebenen geographischen Milieu ausbreiten ließ. Weiterhin hat der große Übersetzer Ulfila dem leidenschaftlichen Seelsorger Niceta vermutlich die Augen dafür geöffnet, um wieviel breiter und tiefer die Wirkungsmöglichkeiten der Kirche wurden, wenn sie ihre Botschaft nicht nur, wo nötig, mündlich verdolmetschte, sondern sie auch schriftlich in die Sprache von Bevölkerungen übersetzte, die dem Evangelium noch fremd gegenüberstanden. Zugleich aber wurde der Bischof von Remesiana gewiß durch die Sorge zur Tat getrieben, vor seinen Augen könne ein ganzes Volk auf Irrlehrer hereinfallen, die eine ketzerische Verzerrung der christlichen Heilsbotschaft unter die Leute brachten.

Solche Befürchtungen erscheinen gerade für die achtziger Jahre des 4. Jh.s angebracht, in denen das Bekehrungswerk an den Bessen, wie mir scheinen will, wohl am ehesten angegriffen wurde. Denn damals hat der Arianismus, der schon auf dem Rückzug gewesen war, in Südosteuropa einen erstaunlichen Aufschwung erlebt, der von den Quellen wohl nur unzureichend gespiegelt wird. Vor allem kam ihm wohl zugute, daß sich über die Donaugrenze ein nicht abreißender Strom von Ostgermanen nach Süden ergoß, die von ihren kleingotischen Stammverwandten leicht für diese Glaubensrichtung zu gewinnen waren.[38]

Für diese Annahmen spricht, daß sie verständlich machen, was sonst unverständlich bliebe. Nur so, meine ich, läßt sich erklären, warum Niceta als Missionar eines Bergvolks eine Aufgabe angehen konnte, die kein anderer westlicher Amtsbruder vor ihm ernst genommen hatte.[39] Weiterhin spricht für unseren Ansatz, daß er mit einem Wirkungszusammenhang rechnet, der zu den gängigsten, geläufigsten der Geschichte zählt. Hat doch die Beunruhigung durch den Vorsprung eines Rivalen in naher Nachbarschaft in ungezählten Fällen als Anstoß gedient, die eigenen Kräfte zu mobilisieren und dabei dem Konkurrenten das nachzumachen, was sich bei diesem bewährt hatte.[40]

---

38 Frend: Missions S. 13. Daß die Auseinandersetzung zwischen den Glaubensrichtungen auch in der *Dacia mediterranea* spürbar war, spiegelt in einer Grabinschrift des 4. Jh.s aus Pautalia (heute Kjustendil) das ausdrückliche Bekenntnis zur Wesensgleichheit Christi mit dem Vater, d. h. zum orthodoxen Dogma, wie es u. a. Niceta vertrat, s. Veselin Beševliev (hg.): Spätgriechische und spätlateinische Inschriften aus Bulgarien. Berlin 1964 Nr. 35.

39 Auf die überlappenden Amtszeiten von Ulfila und Niceta sowie ihre Gemeinsamkeiten als Missionsbischöfe wies Burn: Niceta S. XXIX hin.

40 Einen Zusammenhang zwischen Nicetas Bessenmission und der katholischen Offensive gegen den Arianismus im Illyricum vermuteten bereits Zeiller: Origines S. 542 und

Welche Antagonisten traten mit Ulfila und Niceta einander gegenüber? Der Gote war, a. 341 in Antiochien zum Bischof geweiht, wohl ein bis zwei Jahrzehnte älter als Niceta. Gemeinsam war beiden, daß sie Griechisch wie Latein beherrschten und theologisch gründlich gebildet waren: mit dem Unterschied, daß Ulfila sich stärker nach Osten, nach Konstantinopel orientierte, während Niceta – bei aller Aufmerksamkeit auf die oströmische Welt und Belesenheit in griechischen Kirchenvätern – seine geistige und geistliche Heimat im Westen besaß. Seine beiden Reisen nach Nola bei Neapel von a. 400 und 403 erheben das über jeden Zweifel.

So nah sich beide Bischöfe rücken, wenn wir ihre Bildung vergleichen, so unterschiedlich nehmen sich Lebenswege und Lebenswelten aus, durch welche diese Wege führten. Ulfila entstammte einem Barbarenvolk, das in dem vom Imperium geräumten Dakien siedelte. Unter den Reichsbewohnern, die bei gotischen Invasionszügen als Beute mitgeschleppt worden waren, gab es auch Christen, die an ihrem Glauben festhielten und ihn weitergaben. Vorfahren Ulfilas gehörten dazu. Sein wachsender Anhang unter den Westgoten ballte sich nicht, wie Gemeinden innerhalb des Römerreiches, in Städten, die es im Gotenland gar nicht gab, sondern verteilte sich über ein Stammesgebiet. Das heißt auch: er übergriff die Grenze zwischen ackerbäuerlich genutzten Niederungen und jenen Bergen, die vor allem zur Viehhaltung dienten. Wie sein Vorgänger Theophilos, der a. 325 das Nicaenum mitunterzeichnet hatte, führte Ulfila zunächst den Titel »Bischof der Gothia«. Nicht, wie bei seinen Amtsbrüdern diesseits der Reichsgrenze, auf eine Stadt, sondern auf ein Land und ein Volk war somit seine Würde und sein Auftrag bezogen. Seine Gemeinde stellte unter den Westgoten offenbar eine Minderheit dar, die vorwiegend aus kleinen Leuten bestand und vorerst keinen Rückhalt in der kriegerisch bestimmten Stammesorganisation und an ihren Führern besaß. Bei Gelegenheit eines Krieges mit den Römern gerieten die gotischen Christen in den Verdacht, sie hielten es mit dem Feinde. Vor den aufflackernden Gewalttaten gegen die junge Gemeinde rettete Ulfila a. 347 oder 348 seine Anhänger über die Donau.[41]

Bratož: Entwicklungen S. 155f. Zum theologiegeschichtlichen Hintergrund s. u. a. Gert Haendler: Wulfila und Ambrosius. Stuttgart 1961 = Arbeiten zur Theologie H. 4; Mario Simonetti: La crisi ariana del IV secolo. Rom 1975 = Studia ephemeridis »Augustianum« 11; A. De Nicola: Il dibattito teologico degli Atti del Concilio di Aquileia del 381. In: Ricerche religiose del Friuli e dell' Istria 2 (1983) S. 47-94.

[41] Für einen Übertritt auf Reichsgebiet a. 346 s. u. a. Peter Stockmeier in: Zeitschrift für Kirchengeschichte 92 (1981) S. 322. In der Forschung begegnen auch Datierungen auf benachbarte Jahre. – Zwei Autoren, denen wir Nachrichten über Ulfila verdanken – Socrates Scholasticus und Sozomenos – behaupten, dieser sei a. 376, also zusammen mit dem Gros der Westgoten, ins Römerreich übergesiedelt. Das ist unwahrscheinlich, da die Kleingoten nach der Lage ihrer Sitze, ihre Einstellung zum Imperium und zu

Das Reich, dessen Schutz er anrief, wies den Flüchtlingen eine Bleibe oberhalb der Stadt Nicopolis ad Istrum an, die bei der Einmündung der Rosica in die Jantra, am Nordabfall des mittleren Balkangebirges, also im heutigen Nordbulgarien lag.

In welche Art Landschaft die Flüchtlingsschar verpflanzt wurde, verrät uns um a. 550 der Gotenhistoriker Jordanes mit erfreulicher Genauigkeit.[42] Dieser Autor, der gewiß selber aus Mösien stammte, ja, nach höchst aussagekräftigen Anhalten aus der durch Ulfila verpflanzten Gotengemeinschaft hervorgegangen sein wird, beschreibt in dem Passus, um den es uns geht, ortskundig und anschaulich ein Ansiedlungsgebiet, das offenbar seine eigene Heimat war.[43] Die Kleingoten, so können wir aufgrund seiner Angaben präzisieren, wurden in einer Höhenlage von rund 800-1000 Metern untergebracht, die sie zwang, sich auf die Lebens- und Ernährungsweisen ausgesprochener Bergbewohner umzustellen. Ihr karges Auskommen beruhte vor allem auf der Haltung von Schafen und Ziegen, welche Milch, Molke und Käse lieferten.

Die um a. 348 angesiedelten Kleingoten hatten ihre neuen Sitze vermutlich längst inne, als Niceta sein Bischofsamt antrat. Und das bedeutet, daß er der Masse seiner Amtskollegen in der lateinischen Christenheit von vornherein eine Erfahrung voraushatte, die sich als fruchtbar erweisen sollte. Das Christentum gedieh – so lehrten ihn die Kleingoten – nicht nur in Städten und darüber hinaus in ersten Ansätzen auch unter den Bauern des Umlandes. Nein, es gab zumindest in einem glücklich gelagerten Einzelfalle eine ausgesprochene Hirtenbevölkerung, die sich geschlossen zu Christus bekannte.

Noch ein zweiter Umstand dürfte Niceta aufmerksam und hellhörig gemacht haben. Ulfila hat, wie eine Quelle formuliert, seinen gotischen Anhang »zum Glauben und zu einem ruhigen und geordneten Leben geführt«.[44] Bei seiner Bibelübersetzung soll er die »Bücher der Könige« ausgelassen haben, weil er fürchtete, die darin geschilderten Kriegsszenen könnten den ohnehin allzu kämpferischen Sinn seines Volkes erhit-

---

der Masse der Stammesgenossen eine streng getrennte Gruppe waren und blieben, s. Ake Fridh: Die Bekehrung der Westgoten zum Christentum. In: Studia Gotica. Die eisenzeitlichen Verbindungen zwischen Schweden und Südosteuropa red. von Ulf Erik Hagberg. Stockholm 1972 S. 130-143 (hier S. 133f.).

[42] S. u. Text Nr. 8.

[43] Daß Jordanes sich nach Getica 316 als Gote fühlte, wird – gegen neuerdings vorgebrachte Zweifel – verteidigt von Norbert Wagner: Getica. Untersuchungen zum Leben des Jordanes und zur frühen Geschichte der Goten. Berlin 1967 = Quellen und Forschungen zur Sprach- und Kulturgeschichte der germanischen Völker N. F. 22 (146) S. 5-17. Ich konnte eine kleingotische Herkunft des Jordanes durch namenphilologische Argumente stützen, s. meine Eroberer S. 92f.

[44] Sozomenus: Hist. eccl. VI 37, 8-14.

zen.[45] Die Gemeinschaft der Kleingoten war und blieb stets friedlich, und das Reich konnte sich auf ihre Loyalität verlassen. Als das Gros ihrer Stammesgenossen sich, kaum daß es auf der Flucht vor den Hunnen ebenfalls auf Reichsboden übergetreten war, gegen Kaiser Valens erhob, ließen sich die Kleingoten selbst dann nicht von der Empörung mitreißen, als diese ihnen mit der Eroberung von Nicopolis gleichsam auf den Leib rückte.[46] Dem weiten Zug, den die Masse der Westgoten unter Alarich a. 395 antrat und der a. 410 zur Eroberung von Rom führen sollte, haben sich die Kleingoten nicht angeschlossen. Diese zäh durchgehaltene Friedfertigkeit, die sie im ihnen angewiesenen Aufenthaltsraum feste Wurzeln schlagen ließ, hat vermutlich zur Voraussetzung, daß der Anhang des Ulfila innerhalb der westgotischen Gesellschaft eine Subkultur von kleinen Leuten dargestellt hatte, die sich von der wehrhaften, auf Kriegsführung ausgerichteten Ordnung des Stammesverbandes absetzte. Aber gewiß haben die bezwingende Persönlichkeit des Ulfila und seine Seelsorge dazu beigetragen, die bereits aus dem Norden mitgebrachten Verhaltensmerkmale einer ausgesprochen friedlichen Überzeugungsgemeinschaft zu festigen und zu kultivieren. Denkbar, daß bei der Auswahl des Geländes, das den Flüchtlingen von a. 347 oder 348 zugewiesen wurde, die Erwägung mitspielte, ein so offenkundig friedliebendes Element sei nicht zum Schutz der Reichsgrenze brauchbar, aber gerade im Umland jener Reichsstraße willkommen, die den Balkanriegel von Nord nach Süd – mit dem 1333 Metern hohen Šipkapaß als Scheitelpunkt – überquerte und sich in ihren bergigen Partien besonders leicht von Räubern überfallen ließ.

Das Bild friedfertiger Christen auf den Bergen zu Seiten eines gefährdeten Verkehrsweges hat, so dürfen wir es uns ausmalen, Niceta in Bann geschlagen. Denn Remesiana lag ja ebenfalls an einer Straße, die sich oberhalb der Stadt durch die Berge schlängeln mußte, bis sie auf dem 726 Meter hohen Dragomanpaß ihre Scheitelhöhe und in Serdica, dem heutigen Sofia, die nächste bedeutende Station erreichte. In diesen Bergen hausten die Bessen, die wegen ihrer Wildheit und Überfallslust berüchtigt waren. Den römischen Eroberern hatten sie, nachdem sie a. 73 v. Chr. in der Schlacht unterlegen waren, noch lange einen zähen Klein-

---

[45] Philostorgius: Hist. eccl. II 5 S. 18.

[46] Eunapius, fragm. 50; Isidor von Sevilla: Historia Gothorum. In: Mon. Germ. hist., auct. antiq. XI 11, 271f. Kurt Dietrich Schmidt: Die Bekehrung der Ostgermanen zum Christentum. Bd. 1 (Der ostgermanische Arianismus). Göttingen 1939 S. 226 bezieht die von Isidor gelobte Reichstreue der vor einer Christenverfolgung nach Thrakien ausgewanderten Goten, die dort von ihren das Reich verheerenden Stammesgenossen angetroffen wurden, nicht auf die Kleingoten, sondern auf andere Gruppen. Denn Isidor kennzeichnet sie als »katholisch«, wie er die Anhängerschaft des Ulfila wohl kaum eingestuft hätte.

krieg geliefert.[47] Um das Schicksal dieser Stämmegruppe geht es in diesem Buch. Vermutlich verstand man unter Bessen ursprünglich einen Einzelstamm: nach Herodot einen Teilverband der Satren. Dessen Name muß dann später auf eine ganze Stämmegruppe übertragen worden sein. Von den Bessen erzählt Herodot, sie hätten ihre Freiheit bis in die Gegenwart behauptet. »Denn sie wohnen auf hohen Gebirgen, die aller Art Wälder und Schnee tragen, und sind hervorragende Krieger«.[48] Anfang des 1. Jh.s nach Chr. weiß Strabon von diesem Stamm zu berichten, sogar von Räubern werde er als räuberisch bezeichnet.[49] Vermutlich gab ihrer besonderen Neigung zu Überfällen fortwährenden Auftrieb, daß ein für den Nord-Süd-Verkehr auf der östlichen Balkanhalbinsel wichtiger Paß, die Trajanspforte, in der Heimat dieser Bergethnie lag. Wenn Paulinus von Nola, unser wichtigster Zeuge für das Leben von Niceta, die Völkergruppe der Bessen als grausame Räuber, *nive duriores*, schildert, die, vom Krieg unbezwungen, ihren Nacken niemals der Knechtschaft gebeugt hätten, und sein Zeitgenosse Hieronymus von der Wildheit der in Felle gekleideten Bessen spricht,[50] dann lassen beide Autoren erkennen, daß es über 800 Jahre lang keinen Anlaß gegeben hatte, das Urteil über die Leute dort droben zu ändern. Wie die zerklüftete Landschaft, wie die wilden, über lange Monate von Schnee bedeckten Berge sich gleichgeblieben waren, so auch die rauhe Wesensart und die Zivilisationsferne ihrer Bewohner.

Daß die Gefährlichkeit von Barbarenstämmen den Anstoß lieferte, jene Tradition einer gezielten, aktiven Mission wiederzubeleben, die lange aus der Übung gekommen war, wissen wir auch aus anderen Gegenden. Drei parallel gelagerte Ereignisse fallen gerade in die Zeit um 400, also kurz hinter die Bessenbekehrung. Dem Bischof Victricius von Rouen gelang es, durch die Verbreitung des Evangeliums die von fremden Barbaren und heimischen Banden verheerten Inseln und Wälder der Provinz Belgica II zu befrieden.[51] Ein Barbarenstamm, der Anfang des 5. Jahrhunderts plündernd durch Gallien zog, soll mit Annahme des Glaubens

---

[47] Todor Sarafov: Les Besses et Rome (Le rôle des Besses dans la lutte des tribus thraces contre la pénétration romaine dans les Balkans). In: Actes du Premier Congrès International des Études Balkaniques et Sud-Est Européennes Sofia ... 1968 Bd. 2 Sofia 1969 S. 141-150.

[48] Herodot VII 117.

[49] Strabo: Geogr. 7.5.12.

[50] S. u. VI Nr. 2.

[51] Paulinus Nolensis: Epistolae XVIII 4 (a. 398 oder 400) = englisch von P. G. Walsh in: Ancient Christian writers Nr. 35 (London 1960) S. 170. Dazu E. A. Thompson: Christianity and the Northern barbarians. In: A. Momigliano (Hg.): The conflict between paganism and Christianity in the fourth century. Oxford 1963 S. 56-78 (hier S. 66 mit Lit.).

auch in seinen Sitten gezähmt worden sein.[52] Am ähnlichsten geartet wie der Fall, den wir erörtern, ist, nur in seinem Ausgang traurig, die Initiative des Bischofs Vigilius von Trient, der, vielleicht durch Nachrichten von den Erfolgen des Amtsbruders Niceta unter den Bessen ermuntert, a. 397 drei Mönche aus Kappadokien in den Nordwesten seiner Diözese aussandte, damit sie einem heidnischen Bergstamm das Evangelium verkündeten. Der aber beharrte bei seiner angestammten Religion und verbrannte die drei Glaubensboten auf einem Scheiterhaufen, der im Nosbachtal nahe dem dortigen Saturntempel entzündet wurde. Der Nosbach mündet oberhalb von Trient von Westen in jene Etsch, der eine wichtige, über Säben zum Inntal führende Querachse des Alpengürtels nach Norden folgte.[53] Auch diesmal wird das Anliegen, den Verkehr auf einer wichtigen Straße vor Überfällen zu schützen, entscheidend mitgespielt haben, wenn sich ein Bischof und seine Helfer auf das Wagnis einer Mission unter ungezähmten Bergbewohnern einließ.

Schon in der Zeit, als das Reich die Christen noch verfolgte, gab es Ziele, die dem Imperium und der neuen Religion gleich wichtig waren. Das galt vor allem für den Frieden, der zwischen den Menschen gleich welchen Standes und gleich welcher Volkszugehörigkeit gelten sollte. Mit der Konstantinischen Wende wurde beiden Seiten, der Kirche wie dem Staat, bewußt, wie lebensentscheidend gerade diese Grundübereinstimmung war. Für Ulfila können wir sie aus seiner Leistung erschließen, daß er seinen Anhang von der Rebellion der westgotischen Landsleute fernhielt. Und daß Nicetas Tätigkeit von dem Gefühl einer doppelten Verantwortlichkeit als Bischof und Reichsbürger geleitet wurde, spricht aus eindrucksvollen Worten des Paulinus von Nola, die gewiß, nur in der Wortwahl panegyrisch überhöht, die Gedanken des scheidenden Freundes widerspiegeln. Die Bekehrung, so erfahren wir hier, bewährte sich zugleich als Befriedung. Ungezähmte würden auf diese Weise in jene Reichsgesellschaft eingegliedert, deren erstes Gebot die Friedenswahrung unter allen Bürgern war: »In einer stummen Gegend des Erdkreises lernen die Barbaren mit römischem Herzen (*corde Romano*) Christus erschallen zu lassen und gesittet den sanften Frieden zu leben«.[54]

---

[52] Orosius VII 22.13. vgl. Origines: Contra Celsum XIII 68.

[53] Darüber die Briefe des Vigilius in Migne, Patrologia latina XIII (1845) Sp. 550-552 an Bischof Simplicianus von Mailand, 552-558 an Johannes Chrysostomos.

[54] S. u. VI Nr. 3 V. 205-212; 225f.: Wo das Gebaren von wilden Tieren herrschte, benähmen sich die Menschen jetzt wie Engel. – Daß die Christianisierung die Sinnesart von Völkern besänftigte, war offenbar eine verbreitete Vorstellung, s. etwa Athanasios von Alexandrien: Oratio de incarnatione verbi (um a. 320) Kap. 5 bei Migne: Patrologia Graeca 25 (1867) Sp. 188 über Skythen, Äthiopier und andere Völkern: seit sie sich zur Lehre Christi bekehrt hätten, zeigten sie, die früher im Dauerkrieg mit den Griechen gestanden hätten, eine Gesinnung von Frieden und Freundschaft. – Zur Vorstellung,

II.3 Eine neue Kirchensprache

Wenn wir der, so zeichnet es sich ab, mächtigen Wirkung nachspüren, die Ulfila auf Niceta ausübte, dann drängt sich die Frage auf, ob nicht auch die Erhebung des Gotischen zu einer Kirchen- und Bibelsprache bis nach Remesiana wirkte und den Anstoß lieferte, daß dem Bessischen die gleiche Würde zuteil wurde.[55] Zu Ulfilas Pioniertat hatte es kommen können, weil dieser jenseits der Reichsgrenzen und damit auch weit ab von jenen Städten aufgewachsen war, in denen der ganze Gottesdienst in einer der Offizial- und Kultursprachen des Imperiums gefeiert wurde. Zunächst geschah das vor allem auf Griechisch: durchgängig im Osten, aber darüber hinaus vielerorts im Westen, in Rom zumindest in den feierlichsten Teilen der Meßliturgie bis in die zweite Hälfte des 4. Jh.s. Überall aber, wo Latein als weltliche Verwaltungssprache gebraucht wurde, sah sich die griechische Kultsprache in einem zu Nicetas Tagen bereits auslaufenden Vorgang vom Latein verdrängt. Bei den Goten nördlich der unteren Donau galten andere Bedingungen als innerhalb des Reiches. Hier mußte zumindest die Predigt, um von allen verstanden zu werden, von vornherein auf Gotisch vorgetragen werden. Dieser Handhabung standen hier, außerhalb des Imperiums, keinerlei imperiale Vorbehalte entgegen. Die Liturgie und vielleicht auch die biblischen Lesungen, also die wörtlich fixierten, geschriebenen Texten folgenden Teile des Gottesdienstes, blieben, so dürfen wir annehmen, zunächst nichtgotisch. Dabei dürfen wir unentschieden lassen, ob das Griechische oder, wie es der Grundstock des christlichen Wortschatzes der Goten nahelegt, vielmehr das Lateinische verwendet wurde. Denkbar wäre auch, daß – so wie bei den Armeniern ursprünglich zwei altetablierte christliche Sakralsprachen, Griechisch und Syrisch, für die *sacratissima verba* innerhalb der Messe konkurrierten – bei den Goten nördlich der Donau Griechisch und Latein im Wettbewerb standen. Eben das könnte, wie sich für die Armenier wahrscheinlich machen läßt,

---

daß im römischen Reich über größere geographische Weiten als je vorher Frieden herrschte, s. u. a. Antonino Gonzáles Blanco: San Juan Crisostomo ante el problema bárbaro. Dimensiones políticas del universalismo evangélico. In: Miscellanea Comillas 36 (1978) Nr. 69 S. 263-299 (bes. S. 271f.).

[55] Zur Verwendung von Volkssprachen im christlichen Gottesdienst s. u. a. Karl Holl: Kultsprache und Volkssprache in der altchristlichen Mission. In: Allgemeine Missionszeitschrift 36 (1909) S. 257-266; Maurice Michaud: Langue d'Église et droit liturgique. Teil 1. In: L'Année canonique 3 (1954-55) S. 97-128, wo *langues liturgiques* von *langues d'évangelisation* geschieden werden; Christine Mohrmann: Linguistic problems in the Early Church. In: Vigiliae Christianae 11 (1957) S. 11-36; Georg Kretschmar: Kirchensprache. In: Theologische Realenzyklopädie XIX Lief. 1/2 (1989) S. 74-92 mit Lit. Zum geistesgeschichtlichen Hintergrund aufschlußreich ist das monumentale Werk von Arno Borst: Der Turmbau von Babel. Geschichte der Meinungen über Ursprung und Vielfalt der Sprachen und Völker. Besonders Bd. 1: Fundamente und Aufbau. Stuttgart 1957.

die Entscheidung für den »dritten Weg« befördert haben, den Gottesdienst durchweg in der Volkssprache zu feiern.

Beide Fälle, welche uns bislang allein ermöglichten, die Entstehung von neuen Kirchensprachen während des 4. Jh.s genauer nachzuvollziehen, zeigen, ohne daß eine Anstoßwirkung von Ulfilas Werk auf Transkaukasien nachweisbar oder auch nur wahrscheinlich wäre, enge Gemeinsamkeiten. Ulfila und der bedeutende armenische Mönch Maschtotz, über den wir, ebenso wie über Ulfila, durch seine Vita aus der Feder eines verehrungsvollen Schülers recht genau, wenn auch mit hagiographischer Einseitigkeit unterrichtet sind, waren Söhne eben des Volkes, dessen Sprache sie verschriftlichten. Sie wirkten jenseits der Grenzen des Römerreiches und waren somit frei von seinen Normen, zu denen auch diese gehörte, daß die Kirche die Vielzahl der Volkssprachen links liegen ließ und nur Gottesdienstsprachen mit langer Kulturtradition anerkannte. Neben das Griechische traten, dieser Regel folgend, ranggleich das Syrische, Koptische und Lateinische.[56] Beide, Niceta und Maschtotz, waren zudem gründlich gebildet, ja beide mit zwei alten Kultursprachen vertraut: Ulfila beherrschte Griechisch und Latein, während dem kongenialen Armenier das Syrische wie das Griechische geläufig waren. Beider Werk hat, was vermutlich mitbezweckt war, das Selbstbewußtsein ihrer Landsleute, die Würde eines Barbarenvolkes als eigenständige Gruppe innerhalb der christlichen Ökumene, rasch und folgenreich gehoben. Ja, es setzte einen missionarischen Eifer frei, die empfangene Gabe an andere weiterzugeben. Die Armenier gingen unverzüglich daran, ihre transkaukasischen Nachbarvölker, die Georgier und Aluaner, für den Glauben zu gewinnen. Dabei verwendeten sie das bei ihnen erprobte Mittel, aus einer schriftlosen Barbarensprache eine geschriebene Kirchensprache zu machen. Der westgotischen Mission kam zugute, daß es eine lange Reihe germanischer Völker gab, denen mit Ulfilas Übersetzungen vollauf gedient war. Denn die Mundarten der anderen Ostgermanen hoben sich gewiß nur unwesentlich vom Westgotischen ab, und die Westgermanen konnten sich leicht in ostgermanische Texte hineinlesen, hineinhören oder sie in das eigene Idiom umsetzen. Jordanes – vermutlich ein Kleingote, der vom Homöertum zur katholischen Orthodoxie übergetreten war – schrieb den arianischen Westgoten einen starken, auf alle Germanen gerichteten Missionsdrang zu, den wir gewiß mit dem Durchbruch zu einer Liturgie- und Bibelübersetzung ver-

[56] Wilhelm Schneemelcher: Das Problem der Sprache in der Alten Kirche. In dem von ihm hg.: Das Problem der Sprache in Theologie und Kirche. Referate vom Deutschen Evangelischen Theologentag ... 1958. Berlin 1959 S. 55-67.

binden dürfen: »Jedes Volk ihrer Sprache haben sie, wo es auch nur sein mochte, zum Gottesdienst dieser Sekte eingeladen«.[57]

Was Jordanes hier behauptet, ist von der Forschung vollauf bestätigt worden. Die gotisch-homöische Mission, die sich der Ulfilabibel bedienen konnte, hat, erstaunlich genug, von einer Randlage aus fast den gesamten Gürtel der germanischen Festlandstämme, die in das Römische Reich eingedrungen waren oder in seinem Vorfeld saßen, mittelbar oder unmittelbar zu durchdringen vermocht.[58] Nur bei den Franken läßt sich ein solcher Einfluß nicht nachweisen, während die Sueben im Nordwesten der iberischen Halbinsel sich ihm erst mit Verzögerung und nur vorübergehend öffneten. Was von den Westgoten angestoßen wurde, lief meist nicht auf ein breit wirkendes und fest verankertes Missionswerk hinaus, aber doch vermutlich – etwa im althochdeutschen Kirchenwortschatz noch faßbar – auf die Gewinnung ansehnlicher Minderheiten.[59] Daß Niceta, vermutlich von den Erfolgen Ulfilas angeregt, ebenfalls vorschwebte, in ihrer Sprache bekehrte Barbaren würden die Botschaft an weitere Barbarenstämme weitergeben, läßt sich dem zweiten Abschiedsgedicht des Paulinus von Nola für seinen Freund Niceta entnehmen. Was dieser wunderbare Text für das missionarische Wirken des Bischofs von Remesiana hergibt, ist bislang, wie mir scheint, übersehen worden.[60]

Wenn wir uns klarzumachen versuchen, ob und gegebenenfalls in welchem Ausmaße der Bischof von Remesiana, dem gotischen Beispiel folgend, eine weitere Barbarensprache zur Kirchensprache erhob, so haben wir vorab zu fragen, ob wir ihm eine ausreichende Kenntnis des Bessischen unterstellen dürfen. Eine gründliche Vertrautheit mit der ange-

---

[57] Jordanes: Getica 133 = Mon. Germ. hist. Auct. antiq. V/1 S. 92 Z. 16-19. – Zur Bekehrung des heidnischen Teils der Westgoten a. 382-95 s. Thompson: Christianity S. 69: obwohl Missionare nirgends erwähnt werden, ist wahrscheinlich, daß gotische Schüler des Ulfila mit der von ihm übersetzten Bibel in der Hand Mission unter ihren noch unbekehrten Stammesgenossen getrieben haben.

[58] Für die Goten s. Piergiuseppe Scardigli: La conversione dei Goti al Cristianesimo. In: La conversione al Cristianesimo nell 'Europa dell' alto medioevo. = Settimane di studio del Centro Italiano di sull'alto medioevo 14 (1967) S. 47-86.

[59] Knut Schäferdieck: Der germanische Arianismus. In: Miscellanea historiae ecclesiasticae III = Bibliothèque de la Revue ecclesiastique 50 (1970) ...; ders. im: Reallexikon für Antike und Christentum 10 (Stuttgart 1978) Sp. 497-531 mit Lit. und einer Kritik an den in der Forschung lange grassierenden Vorstellungen an einer geographisch sehr weit ausgreifenden Direktmission durch gotische Arianer. Die vieldiskutierten gotischen Kirchenwörter im Bairischen seien nicht – wie vielfach behauptet – über eine homöische Mission, sondern durch die Aufnahme von ostgermanischen Splittergruppen in den langobardischen oder bairischen Stammesverband eingeschleust worden. S. auch Gerd Haendler: Die abendländische Kirche im Zeitalter der Völkerwanderung. Berlin 1890 = Kirchengeschichte in Einzeldarstellung, hg. von dems. u. a. Bd. I/5 S. 28-40.

[60] S. u. VI Nr. 3.

stammten Sprache der Region kommt wohl nur dann ernsthaft in Frage, wenn Niceta ein Landeskind und nicht etwa ein von fern, etwa aus Italien zugereister Geistlicher war. Nun, Paulinus schreibt a. 400 ausdrücklich, Niceta kehre *patriam ... ad urbem* zurück. Anderswo wird das Gleiche mit andern Worten wiederholt: einmal heißt es, der Bischof reise »zur väterlichen Schwelle«, ein anderes Mal *ad paternam ... urbem.*[61] Die Stadt Scupi in Dardanien, das er bei seiner Rückkehr als Gast besuchen werde, liege in der Nähe seiner *patria*, die wir als Heimatgebiet oder als seinen Geburtsort vorstellen dürfen.[62] Diese Stellen machen wohl hinreichend wahrscheinlich, daß Niceta ein Sohn jener Stadt Remesiana war, in der er so lange wirkte.

Nun hat sich für Naissus und Scupi – die beiden bedeutendsten Zentren in jenem Mittelfeld Südosteuropas, das von den Flußsystemen der Morava und des Vardar bewässert wird – der Nachweis führen lassen, daß die Ende des 6. und Anfang des 7. Jh.s in mächtigen Wellen über die Donau nach Süden brandenden Slawen dort nicht das Latein, sondern altbalkanische Barbarenidiome als vorherrschende Umgangssprachen angetroffen haben.[63] Wenn sich das für Naissus und Scupi erhärten läßt, dann wird es mit aller Wahrscheinlichkeit erst recht für das weit unbedeutendere, abgelegenere Remesiana gegolten haben. Nur bleibt es in diesem Fall philologisch unbeweisbar, weil der Ort seit dem Mittelalter mit anderen Prägungen benannt erscheint und wir nicht wissen, in welcher jüngeren Lautung die Slawen den Namen Remesiana gehört haben. Immerhin, einen Anhalt liefern uns die Varianten, unter denen die Stadt in der antiken Überlieferung auftritt. In die Reichsnomenklatur ist der Name in der Lautung *Remēsiāna* eingegangen: offenbar eine lateinische, die Gründung einer *Civitas* widerspiegelnde Neuprägung, die an die Stelle des vorgefundenen Ortsnamens trat und von einem bodenständigen Stammesnamen abgeleitet sein wird. Spätestens im 4. Jh. ist, wie die Belege *Romatiana* und *Romansiana* zeigen, ein *o* in der ersten Silbe gesprochen worden. Dafür war, als Prokop im 6. Jh. die Form *Rumesiana* verzeichnete, mittlerweile ein *-u-* eingetreten.[64] In der Abfolge der überlieferten Lautungen schlägt offenbar durch, daß die örtliche Barba-

---

[61] S. u. VI Nr. 2 V. 55f.; 187f.; 317. S. auch XXVII (= Kap. VI Nr. 3) V. 359: *patria ... in aula*.

[62] S. u. VI 195f.

[63] Schramm: Eroberer 17.15.; 34.6.4.-6. zu *Naissus*; 17.2.3.; 38.13.4. zu *Scupi*. Wenn dort nur vermutet wurde, *o* in *Skopje* gehe auf *Skъp-* zurück, dann kann ich diese (für die Frage der von den Slawen angetroffenen ethnischen Verhältnisse wichtige) Annahme jetzt dank eines freundlichen Hinweises von Aleksandar Loma erhärten: Die Vita des serbischen Königs Symeon, a. 1198 von seinem Sohn verfaßt, bietet ... *Skьpь*, dessen erstes ь sich als traditionelle, auf ъ zurückgehende Schreibweise erklären wird.

[64] Peter Wesseling (Hg.): Vetera Romanorum itineraria ... Amsterdam 1735, S. 134f; Patin: Niceta S. 4f.

rensprache, hier mit den übrigen altbalkanischen Idiomen gleichlaufend, die Tendenz zeigte, unbetonte Vokale zu verdumpfen, ja – im vorliegenden Falle weder lateinisch noch griechisch wiedergebbar – in bestimmten Positionen schwinden zu lassen.[65] Wenn diese Lautentwicklung auf den lateinischen Namengebrauch abgefärbt hat, dann setzt dies voraus, daß am Orte zumindest noch über lange Zeit eine Barbarensprache und nicht etwa jenes Latein vorherrschte, aus dessen Lautentwicklung die jüngere Form nicht erklärt werden kann. Das erhärtet nur, was ohnehin zu erwarten stand. Inmitten einer Umgebung, in der keine flächige Romanisierung stattgefunden haben kann, wird ein Ort mit kaum mehr als 800 zivilen Bewohnern kaum eine Insel von Lateinsprachigen dargestellt haben. Nimmt man alle Anhalte zusammen, dann dürfen wir mit guten Gründen annehmen, daß Niceta sein Leben in einem Städtchen verbrachte, in dem, ebenso wie im Umland, das altbodenständige Idiom nie aus dem Gebrauch im Hause und im alltäglichen Umgang verdrängt worden war. Das Lateinische hatte sich als Offizial- und Zivilisationssprache darübergelegt, aber ihm fehlte – anders als im flachen Gürtel südlich der Nordgrenze des Reiches – der Rückenwind durch den Zuzug von größeren Zahlen solcher Menschen, die mit Latein als Muttersprache aufgewachsen waren.

Im nächsten Kapitel wird sich ergeben, daß sich für Remesiana keine christliche Anfangsphase mit griechischer Liturgie erhärten läßt. Als ältester sicher rekonstruierbarer Stand zeichnen sich für die Mitte des 4. Jh.s Gottesdienste ab, die zumindest in den liturgischen Teilen durchweg auf Latein stattfanden. Und niemand vor Niceta wäre wohl auf den Gedanken gekommen, anders zu verfahren. Aber unter den Umständen, die wir abgesteckt haben, vermochte ein Mann wie Niceta gleichsam über Nacht sein bessisches Herz zu entdecken, weil ihm aufging, daß sich so der Sache des Glaubens ein wichtiger Dienst erweisen ließ. Für eine derartige Hypothese bietet sich ein genau entsprechender Parallelfall an. Bald nach a. 860, ein halbes Jahrtausend später, sollte Konstantin der Philosoph, der unter seinem Mönchsnamen Kyrill berühmt werden sollte, sich, nachdem er längst und scheinbar vollständig zum hochgebildeten Byzantiner geworden schien, auf seine Kindheit in Saloniki besinnen, in der er offenbar vor allem Slawisch gesprochen hatte. Weil er ein wirksames Mittel für die Missionierung von Slawen in die Hand bekommen wollte, wurde er zum Schöpfer der slawischen Kirchensprache.

---

[65] Ein albanisches Beispiel, das dieselbe Lautentwicklung zeigt, ist *rrëshajë, rrushajë* »Pfingsten« < *rosālia*. Zu parallelen Lautentwicklungen in anderen Teilen Südosteuropas s. meine Eroberer 23.9.2.; 31.16.1. und 4.

Auch Kontrastbeispiele sind für unseren Fall aufschlußreich. Der große Augustinus hat in seinem afrikanischen Bistum, wo wohl das Punische in vielen Städten die gebräuchlichste Umgangssprache darstellte, zwar, wo es erforderlich schien, mündliche Dolmetscher im Gottesdienst eingesetzt. Aber er unternahm, so scheint es, nichts, damit kirchliche Texte in den vorrömischen Sprachen des Landes, dem Punischen und dem Berberischen, entstanden.[66] Das erklärt sich leicht aus der Prägung, die er in seiner Kindheit erfahren hatte. Offenbar in einer rein lateinischen Umgebung groß geworden, lernte er weder von den Eltern noch von der Amme, die in so vielen Milieus die Kenntnis von Volkssprachen in höhere Schichten vermittelt hat, ein altbodenständiges Idiom. Die *diversitas linguarum*, die er als eine dem menschlichen Geschlecht seit dem Sturz des Turms von Babel auferlegte Last ansah, schien ihm durch das römische Reich bereits weitgehend behoben. Den »gezähmten Völkern« habe das Imperium nicht nur seinen Zorn, sondern auch seine lateinische Sprache *per pacem societatis* auferlegt.[67]

Lehrreich für unseren Zusammenhang ist weiterhin Patrick, der nicht als erster, aber als erfolgreichster Missionar Irlands Geschichte machte. Er hat, soweit sich erkennen läßt, keiner Verschriftlichung des Irischen Bahn gebrochen, denn die setzte offenbar erst später ein. Auch hier liefert die Biographie den Schlüssel zu einer sprachlichen Option. Patrick stammte von der britischen Hauptinsel und wird in der Stadt, wo er seine Kindheit verbrachte, zuerst Britannisch als Haussprache, dann aber als Kultursprache ein Latein gelernt haben, das – in der Außenposition einer vom Reich preisgegebenen Provinz – naturgemäß barbarisch gefärbt war.[68] Nach Irland wurde er erst als Achtzehnjähriger verschleppt. Selbst dann wird ihm Irisch nicht ohne Verzug voll geläufig geworden sein, weil er, als Hirte verwendet, gar nicht ständig unter Leuten lebte. Und schließlich hat er seinen geistigen Schliff und seine geistliche Ausrichtung in Gallien erfahren, wo der Gottesdienst, durchweg auf La-

---

[66] W. M. Green: Augustine's use of Punic. In: Semitic and oriental studies presented to W. Popper. Berkeley 1951 = University of California Publications in Semitic Philology Bd. 11 S. 179-190 mit Kritik an Aufsätzen von W. H. C. Frend und C. Courtios. Wolfgang Rölling: Das Punische im Römischen Reich. In: Sprachen im römischen Reich S. 285-299.

[67] Dazu Franz Georg Maier: Augustin und das antike Rom. Stuttgart 1955 = Tübinger Beiträge zur Altertumswissenschaft H. 39 S. 185.

[68] Christiane Mohrmann: The Latin of St. Patrick. Four lectures. Dublin 1961; K. Mras: St. Patricius als Lateiner. In: Anzeiger der phil.-hist. Klasse der Österreichischen Akademie der Wissenschaften 1953/56 S. 99-113. Nach Michaud: Langue d'Eglise I S. 120 bewirkte Patrick, daß die irische Kirche unmittelbar auf die Kirche von Britannien, mittelbar auf die Kirche von Gallien und damit auf zwei Zweige der Christenheit zurückgeht, die fest in einer lateinischen Kultur- und Gottesdiensttradition standen. Aus einem anderen missionsgeschichtlichen Hintergrund hätte sich leicht eine andere kirchensprachliche Regelung für Irland ergeben können.

tein gehalten, offenbar unberücksichtigt ließ, daß die bodenständige Variante des Keltischen noch keineswegs ausgestorben war.[69] Alle diese Voraussetzungen machen, zusammengenommen, leicht verständlich, warum Patrick der Sprache der Missionierten nicht zum Rang einer Schrift- und Kirchensprache verholfen hat, obwohl die Umstände dem entgegengekommen wären. Denn ebenso wie die Gothia nördlich der Unterdonau, wo Ulfila sein Lebenswerk begann, und Armenien, wo Maschtotz wirkte, lag Irland ja jenseits der Reichsgrenzen und besaß keine städtische Zivilisation. Das liefert die Erklärung, warum sich später – neben dem Latein als primärer Kirchen- und Liturgiesprache – ein blühendes irisches Schrifttum zu entfalten vermochte. Aber der Biographie Patricks läßt sich entnehmen, warum bei der Bekehrung nicht Irisch als Liturgiesprache eingeführt wurde, ja sogar der Gebrauch des bodenständigen Idioms als sekundärer Kirchensprache sich verzögerte.

Zurück zu Niceta. Welche Anhalte besitzen wir für die Hypothese, daß er nach dem Vorbild, das Ulfila gegeben hatte, seine Verwurzelung im Bessischen nutzte, um für missionarische Zwecke eine neue Kirchensprache einzuführen? Unsere Kronzeugnisse stammen aus dem 6. Jh. und werden erst an späterem Ort auszuwerten sein. Wir dürfen aber vorwegnehmen, was sich für die Frage, vor der wir jetzt stehen, später erhärten wird: rund zwei Jahrhunderte nach Niceta wurde in Klöstern des Heiligen Landes das Bessische als Sakralsprache verwendet und zwar gleichgeordnet mit dem Syrischen und Armenischen, die beide volle Kirchensprachen waren. Wenn das Bessische somit in späteren Generationen eine uneingeschränkte, sogar für die Liturgie verwendete Sprache war, dann muß das auf den Bessenbekehrer Niceta zurückgehen. Denn ein solcher kühner Schritt ist nur für eine Zeit wahrscheinlich, in der die Fundamente eines Kirchenwesens gelegt werden, nicht aber für eine spätere Etappe, in der darauf weitergebaut wird. Dies lehrt etwa das uns schon vertraute Gegenbeispiel der Bekehrung Irlands, die das Irische gerade nicht als »volle Kirchensprache« verankerte: mit der Folge, daß der Vorrang des Lateinischen fortan nie mehr in Frage gestellt werden sollte.[70]

Eine Sprachenregelung, die ein Bahnbrecher von so gewichtiger geistlicher Autorität wie Niceta vollzogen hatte, wird in den folgenden Jahr-

---

[69] Zum Fortleben des Gallischen s. u. a. Karl Horst Schmidt: Gallien und Britannien. In: Sprachen im röm. Reich. 19-44. P. L. Fournier: La persistence du Gaulois au VI siècle d'après Grégoire de Tours. In: Mélanges Clovis Brunel ... S. 448-453.

[70] Ansätze zur Änderung des Sprachengebrauchs in der Kirche mögen sich gelegentlich aus besonderen historischen Umständen ergeben haben. Nach Holl: Kultursprache S. 262 stützte sich der Donatismus in Nordafrika besonders auf die Punischsprechenden. Das habe die offizielle Kirche veranlaßt, diesem Teil der Bevölkerung mehr als bislang üblich entgegenzukommen. Vgl. u. S. 146.

hunderten wohl kaum revidiert worden sein. Niceta – so eine zentrale, freilich vorerst noch nicht abgestützte These dieser Studie – formte eine von den Barbarensprachen des Römerreiches zu einer vollen, für alle geistlichen Bedürfnisse der Bessen verwendete Kirchensprache. Das gab, wie wir später hören werden, wahrscheinlich den Anstoß zur Verschriftlichung zweier weiterer Barbarensprachen: des Skythischen und des Sarmatischen, die beide in der Dobrudscha gesprochen wurden. Vielleicht galt sogar für das Hunnische ein gleiches. Da die besonderen Umstände, die diese Durchbrüche möglich machten, sich so oder doch so ähnlich nirgendwo sonst einstellten, blieb es im Bereich der westlichen Kirche lange bei diesen drei oder vier Fällen an der nordöstlichen Peripherie. Nicetas Werk hat zwar nicht, wie das für Ulfila gilt, Anstöße für weiter westlich wohnende Völker geliefert. Aber er sollte – darauf laufen unsere späteren Überlegungen hinaus – das Schicksal der Bessen aufs tiefste und nachhaltigste prägen. Ohne Niceta hätte ihre Sprache kaum bis heute überlebt und wäre wohl auch nicht in einen anderen Teil der Halbinsel verpflanzt worden.

Was aber ergibt sich für unsere Frage aus jenen Zeugnissen, die Zeitgenossen des Niceta hinterlassen haben? Paulinus von Nola bezeugt, Niceta habe den Bessen und Skythen beigebracht, Christus in Liedern zu verherrlichen.[71] Vor dem Hintergrund dieser Stelle legte sich nahe, den Lobpreis des Hieronymus über die Bekehrung der Bessen wörtlicher zu verstehen als das ohne die Aussage des Nolaners geraten schiene: die wilden, fellgekleideten Völkerschaften hätten ihre schrillen Schreie in den süßen Gesang des Kreuzes »gebrochen«.[72] Eine weitere Paulinus-Stelle besagt dasselbe: in einer stummen Region des Erdkreises hätten Barbaren von Niceta gelernt, Christus widerhallen zu lassen.[73] Wenn der Bischof von Remesiana somit bemüht war, die Bessen durch Lieder in ihrer Muttersprache am Gottesdienst mitwirken zu lassen, dann ging das gewiß aus einem besonders innigen Verhältnis zu jenem Kirchengesang hervor, der gerade damals einen mächtigen Aufschwung erlebte.[74] Pauli-

[71] S. u. VI Nr. 2 V. 90-92.
[72] Ebd. Nr. 4.
[73] Ebd. Nr. 2 V. 261-264.
[74] C. H. Turner: Niceta of Remesiana: De vigiliis and De psalmodiae bono. In: The Journal of Theological Studies 22 (1921) S. 306-320; 24 (1923) S. 225-252; D. G. Morin: De psalmodiae bono de l'évêque Saint Nicéta: rédaction primitive, d'après le ms. Vatic. S. 729. In: Revue Bénedictine 14 (1897) S. 383-388. Dazu Gamber: Niceta S. 9: die Predigtreihe des Bischofs durchziehe »das besondere Interesse des Redners an der Liturgie«. Mehrere liturgische Notizen seien wohl von Kopisten ausgelassen worden. S. 82f. werden Hymnen benannt, als deren Verf. Niceta in Frage kommt. – Vgl. Johannes Quasten: Musik und Gesang in den Kulten der heidnischen Antike und christlichen Frühzeit. Münster i. W. 1930 = Liturgiegeschichtliche Quellen und Forschungen H. 25; Ambrosius Dohmes: Der pneumatische Charakter des Kultgesanges nach frühchristlichen Zeugnissen. In: Anton Meyer/Johannes Quasten/Burkhard Neunhäuser (Hg.):

nus malt sich, hochpoetisch und ergreifend, den heimkehrenden Freund als Vorsänger von frommen Chören aus. Mit ihm als Leitstimme singen die Matrosen auf dem Schiff, aber auch Scharen von Mönchen und Nonnen, die sich zu seiner Begrüßung am Ufer einfinden.[75] Dem Kirchengesang hat Niceta eine eigene, vielleicht in seine *Instructio ad competentes* eingefügte Schrift gewidmet. Singen im Gottesdienst war für ihn ein gottwohlgefälliger Akt der Anbetung. Der erfahrene Seelsorger und Religionslehrer wird aber auch geschätzt haben, wie stark gehörte und mitgesungene Lieder auf die Gemüter wirkten. Und in einem Jahrhundert, in dem der streitbare Arius Schiffer-, Müller- und Marschlieder dichtete, um seine Lehre unter das Volk zu bringen, darf man Niceta wohl zutrauen, daß er für bessische Lieder auch mit der Absicht sorgte, die christliche Botschaft in Seelen zu verankern, in denen bislang sehr andere Vorstellungen geherrscht hatten.[76]

Einer Sprache, in der christliche Lieder entstanden, wird man im Analogieschluß aus überlieferten Beispielen auch Gebete, Abschwör- und Bußformeln als fixierte Wortlaute zuschreiben dürfen, denen sich Predigten als nichtfixierte, aus dem Stegreif formulierte Wortlaute an die Seite stellten. Einen Anhalt, daß durch Niceta selbst oder auf sein Betreiben hin auch Bibeltexte ins Bessische übertragen wurden, gibt uns die literarische Hinterlassenschaft seiner Zeit vielleicht mit dem Hinweise des Johannes Chrysostomos von a. 399, neben Skythen und Sarmaten verdolmetschten sich auch Thraker das Wort Gottes.[77] Später wird zu überlegen sein, ob und, wenn ja, wie direkt diese Aussage über die Thraker, die mit den Bessen sprachlich vermutlich eng zusammenhingen, mit Niceta verbunden werden darf. Auch die damit genannten zusätzlichen Zeitzeugnisse, die – allesamt mit eingeschränkter Verläßlichkeit – als weitere Zeugen für die Annahme einer kirchlichen Verwendung des Bessischen neben unseren Kronzeugen Paulinus treten, Niceta habe seiner Muttersprache bloß einen Platz als Katechese- oder Missionssprache angewiesen, während die eigentliche oder volle Sakralsprache das Latein geblieben sei: mit dem Vorrecht, daß nur in ihr die Meßliturgie, vor allem die darin enthaltenen *sacratissima verba* erklingen durften. Für eine bloß ergänzende, sekundäre Kirchensprache ist auch die Fixierung der wichtigsten Perikopen, nicht aber eine Übersetzung der ganzen Bibel

---

Vom christlichen Mysterium. Gesammelte Arbeiten zum Gedächtnis von Odo Casel OSB. Düsseldorf 1951 S. 35-53. – Zum Einsatz von Nicetas geistesverwandten Zeitgenossen Ambrosius für einen Kirchengesang, der den Gottesdienst beleben sollte, s. u. a. Jean-Rémy Palanque: Saint Ambroise et l'Empire Romain. Contribution à l'histoire des rapports de l'Eglise et de l'état à la fin du quatrième siècle. Paris 1933 S. 153f.

75 S. u. VI. Nr. 2 V. 87f.: *ingredere haec psalmis recinens, antistes, et hymnis* sowie V. 507: *teque sacris psalmisque denota litante obsequia.*

76 Zu Arius der arianische Kirchenhistoriker Philostorgios († um 430): Hist. eccl. II 2.

77 S. u. die Erläuterung zu VI Nr. 3.

denkbar, die überall dort, wo eine Sakralsprache und eine Missionssprache nebeneinander bestanden, nur in der Sakralsprache vorlag.

Eben dieses Muster ist uns aus den folgenden von der lateinischen Christenheit ausgehenden Missionen vertraut, bei denen zunächst die Iren, dann die Angelsachsen und schließlich die deutschen Stämme bekehrt wurden. Wenn in allen diesen Fällen am Latein als Sakralsprache festgehalten wurde, der die höhere gottesdienstliche Würde zukam, obwohl sie dem gemeinen Mann nicht verständlich war, dann ist man geneigt, den gleichen Usus erst recht für die Bessen anzunehmen, die doch innerhalb des noch intakten Reichsverbandes, im Rahmen einer lateinisch verwalteten Provinz, für den Glauben gewonnen wurden.

Versetzen wir uns aber in den Zeitkontext des Niceta zurück, dann erscheinen die Dinge in einem anderen Lichte. Den Anstoß zu seiner muttersprachlichen Aktivität lieferte der Gote Ulfila und der hatte eine Barbarensprache zur vollen, für alle Teile des Gottesdienstes gleichermaßen geltenden Sakralsprache erhoben. Ja, er übersetzte, über die im Gottesdienst gebrauchten Perikopen hinaus, zumindest große Teile der Bibel ins Gotische. Hatte, so müssen wir fragen, Niceta Anlaß, gegenüber diesem Vorbild zurückzustecken und die feierlichsten Teile des Gottesdienstes dem Lateinischen vorzubehalten, obwohl es für eine solche sprachliche Teilung zu seiner Zeit noch gar kein Muster gab? Ist er der Schöpfer einer Vorgehensweise, die dann auf die Iren übertragen wurde? Ich möchte meinen, man müsse, wenn man die Konkurrenz ernst nimmt, in der Niceta zu Ulfila stand, zu der Antwort kommen: nein.

Doch bliebe es zu eng, wollten wir den Entschluß, die neue Kirchensprache Bessisch für einen uneingeschränkten geistlichen Gebrauch zu bestimmen, nur aus der Absicht herleiten, nicht hinter Ulfila zurückzufallen. Wie immer sich die Kirche ohne Scheu und Vorbehalte einer Sprache bediente, die noch eben als bloßes Barbarenidiom gegolten hatte, da ging es um mehr als nur um Zweckmäßigkeit. Ein Zeitgenosse des Niceta, der eine solche neue Kirchensprache, das Gotische, selbst im Gottesdienst gehört hatte, pries, was manche Griechen zunächst einmal befremdete, als eine Bereicherung des Gotteslobes, als Schritt auf dem Wege zu einem vielstimmigen Chor. Die Vielstimmigkeit, die erstmals im Pfingstwunder vorweggenommen wurde, hat auch Paulinus in seinem zweiten Abschiedsbrief auf ergreifende Weise beschworen: vermutlich, weil er wußte, er werde gerade damit seinem scheidenden Freunde das Herz rühren. Ich verstehe das Zeugnis eines vertrauten Freundes als einen – dichterisch verschleiernden – Lobpreis der pfingstlichen Tat, einem Barbarenvolk das Evangelium durch Übersetzung in seine Sprache nahezubringen.

Der Gedanke, der aus den Mündern der Menschen aufsteigende Lobpreis werde, in je mehr Zungen er erklinge, Gott um so wohlgefälliger sein, hat wohl alle geleitet, die, eingeschliffenen Konventionen durchbrechend, neue Kirchensprachen einführten oder, wie es uns in Palästina des 6. Jh.s begegnen wird, Vielsprachigkeit des Gottesdienstes in Klosterordnungen verankerten. Nicht immer wird sich scheiden lassen, ob, wo dieser Gedanke formuliert wurde, ein Stück Tradition weitergegeben oder man eine alte Einsicht noch einmal neu fand. Das letzte möchte ich für die reizende Rokokovariante vermuten, die unser Motiv ins Kulinarische übersetzt. Ein katholischer Priester namens Giulio Variboba, der einer albanischen Kolonie in Kalabrien entstammte, widmete dem Leben der Heiligen Jungfrau 1762 ein Bändchen mit Gedichten in seiner albanischen Muttersprache. Die Prosaeinleitung vergleicht das Werk mit einer neuen Frucht, die Maria noch nie gekostet habe: ein wenig herb, winterlich und wildwüchsig, aber nicht weniger wohlschmeckend, als was ihr sonst gereicht werde. Und im übrigen habe ja der Heilige Geist bei der Verkündigung auch Worte gesprochen, deren Sinn gewesen sei, eines Tages werde die ganze Menschheit in all ihren Sprachen den von Maria gesprochenen Lobpreis darbringen.[78]

II.4 Ein neues Alphabet

Niceta – so haben unsere Überlegungen ergeben – besaß die Kühnheit, als erster seine balkanische Muttersprache in Texten festzuhalten, die er dem Gottesdienst unter neubekehrten Bessen zugrundelegte. Wurde dies richtig gefolgert, dann muß der Bischof von Remesiana, ehe er auch nur einen einzigen bessischen Satz niederschreiben konnte, sich der Frage gestellt haben, mit welchen graphischen Zeichen er sein Werk angreifen sollte.[79] Da er ein Zögling lateinischer Kultur, ein Verfasser von angesehenen theologischen Schriften in lateinischer Sprache war, scheint bei erstem Hinsehen alles für jene lateinischen Buchstaben zu sprechen, die auch sonst aus seiner Feder flossen. In Italien waren Sprachen wie Oskisch und Umbrisch nur zum Teil in eigenständigen Fortentwicklungen der etruskisch vermittelten griechischen Schrift, zum anderen Teil dagegen mit lateinischen Zeichen festgehalten worden. Denen begegnen wir auch in Spanien und Gallien als Mittel, mit dem keltische Wortlaute

[78] Peter Bartl: Albanischer Buchdruck in Italien (16.-18. Jh.). In: Münchner Zeitschrift für Balkankunde 5 (1983-84) S. 113-119.

[79] Zum folgenden s. Hans Jensen: Die Schrift in Vergangenheit und Gegenwart. ²Berlin 1958; Johannes Friedrich: Geschichte der Schrift unter besonderer Berücksichtigung ihrer geistigen Entwicklung. Heidelberg 1966; Harald Haarmann: Universalgeschichte der Schrift. Frankfurt/M ... 1990. Hier S. 328-331 zum äthiopischen, S. 436-442 zum koptischen, S. 432-436 zum westgotischen, S. 467-470 zum irischen Ogham-Alphabet, S. 458-465.

wiedergegeben wurden. Das galt vermutlich auch für jene auf Gallisch verfaßten *Fideicommissa*, die von dem Juristen Ulpian zu Anfang des 3. Jh.s ausdrücklich als rechtsgültige Urkunden anerkannt werden.[80]

Aber von einer solchen Praxis in anderen Reichsteilen hat Niceta wahrscheinlich nie etwas erfahren. Denn er entstammte ja einer Stadt in einem abgelegenen Winkel Südosteuropas, wo bislang gewiß niemand auf den Gedanken verfallen war, anders als auf Latein oder (vielleicht) auf Griechisch zu schreiben. Früh zum Bischof seiner Vaterstadt berufen, mag Niceta erst als älterer Mann, nachdem sein Missionswerk an den Bessen bereits weit fortgeschritten war, auf zwei Reisen nach Nola ein wenig von der großen Welt gesehen haben. Ja, selbst wenn ihm der Gebrauch lateinischer Buchstaben für nichtlateinische Sprachen in jüngeren Jahren zufällig zu Ohren gekommen sein sollte: ein nachahmenswertes Muster hätte er darin kaum erblickt. Denn er wollte ja eine neue Kirchensprache einführen, und das brachte ihn in die Spur von zumindest zwei wichtigen Vorläufern: von einem wohl schon zu Nicetas Tagen nicht mehr namentlich bekannten Oberägypter des 3. Jh.s, der die Bibel in die heimische, sahidische Regionalsprache übertragen hatte, und von Nicetas gotischem Zeitgenossen Ulfila. Beide Bahnbrecher verwendeten, soweit es gehen wollte, jenen Zeichenbestand, den das griechische Alphabet bereithielt. Für Laute, die den Griechen abgingen, griffen sie dagegen auf Buchstaben anderer Herkunft zurück. Der Ägypter entnahm sie – vermutlich an Kreuzungen anschließend, die andere vor ihm angestellt hatten – der gängigen, sogenannten demotischen Schreibschrift seines Volkes, während Ulfila sich aus zwei zusätzlichen Vorräten bedienen konnte: dem lateinischen Alphabet und der germanischen Runenschrift.[81] Durch diese Anleihen bei weiteren Schreibtraditionen ließ sich der Phonembestand der beiden Sprachen, die es wiederzugeben galt, sehr viel genauer wiedergeben, als wenn man ihn durchweg in das enge Korsett jenes griechischen Alphabets gezwängt hätte, das für beide nun einmal nicht geschaffen war.

---

[80] Digesta 32,11. Dazu Heinrich Eduard Dirksen: Civilistische Abhandlungen 1. Bd. Berlin 1829 S. 1-92 (Über den öffentlichen Gebrauch fremder Sprachen bei den Römern); Borst: Turmbau I S. 292.

[81] Für 17 Zeichen und damit für die große Mehrheit ist griechische Herkunft in der Forschung fast durchweg unstrittig. Eine erneute Prüfung durch Joseph Boüüaert: The origin of the Gothic alphabet. In: James N. Marchand (Hg.): The sounds and phonems of Wulfila's Gothic. Den Haag ... 1973 S. 13-22, ergab, daß diese Zahl wohl auf 18 zu erhöhen ist. Das lateinische Alphabet hat in einem Fall mit Eindeutigkeit, in einem anderen wahrscheinlich das Vorbild geliefert. In zwei Fällen kommen zwei der drei Alphabete, in einem anderen sogar alle drei als Mustergeber in Frage. Für ein letztes Zeichen bleibt der Ursprung völlig offen. Nicht überzeugt hat mich Larry Allen Viehmeyer: The Gothic alphabet. A study an derivation. Phil. Diss. der Universität of Illinois in Urbana-Champaign 1971, der jegliche Anleihen beim Lateinischen weginterpretiert.

Im Gesichtskreis des Niceta gab es vermutlich Informanten, die ihm zu erläutern wußten, wie gut Ulfilas Schrift der gotischen Sprache auf den Leib geschneidert worden war. Über den gleichen Vorzug des koptischen Alphabets ließen sich vielleicht, falls ihm das noch erforderlich schien, sogar von seiner balkanischen Heimat aus gewisse Erkundigungen einholen. Recht unwahrscheinlich dagegen, daß ihm bekannt wurde, im Gefolge der – starken griechischen Kultureinflüsse bahnbrechende – Christianisierung, die sich wohl noch vor a. 340 im äthiopischen Königreich von Aksum durchsetzte, sei eine semitische Konsonantenschrift dabei, sich allmählich in eine Silbenschrift zu verwandeln, in der auch die Vokale konsequent und genau wiedergegeben wurden. Ob nun aus einem oder, wenn nicht gar zwei Mustern gelernt: auf jeden Fall war Niceta vermutlich geläufig, daß eine Aufgabe, wie er sie angriff, anderswo bereits vorzüglich gelöst war und zwar durch die Abwandlung eines vorhandenen Alphabetes, die maßgerecht auf jeweils eine Sprache zugeschnitten war. Er brauchte, um zu einem gleich guten Ergebnis zu kommen, nur streng analog zu verfahren. Dies hieß nun gerade nicht, nach dem Beispiel seiner koptischen und gotischen Vorläufer vom griechischen Alphabet auszugehen. Vielmehr wird sich ein Bischof der lateinischen Kirche stattdessen sehr weitgehend an den lateinischen Buchstaben ausgerichtet haben.

Dabei sollte man genaue Kopien ebenso für möglich halten wie Umstilisierungen, die das Muster variierten. Wo mit lateinischen Vorbildern nicht durchzukommen war, bot sich an, es mit einem griechischen Zeichen zu versuchen.[82] Für die bessischen Sonderlaute, die mit keiner der beiden Reichsschriften genau wiedergebbar waren, mußten dagegen neue Zeichen geschaffen werden. Vermutlich geschah das mithilfe freier Erfindungen.

Könnte Niceta nicht weitergegangen und ein gänzlich neues Zeichensystem erdacht haben? Das erschiene nur denkbar, wenn er für diese Lösung ein ähnlich gewichtiges Motiv gehabt hätte, wie es sich für die überlieferten Fälle von »radikalen Neuschriften« in der Tat erschließen läßt. Der Armenier Maschtotz entschied sich – wohl um das Jahr 400 und somit noch zu Lebzeiten Nicetas, von dem er kaum gehört haben

[82] Der Fall, daß ein Schriftschöpfer Zeichen aus zwei ihm vertrauten Alphabeten kombinierte, wird, wie zwei zeitlich weitauseinanderliegende Wiedergaben des Albanischen beispielhaft zeigen, immer wieder vorgekommen sein. Der katholische Nordalbaner Buzuku griff im 16. Jh. bei 12 Spezialzeichen, um die er das lateinische Alphabet erweiterte, viermal auf die kyrillische Schrift zurück, s. Roques: Recherches S. 11-19. Der Deutsche Carl Heinrich Theodor Reinhold, der als griechischer Marinearzt albanische Volksdichtungen sammelte und unter den Titel *Noctes Pelasgicae* veröffentlichte, verwendete ein Gemisch aus griechischen und lateinischen Zeichen s. Claus Haebler: Grammatik der albanischen Mundart von Salamis. Wiesbaden 1965 = Albanische Forschungen 5 S. 23f.

wird – zu diesem Weg, weil er allen Grund hatte, jede Bindung seiner Kirche an die griechische Kulturwelt (und damit an das Römerreich) vor den argwöhnischen Oberherrn seiner Heimat zu verbergen. Auch wollte er sich nicht enger an die christlichen Syrer anlehnen, weil die Ostsyrer von ihren heidnischen Herren, den Sassaniden, leicht manipuliert werden konnten. Eine gänzlich eigenständige Schrift unterstrich dagegen, daß die Armenier von niemand abhängig sein wollten, und diesen Zweck erfüllt ihre Schrift bis auf den heutigen Tag. Wenn Maschtotz auch für die georgischen und aluanischen Nachbarvölker der Armenier »radikale Neuschriften« anregte, statt, soweit nötig, das armenische Alphabet für sie abzuwandeln, dann verrät das eine bewundernswerte Feinfühligkeit: zwei Ethnien sollten damit vor dem Eindruck bewahrt werden, ihre Kirchen seien bloße Ableger des armenischen Christentums, und eben das Bewußtsein von Selbständigkeit und Identität werde ihrem Glauben zugute kommen. Als Konstantin der Philosoph um a. 860 mit der Glagolica eine »radikale Neuschrift« für die Slawen entwarf, schloß er an das armenische und georgische Muster an.[83] Welche Absichten seinerzeit Maschtotz verfolgt hatte, wird ihm kaum aufgegangen sein. Sehr wohl aber, daß der Typus der »radikalen Neuschrift« sich für seine Missionspläne aufs beste eignete. Die beiden nördlichen Nachbarreiche von Byzanz, die Rus' und Bulgarien, sollten sich dem Glauben öffnen, ohne dabei befürchten zu müssen, »den Griechen« ausgeliefert zu werden.

Ein weiteres Beispiel liefert uns, ein Jahrtausend später, Naum Veqilharxhi, der in seiner albanischen Fibel von 1844 nie gesehene Zeichen präsentierte. Wenn er Ähnlichkeiten mit allen in Albanien bekannten Alphabeten aus dem Wege ging, dann, weil er die Nationalkultur, die ihm vorschwebte, von der Pluralität der Religionen und Kulturtraditionen seiner Heimat freihalten wollte. Eine Geheimschrift der gleichen Zeit, auf die wir noch einmal zurückkommen werden, mied alle Ähnlichkeiten mit anderen Alphabeten, weil sie nur für die Mitglieder einer einzigen Sippe entzifferbar und benutzbar sein sollte.

Keine der Rücksichtnahmen und Zwecke, die diesen »radikalen Neuschriften« zugrunde liegen, darf man Niceta unterstellen. Mir will auch kein anderer Grund einfallen, der ihn veranlaßt haben könnte, in der Wahl der Schriftzeichen seinen lateinischen Hintergrund zu vertuschen. Gewiß muß man die Augen auch für das gänzlich Unerwartete offenhalten. Aber eine Wahrscheinlichkeitsrechnung spricht dafür, daß Niceta

[83] Daß sich Konstantin, als er sich für eine »radikale Neuschrift« entschied, den kaukasischen Beispielen folgte, die ihm durch armenische und georgische Mönche in byzantinischen Klöstern zugänglich gemacht und erläutert wurden, gedenke ich demnächst in einem Aufsatz wahrscheinlich zu machen.

am ehesten eine Schrift erfunden haben dürfte, die auf dem lateinischen Alphabet aufbaute. Denn ihm, der ebenso sehr Lateiner wie Besse war, wird daran gelegen haben, daß sich das bessische Christentum, das nunmehr mit eigener Stimme sprach, in die Ordnung des Imperiums wie der Reichskirche und darin wiederum der lateinischen Kultur der westlichen Reichshälfte einfügte. Warum sollte er dem nicht auch graphischen Ausdruck verliehen haben? Dies alles läßt vermuten, daß Niceta ein Alphabet mit einem lateinischen Sockel mauerte.

Greifen wir noch einmal zurück zu jenen anderen Schriftschöpfungen, die Niceta vorausgingen und beide im griechischen Kulturkreis entstanden. Wenn Niceta – im Gegensatz zu Ulfila und dem koptischen Anonymus – gewiß nicht auf ein griechisches Schriftmuster fixiert war, so wird sich dies auch darin niedergeschlagen haben, daß er nicht den Brauch der Griechen übernahm, ein Zeichen für einen Laut, zugleich aber für eine Zahl zu verwenden. Diese Sekundärfunktion des Alphabets ist in keine westeuropäische Tochterschrift der griechischen Schrift eingegangen. Eine Folge davon war, daß Iren und Germanen, die sich beide Runenalphabete nach Vorbildern mit der griechischen Schrift als Ahnmutter zulegten, die Buchstaben in eine völlig neue Reihenfolge brachten, weil die alte Anordnung nicht durch den Sekundärgebrauch festgeschrieben erschien. Die Iren haben ihre Oghambuchstaben, die wohl im 4. Jh. nach Chr. entstanden, auf eine Weise gereiht, die verwandte Laute (wie die Vokale, mit denen ihr Alphabet begann) hintereinander anordnete. Was die Germanen mit ihrer Reihung bezweckten, die mit der Buchstabenfolge »Futhark« begann und danach bezeichnet wird, bleibt uns verborgen. Eine andere Anordnung als in der lateinischen und der griechischen Schrift kommt, aus diesen Vergleichsbeispielen gefolgert, auch für das Bessische in Frage.

Im übrigen gilt es zu beachten, daß wir mit unterschiedlichen graphischen Schicksalen der Einzelzeichen zu rechnen haben. Da die beiden Musteralphabete auch über die Jahrhunderte vermutlich im Horizont gebildeter Bessen blieben, erscheint möglich, daß, was als genaue Kopien entworfen worden war, immer von neuem an die Vorbilder rückangelehnt wurde.[84] Sollte aber das bessische Alphabet auch graphische Umstilisierungen vorgegebener Muster, wenn nicht gar – für Laute, die dem Lateinischen abgingen – frei erfundene Zusatzbuchstaben enthalten haben, dann könnte hier sehr wohl der Normalvorgang der Schrift-

[84] Das Paradebeispiel liefert die koptische Schrift, die, was sie dem griechischen Alphabet entnahm, durchweg rein kopierend, also ohne Umstilisierungen entlehnt hat. Hier blieb – durch die fortdauernde Bedeutung von Griechischkenntnissen in Gelehrtenkreisen – der Lehnanteil am Zeichensystem immer transparent.

geschichte eingetreten sein, der ein Zeichen im Laufe der Zeit oft bis zur Unkenntlichkeit von seiner Ausgangsgestalt abzurücken pflegt.

Was aber, wird der Leser fragen, sollen solche Erwägungen, die doch frei in der Luft schweben, weil wir keinen einzigen bessischen Text besitzen? Unser gegenwärtiger Gedankengang soll darauf aufmerksam machen, daß eine Größe verschollen ist, die sich, sollte sie irgendwo überlebt haben, vielleicht anhand gewisser vorweg angebbarer Eigenschaften identifizieren ließe. An einer Geschichte verdeutlicht: als Alexander von Humboldt sich auf seine Reise zum Ural vorbereitete, schloß er aus geologischen Ähnlichkeiten mit Brasilien, in dem russischen Gebirge könnten ebenfalls Diamanten stecken. Diese Botschaft eilte ihm voraus, und als er im Juni 1829 den Ural erreichte, hatte ein 14jähriger Junge dort bereits den ersten Diamanten entdeckt.[85]

Wo könnte sich die Spur, nach der wir fahnden, abzeichnen? Für frühe Texte in bessischer Sprache und Schrift kommt am ehesten die Hinterlassenschaft der Klostergemeinschaften des Nahen Ostens in Frage. Denn die Bessen – so werden wir später hören – gehören zu den ausgesprochenen Mönchsnationen der frühen Christenheit, die im Heiligen Lande ganze Konvente oder auch Untergruppen von Konventen stellten. Den Gottesdiensten in ihrer Muttersprache, deren verläßliche Bezeugung Anstoß zu dem Leitgedanken dieses Buches geliefert hat, müssen geschriebene liturgische Texte zugrundegelegen haben. Es wäre auch denkbar, daß in Klöstern des Heiligen Landes ausländischen Mönchen, wie aus Ägypten bezeugt, die Möglichkeit gegeben wurde, einer Festliturgie verstehend zu folgen, indem man diese auf Blättern mit Kolumnen in verschiedenen Sprachen festhielt.[86] Vielleicht gab es auch mehrsprachige Klosterregeln.[87] Gewiß hat sich nur ein Bruchteil der altkirchlichen Handschriftenschätze des Nahen Ostens erhalten, und der ist längst gründlich durchgesehen worden. Wenn Bessisches dabei nicht zu Tage getreten ist, so sollte man immerhin einrechnen, daß auch noch nie darauf geachtet worden ist, ob es sich nicht irgendwo verberge.

Das andere Feld, auf dem man fündig werden könnte, sind die Siedlungsräume der Albaner. Wenig verspricht dabei der katholische Norden Albaniens, von dem ein mit dem Lande vertrauter Zeuge a. 1332 zu berichten weiß, daß alle »albanischen Bücher«, und das heißt wohl: sämtliche muttersprachlichen Texte mit lateinischen Buchstaben ge-

---

[85] Alexander von Humboldts Reise durchs Baltikum nach Rußland und Sibirien 1829, aufgezeichnet von Hanno Beck. Darmstadt 1983. S. 125f.
[86] Ein Beispiel s. u. VI. Nr. 17 (auch als Titelbild dieses Buches).
[87] Vgl. u. Kap. II 8 Anm. 178.

schrieben würden.[88] Eine Chronik von Skutari, die ein in Albanien beheimateter Humanist a. 1504 erwähnt, könnte in dieser Tradition stehen.[89]

Dagegen ist für die Orthodoxie, der bis ins 18. Jh. die Mehrheit der Albaner angehört haben wird, durchaus noch mit Überraschungen zu rechnen. Ein Kompilator geographischer Nachrichten wußte zu Anfang des 19. Jh.s zu berichten, es gebe ein albanisches Kirchenalphabet aus 30 Buchstaben, dessen Zeichen an verschiedene orientalische Schriften erinnere: die Zeichenzahl und die Tatsache, daß den Informanten offenbar keine Ähnlichkeit mit der griechischen Schrift ins Auge fiel, würde zu dem Alphabet passen, nach dem wir fahnden.[90] Wir werden später zu überlegen haben, wo man vor allem nach Quellen in einem albanischen Alphabet mit alter Tradition suchen sollte.[91]

Wie aber steht es mit den uns tatsächlich vorliegenden Schriften, mit denen albanische Texte festgehalten wurden? Ist es denkbar, daß eine vor ihnen jenes Alphabet fortsetzt, das – wenn unser Ansatz stimmt – von Niceta im 4. Jh. eingeführt worden war?[92]

Einer der emsigsten und erfolgreichsten Sammler vom Wissen über das albanische Volk und seiner Kultur, der österreichische Konsul von Hahn, stieß Mitte des 19. Jh.s auf ein Alphabet, das einer Familie des al-

---

[88] Guillelmus Adae: Directorium ad passagium faciendum (a. 1332) Buch I Kap. 8: *Licet Albanenses aliam omnino linguam latinam habeant et diversam, tamen litteram latinam habent in uso et in omnis suis libris*, s. Shuteriqi: Shkrimet Nr. 1. Zum Verf. s. Ch. K. in: Revue de l'Orient Latin 12 (1909-11) S. 104-11; Milan Šufflay: Pseudobrocardus, rehabilitacija važnog izvora za povijest Balkana u prvoj polovini XIV vijeka. In: Vjesnik Kraljevskog hrvatskog, slavonskog, dalmatinskog zemeljskog archiva 13 (Zagreb 1911) S. 142-150.

[89] Marinus Barletius: De obsidione Scodrensi. Venedig 1504 lib. 1 fl. 14a: *Verum nuper ad manus nostras fragmentas quaedam varius quam annales pervenere: quae instaurationem potius urbis huius quam aedificationem ad attavorum nostrum memoriam referant. In his enim vernacula lingua scripta est: Rosam quendam cum Pha sorore sua primos fundatores urbis Scodra fuisse;* s. Shuteriqi: Shkrimet Nr. 10. Mit lateinischen Buchstaben geschriebenes Albanisch wird uns erstmals bezeugt durch eine Taufformel im Kontext einer seelsorgerlichen Anleitung (auf Latein) durch Erzbischof Paulus Angelus von Durazzo a. 1462, s. Mario Roques in Romania 52 (1926) S. 162-164; 504f.; Shuteriqi: Shkrimet Nr. 7. Die Sendschreiben setzen freilich voraus, daß der durch die Türken bedrängten Erzdiözese gerade keine Verbreitung von christlichen Texten in der Muttersprache zuhilfe kam.

[90] [Conrad] Malte-Brun: Précis de la géographie universelle ou Description de toutes les parties du monde sur un plan nouveau. Bd. 7 Paris 1826 S. 215. Der Verf., ein vielseitiger, seit 1799 in Paris wirkender Däne, hieß eigentlich Malthe Konrad Bruun.

[91] S. u. Kap. IV.4.

[92] Zum folgenden s. die wichtige Studie von Armin Hetzer: Griechisches in Südalbanien im Zeitalter der Aufklärung. Untersuchungen zu der einem Priester namens Konstantin zugeschriebenen Berater Handschrift vom Ende des 18. Jh.s. In: Münchner Zeitschrift für Balkankunde 4 (1981-82) S. 169-218. Hier werden die sechs albanischen Sonderalphabete, die vom 18. Jh. bis 1879 in Erscheinung treten, schrifttypisch vergleichend analysiert.

banischen Südens als erbliche Geheimschrift diente. Mustert man die 22 Zeichen der »Schrift von Gjirokastra«, dann stimmt nichts zu den Vorannahmen, die wir über die Schriften des Niceta gewagt haben. Offenbar handelt es sich bei Hahns Fund um eine frei erfundene Schrift, die Nichteingeweihten eine Entzifferung erschweren wollte. Deshalb wurde jeder Laut durch eine graphische Form vertreten, die möglichst weit von dem entsprechenden lateinischen und griechischen Buchstaben abrückte. Der Erfinder hat jeden griechischen Buchstaben – daher die Gesamtzahl 22 – durch ein neues Zeichen ersetzt, statt für alle Phoneme des Albanischen Buchstabenentsprechungen zu schaffen. Eben dies hätte ein wesentlich längeres Alphabet ergeben.[93] Ein klarer Bezug zur lateinischen Schrift zeichnet sich – für ein orthodoxes Milieu nur plausibel! – nicht ab. Für unseren Gedankengang empfiehlt es sich, diesen kleinen Fisch rasch wieder ins Wasser zurückzuwerfen. Auch das nur durch ein Zeugnis aus dem Ende des 18. Jh.s belegte »Alphabet von Berat«, das mit einer höheren Zeichenzahl von 37 den Bedürfnissen des Albanischen schon besser entsprach, ist für uns unergiebig. Denn es konnte überzeugend als eine junge Schöpfung erklärt werden, die sich jemand »zum Zeitvertreib« ausgedacht hatte.[94] Der Zeichenbestand einer 1949 im Staatsarchiv von Tirana entdeckten Handschrift scheint wohl gegen Ende des 17. Jh.s einen griechischen Kern durch Anleihen bei der Kyrillica ergänzt zu haben. Eine solche Konstruktion stimmt gut zu den kulturellen Verhältnissen im Erzbistum Ohrid, wo die griechische und die slawische Kirchensprache nebeneinander in Gebrauch waren.[95] Mit Niceta aber kann dies Alphabet dagegen nichts zu tun haben.

Mehr Aufmerksamkeit verdient die sogenannte Todhrischrift, die erst in den dreißiger Jahren unseres Jahrhunderts gänzlich aus der Übung verschwunden sein dürfte.[96] Sie wird nach dem bedeutenden Prediger, Schulmann und Übersetzer Todhri Haxhifilipi genannt, der etwa 1730-1805 lebte und aus Moschopolis, der Ende des 18. Jh.s verlassenen Bildungsmetropole im südlichen Hochalbanien, nach Elbasan übersiedelte. Für seine Übersetzungen, die seinen Landsleuten vor allem geistliche Texte vermitteln sollten, bediente sich Todhri eines Alphabets, das

---

[93] Johann Georg von Hahn: Albanesische Studien. H. 1 Jena 1854, Neudruck in der Reihe: Bibliotēkē istorikōn meletōn 152. Athen 1981 S. 297.

[94] Hetzer: Griechisches S. 179.

[95] Robert Elsie: Albanian literature in Greek script. The eighteenth – and early nineteenth – century Orthodox tradition in Albanian writing. In: Byzantine and Modern Greek Studies 15 (1991) S. 20-34 (hier S. 22). In der ersten Hälfte des 18. Jh.s entstand das Alphabet nach Dhimitër S. Shuteriqi in: Historia e letërsisë shqipe [Geschichte der albanischen Literatur] Bd. 1 Tirana 1959 S. 318.

[96] Hahn: Alb. Studien I S. 280-301. Dieses Kapitel seines Buches wurde in den Sitzungsberichten der phil.-hist. Kl. der Kais. Akademie der Wissenschaften 5 H. 10 (Wien 1850) S. 841-867 vorveröffentlicht.

auf die albanische Sprache zugeschnitten war.[97] Auch in anderen Städten hat sich der Gebrauch dieser Schrift nachweisen lassen. Auf dieses Alphabet hat ebenfalls von Hahn als erster aufmerksam gemacht. Mit einer Naivität, die in seiner Zeit noch verzeihlich war, glaubte er, auf uraltes Erbe gestoßen zu sein. Vor 3000 Jahren habe ein früher Albaner aus Anleihen bei Griechen und Phönikern, aber auch aus eigenen Zeichenerfindungen eine Maßarbeit für seine Muttersprache geschneidert, die, vom Zahn der Zeit unbeschädigt, auf uns gekommen sei. Diese kühne These wird dem hochverdienten Bahnbrecher einer Erforschung der Albaner und ihrer Sprache heute niemand mehr abnehmen.[98] Denn selbst wenn das Unwahrscheinliche wahr wäre und eine lange Kette von Generationen uns eine antike Schrift aufbewahrt hätte: die ursprüngliche Gestalt ihrer Zeichen müßte doch mittlerweile gründlich abgewandelt sein. Hahn rechnete statt dessen mit getreuer Beibehaltung uralter Formen![99] Diese These sollte man getrost vergessen.

Wir stellen die Herkunftsfrage neu: Könnten wir es nicht stattdessen mit einer jener Schriftfindung des Niceta zu tun haben, an die bisher noch niemand gedacht, geschweige denn mit dem Todhrialphabet zusammengebracht hat? Sollte der Bischof von Remesiana und der Stadtpfarrer von Elbasan Urahn und Nachfahre ein und derselben Schrifttradition sein? Die Frage scheint bei erstem Augenschein müßig. Denn es ließe sich sehr wohl vorstellen, daß wir es – selbst wenn beide tatsächlich in ein und denselben Stammbaum gehören – nicht so sicher, wie für seriöse Forschung nötig, beweisen könnten.

---

97 Über Todhri und seine Schrift s. u. a. Dhimitër Shuteriqi: Dhaskal Todhri [Lehrer Todhri]. In: Buletin për Shkencat Shoqërore 8 [Tirana 1954] Nr. 4 S. 35-55; ders. in: Fjalori Enciklopedik Shqiptar. Tirana 1985 S. 362f und in seinen: Shkrimet shqipe në vitet 1332-1850. Tirana 1976, Neudruck Prishtina 1978 S. 156-159; Ibrahim D. Hoxha: Nëpër udhën e penës shqiptare. Nga historiku i ABC-së dhe i shkrimit shqip. [Den Weg der albanischen Schreibfeder entlang. Aus der Geschichte des ABCs und des Schreibens bei den Albanern] Tirana 1986 S. 67-72.

98 Zu ihm s. Gerhard Grimm: Johann Georg von Hahn (1811-1869). Leben und Werk. Wiesbaden 1964 = Albanische Forschungen 1.

99 Abwegig ist auch Geitler: Alb. und slav. Schriften, der eine Verwandtschaft mit den ältesten slawischen Schriften konstruierte: aus der jüngeren römischen Kursive des 6.-7. Jh.s habe sich – mit Seiteneinwirkung der griechischen Kursive des 6.-8. Jh.s – eine albanische Schrift entwickelt, die sowohl der Todhrischrift als auch der Glagolica zugrundeliegt (der ganze Stammbaum S. 181). Kritisch dazu Vjatroslav Jagić in: Archiv für slavische Philologie 7 (1884) S. 444-479; Ljudovit Nahtigal in: Arhiv za arbanasku starinu, jezik i etnologiju 1 (Belgrad 1923) S. 160-195. Unbegründet sind auch in neuerer Zeit begegnende Ansichten, die Todhrischrift lehne sich in einzelnen Zeichen an die Glagolica an. Nach Auskunft von Heinz Miklas läßt sich in keinem einzigen Falle eine Beeinflussung von dieser Seite wahrscheinlich machen. Auch die These von Petro Janura, eines Albanologen aus Skopje, eine Vorstufe des Elbasaner Alphabets habe den armenischen Schriftschöpfer Mesrop Maschtotz beeinflußt, führt in die Irre.

Einige Umstände immerhin sollten uns zu denken geben:

- Die Todhrischrift begegnet auch, ja anfangs wohl vor allem in kirchlichem Gebrauch. Verwendet wurde sie, soweit erkennbar, nur von jenen Orthodoxen, bei denen eine fortdauernde Tradition albanischer Kirchensprache am ehesten zu erwarten ist.
- Unser Alphabet enthält drei genaue Übereinstimmungen mit lateinischen Buchstaben: *i, o, c* (für *k*). Der Laut *a* wird durch ein auf den Kopf gestelltes (lateinisches oder griechisches) *A* ausgedrückt. Unverkennbar griechischer Herkunft ist *X* für *ch*, das freilich kein genuin-albanisches Phonem darstellt. Hier bestimmte gewiß das Christusmonogramm *X* die Zeichenwahl.
- Kennzeichnend für das Albanische ist u. a. eine Phonemopposition von velarem *k* und palatalem *k'*, das letztere mittlerweile zur Normaussprache *t'* weiterentwickelt. Für *k* kopiert unsere Schrift das lateinische *c*, während das Zeichen für *k'* an das griechische *k* erinnert (Das Lateinische verwendet seit der klassischen Zeit seiner antiken Kultur dieses Zeichenform nicht mehr regelmäßig. Am häufigsten begegnet sie am Anfang von *Kalendae*). Wir werden hier also mit der Anlehnung an ein griechisches Zeichen rechnen dürfen, wobei nicht sicher ist, ob die graphische Umstilisierung schon beim Entwurf der Neuschrift oder erst im Zuge ihrer Fortentwicklung eintrat. Es scheint, daß zwei graphische Bilder, die dem Schriftschöpfer für den einen Laut *k* aus zwei Musteralphabeten geläufig waren, hier nutzbar gemacht wurden, um einer Besonderheit des Albanischen – der Opposition von *k* und *k'* – Rechnung zu tragen.
- Je ferner sich seit dem 11. Jh. Ost- und Westkirche, griechische und lateinische Kultur rückten, umso schwerer fällt es sich auszumalen, daß ein Schrifterfinder, der kaum etwas anderes als ein Kirchenmann gewesen sein kann, Anleihen beim lateinischen Alphabet machte, die seine Erfindung leicht hätte in Verruf bringen können.[100]
- Nicht zu einer griechischen Orientierung des Alphabets, die man dem orthodoxen Priester Todhri unterstellen wird, will passen, daß die Buchstaben keine Zweitbedeutung als Zahlzeichen haben. Die Freiheit vom griechischen Muster dürfte – wenn die von Hahn angetroffene Anordnung des Alphabets in der Grundanlage ursprünglich ist – den offenbar gebildeten, systematisch konstruierenden Schriftschöp-

[100] Nach Stavro Skëndi: The history of the Albanian alphabet, a case of complex cultural and political development. In: Südost-Forschungen 19 (1960) S. 263-284 (S. 267) geht ein Alphabet, das 1949 im orthodoxen Johanneskloster bei Elbasan entdeckten Texten zu Tage trat, wohl von der griechischen Schrift aus. Der Sprachstand, der altertümlicher ist als Todhris Albanisch, dürfte auf die erste Hälfte des 18. Jh.s weisen. Daß sich eine Schriftschöpfung im orthodox-kirchlichen Milieu dieser Zeit – wenn überhaupt an ein Vorbild – am griechischen Vorbild ohne Rückgriff auf lateinische Buchstaben ausrichtet, erscheint leichter verständlich als das Bild, das die Todhrischrift bietet.

fer ermuntert haben, die Buchstaben, beginnend mit dem Vokal, nach Klangverwandtschaften hintereinanderzureihen, wie das auch in der altirischen Oghamschrift geschehen ist.[101]

- Hahns Liste umfaßt 52 Zeichen, mehr als jede andere mir bekannt gewordene albanische Schrift und erheblich mehr als die Zahl der Phoneme des Albanischen. Ein Gelehrter des 18. Jh.s und eine Persönlichkeit von solch hohem geistlichen Rang wie Todhri läßt sich nur schwer als Schöpfer eines Zeichensystems vorstellen, das durch entbehrliche Buchstaben und Ligaturen aufgebläht erscheint.
- Unter den entbehrlichen Buchstaben begegnet das Zeichen *X* für das unalbanische Phonem *ch*. Verwendet wird es nur in Fremdlautungen griechischer Herkunft. Genau Analoges begegnet in Ulfilas gotischer Schrift. Natürlich kann die Übereinstimmung darauf beruhen, daß zwei Alphabetschöpfer – voneinander unabhängig und zu ganz verschiedenen Zeiten – ihrer Pietät für das Christusmonogramm X auf die selbe Weise Ausdruck verliehen. Aber man sollte ruhig einmal eine Alternative durchspielen. Könnte in einem Detail der Todhrischrift nicht zutage treten, daß sie aus einer Schrift des 4. Jh.s hervorgegangen ist, die auf die Alphabetschöpfung Ulfilas antwortete und eine ihrer Besonderheiten getreulich kopiert hat?
- Für *e* erscheint *i* mit einem Punkt darauf. Dem entspricht, daß *o* sich vom *u*-Zeichen ebenfalls durch einen aufgesetzten Punkt unterscheidet. Wäre diese Regelung von Todhri im 18. Jh. erfunden worden, dann hätte dieser, was wenig wahrscheinlich anmutet, die Mißlichkeit einer irreführenden Bildübereinstimmung von *i* = |*e*| mit lat. *i* = |*i*| in Kauf genommen. Der Anstoß entfiele, wenn die Todhrischrift älter als jenes 14. Jh. wäre, in dem sich im Westen eine Punktierung des *i* einbürgerte. Vor dieser Zeit war dieses Zusatzzeichen weder lateinisch noch griechisch eingeführt. Es stand somit dem Schöpfer eine Schrift für das Albanische zur freien Verwendung zu Gebote und ließ sich nutzen, um *e* und *o* als bloße Phonemvarianten von *i* und *u* kenntlich zu machen. Eine solche Auffassung verallgemeinerte den Befund, daß *i/e*- und *u/o*-in den Flexionsformen bestimmter Nomina und Verben des Albanischen alternieren.

Soweit der erste Augenschein. Was er zutage gefördert hat, reicht bei weitem nicht aus, jenem gelehrten Geistlichen des 18. Jh.s, als dessen Werk die Todhrischrift gilt, die Urheberschaft abzusprechen und mit einem späten Nachfahren von Nicetas Schriftfindung zu rechnen. Denn zwischen beiden liegen, sage und schreibe, vierzehnhundert Jahre.

---

[101] Hahn: Alb. Studien I S. 291: die Buchstabenanordnung stehe nach Auskünften von Elbasanern nicht vollkommen fest. Doch habe er diese Abweichungen nicht in Erfahrung bringen können.

Vorerst hat wohlgemerkt das Urteil von kritischen Köpfen, die eine junge Schöpfung annehmen, die Wahrscheinlichkeit für sich.[102] Aber umgekehrt wäre es nach den eben gemachten Beobachtungen voreilig, das Todhrialphabet als sicher jung und für unseren Zusammenhang unergiebig beiseite zu legen. Es dürfte sich lohnen, nach weiteren in diesem Alphabet fixierten Texten zu fahnden, um seine geographische Verbreitung und das Maß ihrer Festgelegtheit in Zahl und Form der Zeichen abschätzen zu können. Ja, es gilt darüber hinaus, nach allem Geschriebenen Ausschau zu halten, das aus einer alten Schreibtradition der Albaner hervorgegangen sein könnte.

II.5 Der bessische Sockel des christlichen Wortschatzes der Albaner

Bessisch – so haben unsere Überlegungen wahrscheinlich gemacht – war einmal eine christliche Schriftsprache, in der liturgische und biblische Texte, Lieder und anderes mehr festgehalten wurden. Aber die Tradition lief, nachdem die Vorfahren der heutigen Albaner im 9. Jh. ins Hinterland der mittleren Adria übergesiedelt waren, allmählich aus. Kein Zeugnis bessischer Literatur ist bisher ans Licht getreten. Wir müssen fürs erste hinnehmen, daß einer der frühen Zweige christlicher Kultur mindestens viereinhalb Jahrhunderte alt geworden sein mag, ja, vielleicht noch erheblich älter wurde, aber dann abgebrochen ist, ohne eine Spur zu hinterlassen.

Immerhin: ein Ausschnitt jenes Wortschatzes, den die untergegangene Kirchensprache Bessisch verwendete, erscheint – wie die Fliege im Bernstein – im Wortschatz der Albaner aufbewahrt und zwar in Gestalt der ältesten, noch der Antike entstammenden Stücke seines geistlichen Vokabulars.[103] Ausgrenzbar sind sie aufgrund von Lautungen, die auf

---

[102] An Todhri als Urheber hält fest Gustav Meyer: Sprache und Literatur S. 70. Ein hervorragender Albanologe, Gjergj Pekmezi, berichtet in den Abhandlungen der Philosophisch-historischen Klasse der Kaiserlichen Akademie der Wissenschaften 38 (Wien 1901) S. 56-59 über weitere Funde in der Todhrischrift und behauptet, »daß sie nichts anderes ist und sein kann als eine ziemlich durchsichtige, auf individueller Initiative beruhende Stilisierung des modernen Alphabets, die unmöglich ein höheres Alter als etwa das des 17.-18. Jh.s haben kann«. Das scheint mir zu apodiktisch geurteilt. Das gleiche gilt auch für Johannes Friedrich: Geschichte der Schrift unter besonderer Berücksichtigung ihrer geistigen Entwicklung. Heidelberg 1966 S. 120, der die Zeichen der Todhrischrift als »junge Umformungen und Stilisierungen neugriechischer, vereinzelt auch serbischer Buchstaben« versteht.

[103] Albanische Wörter werden im folgenden zitiert nach Stuart M. Mann: An historical Albanian-English dictionary. London 1948, in dem die frühen Texte und die wichtigsten Wörterbücher verzettelt sind. Die – für das vorliegende Buch grundlegende – Einsicht, daß der albanische Wortschatz eine nie unterbrochene, auf die Antike zurückgehende Traditionslinie eines Christentums von ursprünglicher lateinischer Prägung voraussetzt, steckt vor allem in einer bewundernswerten Studie des großen Slavisten Franz

Frühübernahmen (vor dem Einstrom italienischer Vokabeln) schließen lassen, und außerdem anhand einer Verbreitung über den ganzen albanischen Sprachraum. Im Ausnahmefall allerdings kann eine Frühentlehnung in einem der Dialekte wieder verlorengegangen sein.

Der historische Wert des Materials, das wir diesmal unter die Lupe nehmen, liegt nicht etwa darin, daß es unsere Annahme zu bestätigen vermöchte, Bessisch sei einmal geschrieben, ja sogar in der Liturgie verwendet worden. Denn einen fixierten, von Generation zu Generation weitergegebenen christlichen Wortschatz gibt es, wohlgemerkt, auch in Sprachen, die – wie etwa das Baskische – erst sehr spät geschrieben oder gar als Liturgiesprache verwendet wurden. Nein, die historischen Auskünfte, die sich dem nun zur Debatte gestellten Vokabular ablesen lassen, sind von anderer Art. Lassen wir uns überraschen, von welcher.

Die westliche Christenheit, in die sich die Bessen eingereiht haben, war nicht von vornherein auf das Lateinische festgelegt. Gerade in ihrem Zentrum Rom mit seinem hohen Anteil an Zuwanderern, deren Muttersprache das Griechische war, ist die Liturgie zumindest in ihren Kernstücken der Abendmahlsfeier noch bis in die zweite Hälfte des 4. Jh.s in jenem Griechisch gehalten worden, das eine Zeitlang zur kirchlichen Gemeinsprache der Christen zu werden schien.[104] Mit ähnlichen Verhältnissen ist überall dort zu rechnen, wo Griechisch von vielen gesprochen und von vielen anderen immerhin verstanden wurde. Dagegen feierten etwa in Afrika, wo ein gleiches nicht zutraf, die Christen ihren Gottesdienst schon früh, vielleicht von vornherein, in all seinen Teilen auf Lateinisch. Hat man es im Westen der Provinz *Dacia mediterranea* ebenso gehalten?

Gewiß, diese Region war administrativ mit einem Ostteil zusammengeschlossen, dessen Städte, namentlich Serdica und Pautalia, eine Zivilisation mit ursprünglich griechischer Prägung (oder doch mit hellenischem Firnis) aufwiesen. Den altgriechischen Lehnwörtern im Albanischen haben wir ablesen können, daß, wenngleich nur in einem engen Lebens-

---

Miklosich: Albanische Forschungen II: Die romanischen Elemente im Albanischen. In: Denkschriften der kaiserlichen Akademie der Wissenschaften. Philos.-hist. Kl. 20 (Wien 1871) S. 1-88. Nur hat M. hier auf Überlegungen zur Chronologie der Entlehnungen verzichtet und so die wichtige religionsgeschichtliche Information, wie sein Material beizusteuern vermag, nicht offengelegt. – Die kirchlichen Übernahmen aus dem Lateinischen übersichtlich bei Haarmann: Lat. Lehnwortschatz. S. 105-108.

104 Zu dem in Rom zwischen a. 360 und 382 vollzogenen Wechsel s. Theodor Klauser: Der Übergang der römischen Kirche von der griechischen zur lateinischen Liturgiesprache. In: Miscellanea Giovanni Mercati Bd. 1. Rom 1946 = Studi e Testi Bd. 121. S. 467-482. Vgl. auch Gustave Bardy: La question des langues dans l'Église ancienne Bd. 1. Paris 1948 = Études de Théologie Historique [24] S. 81-121: »La latinisation de l'Église d'Occident«; Iiro Kajanto: Minderheiten und ihre Sprachen in der Hauptstadt Rom. In: Sprachen im römischen Reich. S. 83-101.

ausschnitt, frühe griechische Einflüsse auch den Westen der Zentralen Gebirgsgruppe erreichten. Ja, daß Bischof Niceta, wie seine Werke verraten, das Griechische beherrschte, stellte in seiner Heimat vielleicht keinen seltenen Ausnahmefall dar, sondern war wohlmöglich in gründlicher gebildeten Kreisen die Regel. Doch gibt zu denken, daß unter 144 antiken Inschriften, die in Naissus, Remesiana und Horreum Margi samt ihren Umgebungen gefunden worden sind, nur drei auf griechisch abgefaßt erscheinen. Die übrigen sind durchweg lateinisch.[105] Das legt den Schluß nahe, es sei westlich der Scheitellinie der Zentralen Balkanischen Gebirgsgruppe mit den Breitenwirkungen hellenischer Kultur während jener Jahrhunderte, in denen sich das Christentum ausbreitete, nicht weit hergewesen. Daraus ergibt sich für die Frage, die wir erörtern: wenn Latein hier als Liturgiesprache nicht von vornherein gegolten hat, dann löste es das Griechische in der westlichen *Dacia mediterranea* gewiß nicht später als in der Metropole Rom ab. Eher früher.

Was vermag der Kirchenwortschatz des Albanischen zu derartigen Überlegungen beizusteuern? Einige wenige verwitterte Spuren lassen es – mit viel Vorsicht und manchen Vorbehalten – möglich erscheinen, die Bessen hätten das Christentum zunächst in einer griechischen Gestalt kennengelernt und deshalb die ersten Vokabeln, die den neuen Glauben betrafen, aus dem Griechischen übernommen. Aber die dünne Schicht dieser frühesten Entlehnungen muß sehr bald von einer zweiten Schicht überlagert worden sein, die lateinischen Ursprungs war und sehr viel dicker und dauerhafter werden sollte. Ja, in dem mutmaßlichen Uraltbestand, der auf Kontakte mit einem griechischsprachigen Kirchenwesen schließen läßt, enthält offenbar keine einzige Vokabel, die einen sprachgeschichtlich eindeutigen und regelmäßigen Befund erkennen läßt.

Zieht man das Gotische und das Slawische zum Vergleich heran, so steht zu erwarten, die heidnischen Bessen hätten, mit dem Christentum konfrontiert, mit als erstes ein Wort für den Kirchenbau benötigt.[106] Mir will scheinen, daß alb. *kishë* (auch *klishë, qishë*) diesen Erwartungen entspricht. Denn hier liegt kaum lat. *ecclēsia* zugrunde, weil ein *e* > *i*-Umlaut vor *g'* für das Albanische gesichert ist, während das Lehnsuffix *-esh* < *-ē(n)sis* für eine Erhaltung der *e*-Klangfarbe in eben der Position spricht, die in *ecclēsia* vorliegt. Vielmehr ist von *ekklisia* auszugehen, das sein *i* in der zweiten Silbe der jüngeren Aussprache von griech. *ē* ver-

[105] Inscriptions de la Mésie Supérieure IV.
[106] Dazu meinen Aufsatz: Balkanische Anfänge eines christlichen Wortschatzes der Slaven: *cьrky* »Kirche« und *krьstъ* »Christus, Kreuz, Taufe«. In: Zeitschrift für slavische Philologie 45/1 (1985) S. 58-94.

dankt. In der Akzentuierung muß sich die Frühübernahme aber dem lateinischen Usus *(ecclésia* statt *ekklisía)* angepaßt haben.[107]

Ein zweiter, ebenso früh benötigter Lehnbegriff ist die Taufe. Es scheint, daß der Anfangsakzent von alb. *bágëm* auf eine sehr frühe Übernahme deutet, weil er griech. *báptisma*, nicht aber lat. *baptísma* voraussetzt.[108] Die Entlehnung muß vor dem griechischen Wandel von *b* zu *v* stattgefunden haben, der seit dem 4. Jh. faßbar ist. Aber in der Wortgruppe, in die *bagëm* eingebettet ist, erscheinen die ursprünglichen Konturen gründlich verschoben. *Bagëm* hat, weil diesem Täufling das Kreuzzeichen auf die Stirn gesalbt wurde, die Bedeutung »Salböl« angenommen und ist damit an einen Platz gerückt, an dem man eine Nachfolgelautung von *c(h)risma* erwartet hätte. Das davon abgeleitete Verb *crismāre* > *cresmāre* lebt in der Tat als alb. *krezmoj* fort. Da das sichtbare Zeichen des Taufsakraments (oder die geistliche Mitte der Taufhandlung) nicht die Salbung, sondern das Eintauchen ins Taufwasser darstellt, möchte man meinen, hier schimmere durch, welch falsche Vorstellung sich Heiden von einem Kultakt machten, dem sie nicht zuschauen durften und über den sie auch nichts Genaues hörten, weil den Gläubigen Stillschweigen auferlegt war.[109] Aber das bleibt natürlich eine vage Vermutung. In *pagëzim* »Taufe« und *pagëzoj* »taufen« erscheint der Anlaut von *b-* zu *p-* entgleist. Ja, auch im Inlaut ist die Entwicklung nicht regelmäßig verlaufen, denn *-pt-* hätte – wie in *acceptor* > *qift* »Habicht, Gabelweihe« – eigentlich *-ft-* ergeben müssen.[110] Ich möchte meinen, daß hier *pagānus* > tosk. *pëgërë* »Heide« eingewirkt hat, das heutzutage »unrein« bedeutet. Zu bedenken lohnt, daß auch arom. *pătidzari* »taufen« und *pătigiune* »Taufe« im Gegensatz zum Dakorumänischen ein *p-* zeigt, wo *b-* zu erwarten stünde.

Eine harte Nuß gibt uns *kem, kënjem, kejem, qem, qemën* zu knacken auf. Das Wort bezeichnet den Weihrauch, der seit dem 4. Jh. im christlichen Gottesdienst verwendet wird. Mit dem Scharfsinn, der ihn aus-

---

107 Für *i* < *e* gibt Gjergj Pekmezi: Grammatik der albanesischen Sprache. Laut- und Formenlehre Wien 1908 S. 36 die Beispiele *ungjill* »Evangelium«, *ligje* »Klagelied« < *elegium, grigjë* »Herde« < *grege, ligj* »Gesetz« < *lēge*. Zu ergänzen ist *rigë* < *rēge* »König«, das Haarmann: Lat. Lehnw. Nr. 493 wohl zu unrecht aus *rēgulus* herleitet. Die konkurrierende Lautung *r(r)egj*, wo im Gegensatz zu den genannten Beispielen *gj* keine Umlautungen von *e* zu *i* bewirkt hat, will mir, anders als ebd. Nr. 491 behauptet, nicht als Entlehnung aus dem antiken Latein, sondern aus dem Dalmatischen oder dem Italienischen erscheinen. Der Erhaltung von *e* vor *-se-/-si-*, die durch das Suffix *-esh* wahrscheinlich gemacht wird, entspricht der Befund vor *-te/ti* in alb. *rret, rjet* < *rēte* »Netz«, ebd. Nr. 497.

108 Çabej: Studime etim. 2 S. 456. Zu bedenken bleibt mit Çabej, ob – etwa im Anfangsakzent – das mit »Salböl« sinnverwandte – *balshëm < lat. bálsamum* eingewirkt hat.

109 Vgl. dazu Schramm: Balk. Anfänge S. 88-90.

110 G. Meyer: Lat. Elemente S. 1055.

zeichnete, vermutete Jokl, es liege *ánemos* zugrunde.[111] Aber sein Ansatz scheitert daran, daß dieses griechische Wort für »Wind« wohl niemals und nirgends »Weihrauch« bedeutet hat. Da lat. *incēnsum* als Vorbild wohl ausscheidet, bleibt eigentlich nur, wie von Çabej vorgeschlagen, eine Rückführung auf griech. *thymíama.*[112] Aber die ist nur unter der Hilfsannahme möglich, die Lehnlautung habe sich unregelmäßig fortentwickelt. Ein gleiches gilt, wenn man *hir* »göttliche Gnade« mit griech. *cháris* verknüpfen will. Das erscheint lautgeschichtlich gewagt, weil betontes alb. *a* vor *i* in der Folgesilbe eigentlich *e* hätte ergeben müssen: lat. *caries* > *qere* »Schorf«, *februāriu* > *fruer.*[113] Zwei hervorragenden Albanologen erschien es deshalb geratener, mit einem albanischen Erbwort zu rechnen, ohne daß sie freilich eine einleuchtende Etymologie anbieten konnten. So erscheint eine griechische Herkunft ungesichert. Aber ausschließen sollten wir sie nicht.[114]

Gerade in diesem Fall kann man den unklaren Befund nur bedauern. Denn hier gewönnen wir, ginge *hir* tatsächlich auf *charis* zurück, einen wichtigen historischen Anhaltspunkt. Abstrakta wie »Gnade« scheinen sich für Entlehnungen, noch dazu für eine sehr frühe Übernahme, viel weniger zu eignen als die Konkreta des christlichen Lebens. Aber in unserem Fall muß man sich erinnern, daß Formeln wie »Gnade sei mit euch« häufige und eingängige Stücke jener Liturgie darstellten, die für die erste Bekanntschaft der Bessen mit den christlichen Gottesdiensten sicher eine zentrale Rolle gespielt hat. Stammte *hir* wirklich aus einer griechischen Wurzel, dann würde es uns einen Fingerzeig liefern, daß wir d o c h mit einer, wenn auch nur kurzen, Phase rechnen sollten, in der auch in der westlichen *Dacia mediterranea* Griechisch als Liturgiesprache gebraucht wurde. Aber wohlgemerkt: für einen solchen kühnen Schluß reichen unsere dürftigen Anhalte nicht aus.

---

[111] Norbert Jokl: Studien zur albanischen Etymologie und Wortbildung. Wien 1911 = Sitzungsberichte der Kais. Akademie der Wissenschaften in Wien. Philos.-hist. Klasse 168 Bd. 1 Abh. S. 37.

[112] Çabej: Lat. Lehnwörter S. 24. Eindeutig auf *thymíama* beruht alb. *thimiamë, thimjamë*, das mit *th* auf eine späte Entlehnungszeit schließen läßt und wohl lediglich von Orthodoxen gebraucht wird.

[113] Robert Helbig: Die italienischen Elemente im Albanesischen. In: Zehnter Jahresbericht des Instituts für rumänische Sprache (Rumänisches Seminar) zu Leipzig. Lpz. 1904 S. 20. – Franz Miklosichs Rückführung von *hir* wurde – gegen Gustav Meyer – erneut befürwortet Çabej: Das Alb. und seine Nachbarsprachen S. 44f.; ders.: Grundprobleme S. 85.

[114] Gustav Meyer: Etym. Wb. S. 152; Stuart E. Mann: An Albanian historical grammar. Hamburg 1977 S. 20. Beide stellen *hir* zu got. *skeirs* »rein«, dem im Russischen *ščiryj* »echt, aufrichtig« entspricht. Wenn die drei Wörter aus gemeinsamer Wurzel stammen sollen: welche Ausgangsbedeutung ließe sich rekonstruieren? Doch gibt es, wohlgemerkt, unstrittige albanische Erbwörter, für die eine überzeugende Etymologie fehlt. Ein so gelagerter Fall könnte hier vorliegen.

Aber nun zu den albanischen Kirchenworten lateinischer Herkunft! Wenn man ihren reichen Bestand mustert, dann ergibt sich, daß hier in vielen Fällen Lehnwörter übernommen wurden, wo man unschwer mit angestammtem Wortgut hätte durchkommen können. Das aber setzt genau jenes Milieu einer wohleingespielten Zweisprachigkeit, das wir für Remesiana und die anderen Städte der Region annehmen dürfen, voraus. Hier war es die Regel, daß den Bewohnern das Lateinische geläufig war, ohne daß sie ihre angestammte Barbarensprache abgelegt hätten.

Manchmal ergab sich – wie bei *uroj* < *ōrāre* »beten« neben *lus* und *fe* < *fede* neben *besë* »Glaube, Religion« eine Konkurrenz zwischen Lehnwort und Erbwort. Als nicht zwingend erscheinende Übernahmen dürfen wir etwa das Paar *qiell* < *caelum* und *ferr* < *infernum* einstufen, von denen das erste Wort keineswegs nur den christlichen Himmel (englisch *heaven*), sondern auch den sichtbaren Himmel über uns (*sky*) bezeichnet. In die gleiche Reihe stellen sich *fe* < *fede* und *mëkat* < *peccātum*, *shekull* < *saeculum*, *krijoj* < *creāre*, *pendesë* < *poenitentia*. Ein sehr ähnlicher Befund hat sich – aus vermutlich sehr ähnlichen Voraussetzungen – im Baskischen ausgebildet. Auch hier wird sich der Kirchenwortschatz in einem Milieu formiert haben, wo eine zweisprachige Stadtbevölkerung Gottesdienste in lateinischer Sprache feierte. Wo immer wir den Verbreitungsbereich lateinischer Stadtkultur überschreiten, da stoßen wir auch auf Kirchenwortschätze von sehr anderer Art. Das Gotische, Angelsächsische, Althochdeutsche und Kirchenslawische haben nämlich in einer ganzen Reihe von Fällen, wo das Albanische wie das Baskische lateinisches Wortgut entlehnten, Erbwörter verwendet.

Während sogleich ins Auge springt, daß Sprachen von Völkern, die außerhalb des römischen Reiches christianisiert wurden, sehr andere Befunde zeigen als das Albanische, dürfte sich bei genauerem Hinsehen, so möchte ich voraussagen, ein Unterschied auch zu solchen Sprachen abzeichnen, deren Christentum, wie das Albanische, seine Wurzeln in römischer Stadtkultur hat, die aber, anders als das Albanische, erst nach längerer Zeit eine eigene Schriftkultur entwickelten. Diese Bedingungen treffen für das Baskische und für das Kymrische zu. In beiden Fällen wage ich die Vermutung, daß der Prozeß einer Übernahme von lateinischen Kirchenvokabeln, die sich leicht in Erbwörter hätten übersetzen lassen, noch lange Zeit andauerte: im Kymrischen bis zum 5. Jh., wie die lateinisch-urbane Zivilisation auf der britischen Hauptinsel versiegte; ja, im Baskischen möglicherweise bis in die Moderne. Dagegen muß in jenem Barbarenidiom, das in Remesiana gebräuchlich war und, wenn dieses Buch recht hat, zur Basis der bessischen Kirchensprache wurde, im ausgehenden 4. Jh. ein Umbruch eingetreten sein. Wo der Bessenmissionar Niceta vor der Frage stand, ob man lieber ein heimisches Wort oder eine lateinische Vokabel verwenden sollte, wird er sich in eine Reihe mit jenen bedeutenden Zeitgenossen gestellt haben, die ebenfalls neue Kirchensprachen schufen. Sowohl der Gote Ulfila wie der Armenier Mesrop Maschtotz haben bei der Niederschrift ihrer Muttersprachen all die Lehnwörter weiterverwendet, die bereits fest eingebürgert waren, aber ihre Zahl mochten sie nicht ohne Not vermehren. Christliche Inhalte wurden von beiden, soweit das angehen wollte, mit den Mitteln der Sprache, in die sie übersetzten, ausgedrückt. Daß beide mit zwei alten Kultursprachen – Ulfila mit dem Griechischen wie dem Lateinischen, Maschtotz mit dem Griechischen und Syrischen – vertraut waren, hat ihre Hellhörigkeit für die Stärken der eigenen Sprache nicht etwa abgestumpft, sondern vielmehr geschärft. Ein gleiches wird man auch Niceta unterstellen dürfen, der ein feines Gefühl für Sprache besaß und, wie seine Predigten vor Taufbegehrenden zeigen, auf Verständlichkeit bedacht war. Warum ist dann aber der albanische Kirchenwortschatz viel stärker mit Wortgut fremder Herkunft durchsetzt, als das für die beiden zum Vergleich herangezogenen Kirchenwortschätze gilt? Die Differenz wird begreiflich, wenn man sich die unterschiedlichen historischen Umfelder vergegenwärtigt, unter denen sich die drei nationalen Kirchensprachen herausbildeten.

Das Bessische von Remesiana muß man sich zu der Zeit, als der Bischof sein Übersetzungswerk angriff, bereits viel stärker mit christlichen Entlehnungen durchsetzt vorstellen, als das für das zeitgenössische Gotisch und Armenisch, zwei jenseits der Reichsgrenzen gesprochenen Sprachen, galt. Und Niceta war gewiß kein Purist, der bereits geläufigen Übernahmen das Heimatrecht abgesprochen hätte. Aber er wird, wo ihn seine Aufgaben als Übersetzer und als Verfasser eigenständiger bessischer Texte vor das Problem stellte, wie ein christlicher Inhalt angemessen wiederzugeben sei, lieber auf bessisches Wortgut als auf das Latein zurückgegriffen haben, so vertraut ihm diese Zivilisationssprache auch sein mochte. Wo aber Niceta und die Fortsetzer seines Werkes auf diese Weise tätig und produktiv wurden, kann man nur hier und da ahnen: so, wenn für *crēdere* und *crēdentia* die Erbwörter *besoj* und *besë* (neben *fe* < *fede*) eingetreten sind, während *resurrectio* durch *ngjallje*, *remissio* (*peccatorum*) durch *ndjesë* und *temptātiō* durch *tundim* vertreten wird. Um an einen Vergleich anzuschließen, der am Eingang dieses Kapitels gewagt wurde: wo christliche Inhalte durch bessisches Erbgut oder Neuschöpfung aus Elementen dieses Erbes ausgedrückt wurden, hebt sich gerade keine vorzeitliche Fliege innerhalb eines Bernsteinmantels ab, sondern, was wir suchen, sind optisch nicht abgehobene Punkte innerhalb der »normalen« Bernsteinmasse.

Die zeitweilig stürmische Latinisierung des bessischen Vokabulars ist, wenn unser Ansatz stimmt, im geistlichen Bereich schon vor Ausgang des 4. Jh.s gebremst worden: früher als im Kymrischen und erst recht im Baskischen. Durchaus benachbarte Befunde wird man dagegen im Koptischen erwarten dürfen. Gewiß, hier ist schon für das 3. Jh. mit einer ersten Bibelübersetzung zu rechnen: ins Oberägyptische, die dann die Wiedergabe in andere Dialekte des Landes nach sich zog. Am Nil dürfte die Masse oder doch ein erheblicher Teil der Autochthonen schon früher als im Innern der Balkanhalbinsel christianisiert worden sein. So vollzogen sich, nur mit zeitlicher Verschiebung, ähnliche Abläufe. Mir fehlt die Kompetenz, die Richtigkeit der Vermutung, die ich gewagt habe, zu prüfen. Zu begrüßen wäre, wenn Berufene weiterhelfen würden. Aus derartigen Proben pflegt nach meiner Erfahrung nie genau das Vorangekündigte herauszukommen, sondern eine verfeinerte Einsicht. Eben auf die kommt es an.

In die Überlegungen einzubeziehen sind Kontrastbeispiele, die ein kraß anderes Bild bieten und sich nicht zuletzt innerhalb der albanischen Sprachgeschichte finden. Auf Anhieb lehrreich erscheint mir ein Text, der augenfällig macht, was aus dieser Sprache wurde, wenn ihr keinerlei Aufwertung im Rahmen der Kirche widerfuhr und kein Platz in den Gottesdiensten eingeräumt wurde. Ein junger Mann namens Luca Matranga, was für alb. Lekë Matrënga steht, hat, als er sich in den achtziger Jahren des 16. Jh.s auf die Weihe zum katholischen Priester vorbereitete, einen albanischen Katechismus verfaßt, der 1592 in Rom gedruckt wurde und für die Seelsorge in seinem Heimatmilieu albanischer Flüchtlingsgemeinden auf Sizilien bestimmt war.[115] Die Albanergruppe, der Matranga entstammte, war aus der Peloponnes übergesiedelt und hatte 1547 in Piana degli Albanesi ihre erste Gemeinde auf italienischem Boden gegründet. In Griechenland hatten diese Albaner jahrhundertelang an rein griechisch gehaltenen Gottesdiensten teilgenommen. Und von griechischen Seelsorgern waren sie betreut worden. Vor diesem historischen Hintergrund wird verständlich, warum bei Matranga auch Begriffe wie *Trost, auferstehen, Bescheidenheit, verherrlichen, bekennen und Versuchung* aus dem Griechischen entlehnt erscheinen. Hier zeigt sich, daß unter bestimmten Bedingungen die Kraft eines Volkes erlahmen kann, christliche Inhalte mit seinen eigenen Mitteln auszudrücken. Niceta dagegen hat – so ergibt sich aus der zentralen These dieses Buches – seine Muttersprache während einer älteren Etappe ihrer Entwicklung davor bewahrt, einer ähnlichen Überfremdung zu erliegen: wohlgemerkt

[115] Zum folgenden: Matteo Sciambra: La »Dottrina Cristiana« albanese di Luca Matranga. Riproduzione, trascrizione e commento del Codice Barberini latino 3454. Vatikanstadt 1964 = Studi e Testi 240.

durch das Lateinische, nicht, wie bei Matranga, durch das Griechische. Ob sich noch in einzelnen glücklich gelagerten Fällen über Gemeinsamkeiten im Worterbe von orthodoxen und katholischen Albanern auf die Leistung des Niceta durchstoßen läßt, Christliches mit bessischen Mitteln auszudrücken, sollte sorgfältig geprüft werden. Die christliche Tradition Albaniens, die aus leicht begreiflichen Gründen seit dem Zweiten Weltkrieg zum Stiefkind der Forschung geworden ist, verdient auch aus rein ethnohistorischem Interesse die verstärkte Aufmerksamkeit der Gelehrten. Nicht zuletzt gilt das für die Philologen.

Ein Problem ist übriggeblieben. Es gibt eine Reihe von Lehnwörtern und Lehnübersetzungen christlichen Inhalts, die keine lateinischen, sondern griechische Muster haben und ins Albanische Eingang gefunden haben müssen, noch bevor der Masseneinstrom mittelgriechischen Wortguts die Sprache der orthodoxen Bewohner Südalbaniens einsetzte. In die gleiche Reihe gehören auch einige Heiligen- und Personennamen. Dieser Bestand läßt auf den ersten Blick die Deutung zu, er entstamme einer ersten, vom Bessischen aufgenommenen Welle christlichen Redens, die den später vorherrschenden Wirkungen aus dem lateinischen Westen voraufging. Da aber – wie oben gezeigt – vorerst eher unwahrscheinlich anmutet, daß in Remesiana einmal Gottesdienste mit griechischer Liturgie gefeiert wurden, wird man sich nur mit Mühe vorstellen können, die Bezeichnung des Epiphaniasfestes als »Wasserweihe«, die Wörter für »Kirchenbild« und »Opfer« bzw. »geweihtes Brot« und Namen wie *Alexander* seien (entlehnt oder lehnübersetzt) aus dem Griechischen des 4. Jh.s ins Bessische eingesickert, um sich dann in ihrer ursprünglichen Gestalt zu erhalten, statt eine Beeinflussung oder eine Substitution durch lateinische Muster zu erfahren. Philologisch einfacher und historisch glaubwürdiger erscheint mir die Alternative, in den albanischen Kirchenwortschatz seien griechische Elemente (oder doch der zweite Schub von solchen Elementen) erst in eine Phase gelangt, nachdem die bessische Christenheit vom 7.–9. Jh. durch den großen Slaweneinbruch von der westlichen, lateinischen Kirche abgekoppelt wurde, während die Verbindung nach Byzanz erhalten blieb und an Bedeutung zunahm. In einem späteren Kapitel, wo diese Brücke nach Südosten in Augenschein genommen wird, sollen die frühen albanischen Entlehnungen aus dem griechischen Kirchenvokabular einzeln durchgesprochen werden.

Ziehen wir das Fazit aus dem hinter uns liegenden schwierigen Untersuchungsabschnitt. Mit der These, der sprachliche Niederschlag des albanischen Christentums ruhe auf einem Sockel auf, der im 4. Jh. im Sprachgebiet der Bessen gelegt wurde, läßt sich der Befund, den wir geprüft haben, durchaus vereinen. Doch muß unser vorläufiges Ergebnis durch Vergleiche mit den Verhältnissen im Baskischen, Kymrischen und Koptischen überprüft werden.

II.6 Ein Geistesverwandter des Niceta: Theotimus von Tomi

Niceta – so zeichnete es sich ab – hat den Goten Ulfila als Widersacher empfunden, weil dieser einer christologischen Häresie anhing. Seinem Einfluß versuchte Niceta entgegenzuwirken. Zugleich aber dürfte er von Ulfila gelernt haben, daß Sprecher von Barbarensprachen, die man ernstnahm und aufwertete, sich leichter für den Glauben gewinnen ließen. Beide Hypothesen werden noch einleuchtender, wenn wir – Hinweisen im ersten Abschiedsgedicht des Paulinus nachgehend, die leider spärlich und vage bleiben – zu rekonstruieren versuchen, in welchen geographischen Richtungen und mit welchen Zielen Niceta über die Grenzen seines Bistums hinaus in die Kirchenpolitik des Streifens südlich jener unteren Donau eingriff, die dem Reich als Grenze diente. Sein Freund Paulinus rühmte ihm auch dies nach: Der ganze Nordosten (*plaga tota Borrae*) nenne ihn seinen Vater; zu ihm eilten die Geten und die Bevölkerung beider dakischer Provinzen und zwar die das Binnenland Bestellenden ebenso wie die Filzkappen tragenden Anwohner des reichen Stromufers.[116] Wenn Niceta danach mit seiner Tatkraft und seiner Autorität von jener Provinz *Dacia mediterranea*, in der Remesiana lag, nach Norden in jene *Dacia ripensis* auszugreifen vermochte, die bis an die Donau reichte, dann ist das mit der Tatsache zusammenzusehen, daß sein dort, in Ratiaria, residierender Amtskollege Palladius durch das Konzil von Aquileja im September 381 als Ketzer abgesetzt wurde.[117] In Begleitung Ulfilas begab sich Palladius daraufhin nach Konstantinopel, um Theodosius um Rückhalt zu bitten. Als der Kaiser sich, vor allem von Ambrosius gedrängt, für die orthodoxe Christologie entschied und zudem mit dem wohl in das Jahr a. 382 fallenden Tod Ulfilas der mäßigende Einfluß dieses Mannes aufhörte, drifteten die homöischen Arianer, unter ihnen Palladius, in eine radikalere Richtung. Palladius betonte seine Unbeugsamkeit wohl a. 383 in einer Rechtfertigungsschrift. Der Schluß liegt nahe, dem Bischof von Remesiana sei – solange sich in Ratiaria kein Nachfolger hatte durchsetzen können, der dem Lager des Ambrosius genehm war – die Aufgabe zugefallen, auch das Nachbarbistum zu betreuen. Niceta wird sich angestrengt haben, den Homöern diese wichtige Bastion zu entreißen.

---

[116] S. u. VI Nr. 3 V. 245; 249-252.

[117] Zu Palladius s. u. Zeiller: Origines chrétiennes; Karl Kurt Klein: Der Auxentiusbrief als Quelle der Wulfilabiographie. In: Zeitschrift für deutsches Altertum 84 (1953) S. 99-152.

Gewiß sah sich die christologische Partei, die er angriff, auf einen kleinen Randraum des Reiches beschränkt. Aber eben hier hat sie, wie wir schon hörten, eine beträchtliche Widerstandskraft entfaltet. Dieser arianischen Richtung kam zu Hilfe, daß die Westgoten unter hunnischem Druck über die Donaugrenze drängten und a. 382 vom Kaiser das Ansiedlungsrecht erhielten. Zu ihren Privilegien sollte auch eine kirchliche Autonomie und damit die Freiheit gehören, einen anderen kirchenpolitischen Kurs zu steuern, als er den Reichsbischöfen vorgeschrieben war. Die Neuzuwanderer hingen zumeist noch dem Heidentum an, aber zeigten Bereitschaft, sich bekehren zu lassen. Naturgemäß bemühten sich um sie besonders ihre schon früher auf Reichsboden ausgewichenen Stammesgenossen: jene Kleingoten, deren Haupt mittlerweile Ulfilas Nachfolger Selena war. Niceta und andere Orthodoxe werden versucht haben, der kleingotisch-homöischen Mission das Wasser abzugraben.

Paulinus berichtet weiterhin, die Skythen würden, von Niceta angesprochen, mild und legten ihre internen Streitigkeiten bei.[118] Das klingt wenig wahrscheinlich. Denn die Skythen, die zwischen dem Donauunterlauf und dem Schwarzmeer in der heutigen Dobrudscha saßen, waren längst befriedete Reichsbürger. Tüchtige, in Tomi residierende Bischöfe hatten eine offenbar gründliche Bekehrungsarbeit geleistet.[119] Ja, im dogmatischen Streit der Zeit wurden die Bewohner der Grenzprovinz *Scythia minor* nie an der athanasianischen Linie irre.[120] Bischof Vetranio von Tomi wagte es a. 376-378, Front gegen die arianisierende Kirchenpolitik von Kaiser Valens zu machen. Zur Strafe wurde er verbannt, aber bald schon sah er sich zurückgerufen, weil die Skythen stürmisch gegen die Entfernung ihres Oberhirten aufbegehrten.[121] Wenn Paulinus seinem Freunde Niceta nachrühmt, er habe auch nordöstlich von seinem Bistum ungebärdige Rebellen, eben die Skythen, friedfertig gestimmt, dann überträgt er vermutlich den damals gängigen Gedanken, Missionierung und Zähmung von Barbaren seien nur zwei Seiten derselben Medaille, auf ein Volk, das weder für das Christentum gewonnen noch von einer Ketzerei geheilt oder zur Ruhe gebracht werden mußte.

---

[118] S. u. VI Nr. 3 V. 246-248.

[119] Missionserfolge, die mit einer Besänftigung der Sitten zusammengingen, behauptet um a. 320 Athanasius von Alexandrien u. a. von den Skythen, s. o. Kap. 5, Anm. 22.

[120] Raymund Netzhammer: Das altchristliche Tomi. Eine kirchengeschichtliche Studie. Salzburg 1903; ders. Die christlichen Altertümer der Dobrudscha. Bukarest 1918; ders.: Die altchristliche Kirchenprovinz Skythien (Tomis). In: Buličev Zbornik ... Zagreb ... 1924 S. 397-412; Die Bischöfe von Tomi/Constanţa bis zum Konzil von Nikaia. In: Miscellanea Bulgarica 5 (Wien 1987) S. 197-210; Zur Resistenz der Dobrudscha-Skythen gegen den Arianismus s. Sozomenus: Eccl. hist. B. V Kap. 21.

[121] Für Herwig Wolfram: Geschichte der Goten. Von den Anfängen bis zur Mitte des sechsten Jahrhunderts. Entwurf einer historischen Ethnographie. München 1979 S. 94: Der vom Dux Soranus, dem Befehlshaber der Dobrudscha, unterstützte Vetranio sei »gleichsam der Konkurrent Wulfilas um die gotischen Seelen« gewesen.

Was aber dürfte, wenn schon nicht der Wunsch nach Befriedung, den Bischof von Remesiana bewogen haben, Kontakte nach Skythien zu unterhalten, die der von Niceta selber ins Bild gesetzte Paulinus kaum aus der Luft gegriffen haben wird? Vermutlich bewährte sich Nicetas Amtsbruder in Tomi als ein wichtiger Bundesgenosse, mit welchem den Remesianer, außer dogmatischer Übereinstimmung, die Aufgabe verband, den Glauben einem Barbarenvolk verständlich zu machen.[122] Theotimus, der irgendwann zwischen a. 381 und a. 400 den Bischofsstuhl von Tomi bestieg, muß dem Niceta aus mehreren Gründen als ein Mann verwandten Schlages erschienen sein. Auch Theotimus ragte als eine Persönlichkeit von hohem Ansehen und gründlicher Bildung hervor. Sein Wissen und sein Urteil erwiesen sich a. 400 von großem Gewicht, als eine Kirchenversammlung in der Hauptstadt darüber stritt, ob die Schriften des bedeutenden Theologen Origenes den Maßstäben der Rechtgläubigkeit genügten.[123] Auf die Regeln der Philosophie ausgerichtet war der einfache Lebensstil des Theotimus. Auch er machte sich, wie Niceta, einen Namen als Autor. Von Theotimus wußte sein Zeitgenosse Hieronymus zu berichten, er habe u. a. kurze, in knappe Abschnitte gegliederte Schriften verfaßt, die der Dialogform und der rhetorischen Tradition der Antike folgten. Die wenigen Bruchstücke, die sich von seinem literarischen Werk erhalten haben, lassen erkennen, daß es ihm nicht um theologische Spekulationen, sondern um die Erbauung der Seele und um die moralische Bewährung des Christen zu tun war.[124] Auch das dürfte ihn zum Geistesverwandten des Niceta gemacht haben.

Besonderes Geschick entfaltete der Bischof des Grenzlandes im Umgang mit Hunnen, die – von Norden einfallend – die Provinz heimsuchten. Sie hat er beschwichtigt, indem er sie zum Essen einlud und sie beschenkte. Ja, dieses neu aufgetretene heidnische Barbarenvolk hat ihm sogar den Namen eines »Römergottes« beigelegt.[125] Wenn er selbst bei Heiden hohes Ansehen genoß: um wieviel mehr werden ihn die Gläubigen seiner Diözese verehrt haben! Kein Wunder, daß ihm, als er starb, in Tomi eine Grabkapelle errichtet wurde.[126]

Für uns wichtig erscheint, daß Theotimus, dem in seinem Bistum, namentlich in zahlreichen Städten längs der Donau und der Küste, auch Lateiner und Griechen anvertraut waren, selber offenbar Wert darauf

---

[122] Sozomenos, die Hauptquelle für Theotimus, s. u. Kap. VI Nr. 11. Zur Beurteilung von T.s Persönlichkeit s. Zeiller: Origines S. 549-558.
[123] Socrates Scholasticus: Eccl. hist. B. VI Kap. 12.
[124] Zeiller: Origines S. 547f.
[125] Sozomenos a. a. O.
[126] Valentini: Contr. II 1 S. 17 (nach Zeiller): Erezione della cappella funeraria del »beato« Timoteo a Tomi.

legte, ein Skythe zu sein und zu bleiben.[127] Ihn verband seine Herkunft, aber wohl auch ein durch griechische Bildung keineswegs gelockertes Zusammengehörigkeitsgefühl mit jenem Volk, dem das Reich wie die Kirche in der Dobrudscha eine eigentümliche – heute nur noch unklar erkennbare – Vorzugsstellung eingeräumt haben dürfte, obwohl es hier nur eine Ethnie unter anderen darstellte.[128] Dieser Solidarität hat er, wie mir scheinen will, sogar augenfälligen Ausdruck verliehen. Theotimus soll lange Haare getragen haben. Unser Gewährsmann Sozomenos, der einige Jahrzehnte nach dem Wirken des Theotimus schrieb, hat das mit den Speisegewohnheiten des Bischofs parallelisiert, die von der Genügsamkeit des Philosophen zeugten, und sich so zurechtgelegt: Theotimus habe auch durch ein vernachlässigtes Äußeres zeigen wollen, er sei ein Philosoph.[129] Diese Erklärung spiegelt vermutlich wider, daß Sozomenos, der erst im folgenden Jahrhundert schrieb und als Bewohner der Hauptstadt Konstantinopel mit den halbbarbarischen Verhältnissen in Tomi unvertraut war. Sollen wir uns wirklich weismachen lassen, Theotimus habe sich herausgenommen, einen individuellen Lebensstil herauszukehren, und sich eine Haartracht zugelegt, die ihm so auffällig anders als seine Amtsbrüder erscheinen ließ? Wahrscheinlicher ist wohl, daß er sich nicht als *Philosophen*, sondern durch die in Barbarenmanier lang herabhängender Haare als *Skythe* zu erkennen gab. Eben das war den Preis wert, daß er in seinem Erscheinungsbild jene Norm bischöflicher Wohlanständigkeit durchbrach, die vermutlich vom Klerus wie von den Gläubigen gleich ernst genommen wurde.[130]

Für die Übernahme von Ulfilas Prinzip, Landsleuten die Bibel in ihrer Muttersprache nahezubringen, brachte Theotimus also gleichgünstige Voraussetzungen wie Niceta mit. Ja, die gotische Herausforderung muß auf ihn noch stärker gewirkt haben, weil er Goten nicht nur, wie Niceta, als Nachbarn seiner Diözese oder allenfalls als einfallende Barbaren,

---

[127] Die gleiche ethnische Zugehörigkeit (»*natione Scytha*«) wird in dem Autorenlexikon des Gennadius auch für einen Zeitgenossen des Theotimus, dem Theologen und Autor Mönchsvater Johannes Cassianus (a. 360-430), hervorgehoben, s. Knut Smolnik: Skythische Schriftsteller in der lateinischen Literatur der Spätantike. In: Miscellanea Bulgarica 5 (Wien 1987) S. 23-29.

[128] Dagegen sind die Geten, vielleicht das stärkste ethnische Element in Kleinskythien, offenbar zurückgesetzt worden: vielleicht, weil sie sich am stärksten der Eroberung durch die Römer widersetzt haben, s. Vulpe: Hist. anc. de la Dobr. S. 188-191.

[129] So verstehe ich VI Nr. 12.

[130] Das Äußere von Barbaren nahm ein anderer römischer Bischof in der gleichen Epoche unter Umständen an, die sehr anders erscheinen, aber doch vielleicht mit den vorliegenden Fall zusammengesehen werden dürfen. Ambrosius: Epistulae 10,9 entsetzt sich über den arianischen Bischof von Poetovio an der Drau, Julianus Valens, der gotischen Invasoren in deren Volkstracht entgegengetreten sei. Dabei habe er Verrat geübt und einen gottlosen Frevel begangen, der eines Christen und Römers unwürdig sei. Vermutlich wird sich Valens von seiner Geste versprochen haben, sie werde einer Friedensstiftung und der Mission dienen.

sondern als Streubevölkerung in seinem ethnisch gemischten Bistum kannte.[131] Mir will scheinen, daß eine ähnliche Lage und wohl auch der Rat des Amtsbruders von Remesiana den Bischof von Tomi zu ähnlichen Aktivitäten bewog, wie wir sie schon von Niceta kennen. Denkbar auch, daß der Ansporn, den Niceta gab, zu einem guten Teil im handgreiflichen Beispiel bestand. Gab es doch in der Dobrudscha eine offenbar nicht unbeträchtliche Minderheit von zugewanderten Bessen und sonstigen Thrakern, denen Niceta durch mitgebrachte bessische Kirchentexte geholfen haben mag.[132]

Was ist mit solchen Annahmen gewonnen? Sie erschließen uns, so möchte ich meinen, weitere Quellenstellen, aus denen hervorgeht, daß seit Ende des 4. Jh.s Bibeltexte und Kirchenlieder in der Sprache der Skythen, ihrer Nachbarn und Sprachverwandten, der Sarmaten, und schließlich der Hunnen gab.

In einer Predigt, die Johannes Chrysostomos a. 399 in der Pauluskirche von Konstantinopel vor einer gotischen Gemeinde hielt, wurde gerühmt, Skythen, Thraker und Sarmaten hätten das Wort Gottes in ihre eigene Sprache übersetzt. So könnten sie es jetzt studieren und darüber nachsinnen.[133] Nun, Skythen und Sarmaten verweisen uns mit hinlänglicher Eindeutigkeit in das Bistum von Tomi, und als Informant des Bischofs von Konstantinopel kommt in erster Linie sein Amtsbruder Theotimus in Frage. Zwar verrät uns die spärliche Überlieferung nur, daß Johannes Chrysostomos und Theotimus sich a. 400 trafen, aber briefliche oder mündliche Kontakte zwischen dem Amtsantritt des Johannes Chrysostomos als Bischof der Hauptstadt a. 397 und seiner Predigt von a. 399 sind durchaus wahrscheinlich.

Übersetzungen von Bibeltexten in Sprachen, die bislang ohne Literatur geblieben waren, setzen in der Zeit, in die wir uns hineindenken, mutige, gebildete Bahnbrecher voraus. Die Verschriftlichung der beiden iranischen Idiome in der Dobrudscha, des Skythischen und des Sarmatischen, geht mit hoher Wahrscheinlichkeit auf Pioniertaten des Skythen Theotimus zurück. Daß es nicht bei bloßen Anfangsschritten auf dem von Ulfila gewesenen Wege blieb, ergibt sich vielleicht aus einem Text von etwa a. 450, der offensichtlich die Ulfilabibel mit einer Übertragung des Neuen Testaments ins Skythische parallelisiert: Skythen und Gepiden läsen zwar die Evangelien, aber lebten unkeusch; sie hörten die

---

[131] Zu den Goten in Kleinskythien für das 4.-6. Jh. s. Vasile Pârvan: Nuove considerazioni sul vescovato della Scizia Minore. In: Atti della Pontificia Accademia Romana di Archeologia (Serie III). Rendiconti 2 (1923-24) S. 111-135. (hier S. 131). Zum 9. Jh. s. u. VI Nr. 13.

[132] Nach Vulpe: Hist. anc. de la Dobr. S. 188-191 werden Bessen und die ihnen stammverwandten Lai in der inschriftlichen Überlieferung besonders häufig genannt.

[133] S. u. VI Nr. 9.

Apostel, aber betränken sich; sie betrachteten sich als Gefolgschaft Christi, aber plünderten.[134] Und wenn für das ausgehende 5. und das 6. Jh. »skythische Mönche« in Konstantinopel bezeugt sind, die der Regierung lästig fielen, weil sie in den theologischen Streitigkeiten der Zeit mitmischten,[135] dann liegt eine Parallelisierung mit jenem Bessenkloster nahe, das, ebenfalls in der oströmischen Hauptstadt, während des 6. Jh.s bestanden hat. In beiden Fällen wird eine eigene Kirchensprache die Grundlage für die Ausbildung eigener Mönchsgemeinschaften geliefert haben.

Ja, vielleicht läßt sich die Spur noch weiter verfolgen. Ein ostfränkischer Gelehrter der ersten Hälfte des 9. Jh.s überliefert, nach Auskunft von Mönchen würden namentlich in Tomi Gottesdienste in gotischer Sprache gehalten, die von verschiedenen skythischen Völkerschaften besucht würden.[136] Der Wortlaut ergibt keinen plausiblen Sinn. Denn zu gotischen Gottesdiensten werden doch kaum andere Gläubige als Germanen gekommen sein. Aber ein guter Sinn ergibt sich, wenn wir vorsichtig vermuten, die ursprüngliche Information, die bei der Weitergabe entstellt wurde, habe etwa so gelautet: in der einen Stadt Tomi fanden (neben griechischen und außerdem vielleicht lateinischen Gottesdiensten) auch Messen statt, die von Goten, aber auch von skythischen Völkerschaften zur Gänze in ihren Muttersprachen gehalten wurden. Wenn der Schöpfer der slawischen Kirchensprache, Konstantin der Philosoph, unter den christlichen Gottesdienstsprachen zwar Gotisch, aber kein nordiranisches Idiom aufführt, dann darf man vorsichtlich vermuten, die Heidenstürme hätten zwischen dem Anfang und der Mitte des 9. Jh.s in der Dobrudscha eine rund 450 Jahre alte Tradition der Kirchenkultur vernichtet, von der uns eine letzte (undeutliche) Kunde durch Walahfrid Strabo vermittelt wird.[137] Es bleibt ein Kummer, daß die Vielsprachigkeit gottesdienstlichen Lebens, die im Mündungsbereich des Donaustroms vermutlich so reich entfaltet war wie kaum anderswo in der Christenheit, ja im lateinischen Kulturbereich wohl nirgends seinesgleichen fand, zu jener Wetterecke der Geschichte gehörte, über die immer neue Völkerstämme hinweggebraust sind. So ist schließlich ein kostbares Erbe in alle Winde zerstoben. Die vermutlich längere Bewahrung eines muttersprachlichen Christentums bei den Bessen hat, wie wir sehen werden, zur Voraussetzung, daß dieses Bergvolk in keiner vergleichbaren

---

[134] S. u. VI Nr. 7.

[135] Zeiller: Origines S. 383; 547. Die dort vertretene Meinung, mit den skythischen Mönchen seien Goten gemeint, will mir nicht einleuchten.

[136] S. u. VI Nr. 9.

[137] S. u. V Nr. 13; Vita Constantini Kap. XVI.

Einfallsschneise kriegerischer Eroberervölker siedelte und zudem in der Kunst geübt blieb, sich seiner Haut zu wehren.

In erster Linie ist bei den in der Dobrudscha bekehrten und mit einer Kirchensprache ausgestatteten Barbaren an die Skythen, das Volk des Theotimus, zu denken. Aber diese könnten sehr wohl schon im 4. Jh. die sprachlich ihm eng benachbarten und wie sie als Reiternomaden ins Land gekommenen Sarmaten veranlaßt haben, ebenfalls eine eigene Kirchensprache auszubilden. Hätte hier wirklich ein Volk das andere nach sich gezogen, dann fände das seine Parallele darin, daß die Entstehung der ersten christlichen Texte auf Armenisch, die Ende des 4. Jh.s erfolgt sein wird, sogleich den Anstoß zur Schaffung zweier weiterer christlicher Literatursprachen, des Georgischen und Aluanischen, gab. Im Bistum Skythien lag die Anstoßwirkung sogar noch näher als im Kaukasus, da das Sarmatische ein Idiom darstellte, das dem Skythischen vermutlich eng verwandt war.[138]

Wenn Johannes Chrysostomos neben Skythen und Sarmaten auch Thraker nennt, so kommen für diese Mitteilung verschiedene Auslegungen in Frage.[139] Der Informant des großen Predigers, also wahrscheinlich Timotheus, könnte die Nachricht weitergegeben haben, daß es im Bistum Remesiana, in einigem Abstand von Skythien, mittlerweile Kirchentexte in jener bessischen Sprache gab, die manchen Griechen – zu Recht oder Unrecht – als ein Zweig des Thrakischen galt.[140] Denkbar auch,

---

[138] Max Vasmer: Die Iraner in Südrußland. In seinen: Schriften zur slavischen Altertumskunde hg. Herbert Bräuer I. Bd. Berlin 1971 = Veröffentlichungen der Abt. für Slav. Sprachen und Lit. des Osteuropa-Inst. (Slav. Sem.) an der Freien Universität Berlin S. 107 178; ders.: Skythen -Sarmaten: Sprache, ebd. S. 179-199. – Sarmatische (und dakische) Christen werden erstmals erwähnt von Tertullian († nach 220): Adversus Judaeos 7,4.

[139] Diese Alternativen werden nicht durcherwogen von Bruce M. Metzger: The problematic Thracian version of the Gospels. In: Robert H. Fischer (hg): Studies in early Christian literature and its environment, principally in the Syriac Church = A tribute to Arthur Vööbus. Chicago 1977 S. 337-355, der die Chrysostomospredigt als Anhalt für die Existenz einer thrakischen Bibelversion versteht, aber schließlich weder eine thrakische noch eine bessische Bibel für erwiesen hält. Ihm widersprach Georgi Michajlov: On the problem of a Thracian version of the Gospels. In: Filologija, hg. von der Faculté des lettres de l'Université de Sofia 8-9 (1981) S. 3-7. Michajlov deutete wohl als erster – freilich in einem sehr unpräzisen Hinweis – eine mögliche Vorbildwirkung der Ulfilabibel für eine Verschriftlichung anderer Sprachen im thrakischen Raum an. Wenn er aus der Tatsache, daß die sprachliche Romanisierung und Hellenisierung hier wohl nur Oberschichten erfaßte, den Schluß zieht, in dieser Region sei eine Übertragung der Bibel in die Volkssprache eine zwingende Notwendigkeit gewesen, so irrt er. Wo immer es zu einer neuen Kirchensprache kam, reicht als treibende Kraft nie die bloße Tatsache aus, daß die geltende Kirchensprache großen Teilen der Gläubigen unverständlich blieb. Um eine solche Lage zu überwinden, bedurfte es besonderer, den Durchbruch begünstigender Umstände.

[140] Daß die Bessen sprachlich zu den Thrakern gehören, wird von einem Autor bezeugt, der wohl vom Balkangebirge kam und so besonders kompetent war: nach Jordanes:

daß sich Theotimus für die in seiner Diözese lebenden Geten und Thraker, die sprachlich wohl eng verwandt waren, der Übersetzungstätigkeit des Gesinnungsverwandten (ja, wie mir scheinen will, Freundes) Niceta bediente, weil das Bessische der altbodenständigen thrako-getischen Bauernbevölkerung in Skythien trotz mundartlicher Unterschiede leicht verständlich gewesen sein mag.[141] Außerdem sollte man noch in Erwägung ziehen, daß Thraker – am ehesten innerhalb des Bistums Tomi – unter dem Eindruck von Übersetzungen in andere Sprachen der Nachbarschaft selber ans Übersetzen gingen: vielleicht, indem sie bessische Texte ihrem Regionalidiom anpaßten. Schließlich gibt es gewisse Anhalte für die Vermutung, daß um 400 n. Chr. auch in hunnischer Sprache christliche Texte entstanden.[142]

Niceta hatte sein Amt Jahrzehnte früher als Theotimus angetreten, und so wird man annehmen dürfen, daß er, der vermutlich Ältere und Erfahrenere, größeren Einfluß auf Theotimus ausübte, als das umgekehrt der Fall war.[143] Aber zumindesten in einem Punkt kommt eine Vorbildwirkung in entgegengesetzter Richtung in Betracht, die Theotimus, wenn nicht schon ein Amtsvorgänger auf den Bischofsstuhl von Tomi, ausübte. Das Volk der Skythen, zu dem Theotimus sich zählte, wohnte, soweit es sich im Römerreich aufhielt, in seinem Bistum konzentriert. Daß es in der von Diokletian aus Untermösien ausgegliederten Provinz

---

Romana 221 und 283 wurde die Stadt Philippopolis von den Bessen *Pulpudeva* genannt. Da Philippopolis in Thrakien liegt, sind hier offenbar Thraker gemeint. Als eigenständige Völker mit unterschiedlichen Idiomen gelten sie dagegen dem Chronographus anni CCCLI, s. Monumenta Germaniae historica, Auctores antiquissimi Bd. 9, hg. Theodor Mommsen. Hannover 1892, S. 107. Ein eindeutiger Beleg, daß nicht nur (wie bei Jordanes) Thraker als Bessen, sondern auch Bessen als Thraker bezeichnet wurden, ist mir nicht begegnet. – Zum Namengebrauch der Inschriften s. G. G. Mateescu: I Traci nelle epigrafi di Roma. In: Ephemeris Dacoromana 1 (Rom 1923) S. 57-290; bes. S. 253-290. – Die Belege bei Velizar Beševliev: Die Thraker im ausgehenden Altertum. In: Studii classici hg. von der Academia Scientiarum Respublicae Popularis Romaniae 3 (1961) S. 252-54 zeigen, daß sich in der Spätantike als ethnische Zuweisungen von Personen aus dem Osten des Mittelbandes der Halbinsel sowohl »Thraker« wie »Bessen« gehalten haben.

[141] Ein Zeugnis für ein getisches Gemeindekind des Theotimus liefert wohl ein Gedenkstein, den ihm ein Mann mit dem getischen (oder thrakischen) Namen *Dinias* setzte: offenbar aus Dankbarkeit, weil der Heimgegangene (gewiß durch den Bischof) die Taufe und den christlichen Namen Emanuel empfangen hatte s. Inscripţiile greceşti şi latine din secolele IV-XIII descoperite în România. Nr. 25 (S. 60f); Ion Barnea: Les monuments paléochrétiens de Roumanie. Rom 1977 = Sussidi allo studio delle antichità cristiane VI Nr. 5. Zum Namen *Dinias* s. Georgi Michajlov in seiner Edition: Inscriptiones Graecae in Bulgariae repertae. Bd. 1: Inscriptiones orae Ponti Euxini 2 Sofia 1970 S. 44f., I.I.Russu: Die Sprache der Thrako-Daker. Bukarest 1969 S. 188.

[142] S. u. VI Nr. 11

[143] Eine poetisch verfremdete Anspielung auf die Anstoßwirkung, die von dem Bessen Niceta auf den Skythen Theotimus, von einem Barbarenmissionar auf einen anderen, ausging, verbirgt sich in einem Gedicht des Paulinus von Nola, s. u. VI Nr. 4. V.69-71 samt meiner Erläuterung.

Kleinskythien bei einem einzigen Bistum blieb, obwohl es hier eine stattliche Anzahl von Städten gab, die einen Bischof verdient hätten, wurde schon in der Antike als eine aus »alter Sitte« herrührende Merkwürdigkeit betrachtet. Die Ausnahmeregelung hatte zur Folge, daß aus dem bedeutenden Tomi kein Erzbistum, keine Ehrenmetropole werden konnte, weil es dem Bischofssitz an Suffraganen fehlte.[144] Man wird mutmaßen dürfen, daß die weite Abmessung der Diözese Tomi einem Wunsch der Skythen entsprach: sie, die ein zusammengehöriges Volk bleiben wollten, fühlten sich unter einem einzigen geistlichen Oberhirten am besten aufgehoben.[145] Die Einsichtnahme in diese Verhältnisse mag Niceta in der Absicht bestärkt haben, sich, über die Grenzen seiner Diözese ausgreifend, um die Bekehrung der gesamten, auf mehrere Bistümer verteilten Stämme- und Sprachgemeinschaft der Bessen zu bemühen.

Festzuhalten ist auf jeden Fall, daß wir im Nordosten des römischen Südosteuropas mit einer kirchlichen Aufgeschlossenheit für Barbarensprachen zu rechnen haben, die von den damals im Reich geltenden Gepflogenheiten abwich. So träumte, um nur zwei Beispiele herauszugreifen, Johannes Chrysostomos – zumindest bis er in Konstantinopel lernte, wie sehr eine geistliche Aufwertung von Barbarensprachen die Mission förderte – vom Griechischen als einer zukünftigen Gemeinsprache der Christenheit. Hier verrät sich ein Ideal ökumenischer Vereinheitlichung, das aus imperialen Wurzeln stammt und in einer westlichen, lateinischen Variante um die gleiche Zeit etwa bei dem Dichter Prudentius begegnet.[146] Ja, er fand es – wie früher erwähnt – gerade rührend und nicht etwa beklagenswert, daß syrische Bauern ihm bei seinen Gottesdiensten in Antiochien andächtig lauschten, ohne seine Worte zu verstehen. Die großen kappadokischen Kirchenväter haben, obwohl sie in einem Gebiet mit vermutlich barbarensprachlicher Mehrheit wirkten, einen engen Zusammenhang zwischen Christentum und griechischer Bildung empfunden. Deshalb kam es ihnen nicht in den Sinn, eine Bar-

---

144 Evangelos Chrysos: Zur Entstehung der Institution der autokephalen Erzbistümer. In: Byzantinische Zeitschrift 62 (1969). S. 263-286 (hier S. 279). Daß sich in Kleinskythien schließlich neben Tomi weitere Bistümer ausbildeten, bezeugt eine byzantinische Bischofsliste für eine Zeit, wo das Reich in Kleinskythien kaum mehr effektive Herrschaft ausübte, s. Darrouzès: Notitiae S. 242 (= Notitia 3, 642-656). Dazu Vulpe: Hist. anc. de la Dobr. S. 321-324 mit einer Karte (als Fig. 78).

145 Als Kaiser Zeno a. 480 gesetzlich festlegte, daß jede Stadt des Reiches ihren eigenen Bischof haben sollte, wurde Kleinskythien namentlich ausgenommen. Bei seiner Sonderstellung blieb es bis um a. 600, als alle Städte dieser Region durch Awaren und Bulgaren verwüstet wurden, s. Pârvan: Nuove considerazioni, der die Sonderstellung aus der geographischen Lage in einem ausgesprochenen Vorland des Reiches erklärt: die *Scythia minor*, die immer wieder die Barbareneinfälle erdulden mußte, wurde durch einen Limes von Thrakien getrennt. Die Einrichtung von mehreren Bistümern in einer exponierten Provinz sei dem Reich zu kostspielig erschienen.

146 S. u. der Erläuterung zu VI Nr. 4.

barensprache ihrer Region zur Kirchensprache zu erheben. Daß sich südlich der unteren Donau eine sehr andere Einstellung durchsetzte, geht auf den Anstoß zurück, den der Bahnbrecher Ulfila geliefert hatte.

Welche Bedeutung hat das im vorliegenden Kapitel Freigelegte für unseren Gedankengang? Die rasche und erfolgreiche Bekehrung der Bessen durch Niceta und seine Helfer stellt einen denkwürdigen Ausnahmefall, ein Wunder, dar. Aufgabe des Historikers ist es, Wunder, soweit irgend möglich, aus Umständen heraus verständlich zu machen, unter denen sie möglich wurden. Und er sollte, wo er Folgerungen aus einem spärlichen Material ziehen muß, sich stets vergewissern, daß er nicht zu Ergebnissen kommt, die aus jeglichem Rahmen herausfallen. Der Ausblick nach Skythien hat uns gezeigt, daß Niceta in einen regionalen Kulturzusammenhang eingeordnet war. Niceta wurde, wie wir früher sahen, durch Ulfila angestoßen. Jetzt zeigt sich, daß wir es noch mit weiteren Übertragungen des gleichen Impulses zu rechnen haben. Zumindest in dem einen Fall des Theotimus von Tomi ist wahrscheinlich, daß ein Zeitgenosse aus ähnlichen Voraussetzungen zu gleichen Lösungen kam, ja, daß wir mit einem zwiefachen Anstoß zu rechnen haben: einem, der von Ulfila aus dogmatische Gegner ausging, und einem anderen, der innerhalb des orthodoxen Lagers wirkte. Die Zuwendung des Niceta zu einem Barbarenvolk und seiner Sprache, wie sie in diesem Buch rekonstruiert wird, stellt sich somit nicht als gänzliche Ausnahme dar, was die Wahrscheinlichkeit der Rekonstruktion mindern würde, sondern als ein Fall, der in engem Verbund mit räumlich benachbarten Fällen steht. Das mehrt die Wahrscheinlichkeit.

II.7 Mission durch Mönche

Wieso die Bessen schon früh und so, daß schon bald das ganze Volk als bekehrt galt, für den christlichen Glauben gewonnen werden konnten, mutete beim Eintritt in unsere Überlegungen noch gänzlich rätselhaft an. Denn das Ereignis fiel aus dem Rahmen der westlichen Christenheit, der Niceta angehörte, weit heraus. Die Annahme, der Bischof von Remesiana sei in mehrfacher Hinsicht dem Beispiel seines Zeitgenossen und Rivalen Ulfila gefolgt, hat einen guten Teil des Rätsels gelöst. Aber unser mittlerweile bewährter Schlüssel, den uns die Nachbarschaft zu dem großen Westgoten an die Hand gegeben hat, will auf eine letzte Tür nicht mehr passen. Sie öffnet sich erst, wenn wir es mit einem weiteren Schlüssel versuchen.

Ulfila hatte keine Wilden in den Siedlungsnestern einer ihm zunächst fremden, gefährlichen Berglandschaft bekehrt, sondern eine treue Anhängerschaft von Gläubigen in jene neue Bleibe hinaufgeführt, die den

Kleingoten am mittleren Balkangebirge angewiesen worden war. Als »Bischof der Goten«[147] sah Ulfila sich nicht durch regelmäßige Pflichten, namentlich durch Gottesdienst und Gerichtstage, an eine Stadt gebunden, sondern lebte vermutlich das Hirten- und Bergbauernleben seiner Leute in wechselnden Unterkünften mit. Niceta dagegen nahm sich vor, ungebärdige Bergbewohner für sich und für den christlichen Glauben zu gewinnen, die einem Städter – von ihrer Sprache, die ihm seit Kindertagen vertraut war, abgesehen – gewiß recht andersartig und nicht leicht zugänglich erschienen. Wohlgemerkt gehörte Niceta keineswegs zur Ausnahmegattung jener *chorepiscopi*, die keine städtische Residenz besaßen, sondern war ein normaler Bischof, den sein Amt an eine Stadt band, auch wenn man sich bei einer Bewohnerschaft von über 600-800 Menschen die Amtsgeschäfte, die am Ort zu versehen waren, nicht allzu schwer und zeitraubend vorstellen sollte. Im krassen Unterschied zu Ulfila, der nie in einer Stadt residiert hatte und in seinem Wirkungsbereich an den Hängen des Balkangebirges von Reichsbehörden eingewiesen worden war, bedurfte es bei Niceta Überwindung, hätte er, von seinem Amtsauftrag abweichend, seine Tätigkeit in die Berge verlegt. Wer in Remesiana mit Aufgaben eingedeckt war, hätte es nicht eben leicht gehabt, sich zu langen, zeitraubenden, ja vielleicht gefährlichen Missionswanderungen durch die zerklüftete Heimat der Bessen durchzuringen. Ja, die Bekehrung dieser weit verstreut lebenden Ethnie anzugreifen, forderte ihm weit größeren Mut zur Neuerung ab, als Ulfila der Dienst an den Goten, der ihm durch seine Ernennung zum »Bischof von Gothien« aufgegeben worden war und nach der Übersiedlung ins Imperium in der Doppelrolle eines geistlichen und weltlichen Oberhauptes eines (als einer Lebensgemeinschaft von Einwanderern neu konstituierten) kleingotischen Stammesverbandes versehen wurde. Als weitere Schwierigkeit kam hinzu, daß die Bessen sich über die am höchsten gelegene und am weitesten gefächerte Gebirgsgruppe der Halbinsel verteilten. Nirgendwo sonst im weiten Umkreis stellte die Natur einer Mission so hohe Barrieren entgegen.

Gewiß können wir die Möglichkeit nicht bündig ausschließen, durch Niceta sei vorerst nur ein Teil der Bessen, am ehesten wohl in der Nachbar-

---

147 Zu diesem in den Quellen mehrfach bezeugten Titel s. Schäferdiek: Wulfila S. 124f.: ursprünglich ist für Ulfila – wie für seinen mutmaßlichen Vorgänger Theophilos a. 325 bezeugt – mit einer geographischen Titulierung als »Bischof der Gothia« zu rechnen. Mit der Übersiedlung auf Reichsboden wurde sein Zuständigkeitsbereich neu und zwar ethnisch definiert – Jordanes: Getica I 267: *suo pontifece ipseque primate.* Zum Chorepiskopat des Ulfila s. u. a. Wolfram: Geschichte S. 90. Zu den spätantiken *chorepiscopi* s. Ernst Kirsten in: Reallexikon für Antike und Christentum Bd. 2 (1954) Sp. 1105-114. Zu den Pflichten des Bischofs an seinem Residenzort s. u. a. Sergio Mochi Onory: Vescovi e città (sec. IV-VI). In: Rivista di storia del diritto italiano 4 (1931) S. 245-329; 555-600; 5 (1932) S. 99-179; 241-312; 6 (1933) S. 199-238.

schaft von Remesiana, zum Glauben geführt worden. Aber unsere Quellen, so spärlich sie fließen, beziehen die Christianisierung – in einer Zeit, wo der Gebrauch von Stammesnamen innerhalb des römischen Reichs rückläufig war – stets auf das Volk der Bessen und nie auf die Diözese Remesiana, die nur einen Teil des Bessenlandes umfaßte. Vor allem werden wir bei der Auslegung von höchst gewichtigen Zeugnissen des 6. Jh.s, dem wir uns im nächsten Kapitel widmen wollen, nicht ohne die Annahme auskommen, ein zahlenstarkes, über einen größeren Raum verteiltes Volk habe sich zum Christentum bekehrt. Wenn wir uns ausmalen, wie das gelingen konnte, dann sehen wir Niceta als die treibende Kraft vor uns, der Anstöße gab und im übrigen Pionierarbeit leistete, indem er aus dem Bessischen eine Schrift- und Gottesdienstsprache machte: mit einer Literatur aus Übersetzungen, aber auch aus neuverfaßten Texten. Aber wie gelangte, was in Remesiana geschaffen wurde, unter die Leute? Wer leistete das Missionswerk »vor Ort«, in den weitauseinandergezogenen, nur für Geübte passierbaren Wohn- und Weidegebieten der Bessen? Die kostbaren Mitteilungen des Freundes Paulinus liefern uns den Schlüssel, der uns noch fehlt. Es waren Mönche. Und die stammten selber aus dem wilden Volke, dem Nicetas Bekehrungswerk galt. »Die Berge, unwegsam zuvor und bluttriefend, bergen jetzt als Zöglinge des Friedens Menschen, die aus Straßenräubern zu Mönchen gewandelt wurden.« [148]

Vermutlich haben auch Nonnen mitgewirkt. Denn eine Schrift des Niceta setzte sich mit dem Problem auseinander, daß eine Jungfrau ihr Gelübde, ins Kloster zu gehen, nicht eingehalten hatte. [149] Der monastische Gedanke muß also in seinem Umkreis und in der Zeit seines Wirkens bereits auf Frauen ausgegriffen haben. Und im italienischen Nola, das er zweimal – gewiß, weil ihm der dort herrschende klösterliche Geist nach dem Herzen war – aufsuchte, hatten sich um Paulinus und seine Frau, die auf ihre eheliche Gemeinschaft verzichtet hatten, zwei Kreise, der eine für Mönche, der andere für Nonnen, gesammelt. Als Niceta a. 400 wieder heimwärts segelte, erwarteten ihn an der kalabrischen Ostküste *innubae fratrum simul et sororum uno dominum canentes ore cateruae.* [150]

Auf welchem Weg mag der monastische Gedanke zu Niceta ins abgelegene Remesiana gelangt sein? Das scheint – wo doch zu Nicetas Lebzeiten über die Weite der Christenheit verstreut klösterliche Gemeinschaf-

---

148 S. u. Kap. VI Nr. 1 V. 218-220.

149 Klaus Gamber: Niceta von Remesiana: *De lapsu Susannae.* Mit einer Wortkonkordanz zu den Schriften des Niceta von Siegfried Rehle. Regensburg 1969 = Textus patristici et liturgici quos edidit Institutum Liturgicum Ratisbonae, Fasc. 7.

150 S. u. Kap. VI Nr. 1 V. 85-87.

ten emporsprossen – schwer zu beantworten. Auch diesmal wird man zu erwägen haben, ob er einem gotischen Muster folgte.[151] Der Mesopotamier Audios (oder Audaios), der wegen einer dogmatischen Abweichung um die Mitte des 4. Jh.s in die Grenzprovinz Kleinskythien verbannt worden war, wirkte von dort auf die Gothia nördlich der Donau ein. Dabei hat er syrische Mönchstraditionen in eine neue, gotische Umwelt verpflanzt. Aber Audios hat sich mit seinem Gefolge schon a. 372 wieder aus dem Refugium, das er bei den Goten gefunden hatte, abgesetzt.[152] Unter den Märtyrern, die offenbar den von a. 369 bis mindestens 372 unter den Goten nördlich der Donau wütenden Christenverfolgungen zum Opfer fielen, war auch ein Mönch namens Arpylas oder Harpylas.[153] Als sich a. 376 das Gros der Westgoten, vom Hunnensturm bedrängt, über die Stromgrenze südwärts auf Reichsboden rettete, wanderten Flüchtlinge mit, die Mönchstracht trugen.[154] Ob es sich dabei, wie Eunapios behauptet, nur um eine Drapierung handelte, mit der die heidnischen Asylanten einen günstigen Eindruck auf die christlichen Römer machen wollten, muß dahingestellt bleiben. Doch so dürftig die Quellenlage bleibt: mit mehr als bloß bescheidenen Ansätzen zu einer mönchischen Bewegung wird man für die christlichen Westgoten der zweiten Hälfte des 4. Jh.s kaum rechnen dürfen. Bezeichnenderweise hebt sich unter jenen Westgoten, die Anfang des 5. Jh.s nach Westeuropa abgewandert waren, ja auch bei den anderen, direkt oder mittelbar von ihnen missionierten Germanenstämmen zunächst kein monastischer Strang ab. Eben dieser Mangel bildete vermutlich eine folgenreiche Schwäche in der Auseinandersetzung mit der katholischen Orthodoxie.

Danach legt sich, so zufällig unsere Nachrichten gestreut sind, der Schluß nahe, Niceta sei mit seiner Hochschätzung des monastischen Wesens, der Mönchs- wie der Nonnengemeinschaften, wohl kaum einer gotischen Spur gefolgt. Weit wahrscheinlicher mutet vielmehr an, hier habe sich seine enge und innige Verbindung mit den lebendigsten geistlichen Kräften des lateinischen Westens ausgewirkt. Durch seinen zweimaligen Besuch bei Paulinus von Nola tritt eine der Adern dieses Zusammenhangs zu Tage, der ein fein verästeltes Zubringernetz dargestellt haben werden.[155] Wir werden Niceta unter jene Schar von Männern einreihen dürfen, die einer im Orient, namentlich in Ägypten und Syrien,

151 Mit freundlichen Auskünften zu monastischen Spuren bei den Goten des 4. Jh.s half mir der Kirchenhistoriker Knut Schaeferdiek.

152 Zu Audios s. Epiphanius: Adversus haereses III 1; H. C. Puëch in: Reall. f. Antike u. Chrt. 1 (1950) Sp. 910-915.

153 Richard Loewe in: Beiträge zur Geschichte der deutschen Sprache und Literatur 47 (1923) S. 411-413.

154 Eunapios: Historiae, Fragment 55; Wolfram: Gesch. der Goten S. 94.

155 Zu der Verbindung des Niceta mit Nola und der Bedeutung dieses Zentrums für das westliche Mönchtum s. Lienhard: Paulinus.

entstandenen Lebensform, in der zweiten Hälfte des 4. Jh.s, angeregt durch den großen Bischof Athanasios von Alexandrien und die lateinische Übersetzung seiner Antoniusvita, nun auch in Europa Bahn brachen und ihr die ersten Heimstätten schufen. Man muß sich Niceta in geistlicher Nachbarschaft zum Heiligen Martin vorstellen, der in Gallien a. 360 das Kloster Ligugé gründete und, a. 370 oder 371 im benachbarten Tours zum Bischof berufen, die rasche Ausbreitung zönobitischer Gemeinschaften über den lateinischen Westen befördern konnte. Nicetas Freund Paulinus war mit Martinus ebenso wie mit jenem Sulpicius Severus befreundet, der noch zu Lebzeiten des großen Heiligen von Tours dessen Vita verfaßte. Dieses Werk erhielt Niceta bei seinem ersten Besuch in Nola a. 400 vorgelesen.[156] Ein Geistesverwandter war auch Hieronymus, der später, a. 374, um sich eine Klerikergruppe in Aquileja sammelte, um gemeinsam mit ihnen ein mönchisch geordnetes Leben zu führen. Im lateinischen Südosten begegnen während des 4. Jh.s Mönche auch in Dardanien und Dalmatien.

Für die frühe westliche Tradition wurde bezeichnend, daß Klöster nur zum einen Teil, dem östlichen Vorbild getreu, irgendwo in ländlicher Abgeschiedenheit entstanden. Andere bildeten sich dagegen in Städten oder doch in ihrer engeren Umgebung, wo sie oft von Klerikern geleitet oder protegiert wurden. Diese Gabelung in einen städtischen und einen stadtfernen Zweig monastischen Lebens macht, was an Nicetas Wirken ungeklärt geblieben war, nachvollziehbar. Vermutlich wurde er zum Mittelpunkt einer frühen mönchischen Gemeinschaft in Remesiana, deren Leben er, soweit es sein Amt erlaubte, mitlebte. Ja, die sogenannte *Regula magistri*, der Einfluß auf die Benediktinerregel beschieden sein sollte, könnte, da sie aus einer der beiden dakischen Provinzen stammt, sehr wohl von ihm geschrieben sein oder doch, in seinem Umkreis verfaßt, Gedanken des Niceta eingeschmolzen haben.[157] Auf seine Initiative gehen gewiß auch Klostergründungen oben im Gebirge zurück: mitten in einer heidnischen Umwelt warben sie, wie wir von Paulinus hörten, ihre Novizen schon bald aus dem Kreis von eben erst Bekehrten.[158]

---

[156] S. u. VI Nr. 5. – Die geistige Nachbarschaft von Martin und Niceta betont Aimé Solignac in: Dictionaire de spiritualité ascétique et mystique, doctrine et histoire 11 (Paris 1982) Sp. 688-690.

[157] Dem Vortrag von Dom Aug. Genestout: La Règle du Maître et la Règle de Saint Benoit. In: Revue Ascétique et de Mystique (Jan. 1940) S. 51-112, der diese These entwikkelte, fehlten die Gründe, auf denen sie fußte. Diese wurden nachgeliefert von Jacques Zeiller in: Comptes rendus de l'Académie des Inscriptions et Belles-Lettres. Paris 1942 S. 367f.

[158] Richtig gefolgert wurde das bereits von Ernst Hümpel in: Realenzyklopädie für protestantische Theologie und Kirche 14 (3 Leipzig 1904) Sp. 27: »Klöster für Männer und Frauen erstanden in diesen unwirtlichen Gebieten« und Guido Bosio in: Bibiotheca

Ist damit im groben Umriß richtig erschlossen, wie es zu Klöstern im Bessenlande kam und was sie bewirkten, dann erscheint eine wichtige kirchengeschichtliche Wende bloßgelegt. Wenn Johannes Chrysostomos während seiner antiochenischen Zeit einzelne Mönche zur Übernahme missionarischer Aufgaben beredete, so zeigt das im Beispiel, wie sehr ein Gedanke, den Niceta in das Werk der Bekehrung eines ganzen Volkes umsetzte, gegen Ende des 4. Jh.s gleichsam in der Luft lag.[159] In der östlichen Christenheit freilich blieb es bei Ansätzen. Die monastische Idee hatte, aus verschiedenen frühchristlichen Traditionen gespeist, in Ägypten und Syrien während des 3. und 4. Jhs. einen mächtigen Aufschwung genommen. In den beiden Ursprungsländern der Bewegung herrschte der Wunsch vor, sich aus der Welt, aus ihren Verführungen und Ablenkungen, in die Einsamkeit, in die Askese, in das unablässige Gebet zurückzuziehen: ob nun in Einsiedeleien oder in den schon bald aufblühenden Typus der Mönchs- und Nonnengemeinschaft. Ein missionarischer Eifer, die Laien – seien sie nun Heiden oder oberflächlich bekehrte Christen – auf den rechten Weg zu führen, lag den Mönchen und Nonnen in Ägypten und Syrien fern. Wenn von den Einsiedeleien und Klöstern dennoch starke Wirkungen nach außen gingen, dann, weil die frommen Auswanderer aus der Alltagswelt von immer mehr Gläubigen aufgesucht wurden, die sich Segen von dem Besuch der so offensichtlich Gottgefälligen und Gesegneten erhofften.

Bezeichnend für den Geist des Westens, der die *vita activa* höher bewertete als der kontemplativere Osten der Christenheit: mit dem Ausgriff des monastischen Gedankens auf das Abendland hat sich, ohne daß sich das Ziel eines Rückzugs aus der Welt verflüchtigte, sogleich die Absicht gekoppelt, Dienste für die Menschen in dieser Welt zu übernehmen. Eine Aufgabe, für die sich Mönche in hervorragender Weise eigneten, war die Mission, die im 4. Jh. ein zweites Mal zum Anliegen der Kirche wurde, nachdem der Eifer der frühen Christenheit, das Evangelium zielstrebig auszubreiten, in Jahrhunderten erlahmt war, in denen die Kirche genug damit zu tun hatte, die freiwillig zur Taufe Drängenden zu unterweisen und in die Gemeinde einzugliedern.[160] Es war bezeichnender-

---

sanctorum 9 (Rom 1967) S. 894, der Niceta u. a. als *fondatore di monasteri tra i barbari* bezeichnet.

159 S. dazu Andres: Missionsgedanke.

160 S. Romuald Heiß: Mönchtum, Seelsorge und Mission nach dem Hl. Joh. Chrysostomus. In: Lumen caecis, St. Ottilien 1928 S. 1-23; Andres: Missionsgedanke; Adolf-Martin Ritter: Charisma im Verständnis des Johannes Chrysostomos und seiner Zeit. Ein Beitrag zur Erforschung der griechisch-orientalischen Ekklesiologie in der Frühzeit der Reichskirche. Göttingen 1972 = Forschungen zur Kirchen- und Dogmengeschichte Bd. 25.

weise der Westen der Christenheit, wo diese Möglichkeit zuerst im großen Stile genutzt wurde.[161]

Die Bekehrung der Bessen, die einem Bischof mit Mönchen als seiner Helferschar gelang, eröffnete eine lange Reihe von weiteren Bekehrungen nach dem gleichen Muster, das seine erste größer angelegte Probe so glänzend bestanden hatte. Von nun an sollten nirgendwo mehr christliche Missionsunternehmen angegriffen werden, in denen Mönche nicht die Kärrnerarbeit leisteten. Oft spielten sie sogar die führenden Rollen. Ihnen verdankte die Kirche ihre Bekehrungserfolge des 5.-6. Jh.s In dem bisher noch heidnischen Teil der britischen Hauptinsel entstand an der nordkornischen Küste mit Tintagel a. 470-500 ein erstes Kloster, dem sich bald weitere Gründungen anschlossen. Als sich die Iren auf der Nachbarinsel der christlichen Botschaft öffneten, da organisierte sich ihr junges Christentum in sehr weitgehendem Maße als eine Mönchskirche.[162] An die Spitze der Glaubensboten, die a. 596 zu den Angelsachsen geschickt wurden, stellte Gregor der Große den Präpositus des von ihm gestifteten Andreasklosters, Augustinus. Soweit sich erkennen läßt, bewahrte niemand die Erinnerung, daß die Reihe der Missionen, deren Hauptarbeit von Mönchen getragen wurde, im Innern der Balkanhalbinsel, bei den Bessen, begonnen hatte. Dies Ereignis wäre des Gedenkens wert gewesen.

II.8 Eine monastische Landschaft und ihre Kolonien in der Ferne

Die Geschichte, die wir verfolgen, führt nach einem klar rekonstruierbaren Anfang, der in das ausgehende 4. Jh. fällt, im 5. Jh. durch ein Dunkel, das sich nicht mehr aufhellen läßt. Zwei Einzelschicksale sind alles, was sich abzeichnet. A. 457-74 saß in Byzanz ein Besse, der zuvor Militärtribun gewesen war, als Leo I. auf dem Kaiserthron. Jener Dienst in den Legionen, der ihn nach oben brachte, wird von manchem jungen Bessen dem kargen Leben in den Bergen vorgezogen worden sein. Ein Presbyter, der um a. 460 in Vercelli verstarb, war nach den Versen, die seinen Grabstein zieren, ein Sohn eben des Volkes, dem wir nachspüren: *religione pius Bessorum in partibus ortus.*[163] Leider wissen wir nicht, wel-

[161] Zu der Bedeutung des frühen Mönchtums für die Verbreitung des Glaubens s. u. a. W. H. C. Freund: The missions of the early Church 180-700 A. D. In: Miscellanea historicae ecclesiasticae III. Colloque de Cambridge 24-28 Septembre 1968. Poitiers 1970 = Bibliothèque de la Revue d'histoire écclésiastique Fasz. 50 S. 3-23.

[162] Zu den Bekehrungserfolgen im Britannien des 5. Jh.s s. W.H.C. Frend in: Journal of the British Archeological Society 18 (1955) S. 16: sie müßten in großem Maße den keltischen Mönchen zugeschrieben werden. Zu Irland s. u. a. Hans von Schubert: Geschichte der christlichen Kirche im Frühmittelalter Bd. 2. 1923 S. 206.

[163] Corpus Inscriptionum Latinarum Bd. 5 hg. von Theodor Mommsen. Berlin 1877

che Umstände einen Mann aus einer fernen Provinz in den Klerus des nordöstlichen Italiens verschlugen. Reichlicher und aussagekräftiger wird die Überlieferung erst wieder im 6. Jh. Sie verrät uns, daß es bei den Bessen damals ein blühendes Klosterwesen gab, zu dessen Bräuchen auch eine bis ins Heilige Land führende Mönchswanderung gehörte. Diese für uns hochwichtige Spur läßt sich bis etwa a. 570 verfolgen.[164] Eine Vermutung, wann die Bessen tatsächlich aufgehört haben, Konvente in Palästina zu beschicken, sollte man lieber nicht wagen. Denn seit Ende des 6. Jh.s fließen unsere Quellen über das christliche Leben im Heiligen Lande so spärlich, daß man sich vor dem Schluß hüten muß, was nicht mehr bezeugt sei, habe es wohl kaum noch gegeben.

Eine Eingabe, enthalten in den Konzilsakten von a. 536, wurde von dem »Presbyter und Abt des Bessenklosters« mitunterzeichnet, das wir nach dem Kontext in Konstantinopel vermuten dürfen. Man hat es mit der erstmals a. 518 erwähnten Abtei der Gottesgebärerin nahe der Lukaskirche gleichgesetzt. Durch den Namen einer Tochtergründung in Westanatolien wird diese Annahme bestätigt.[165]

Nr. 6733. Da die Grabplatte am Sitz des Bischofs von Vercellae zusammen mit einer anderen auf a. 470 datierbaren Inschrift gefunden wurde, dürfte auch sie dem 5. Jh. entstammen.

164 Wie mich Michel van Esbroeck unterrichtet, hat der georgische Gelehrte Korneli S. Kekelidze in seinen 1943 in Tiflis erschienenen Studien (Etjudali) zur georgischen Literatur behauptet, bei in Palästina bezeugten Bessen handele es sich in Wirklichkeit um transkaukasische Abazgen. Diese These stützt sich auf die Beobachtung, daß an einem Teil der Orte, wo im 6. Jh. Bessen begegnen, später georgische Mönche auftraten. Auch wenn eine Deutung von »Bessen« als Abazgen sich sprachgeschichtlich rechtfertigen läßt: in der frühbyzantinischen Welt war »Bessen« nun einmal ein alteingeführter Name für die Stämme der Zentralen Balkanischen Gebirgskette, und wer diese Bezeichnung für ein anderes Volk verwendete, konnte nicht erwarten, daß ihm das Gros seiner Leser richtig verstand. Doppelverwendungen ein und desselben Ethnonyms für verschiedene Ethnien (etwa »Iberer« in Spanien und Transkaukasien) setzen im Regelfall weitere geographische Abstände zu den Kulturzentren, in denen sie galten, voraus, als sie in unserem Fall gegeben waren.

165 Acta Conciliorum occidentalium Bd. 3 S. 74. Zu der *monḗ tū Theotókū tōn Béssōn* »Bessen-Abtei der Gottesgebärerin« auf dem Berge Galesios nördlich von Ephesos, wo im 11. Jh., mit dem heiligen Lazarios als Wegbereiter, mehrere Mönchsgemeinschaften entstanden, s. Raymond Janin: Les églises et les monastères des grands centres byzantins (Bithynie, Hellespont, Latros, Galésios, Trébizonde, Athènes, Thessalonique. Paris 1975 = Géographie ecclésiastique de l'Empire byzantin. Le Siège de Constantinople et le Patriarchat oecuménique. Daß eine so späte Gründung nur den Namen eines Bessenklosters kopiert, nicht aber selbst als das Werk bessischer Mönche verstanden werden kann, wird durch die Namenvarianten in der Lazariosvita erhärtet, s. Acta Sanctorum Novembris coll. Carolus de Smedth et al. Bd. 3 Brüssel 1910 S. 507-585. Die umgangssprachlich gängige Ortsangabe dürfte hier *eis Bessas* sein, die aus dem Gen. pl. *tōn Bḗssōn* einen konsonantischen Stamm nach der Art von *Héllēnes*, Akk. *Héllēnas* oder einen femininen *ā*-Stamm wie *Mū́sas*, Akk. *Mū́sas* »die Musen« herauslas. Die letztere Ableitung liegt eindeutig den Formen *tas Béssas* zugrunde. Sie setzen Sprecher oder Schreiber voraus, denen das Volk der Bessen nicht mehr geläufig war.

Bessenklöster gab es außerdem in Palästina. Die monastische Blütezeit des Heiligen Landes im 5.-6. Jahrhundert hatte ein anschwellendes Pilgerwesen zur Voraussetzung.[166] Immer mehr Fromme wollten die ehrwürdigen Stätten, von denen die Bibel berichtete, mit eigenen Augen sehen und dort beten. Einen Großteil der Pilger stellten Mönche und Nonnen, denen die Strapazen des weiten Weges besonders gottgefällig erschienen. Ihre frommen Wanderfahrten sollten die Bestimmung des Menschen, der auf Erden keine bleibende Statt hat, beherzigen und vor aller Augen rücken. Viele Pilgermönche ließen sich an den Zielen ihrer Reise für längere Zeit oder gar für dauernd nieder. Unter den Klöstern, die in rascher Folge gegründet wurden, gab es auch solche, in denen sich Mönche aus bestimmten, nicht selten weit entfernten Herkunftsgebieten sammelten. In dem ethnisch bunten Gemisch, das die monastische Landschaft Palästina kennzeichnet, muß gerade jenes Volk, um das es uns geht, eine bemerkenswerte Rolle gespielt haben.

Fromme »Bessen vom Jordan« sind den Patres der Großen Laura in Jerusalem beigesprungen, als ihnen ein Haufe von Sektierern, die sich auf Origenes von Alexandrien als ihren theologischen Wegweiser beriefen, gewalttätig zusetzte. Dabei soll der Besse Theodulos, offenbar ein wahrer Berserker, gleich dreihundert Angreifer in die Flucht geschlagen haben: wohlgemerkt, ohne einen einzigen Widersacher tödlich zu treffen.[167] Vielleicht ist das Kloster, aus dem er herübergekommen war, mit jenem »Subiba der Bessen« identisch, das in der gleichen Gegend ein »Subiba der Syrer« zur Seite hatte. Das Klosterpaar lag unweit der am Jordan errichteten Laura von Kalamon.[168]

Als sich im 6. Jh. am Sinai – dort, wo man den biblisch bezeugten Mosesberg Horeb vermutete – aus eremitischen Anfängen innerhalb eines Mauerkranzes, den Justinian hatte errichten lassen, ein reges Kloster- und Pilgerleben entfaltete,[169] waren unter den Brüdern, die sich an diesem von nun an hochbedeutsamen Platz der Christenheit niederließen, auch Bessen. Ein Anonymus aus Italien hat auf einer Wallfahrt zwischen

[166] Herbert Hunger: Reich der neuen Mitte. Der christliche Geist der byzantinischen Kultur. Graz ... 1965, S. 146.

[167] Schwarz, Eduard: Kyrillos von Skythopolis. Leipzig 1939 = Texte und Untersuchungen zur Geschichte der altchristlichen Literatur. 4. Reihe H. Bd. 2. Heft = 49 Bd. 2. Heft. S. 193f (übersetzt von A. J. Festugière in: Moines d'Orient III/2 S. 123f.) – Zum historischen Hintergrund s. Franz Diekamp: Die originistischen Streitigkeiten im sechsten Jahrhundert. Münster 1899, bes. 32-66.

[168] Johannes Moschus: Prata spiritualia, Auszug in den Ecclesiae Graecae monumenta, ed. Jean Baptiste Cotelier Bd. 2 Paris 1701 Kap. 137 S. 425.

[169] Robert Devreesse: Le christianisme dans la Péninsule sinaitique, des origines à l'arrivée des Musulmans. In: Revue biblique 49 (1940) S. 205-223; Paul Maiberger: Topographische und historische Untersuchungen zum Sinaiproblem. Worauf beruht die Identifizierung des Ǧabal Mūsā mit dem Sinai? Freiburg/Schweiz 1984.

a. 560 und 570 am Mosesberg Station gemacht und in seinem Reisebericht festgehalten, was ihm dort besonders aufgefallen war. Wenn wir aus einer leider verderbten Überlieferung des Textes die ursprüngliche Aussage herauszuschälen versuchen, dann hat der Pilger drei sprachenkundige Äbte angetroffen, die das Lateinische, Griechische, Syrische, Ägyptische und Bessische beherrschten. Darüber hinaus standen Dolmetscher (auch für weitere Sprachen) zur Verfügung.[170] Der auf die Bedürfnisse einer buntscheckigen Pilgerschar eingestellte Konvent besaß danach drei Mönchsobere, die insgesamt über eine breite, fünf ganz unterschiedliche Zungen umfassende Sprachkompetenz verfügten. Versucht man zu erraten, welchen Völkern die drei Äbte entstammten, dann empfiehlt sich als einfachste Deutung, der eine sei ein Ägypter, der andere Syrer und ein dritter schließlich Besse gewesen. Von den beiden übernationalen Verkehrssprachen war das Latein wohl am ehesten dem Bessen vertraut, während als Kenner des Griechischen alle drei gleichermaßen in Frage kommen. Die Äbte, die ja von den »vielen Dolmetschern« abgesetzt werden, haben offenbar mit ihren Muttersprachen nicht nur Verständigungshilfen für Wallfahrer geleistet, sondern außerdem Gottesdienste in denen vom Autor unseres Textes genannten Sprachen abgehalten. Diese Ordnung galt für die ethnischen Untergruppen der Mönchsgemeinschaft vom Mosesberg, aber auch für solche Pilger, die an Messen in ihrer jeweiligen Muttersprache gewöhnt waren. Wenig später sind uns für das Kloster am Dschebel Musa Äbte anderer Herkunft bezeugt: ein Kappadokier, ein Kilikier, ein Georgier, ein Konstantinopolitaner und zwei Armenier.[171] Tradition war also eine – nicht auf bestimmte Völker eingeschränkte – ethnische Mischung der Mönche.

Was uns ein schlichter, ortsunkundiger und wenig gebildeter Durchreisender in einem noch dazu ungenau tradierten Passus über die Kirchensprache Bessisch verrät, findet seine Bestätigung in dem für unsere Spurensuche ergiebigsten Text aus dem 6. Jh.: der Lobrede auf jenen a. 529 gestorbenen Theodosios, der zwischen Jerusalem und dem Nordwestufer des Toten Meeres das Kloster Kutila gründete.[172] Neben der Hauptkirche, in der das Gotteslob auf Griechisch angestimmt wurde, ließ der Heilige hier drei weitere Kirchen erbauen, in denen die Stundengebete sowie der Anfang der Messe bis zur Evangelienlesung in anderen Sprachen erklangen: in der einen auf Bessisch, in einer weiteren auf Armenisch. Eine letzte Kirche blieb einer Sprache vorbehalten, aus der erst die höhere Weisheit des Klostergründers einen gottgefälligen Klang von eigener Würde herausgehört hatte. Hier sollten die von einem unreinen

---

[170] S. u. Kap. VI Nr. 8.
[171] S. Devreese: Christianism S. 214.
[172] S. u. Kap. VI Nr. 9.

Geist verwirrten Brüder unter der Obhut ihrer Betreuer mit dem Rest der Vernunft, der ihnen geblieben war, dem Heiland ihr Danklied lallen.

Die Untergruppen mit eigenen Sprachen feierten somit jenen Teil der Messe gesondert, der auch Vormesse oder Katechumenenmesse hieß, weil die Taufbegehrenden schon während der Wochen, in denen sie zur Aufnahme in die Kirche vorbereitet wurden, an diesem Teil des Gottesdienstes teilnehmen durften. Erst die daran anschließende *Missa fidelium*, die das Sakrament der Eucharistie einschloß und deshalb als heiligster Teil der Feier galt, begingen alle Brüder (mit Ausnahme der Verwirrten) gemeinsam: in der Hauptkirche und auf Griechisch.[173] Das Gotteslob in mehreren Sprachen begreift unser Text – in einem uns von Paulinus von Nola vertrautem Bilde – als einen Akkord, wie ihn der Leierspieler seinem Instrument durch den Anschlag mehrerer Saiten entlockt.

Diese Stelle bezeugt eindeutiger als jede andere Quelle, die uns zur Verfügung steht, daß es einmal eine bessische Kirchensprache mit der gleichen gottesdienstlichen Würdestellung gegeben hat, wie sie das Armenische genoß. Die weise Ordnung eines namhaften Klosters war so eingerichtet, daß in dem unablässigen Gottespreis, den die Mönche darbrachten, die bessische und die armenische Stimme als ständige Teile einer frommen Polyphonie erklangen. Da der Autor die Dienste an Pilgern als besonderes Anliegen des Gründers hervorhebt, werden wir uns ausmalen dürfen, daß an den Feiern, die auf Bessisch stattfanden, nicht nur Brüder aus dem Konvent, sondern auch durchziehende Pilger teilnahmen, die einen langen Weg aus dem Innern der Balkanhalbinsel hinter sich hatten.

Genau Entsprechendes wurde um die gleiche Zeit im gleichen Heiligen Land für ein anderes Kloster festgelegt. Der berühmte Asket Sabbas, der a. 478 die noch heute (als Mar Saba) bestehende Große Laura in der Nähe von Jerusalem oberhalb des Kedron gründete, hat diesem Kloster Ordnungen (*paradóseis*) gegeben, die unabänderlich gelten sollten. Nachdem sie auch von Tochterkonventen übernommen worden waren, lieferten sie Jahrhunderte später den Prototyp für eine ganze Gattung monastischer Literatur. Laut der erhaltenen Textversion dürften die Iberier (d. h. Georgier), die Syrer und Franken unter den Brüdern von Mar Saba in ihren Kirchen und in ihrer Sprache keine vollständigen Messen (*leiturgían tēn téleian*) feiern, sondern nur die Stunden- und Festgebete singen, Gebete für die verschiedenen Feste des Kirchenjahres (*ta typiká*) sprechen. Auch Kirchengesänge sollten dabei ebenso wie Evangelien- und Episteltexte in den Sprachen der von weithergekommenen Mönche

[173] Holl: Kultursprache S. 263.

erklingen. Anschließend, so die Satzung, vereinigten sie sich in der Zentralkirche mit der Gesamtheit der Patres zum gemeinsamen Meßopfer.[174] Da Franken als Mönche von Mar Saba zur Abfassungszeit der Klosterordnung vom 5. Jahrhundert noch nicht in Frage kommen, wurde ihr Name später hinzugefügt oder ist an die Stelle eines anderen Volkes getreten. Vielleicht hatte der ursprüngliche, von Sabas verfaßte Text hier die Armenier oder Georgier, möglicherweise aber auch unsere Bessen aufgeführt.

Was ergibt sich aus diesen Zeugnissen für die Geschichte, die wir freilegen? Das Bessenkloster in Konstantinopel könnte, isoliert betrachtet, auf eine landsmannschaftliche Eigenart der Gründer hinweisen, die sich in dem Brauch fortgesetzt haben mag, die Mönche aus einer bestimmten Gegend zu rekrutieren. Nur für einen Teil solcher Konvente – das ägyptische, das syrische und das georgische Kloster der oströmischen Hauptstadt – liegt nahe, daß dort eine andere Kirchensprache als das Griechische galt. Die Mönchsgemeinschaften dagegen, die nach Kreta, nach Antiochien, Sizilien und der kleinasiatischen Provinz Lykaonien benannt waren,[175] werden dagegen die Messe, wie die Vielzahl der übrigen Klöster im Orte, vermutlich auf Griechisch abgehalten haben. Ein gleiches kommt hier zunächst einmal auch für die Bessen in Frage.

Anders jedoch im Heiligen Lande. Hier erscheinen die Bessen – ob nun als Gründer eigener Konvente oder als Untergemeinden in ethnisch gemischten Lauren – in einer Reihe mit solchen Völkern, die alle durch den Besitz einer vollen, die ganze Liturgie einschließenden Kirchensprache ausgezeichnet waren: Kopten, Syrer, Armenier, Georgier und Lateiner.[176] Wir werden auf die Bessen im Analogieschluß übertragen dürfen, was für ihre Partner in dieser Reihe erwiesen ist. Auch der bessischen Sprache lagen offenbar, schriftlich fixiert, alle jene Texte vor, die für einen vollen Gottesdienst gebraucht wurden: die Liturgie, die Perikopen, schließlich Gebete und Hymnen. Durchaus denkbar sogar, daß die Bessen, wie alle übrigen Wandermönchsvölker des 6. Jh.s, über die vollstän-

---

[174] S. u. VI Nr. 14.

[175] Raymond Janin: Les monastères nationaux et provinciaux à Byzance (Constantinople et environs). In: Echos d'Orient 32 (1933) S. 429-438.

[176] Da das bessische Mönchtum westlich-lateinische Wurzeln hat, wird sein *peregrinatio*-Ideal etwa dem entsprochen haben, was sich für das – durch weite Strahlkraft ausgezeichnete – gallische Kloster Lerinum freilegen läßt, s. Clemens M. Kasper: Theologie und Askese. Die Spiritualität des Inselmönchtums von Lérins im 7. Jh. ... 1991 = Beiträge zur Geschichte des alten Mönchtums und des Benediktinertums Bd. 40 S. 166f. Zur kulturellen Rolle der "*colonies orientales et centres polyglottes dans l'Empire byzantin*" s. Paul Peeters: Orient et Byzance. Le tréfonds oriental de l'hagiographie byzantine. Brüssel 1950 S. 137. – In unterägyptischen Klöstern entstanden Handschriften mit liturgischen und biblischen Texten aus der die wichtigste Mönchsnation in je einer Kolumne »ihre Version« vorfanden und so den koptischen Gottesdienst folgen konnten, s. u. Kap. VI Nr. 17.

dige Bibel in ihrer eigenen Sprache verfügten. Und wenn für spätere Zeiten belegt ist, daß ein Kloster, das sich aus verschiedenen Nationen rekrutierte, seine Regel (*typikón*) mehrsprachig festhielt,[177] so kann dieser Brauch schon auf Muster der uns interessierenden Periode zurückgehen. Und wenn in gemischtsprachigen Klöstern die Kirchen (oder Kapellen) der bessischen Brüder auf bestimmte Teile des gottesdienstlichen Lebens beschränkt blieben, dann keineswegs, weil das Bessische nicht über den Rang einer bloß subsidiären Kirchensprache hinausgelangt war. Vielmehr zeigt der gleiche Vorbehalt für notorisch »volle« Liturgiesprachen wie das Armenische in Kutiba, das Georgische und Syrische in Mar Saba, daß hier die Absicht verfolgt wurde, den Zusammenhalt aller Brüder über alle Sprachunterschiede hinweg durch die Teilnahme an der von allen gemeinsam, auf Griechisch, gefeierten Messe zu festigen.

Eine andere Überlegung führt zu einem entsprechenden Ergebnis. Der Mönch sollte durch sein Gelübde aus den weltlichen Bindungen von Familie, Dorf und Stamm herausgelöst werden. Wenn er, dem Ideal der *peregrinatio religiosa* folgend, in ferne Länder wanderte und – vorübergehend oder auf Dauer – in dort bestehende Klöster eintrat,[178] so gab es nach monastischem Brauch, aus der die erwähnten Verhältnisse in Konstantinopel als eine Ausnahme herausfallen, keinen Grund, im Klosterleben seiner Herkunft Rechnung zu tragen. Denn sprachliche Barrieren ließen sich ja im engen Zusammenleben der Brüder leicht übersteigen, und zum mönchischen Ideal stimmte die Pflege von Gemeinsamkeiten besser als die Absonderung von Untergruppen. Wenn es, namentlich im Heiligen Lande, zur Gründung von solchen Klöstern kam, die Mönche aus einem einzigen Volke sammeln wollten, so setzt das, ebenso wie ethnische Untergemeinschaften innerhalb eines Klosters, in der Regel voraus, daß es sich um ein Volk mit voller Kirchensprache handelte. Deren Klang sollte – um an das schöne Bild aus der Weisung des Theodosios für Kutila anzuschließen – im großen, volltönenden Akkord des Gotteslobes nicht fehlen.[179]

---

[177] Gelzer: Patriarchat S. 40 über ein griechisch-armenisch-georgisches Typikon für ein Kloster in der Erzdiözese Ohrid.

[178] S. dazu u. a. Hans Freiherr von Campenhausen: Die asketische Heimatlosigkeit im altkirchlichen und frühmittelalterlichen Mönchtum. Tübingen 1930 = Sammlung gemeinverständlicher Vorträge und Schriften aus dem Gebiet der Theologie und Religionsgeschichte H. 149; Bernhard Kötting: *Peregrinatio religiosa.* Wallfahrten in der Antike und das Pilgerwesen in der alten Kirche. Regensburg 1950 = Forschungen zur Volkskunde H. 33-35; Jean Leclerq: Aux sources de la spiritualité occidentale 'étapes et constantes. Paris 1964 S. 35-40; Antoine Guillaumont: Le dépaysement comme forme d'ascèse dans le monachisme ancien. In: École Pratique des Hautes Études, le Section – Sciences religieuses (Hg.): Annuaire 1968-1969 Bd. 76; Pierre Miquel: La Xéniteia. In: Lettre de Ligugé Nr. 149 (1971) S. 21-25.

[179] Für eines der Mönchswandervölker wurden die Nachrichten über seine Präsenz im

Zu überlegen bleibt, ob uns dies nicht den Grund liefert, warum die Iren, das klassische Trägervolk eines westlichen Wandermönchtums, in Palästina, wo sie seit dem 7. Jh. begegnen, offenbar nirgends als Gruppe mit gesonderten Gottesdiensten heraustreten. Man möchte annehmen, sie seien unter dem Etikett von Lateinern oder Römern, später auch von Franken mitbegriffen, die in Palästina alleine das Mönchtum des Westens repräsentierten. Gewiß, in Irland selber besaß das Irische als Sprache, in der gepredigt, gebetet und gesungen wurde, durchaus eine für den Glauben wichtige Funktion als Missionssprache oder subsidiäre Kirchensprache. Aber unentbehrlich war Irisch nur für die lateinunkundigen Laien. Es gelangte, wiederum im Bild gesprochen, nicht zu dem Anspruch, im heiligen Akkord mitklingen zu dürfen. Das Bessische dagegen, so läßt sich folgern, war eine volle, die Liturgie und die gottesdienstlichen Bibeltexte, wenn nicht sogar die ganze Bibel einschließende Kirchensprache und zwar die einzige, die sich für lange Zeit außer und nach dem Lateinischen auf dem Boden der westlichen Kirche ausgebildet hat. Bei diesem einen bemerkenswerten Sonderfall sollte es solange bleiben, bis das volkssprachliche Prinzip – nach Anfängen bei den Waldensern, bei Wiclif und Huß – schließlich dank Luthers Durchbruch die abendländische Kirche revolutionierte.

Noch ein weiteres ergibt sich aus den bessischen Klostergründungen und Untergruppen in Konventen auf dem Sinai und in Palästina. Wenn es in einer Landschaft der Christenheit zur verbreiteten Übung wurde, Wallfahrten an weit entfernte geheiligte Stätten zu unternehmen, dann muß es sich um einen Raum gehandelt haben, der von der christlichen Religion mit ihren Überzeugungen und ihren lebensprägenden Praktiken tief durchdrungen war. Ja, wenn sich ganze Klöster und Mönchsgruppen in jene Gegenden, in die die Geschehnisse der Bibel sich vollzogen hatten, aus einem einzelnen Volk rekrutieren konnten, so setzt das voraus, daß die Heimat dieses Volkes eine monastische Landschaft darstellte, die nicht arm an Klöstern gewesen sein kann. Gewiß darf man keine so imponierende Zahl erwarten wie in Armenien, wo es zur Blütezeit des dortigen Mönchstum rund 2000 Klöster gegeben haben soll.[180] Ein Kenner, den ich um eine ungefähre Schätzung bat, wie viele Klöster es während des 6. Jh.s in Georgien gegeben haben mag, vermutete etwa

Heiligen Land zusammengestellt von Gregory Peradze: An account of the Georgian monks and monasteries in Palestine. In: Georgica. A Journal of Georgian and Caucasian Studies Nr. 4-5 (Herbst 1937) S. 180-246. Vgl. auch Joseph Molitor: Die Wirksamkeit des georgischen Mönchstums außerhalb der Landesgrenzen. In: Zeitschrift für Missionswissenschaft und Religionswissenschaft 1 (1955) S. 2-17. – Nicht erhärtet ist eine eigene Kirchensprache lediglich für die Lykaoner (aus der Gegend von Iconium in Kleinasien), die nach Holl: Kultursprache S. 63 ebenfalls Sonderklöster in Palästina unterhielten.

[180] Paul Krüger in: Kleines Wörterbuch des Christlichen Orients, hg. von Julius Aßfalg in Verbindung mit Paul Krüger S. 30f.

20-50.[181] Eine dichte Streuung von Klöstern im Mutterland ist auch die Stärke der irischen, im 6. Jh. einsetzenden Mönchspilgerschaft.[182] Ohne den Hintergrund einer stattlichen Zahl von Konventen in der balkanischen Bergheimat der Bessen erscheint ihre starke mönchische Präsenz im Palästina des 6. Jahrhunderts unvorstellbar.

Diese Folgerung schien, als ich sie zog, durch keinen einzigen archäologischen Fund erhärtet. Mittlerweile aber ist mir aufgegangen, daß ein Zipfel jener verwunschenen Welt, die es wiederzuentdecken gilt, längst am Tage liegt. In den Mittleren Rhodopen am nördlichen Fuß ihres höchsten Gipfels, der Bulgarien und Griechenland trennt, haben bulgarische Ausgräber bei dem Dorfe Gela – in der Nähe des Ortes Široka Lăka rund 120 Kilometer südwestlich von Philippopel – Teile eines frühchristlichen Zentrums freigeschaufelt. Es bestand aus Wohnstätten, einer Nekropole und drei – offenbar nacheinander errichteten, einander ablösenden – Kirchengebäuden.[183] Wenn ich die knappen Angaben des Berichtes richtig auszeichne, so gipfelte die Entfaltung dieses Zentrums zu Anfang des 6. Jh.s in einem Kirchenbau von immerhin 30 Meter Länge und 15 Meter Breite. Noch im gleichen Jahrhundert aber ließ ein Brand den Platz veröden, auf dem mittlerweile eine dritte Kirche stand. Mir will scheinen, die Grabungen gäben uns Einblick in die Geschichte eines Klosters, das zu einem für Europa sehr frühen Zeitpunkt in sage und schreibe 1500 Meter Höhe entstand. Gela liegt im Südosten der Zentralen Balkanischen Gebirgsgruppe, an ihrer Remesiana diametral entgegengesetzten Ecke. Was hier, immerhin 250 Kilometer Luftlinie vom Ausgangspunkt der Bessenmission entfernt, wohl kaum später als im 5. Jh., wenn nicht schon am Ausgang des 4. Jh.s entstand, wirft ein erhellendes Schlaglicht auf die Kraft und Geschwindigkeit, mit der ein von Mönchen getragenes Bekehrungswert einen schwer zugänglichen Gebirgsstock bis in abgelegenste Winkel zu durchdringen vermochte.

Auf die Spur von Gela ist man dank eines für die Archäologie typischen Zufalls gekommen, als man 1909 beim Bau einer Kirche auf Ruinen stieß. Sollte man nicht, statt länger auf ähnliche Glücksfälle zu warten, tatkräftig und systematisch darangehen, das Netz von ähnlich alten und ähnlich hochgelegenen Klöstern und Gemeindekirchen freizulegen, von dem sich bislang erst eine einzige Masche aus dem Dunkel abgehoben hat?

---

181 Michel van Esbroeck (München) gab mir seine freundliche Auskunft auf Anhieb und natürlich »ohne Gewähr«. Damit gab er mir eine Untergrenze vor, die ich für die Bessen im gleichen Zeitraum kaum unterschreiten würde.

182 Dazu u. a. Kathleen Hughes: The changing theory and practice of Irish pilgrimage. In: The Journal of Ecclesiastical History 11 (1960) S. 143-151; Arnold Angenendt: *Monachi peregrini*. Studien zu Pirmin und den monastischen Vorstellungen des frühen Mittelalters. München 1972 = Münstersche Mittelalterschriften 6.

183 Margarita Vaklinova: Sur la topographie chrétienne (IV-VIe siècle). Un centre paléochrétien dans les Rhodopes. In: Miscellanea Bulgarica 5 (Wien 1987) S. 119–126.

III. Christen im Vorfeld des byzantinischen Reiches und die Abwanderung von Bessen nach Albanien (7.–9. Jh.)

III.1 Die Bewahrung einer Religion und die Symbiose von Bessen und Hirtenromanen

Im 6. Jh., wo wir im Rückschluß aus der starken Präsenz bessischer Mönche in Konstantinopel und im Heiligen Lande ein blühendes Klosterleben für jene heimatlichen, balkanischen Bergregionen annehmen dürfen, aus denen diese Mönche stammten, war Remesiana, im 4. Jh. Ausgangsort ihrer Bekehrung und von da an geistlicher Mittelpunkt der Bekehrten, wahrscheinlich bereits schwer von den Hunneneinfällen des 5. Jh.s angeschlagen worden. Deren verheerende Wirkungen bestürzten einen oströmischen Diplomaten a. 448 bei der Durchreise durch Remesianas Nachbarstadt Naissus.[1] Im 6. Jh. bemühte sich Justinian noch einmal, der Gefahr von Norden durch Ausbau und Neuanlage von Befestigungen Herr zu werden. Davon lagen allein 30 im Umland von Remesiana, was auf eine besondere strategische Bedeutung schließen läßt, den dieser Abschnitt für die Nordflanke der Reichsverteidigung besaß.[2] Aber mit den Awaren erschien schon bald ein neuer Gegner auf dem Plan, der alle Riegel durchbrach. Die awarischen Einbrüche dürften dem Städtewesen im Innern der Halbinsel weitgehend den Garaus gemacht haben. A. 596 wurde Naissus, a. 602 Justiniana Prima zerstört.[3] Diese Verwüstungen lassen leicht begreifen, warum der Byzantiner Theophylaktos Simokattes, der ein Geschichtswerk über die Jahre a. 582–602 verfaßte, unter mehr als 30 südosteuropäischen Städten kaum binnenländische Plätze aufführte.[4] Auch die übrigen Quellen

---

[1] Priskos: Fragm. 11,2; Hermann Vetters: Dacia Ripensis. Wien 1956 = Akademie der Wissenschaften (Hg): Schriften der Balkankommission. Antiquarische Abteilung XI/1 S. 37-43.

[2] Prokop: De aedificiis IV 4 = seine: Bauten S. 191-205. Hier zur Gegend von Remesiana S. 202-205. Kritisch zu dem Defensionswerk Frank E. Wozniak: The Justinianic fortification of Interior Illyricum. In: City, town and countryside in the early Byzantine era, hg. von Robert L. Hohlfelder. New York 1982 S. 199-269.

[3] Dazu u.a. Velizar Velkov: Das Schicksal der antiken Städte in den Ostbalkanländern. In: Wissenschaftliche Zeitschrift der Humboldt-Universität Berlin, Gesellschafts- und sprachwiss. Reihe 12 (1963) S. 839-843; ders.: La Thrace et la Mésie Inférieure pendant l'époque de la basse antiquité (IV-VIss.). In: Ancient Bulgaria II S. 177-193; Villes et peuplement dans l'Illyricum protobyzantin. Actes du Colloque organisé par l'École Française de Rom ... 1982. Rom 1984 = Collection de l'École Française de Rom 77.

[4] Peter Schreiner: Städte und Wegenetz in Moesien, Dakien und Thrakien nach dem Zeugnis des Theophylaktos Simokattes. In: Schriften der Balkankommission der Öster-

schweigen nun über Remesiana.[5] Daß mit dem a. 449 als Konzilsteilnehmer bezeugten Diogenianus die Reihe der hier residierenden Bischöfe abreißt,[6] will noch nicht viel besagen. Denn unsere Kenntnis der innerbalkanischen Verhältnisse besteht ja, bei Lichte besehen, über lange Jahrhunderte fast durchweg nur aus Mosaiksteinchen, die über lange Strecken schmerzlich dünn gestreut bleiben.[7] Anderes ist wohl aussagekräftiger.

Wenn Justinian a. 535 die staatliche und kirchliche Leitung der Provinz Illyricum von Sirmium im stets gefährdeten Norden nach Thessalonike zurückverlegte,[8] dann hat man, ob nun früher oder später, gewiß auch in Remesiana beherzigt, daß Sicherheit hier kaum mehr einkehren würde. Dies macht die Hypothese bestechend, die Reliquien des Niceta, der längst als Heiliger verehrt wurde, seien an einen geschützten Ort umgebettet worden. Das Ziel der Translation könnte durch jene Bekanntschaften vorgegeben worden sein, die der große Bischof als Besucher Italiens mit frühen monastischen Gemeinschaften in diesem Lande geschlossen hatte. Paulinus von Nola kündigte in seinem ersten Abschiedsgedicht an, sein Gast werde, wenn er an der kalabrischen Adriaküste vorbeifahre, durch singende Scharen von Mönchen und Nonnen willkommen geheißen.[9] Eben hier werden bei Lecce heute die Reliquien eines Heiligen namens Niceta verehrt. Er könnte sehr wohl der bedeutende Missionar und Theologe aus Remesiana gewesen sein.[10]

Als im 7. Jh. Awaren und Slawen, außerdem im Nordosten auch die Protobulgaren den Subkontinent überschwemmten und die römische Herrschaft bis auf Reste in Thrakien und Griechenland zum Einsturz

---

reichischen Akademie der Wissenschaften. Antiquarische Abt. 16 (1985) S. 25-35 (hier S. 30).

5 Velkov: Cities S. 96. Zu den Verheerungen des 6. Jh.s Ivan Dujčev: Balkanskijat Jugoiztok prez părvata polovina na VI vek. Načalni slavjanski napadenija. In: Belomorski pregled 1 (Sofia 1942) S. 229-270.

6 Ernest Honigmann in: Byzantion 16 (1944) S. 35 Nr. 64.

7 Die spärlichen Nachrichten über Albanien und das Balkaninnere werden chronologisch aufgelistet von dem von der Accademia nazionale dei Lincei hg. Werk von Giuseppe Valentini S. J.: Contributi alla cronologia albanese. Teil I 337-395 d. Cr., Rom 1942, ergänzt 1957; Teil II 395-700 d. Cr., Rom 1957. Vgl. auch Angel Krătov: Bischofssitze in den bulgarischen Ländern bis zum IX. Jahrhundert. In: Miscellanea Bulgarica 5 (1987) S. 233–239. Wieweit die Heimat der Bessen durch Landnahme und frühe Ausbreitung der Slawen eingeengt wurde, läßt sich archäologisch vorerst nicht präzisieren, s. Mirjana Ćorović-Ljubinković: Les Slaves du Centre balkanique du VIe au IX siècle. In: Balcanoslavica 1972 Nr. 1 S. 43-54.

8 Hans Dieter Döpmann: Bulgarien als Treffpunkt von westlichen und östlichen Christentum in frühbyzantinischer Zeit. In: Spätantike S. 57-69 (hier S. 63).

9 S. u. VI Nr. 2 V. 85-91.

10 Luigi Tautu: La Badia di San Niceta presso Melendugno (Lecce). In: La Chiesa greca in Italia dall' VIII al XVI secolo Bd. 1 (Padua 1973) = Italia sacra Bd. 20 S. 1187-1199 mit Hinweis auf andere Translationen, die Reliquien aus Südosteuropa nach Italien brachten.

brachten, verlor das Christentum der bessischen Berge endgültig seinen festen Rückhalt in den zivilisierten Niederungen mit ihren Städten, Bischofssitzen und Basiliken. Vor diesem Hintergrund schien es bislang nur natürlich anzunehmen, das Christentum der Bessen sei, ohne Spuren zu hinterlassen, in den anbrandenden Sturmfluten der Heiden versunken. Ja, es lag nahe, gerade für die Zentrale Gebirgsgruppe mit besonders schwachen Widerstandskräften der Kirche zu rechnen, weil es hier – in einem abgelegenen, wenig zivilisierten Raum kaum erstaunlich – nach dem bisherigen Stand der Funde wesentlich weniger Gotteshäuser als in entwickelteren Zonen gab. Von annähernd 300 altchristlichen Kirchen, die sich im ehemaligen Jugoslawien haben nachweisen lassen, liegt ja die große Masse in Istrien, an der dalmatinischen Küste und in Makedonien. Während sich selbst in Bosnien-Herzegowina mehr als 30 und in Montenegro 10 finden, zeigt der Westrand Serbiens und Makedoniens eine noch wesentlich dünnere Streuung.[11]

Dieses düstere Bild hellt sich auf, wenn wir uns auf das dritte Kapitel unserer Überlegungen besinnen und die Albaner als Nachfahren von Bessen verstehen. Denn die Ethnie, die – wie sich später herausstellen wird: am ehesten während der ersten Hälfte des 9. Jh.s – in den Norden ihrer heutigen Heimat einwanderte, bestand aus Christen. Ja, der verläßliche und genaue Spiegel ihrer Sprache schließt die Annahme aus, ihr Glaube sei im frühen Mittelalter nicht mehr als ein verwilderter und geschrumpfter Rest von Christentum gewesen, wie er Leuten zuzutrauen ist, denen Heiden das institutionelle Netz ihrer Kirche – mit den Hauptknoten in ihren Niederungen und Talbecken – zerrissen hatten.[12]

Gewiß mußten manche mitgebrachte Wörter, von denen jedes für ein Stück bewahrtes Erbe stand, der späteren Übernahmen aus dem Mittelgriechischen und Romanischen weichen. Trotz dieses Umstands, der uns die Freilegung einer historischen Wegstrecke erschwert, finden sich hinreichend zahlreiche und sichere Anhalte, die für die beiden, dem großen Slaweneinbruch folgenden Jahrhunderte auf ein wohlerhaltenes Christentum schließen lassen. Wie es um Glaube und Kirchlichkeit der Bes-

---

11 Rajko Bratož: Die Entwicklung der Kirchenorganisation in den Westbalkanprovinzen (4.-6. Jh.). In: Miscellanea Bulgarica 5 (1987) S. 149-197 (hier S. 164f.). Vgl. auch Ivanka Nikolajević: Sakranjivanje v ranokriščanskim crkvama na području Serbije. In: Arheološki vestnik 29 (1978) S. 678-693 über Bestattungen in Kirchengebäuden auf dem Boden Serbiens. Unter den in Südosteuropa gefundenen frühchristlichen Baptisterien, die F. W. Deichmann in: Reallex. f. Antike und Chr. 1 (1950) S. 1163 verzeichnet, lag keins in der *Dacia mediterranea*.

12 Die antik-lateinischen Lehnvokabeln, an denen die seit der Antike durchlaufende christliche Tradition der Albaner aufgezeigt werden können, bei Haralambie Mihăescu: Les éléments latins de la langue albanaise I–II. In: Revue des Études Sud-Est Européennes 4 (1966) S. 5–33; 323–353; jetzt bei Haarmann: Lat. Lehnwortschatz S. 105-108. Belege bei Mann: Hist. Alb.-Engl. Dict.

sen um a. 800 bestellt war, nachdem sie sich 200 Jahre lang inmitten von heidnischen Slawen hatten behaupten müssen, läßt sich anhand jener Kirchenwörter nachzeichnen, die schon in der Antike aus dem Lateinischen ins Albanische übergingen und sich bis heute oder doch bis zu den frühen Bezeugungen des Albanischen vom 15. – 17. Jh. durcherhalten haben. Das Bild der Kontinuität würde sich noch breiter und feiner auszeichnen lassen, wenn wir wüßten, welche albanischen Erbvokabeln in christlicher Verwendung bereits in der älteren Heimat der Albaner Bestandteile ihres kirchlichen Wortschatzes waren und so ebenfalls für die Beharrungskraft einer unter heidnischen Außendruck geratenen Religion zeugen.[13]

Jene Bessen, die im 9. Jh. ihre alte Heimat verließen, setzten sich als Christen (geg. *kërshtenë*, tosk. *krështerë, krishterë*) von den Heiden ab, deren Benennung *pëgërë* < *pagānu* – ebenso wie serbokr. *pogan* – heute den Sinn »unrein« angenommen hat. (Der Anlehnung an das Slawische, wenn nicht an das Italienische, könnte *pëgërë* auch sein *-g-* verdanken, das in einer Frühentlehnung zwischen Vokalen eigentlich hätte verstummen müssen.) Sie unterhielten Kirchengebäude und fühlten sich der einen, weltweiten christlichen Kirche zugehörig: alle diese drei Bedeutungen von »Kirche« wurden *kishë* (< *lat. ecclisia*) bezeichnet. In den Gottesdiensten (*shërbesë* < *servitium*, *meshë* < *messa* < *missa*) wurde das Evangelium (*ungjill*) verkündet und aus den Episteln (*pistull*) vorgelesen. Zur Messe lädt – gleichbenannt mit der Herdenglocke – die Kirchenglocke: geg. *kambanë*, tosk. *këmborë* < *campana*. In der heiligen Handlung, beim Licht von Kerzen (*qiri* < *cēra*) auf dem Altar (*lter*) erklingt das Gotteslob (*lavd* < *laude*). Hier wurde gebetet (*uroj* < *orāre*) und gesungen, wie wir *këndo* < *cantāre*, *këngë* < *canticum*, zwei Wörtern des geistlichen und weltlichen Gebrauchs, und *vjershë* < *versu* ablesen dürfen. Die Gemeinde empfängt das Abendmahl: (*kungoj* < *communicāre*, *blatë* < *oblāta*, *qelq i shenjtë*, *këlshejt* < *calice sanctu*). Vor diesem Hintergrund wird man das Verbum *predikoj*, das dem Italienischen entstammen wird, kaum so auslegen dürfen, daß die Albaner erst in ihrer neuen Heimat an Predigten gewöhnt wurden. Vielmehr dürfte eine ältere, lat. *praedicāre* fortsetzende Lehnform durch eine jüngere verdrängt worden sein. Sicher haben die Prediger gerne die Wunder (*mrekull*, älter *mrekullë* < *mirāculu*) gepriesen, die Christus und die Heiligen getan hatten. Der Priester segnete (*bekoj* < *benedicere*), salbte (*krezmoj* < *cresmāre*) und weihte (*shekroj*, *shuguroj* < *sacrāre*). Wo Sünde begangen worden

---

[13] Eine genaue sprachhistorische Zusammenstellung und Analyse des albanischen Kirchenwortschatzes erscheint mir eine dringende Aufgabe der Forschung. Sie müßte der regionalen Verteilung ebenso nachgehen wie den Übereinstimmungen und Diskrepanzen mit dem Rumänischen.

war, übte er, wie uns das nur im Albanischen fortlebenden *castigāre* > *ndëshkoj* »tadeln, ermahnen, bestrafen« verrät, auch Kirchenzucht. Gerade in diesem Sinnbereich stoßen wir auf einen differenzierten Wortschatz: *mëkat, mkat* < *peccātum, faj* < *fallium, fëlej* u. ä. < *fallere*; *detyrë* < *debitūra*, ein wohl auch im Recht verwendetes Wort.[14] Vom Sünder wurde Reue und Buße (*pendesë* < *poenitentia*) gefordert. Zu den Verfehlungen zählte das Fluchen (*mallkoj* < *maledicere*) und die Gotteslästerung (*truaj* < *trādere*).[15] Dem Bußfertigen werden seine Sünden vergeben: *ndëlej* u. ä. (< *indulgēre*, daneben *mëshiroj* < *miserēri*). Der Glaube (*fë* < *fede*) lebt aus der Hoffnung, und so bedeutet *shpërej* < *sperāre* auch »an Gott glauben«. Der Christ soll sich des Notleidenden erbarmen (*përdëllej* < *perdolēre*, das sich nur im Albanischen erhalten hat). Er soll Barmherzigkeit (*mëshirë* < *misericordia*) üben und Almosen (*lëmoshë* < *elemosyna*) spenden.[16]

Der Jahreslauf ist durch den kirchlichen Kalender geordnet. Seine Höhepunkte sind Weihnachten (*kërshëndellë* aus dem in der Romania sonst nicht belegten *Christi natāle*), *pashk* < *Pascha* und *rrëshaje* »Pfingsten«, das mit einem – nur bei den Albanern in den Kirchengebrauch übergegangenen – heidnisch-lateinischen Festnamen *Rosālia* bezeichnet wird. Die vorösterliche Zeit ist mit *kreshme* »Fastenzeit« < *quadragēsima* und *mënjille, vëngjille* < *mane vigile* »Ostersamstagabend« vertreten.[17] Daß Himmelfahrt als »Heilandstag« (*ditë e Shëlbuesit* zu *Shëlbues*, einer Ableitung von *shëlboj* < *lat. salvāre*) bezeichnet wird, hat über die abendländische Christenheit verstreute Parallelen.[18]

Durch die Taufe (*pagëzoj* < *baptizāre, pagëzìm* < *baptisma*) wird ein Kind in die Gemeinde aufgenommen. Es erhält einen christlichen Namen: die albanischen Entsprechungen von *Alexander, Andreas, Maria, Josef, Peter, Paul, Cyriacus, Demetrius, Johannes, Martin, Stefan und Benedikt* zeigen die Spuren früher Entlehnung.[19] Auf die Wörter für Täufling und Paten wird zurückzukommen sein.

---

[14] Çabej: Charakteristik S. 168.
[15] Ebd. S. 168.
[16] Ebd.
[17] Norbert Jokl in: Indogermanische Forschungen 44 (1927) S. 30-37.
[18] Tagliavini: Storia S. 247f.
[19] Çabej: Alb. u. Nachbarspr.; ders.: Charakteristik S. 170. – Konstantin Jireček: Albanien in der Vergangenheit. In: Illyrisch-albanische Forschungen, hg. Ludwig von Thallóczy. Bd. 1 München 1916 S. 63-93 (hier S. 70) zum mittelalterlichen Gebrauch: »Jeder Albaner führte zwei Namen. Der erste war in der Regel ein christlicher Vorname, ... selten ein nationaler Name (wie *Burmad*)«, *Progon* usw. Der zweite war meist der Name einer Sippschaft oder eines Dorfes, wie der heute noch wohlbekannte *Tuzi, Kastrati* usw. Norbert Jokl in: Indogermanische Forschungen 44 (1927) rechnete aufgrund von rätoroman. (obwald.) *munisse*, afrz. *moinesse* mit vulgärlateinischem Erbe, während Çabej: Lat. Lehnwörter S. 171 darin eine eigenständig-albanische Ableitung sah.

Christlich geordnet ist auch das Weltbild. Im Himmel (*qiell* < *caelum*) thront die Dreieinigkeit (*Shëndërtat* < *Sancta Trinitāte*) mit Gottvater, Christus (*Krisht*), dem Heiland (*shëlbues* zu *salvāre*) und dem Heiligen Geist (*Shpirti i Shenjtë*, *Shpirti Shêjt* < *Spiritu Sanctu*). Bei Gott wohnen die Jungfrau Maria (*Virgjën*, *Virgjëri Mari* < *Virgine Maria*) und die Heiligen (*shenjt*, *shejt* < *sanctu*), deren Fürbitte der Gläubige erflehen kann. Vom Himmel schweben die Engel (*engjëll*) auf die Erde herab. In der Hölle (*ferr* < *infernum*) drohen der Teufel und die Dämonen, über deren albanische Benennungen später nachzudenken sein wird. Die Welt (*shekull* < *saeculum*) ist Gottes Schöpfung, die mit einer von *krijoj* < *creāre* abgeleiteten Bildung *kri(j)esë*, aber auch mit dem – wohl partiell an *creatūra* rückangelehnten – Lehnwort *kreatyrë* bezeichnet wird. Wenn der Mensch aus der Welt abscheidet, muß er zunächst ins Purgatorium, dessen albanische Benennung *burgatuer* von *burg* »Gefängnis« beeinflußt erscheint. Die Hoffnung des Gläubigen ist, schließlich ins Paradies (*parriz*) einzugehen.

Die Breite und Tiefe christlichen Lebens, die sich diesen höchst aussagekräftigen Vokabeln entnehmen lassen, erscheinen nicht denkbar ohne das ununterbrochene und nie erschlaffende Wirken jener beiden Stände, die den Glauben in die bessischen Berge gebracht hatten: der Priester wie der Mönche und Nonnen. Am augenfälligsten macht der Wortschatz, daß der klösterliche Strang niemals abriß. Es erhielten sich geg. *kuvênd* < *conventus*, geg. *mung*, tosk. *murg* für älteres *munëg* < *monacu*, aber auch *mungeshë*, tosk. *murgeshë* < *monacissa* für die Nonne.[20] Daneben setzte sich noch – wie an späterem Orte erhärtet werden soll – die Tradition der frommen Einsiedler fort.[21] Den Bessen blieben auch Weltpriester (*prift* < *prebiter*). Lat. *cella* < *qelë* zeigt in seiner Doppelbedeutung »Zelle« und »Pfarrhaus« die enge Nachbarschaft von Mönchtum und Weltgeistlichkeit. Wahrscheinlich sind viele Pfarren über längere Zeiten von Mönchen versehen worden. Im Gesichtskreis des Bergvolkes wirkte stets ein Bischof (tosk. *peshkop* < *epescopu* < **episcopu*), vielleicht waren es mehrere. Erhalten hat sich auch die Benutzung von Literatur und die Weitergabe von Lesen und Schreiben. Denn aus dem Latein der Spätantike entstanden die Wörter *shkruaj* »schreiben« < *scrībere*, *shkollë* »Schule« < *scola*, *këndoj* »lesen« < *cantāre*, *vjer(r)shë* »Vers, Verszeile, Dichtung«, *faqe* »Buchseite« < *faciēs*, *shpinë* < *spīnea* »Buchrücken«.[22]

---

[20] S. u. IV 3.

[21] Daneben gibt es nach Mann: Hist. dictionary S. 540, 362 und Thumb: Altgriech. Elemente S. 187 eine verwirrende Fülle vokalisch anlautender Varianten, die sprachhistorisch noch nicht erklärt sind.

[22] Sicher bereits in der Antike entlehnt, aber – nach lautchronologischen Indizien – später an romanische Formen rückangelehnt sind in diesem Sinnbereich *lexoj* »lesen«, *libër*

An dem Bilde, das sich abgezeichnet hat, sind die Konturen nicht neu. Daß die christliche Tradition bei den Albanern bis in die Antike zurückreichen muß, lag am Tage, seit dem im 19. Jh. ihre Sprache zum Gegenstand gelehrter Analysen wurde. Wie erstaunlich aber ein derartig durchgängiger und starker Strom von Tradition ist, blieb bislang verborgen, da man zumeist annahm, die Albaner seien in ihrer heutigen Heimat altbodenständig. Dort aber wollte die Erhaltung von Christentum nicht eigentlich verwunderlich erscheinen, weil in diesem Raum über die Katastrophe des 7. Jh.s hinweg zumindest Reste des einst dichten Netzes von Bistümern und damit ein Rückhalt für die Bewahrung von Christentum überdauerte. Sobald man aber beherzigt, daß die Urheimat der Albaner in der Mitte der Halbinsel gelegen haben muß, dann sieht man sich durch den Kirchenwortschatz dieses Volkes vor ein Wunder gestellt. Gerade nicht in Tuchfühlung mit intakten städtischen Pflegestätten christlichen Geistes, sondern im gefährdeten Vorland, wo der Schirm des Römerreiches nicht oder doch nicht mehr sicher und dauerhaft hinreichte, ist in einer weitgehend heidnischen Umwelt über mindestens zwei Jahrhunderte ein Volk bei seinem Ritus und Glauben, bei christlicher Sitte und Weltverständnis geblieben. Ja, wir haben keinen Anlaß, eine Ausdünnung, eine wesentliche Verarmung des Überkommenen anzunehmen. Es lohnt sich, in einer vergleichenden Betrachtung, der das übernächste Unterkapitel gelten soll, darüber nachzudenken, warum nach dem ersten Wunder der frühen Bekehrung einem balkanischen Bergvolke dieses zweite Wunder der Erhaltung seiner Religion unter widrigen Umständen widerfuhr. Dabei, soviel sei vorweg verraten, wird sich erweisen, daß ein Wunder den Grund zu dem zweiten legte. Die gleichen Umstände, die es ermöglichten, ein Volk für das Christentum zu gewinnen, haben es auch bei der Stange gehalten.

Zuvor aber ist es an der Zeit, das Unikum, daß eines der Barbarenvölker Südosteuropas, und eben nur dieses, seine christliche Religion und, damit eng verbunden, seine angestammte Sprache durcherhalten hat, mit

---

»Buch«, *biblë* »Bibel«. Erst in Albanien übernommen wurden vielleicht *notoj* »aufschreiben« und *kaptinë* »Textkapitel« < *captīna* (mit in unbetonter Silbe erhaltenem *o* und *a*). – Kaum vertrauenswürdig ist ein Zeugnis, das für das 9. Jh. auf eine literarische Tätigkeit auf Bessisch und eine Berührung mit Armeniern (also am ehesten in Palästina oder in Konstantinopel) deutet. Ein altarmenischer, a. 1204 niedergeschriebener Text ist – nach Angaben in einer seiner Handschriften – a. 869 aus dem Griechischen in die Sprache *visiakan*, aus dieser davon a. 880 ins Armenische übersetzt worden. Eberhard Nestle in: Zeitschrift der Deutschen Morgenländischen Gesellschaft 61 (1907) S. 500f. erklärte *visiakan* als Adaption von mgriech. *vessikos*, vgl. o. Kap. III 8 Anm. 2. Die Textkritik hat inzwischen nachgewiesen, daß die armenische Fassung der (fiktiven) Autobiographie des Areopagiten in Wirklichkeit die georgische Version zum Vorbild hat. Danach ist *visiakan* für »iberisch – (d.h. georgisch«) verschrieben, s. Paul Peeters: La version ibéro-arménienne de l'autobiographie de Denys l'Aréopagite. In: Analecta Bollandiana 39 (1921) S. 277-313 (S. 287f.).

einer anderen Einzigartigkeit zusammenzusehen: der östlichste Zweig der Romania hat zwei schwere Jahrhunderte, die auf den Zusammenbruch der Reichsgrenze längs Save und unterer Donau folgten, in nächster Nachbarschaft mit den Bessen durchgestanden. Ja, das geschah in einem Raum, der sich mit der albanischen Frühheimat über weite Strekken deckte, und vollzog sich unter engster Verflechtung der Lebensweisen beider Völker. Die Schicksale der Bessen und der Rumänen sind – mit bleibenden Spuren in ihren Sprachen – über eine längere Zeitspanne aufs innigste miteinander verwoben gewesen. Wie kam es dazu? Und wie mag das Zusammenspiel ausgesehen haben?

Spätestens bis in die Mitte des 7. Jh.s alle Hoffnungen zerstoben, das Imperium werde die eingebrochenen Slawen wieder vertreiben, muß ein Großteil der Bevölkerung aus dem romanischsprachigen Streifen südlich jener Nordgrenze, die sich an die Save und die untere Donau anlehnte, überall dorthin geflohen seien, wo man Sicherheit erwarten durfte: nach Norditalien, an die Adria und auf ihre Inseln, in den makedonisch-thessalischen Städtegürtel und nach Konstantinopel. Ein Teil der Flüchtlinge rettete sich in die Berge, wo es oberhalb der durch Bauern besetzten Talbecken noch Weideflächen gab, von denen sich leben ließ.[23] Gerade jene Wirtschaftsform, die auf der Haltung von Schafherden beruhte, war den aus der Ebene zugeströmten Romanen gänzlich unvertraut. Aber die Not trieb sie, von den Bodenständigen zu erlernen, wie man Kleinviehherden, von Berufshirten geführt, während der Sommermonate die Höhenlagen von Sommerdörfern aus abgrasen lassen konnte, um sie dann, wenn es droben kalt und öde wird, in die Täler mit ihren saftigen Winterweiden hinabzugeleiten. Zu dieser älteren, als Transhumanz bezeichneten Wanderweidewirtschaft, die in Südosteuropa schon seit grauer Vorzeit zuhause ist, haben die Hirtenromanen, von der Not getrieben, jenen Bergnomadismus hinzuerfunden, dessen Merkmal es ist, daß alle Angehörigen eines Klans mit den Herden mitwandern.

Die Hirtenromanen werden je nach den Umständen zwischen Transhumanz und Nomadismus gewechselt haben. Der Bergnomadismus aber blieb bis in unsere Tage eine ethnische Besonderheit der Romanen, die nur auf eine kleine griechischsprachige Gemeinschaft der Sarakatsanen und einen Teil der Nordostalbaner abfärbte. Dem Unikum, daß ein einziges balkanisches Barbarenvolk, nämlich die Bessen oder Uralbaner, seine christliche Religion und seine Sprache durcherhielt, steht also mit ungefähr gleichem Formierungsraum jenes zweite Unikum zur Seite, daß im Innern der Halbinsel ein romanischer Block zu überdauern ver-

[23] Schramm: Eroberer S. 131-140.

mochte, der eine neue Wirtschaftsweise entdeckte und diese durch viele Jahrhunderte hindurch als seine ethnische Besonderheit festhielt.

Warum spielten sich zwei bemerkenswerte Einmaligkeiten auf ein und demselben Schauplatz, eben in der Zentralen Balkanischen Berggruppe ab? Zunächst habe ich mir das aus rein geographischen Gegebenheiten erklärt. Die Zentrale Berggruppe ragt höher auf als alle anderen Teile des Subkontinents und bildet einen Fächer von Hochweidezonen, wie er in dieser Ausdehnung auf der Halbinsel kein zweites Mal vorkommt. Diese Umstände lieferten über Jahrhunderte offenbar eine doppelte Sicherung vor den slawischen Eroberern. Die Schroffheit und Unwegsamkeit der Berglandschaft wirkte als natürlicher Wall gegen Eindringlinge. Ja, die vorwiegend weidewirtschaftliche Nutzbarkeit lockte die slawischen Landnehmer, die vornehmlich vom Ackerbau zu leben gewohnt waren, vorerst wenig. Diese Deutung scheint mir noch immer einen guten Teil des Problems zu lösen. Aber sie bedarf, wie ich heute meinen möchte, einer Ergänzung. Denn zeigen sich nicht auch andere südosteuropäische Bergregionen ohne größere Abstriche die gleichen Merkmale, die für die Zentrale Gebirgsgruppe ins Auge stechen und die für die Einmaligkeiten, die dort geschahen, haftbar gemacht wurden? Waren die naturräumlichen Gegebenheiten im Pindus, im Šargebirge oberhalb von Skopje und in den Nordalbanischen Alpen nicht sehr ähnlich? Eigneten sich diese – doch ebenfalls hoch aufragenden – Berggruppen nicht genauso gut für eine Erhaltung bodenständiger Sprachen, ja zugleich für Pflege und Fortentwicklung der Wanderweide? Waren sie nicht ebenfalls schwer zugänglich und für eindringende Slawen, die auf Ackerland und nicht auf Hochweiden erpicht waren, wirtschaftlich genauso unattraktiv?

Die Lücke in der Argumentation, die damit umrissen wird, schließt sich, wenn wir die religiösen Verhältnisse in unsere Überlegung einbeziehen. Die Bessen in der Zentralen Gebirgsgruppe sind – wir wissen es längst – von einem großen Missionar und seinen Gefolgsleuten so gründlich bekehrt worden, daß der christliche Glaube in der Katastrophe des 7. Jh.s nicht etwa rasch ausdünnte, um schließlich ganz zu verschwinden. Vielmehr blieben Dorfkirchen und, vermutlich von entscheidender Wichtigkeit, auch Klöster oben in den Bergen als Rückhalt der Kirchlichkeit erhalten, während in den niederen Lagen die Städte verkümmerten und damit die alte Bistumsorganisation kraftlos wurde oder vielleich gänzlich zerriß.[24] Es gibt keinen Anlaß zu vermuten, das Christentum habe sich im Innern von Südosteuropa noch ein zweites Mal, an anderer Stelle, derartig widerstandsfähig erwiesen.

---

[24] Zum folgenden s. Schramm: Frühe Schicksale II S. 108-125.

Eine ganz besondere Konstellation von Umständen war nötig, um das Einmalige möglich zu machen. Vor Beginn unserer Geschichte schienen die landschaftlichen Gegebenheiten, schienen die Barrieren der Natur das Werk einer Bekehrung zu erschweren, wenn nicht fürs erste unmöglich zu machen. Dann aber, nachdem die Bessen wider Erwarten schon früh zu Christen geworden waren, bewährte sich die Unzugänglichkeit des Geländes als Schutzwall, ihre Religion vor den neuen, heidnischen Herren der Halbinsel abzuschirmen. Aber die geographischen Bedingungen halfen auch, die sprachliche Identität des Bessenvolkes zu retten.

Ja, das mittlerweile fest verankerte Christentum der Bessen hat auch anderen Rückhalt geboten. Denn in der Nachbarschaft und gewiß mit dem Beistand der Bessen erhielten die aus dem Norden flüchtenden, dem gleichen Glauben anhängenden Romanen eine einzigartige Möglichkeit, sich eine ganz neue Existenznische zu erschließen, nachdem sie aus dem angestammten flachländischen Lebensmilieu verdrängt worden waren. Vom Ostrand der Adria und den vorgelagerten Inseln sowie von den Städten des makedonischen Gürtels abgesehen dürfte es ähnlich günstige Aufnahmeräume sonst nirgendwo in Südosteuropa gegeben haben.

Gewiß darf man sich die Vergangenheit, und erst recht ihre Notzeiten, nicht fromm-verklärt vorstellen. Wer wollte christlichen Völkern, die in ein und demselben, wenig wirtlichem Raum miteinander auskommen mußten, ernsthaft unterstellen, die Gemeinschaft im Glauben habe unter ihnen für ungetrübte Eintracht gesorgt? Aber die religiöse Übereinstimmung wird immerhin die Ausbildung einer Symbiose erleichtert haben, bei der die Urrumänen ihre Winterweiden in Tälern pachteten, deren Eigentümer Bessen waren. Diese Symbiose, einmal zustandegekommen, entfaltete sich zum Nutzen beider Seiten.

Die so ausgebaute Hypothese hat nicht nur den Vorteil, daß erst sie voll verständlich macht, warum lediglich in der Zentralen Gebirgsgruppe ein altbalkanisches Volk und ein Stück Christenheit überlebten. Sie läßt zudem leichter verstehen, auf welche Weise eine Hirtenromania Gestalt gewinnen konnte. Ja, schließlich löst sie eine Frage, die man sich bislang offenbar niemals gestellt hat. Die Sprachen von Uralbanern und Urrumänen – das haben die philologischen Analysen immer wieder bestätigt – müssen untereinander über längere Zeit durch erstaunlich enge Wechselbeziehungen verbunden gewesen sein. Es dürfte Mühe bereiten, in der Vielzahl ethnischer Nachbarschaften, die wir kennen, auch nur einen einzigen Fall dingfest zu machen, in dem sich zwei Idiome derartig intensiv durchdrungen haben. Wie aber, so muß endlich überlegt werden, konnte sich dies vollziehen, ohne daß eine der beiden Sprachen der anderen den Platz räumen mußte? Schlagend scheint mir folgende Antwort: die Romanen hielten ihre Gottesdienste auf Latein, die Bessen (oder Uralbaner) dagegen auf Bessisch. Zwei unterschiedliche Kirchensprachen haben dafür gesorgt, daß zwei Völker sich nicht zu einer einzigen Sprachgemeinschaft vereinigten, weil sie zwar den selben Glauben hatten und sich vielleicht oft ein und dieselbe Kirche teilten, aber nicht den gleichen Gottesdienst besuchten.

Es gibt einen Wortbefund, der uns erlaubt, die damit angenommenen Umrisse feiner auszuzeichnen. In beiden Sprachen heben sich auffällige Parallelitäten für im Gottesdienst gestiftete Verwandtschaften ab: »Trauung«, »sich verloben bzw. heiraten« setzen lat. *corōna*, *corōnāre* fort;[25] schließlich »Schwiegervater« und »Schwiegermutter« (*cónsocer*, *cónsocera*), »Trauzeuge, Taufpate« (mit ihrer weiblichen Entsprechung) dagegen *cómpatre* und *cómmātre*.[26] Im Zusammenhang der Taufe, zu der das letztgenannte Wort überleitet, gelten hier wie dort Nachfolgeformen von *famulu* »Täufling« und *filiānu* »Patensohn«. Aus diesen Übereinstimmungen werden wir wohl herauslesen dürfen, daß bei Familienfeiern Bessen und Wlachen auch im Gottesdienst zusammenfanden. Die ethnische Sonderung der Gottesdienste galt somit nur für den Normalfall, dem geregelte Ausnahmen gegenüberstanden. Das Gewicht des Normalen, in den Wintermonaten Allwöchentlichen aber vermochte zu bewirken, daß keine beiden ethnischen Identitäten trotz der engen und zumeist harmonischen Symbiose unterging. Zweisprachigkeit ist in einem Milieu, in dem Menschen zweier Völker die Wintermonate in engster Nachbarschaft zubringen, zumindest unter den Männern die Regel, und der Unterschied in der Kirchensprache wird nicht als soziale Schranke empfunden worden sein. Oft mag es vorgekommen sein, daß man einen Gevatter oder eine Gevatterin, ja selbst einen Ehepartner aus dem anderen Volk wählte.[27]

III.2 Brücken nach Byzanz

Wenn der christliche Glaube der Bessen die unruhigen Jahrhunderte nach den großen Einbrüchen von Awaren und Slawen überdauerte, so ist das gewiß dadurch erleichtert worden, daß die Nah- und Fernkontakte zum byzantinischen Reich nie oder doch nicht für längere Zeit un-

---

[25] Norbert Jokl in: Balkan-Archiv 4 (1928) S. 206-211. Vgl. auch Carlo Tagliavini: La stratificazione del lessico albanese (1943). Neudruck Bologna 1965: *Completamente latina è ... la terminologia della parentela acquisita per vincolo religioso.* – Zu scheiden wären hier: 1) unabhängig voneinander ins Albanische und Rumänische eingegangene Benennungen und 2) urrumänische, von den Uralbanern übernommene Neuerungen.

[26] Wilhelm Meyer-Lübke in: Mitteilungen des Rumänischen Instituts an der Universität Wien 1 (1914) S. 4f.

[27] Ein lateinisches Wort für eine Verwandte, *noverca* »Stiefmutter« erhielt sich lediglich bei den Rumänen und (als Lehnwort) im Albanischen.

terbrochen wurden. Von welcher Art und welcher Intensität die Beziehungen waren, die sich vom 7.-9. Jh. das oströmische Imperium mit zwei in eine Vorfeldlage geratenen christlichen Völkern, den Bessen und den Wlachen, verbanden, soll uns nun beschäftigen. Es handelt sich, wohlgemerkt, um erste Überlegungen zu einem noch niemals erörterten Thema.

Gegen Ende des 7. Jh. bekam Ostrom durch einen Frieden mit den Arabern die Hände soweit frei, daß es eine gewisse Stabilisierung der völlig durcheinander geratenen Verhältnisse im Balkanraum einleiten konnte.[28] Man fand sich damit ab, daß die Präsenz der Slawen nicht mehr rückgängig zu machen war. Ja, man nahm nunmehr slawische Stämme in den Reichsdienst, um verwüstete Landstriche neu zu besiedeln und Dämme aufzurichten, die Konstantinopel und Saloniki, die wichtigsten in Südosteuropa gehaltenen Bastionen, vor dem Zugriff von Feinden des Reiches schützen sollten. Als Antwort auf die in Europa wie in Asien gewachsene Außenbedrohung wurde die Themenverfassung eingeführt, welche das militärische Kommando und die zivile Gewalt in der jeweiligen Region in den zwei Händen einer einzigen Person vereinigte. Nach dem gleichen Grundmuster wurden auch die geographischen Untereinheiten eines Themas organisiert. Diese administrative Neuerung griff auf die Balkanhalbinsel zunächst in Thrakien über, wo allein sich eine flächige Herrschaft des Reiches hatte behaupten können, wie sie für den Schutz der Hauptstadt dringend erforderlich war. So wurde es möglich, die kriegerischen Bulgaren, die a. 681 ein Reich südlich der unteren Donau aufgerichtet hatten, samt ihrem slawischen Gefolge zum Anfang des 9. Jh. weitgehend nördlich des Balkankammes zu halten. Mit Serdica blieb den Byzantinern in südlicher Nachbarschaft der Bulgarengrenze über längere Zeit, wenn auch vermutlich geschrumpft, ein städtisches Zentrum erhalten. Erst a. 813 mußte der wichtige Platz an den siegreichen Khan Krum, der ihn a. 809 erobert hatte, abgetreten werden.[29] Freilich war das Bistum Serdica, bevor die Stadt dem Reich verloren ging, bereits zur Bedeutungslosigkeit abgesunken. Möglich sogar, daß der dortige Bischofsstuhl schließlich gar nicht mehr besetzt wurde.[30]

---

[28] Zum folgenden s. besonders Paul Lemerle: Philippes et la Macédoine Orientale à l'époque chrétienne et byzantine. Paris 1945 Bd. I Text = Bibliothèque des Écoles français d'Athènes et de Rome. Fasz. 158 S. 115-130; Lilje: »Thrakien.« – Auf welch engumrissene Bastionen sich die byzantinische Macht nach dem Slaweneinbruch des 7. Jh.s zurückziehen mußten, rekonstruiert George Ostrogorsky: The Byzantine background of the Moravian mission. In: Dumbarton Oaks Papers 19 (1965) S. 1-19.

[29] Velizar Velkov: Zur Geschichte der Stadt Serdica (Sofia) vom IV.-IX. Jh. In: Études historiques à l'occasion du I Congrès International des Études Balkaniques et Sudest-européennes t. III ... hg. von der Académie des Sciences, Institut d'histoire. Sofia 1966 S. 53-60.

[30] Peter Schreiner in: Miscellanea Bulgarica 5 (Wien 1987) S. 59f. Anm. 30.

Erstmals im 8. Jh., endgültig jedoch erst a. 813, wurde der Westteil Thrakiens zu einem eigenen Thema Makedonien verselbständigt. Aus dieser neuen Einheit löste man im 9. Jh. ein Thema Strymon heraus, das sich um die Unterläufe von Struma und Mesta erstreckte. Eine zwischen a. 733 und 787 aufgesetzte Liste verzeichnet für Makedonien – diesseits und jenseits der Reichsgrenze – noch immer 18 Bistümer.[31] Aber wie weit waren diese noch besetzt? Ein Bischof von Stobi an der Mündung der Cerna in den mittleren Vardar läßt sich ein letztes Mal a. 732 nachweisen.[32] In Tiberiupolis an der Strumešnica, einem linken Zufluß des Vardar, erlitten zu Anfang des 9. Jh.s 15 Christen von der Hand bulgarischer Eroberer den Märtyrertod.[33] Der Ort, der ursprünglich einen eigenen Bischof beherbergt hatte, gehörte damals zur Diözese von Bargala, das an der Bregalnica, einem anderen östlichen Vardarzubringer, lag. Nachdem der Bulgarenkhan Boris sich um a. 865 hatte taufen lassen, waren die christlichen Traditionen von Tiberiupolis und Bargala unvergessen, und von den nun neu eingerichteten Eparchien knüpften zwei an dieses Erbe an.[34]

Zu erwarten steht, daß der Einfluß der Byzantiner, mochte er auch mit steigender Entfernung von den Reichszentren schwächer werden, bis Anfang des 9. Jh.s noch bis an jene Gebirgsstöcke heranreichte, auf denen wir die Uralbaner und Urrumänen mit ihren beiden eigenständigen Kirchenwesen lokalisiert haben.[35] Bessen und Wlachen hatten einmal

---

[31] Carl de Boor: Nachträge zu den Notitiae episcopatuum. In: Zeitschrift für Kirchengeschichte 12 (1890-91) S. 520-534. Das Abreißen der Bischofsbezeugungen im Innern der Balkanhalbinsel beleuchten die Listen bei Mircea Păcurariu: Istoria Bisericii Ortodoxe Române Bd. 3 Bukarest 1981 S. 513f.

[32] Zur Geschichte des Bistums Stobi, dem zurecht eine Rangerhöhung zum Erzbistum zugeschrieben wurde, s. Fanula Papazoglu: La Macédoine Seconde et la Macédoine Salutaire. In: Bulletin de la Classe des lettres de l'Académie Royale de Belgique. 5. Serie 42 (1956) S. 115-124; Balduin Saria in: Jahreshefte des Österreichischen Archäologisch. Instituts 28 (1933) S. 112-139; Lothar Waldmüller: Die ersten Begegnungen der Slawen mit dem Christentum und den christlichen Völkern vom VI. bis VII. Jh. Die Slawen zwischen Byzanz und Abendland. Amsterdam 1976 S. 369, 590.

[33] Migne: Patrologia Graeca 126 Sp. 151-222. Zur Textgeschichte S. N. Dragova: Starobălgarskite izvori na Žitieto za petdesette tiveriupolski măčenicy ot Teofilakt Ochridski. In: Proučcanija po slučaj II Kongres po balkanistika. Sofia 1970 = Studia Balkanica 2 S. 105-131.

[34] Aleksandar Kuzev: Bemerkungen in Bulgarien während der ersten Jahrzehnte nach 870. In: Symposium Methodianum. Beiträge der Internationalen Tagung in Regensburg (17. bis 24. April 1985). Zum Gedenken an den 1100. Todestag des hl. Method hg. Klaus Trost, Ekkehard Völkl, Erwin Wedel, Neuried 1988 = Selecta Slavica 13 S. 187-192 mit Lit. – Zu Bargala s. Schramm: Eroberer 24.11.1 mit Lit.

[35] Im Zentrum der Halbinsel, dessen Achse die Flüsse Morava und Vardar bilden, ist mit der Ansiedlung slawischer Stämme zu rechnen, die bis zum 9. Jh. außerhalb des bulgarischen Reiches blieben. Ein Übergang zu einer Frühstufe von Staatlichkeit – nach der Terminologie byzantinischer Autoren: »Sklavinien« – läßt sich für diesen lange außerhalb des Quellenhorizontes bleibenden Binnenraum nicht nachweisen, vgl. Stjepan Antoljak: Unsere »Sklavinien«. In: Actes du XII Congrès International d'études byzanti-

die am weitesten nach Osten vorgeschobenen Glieder der westlichen, lateinischen Christenheit dargestellt. Aber zu Beginn des 7. Jh.s waren die Brücken nach Westen, nach Rom eingestürzt. Um so wichtiger mußten nun die Verbindungen nach Byzanz werden. Eine Randzone jenes Westens, in dem die lateinische Kultur den Ton angab, verwandelte sich in einen Außenbereich der östlichen Christenheit.[36] Dieser Wechsel muß seine Spuren hinterlassen haben.

Wiederum sind wir, wenn wir die Richtigkeit unserer Vorannahme prüfen wollen, auf den Spiegel der Lehnwörter angewiesen. Ihr Vorrat, der uns immer von neuem wichtige Fingerzeige liefert, macht diesmal die Analyse nicht leicht. Denn griechische Vokabeln, wie wir sie als Anhalte für byzantinische Einflüsse auf das Vorland-Christentum im Innern der Balkanhalbinsel brauchen, können ins Albanische zu sehr verschiedenen Zeiten eingesickert sein. Wir wissen bereits, daß dem Masseneinstrom lateinischer Vokabeln ein erster Schub von Anleihen beim Griechischen vorausging. Ihn wird das Uralbanische aufgenommen haben, bevor um Christi Geburt die Römer ihre Herrschaft im Mittelfeld Südosteuropas aufrichteten. Der zweiten Welle, der wir uns jetzt widmen wollen, folgte schon bald eine dritte, die sich über jene bessischen Auswanderer ergoß, welche im heutigen Nordalbanien eine neue Heimat fanden. Es versteht sich von selbst, daß unser Material uns nur in glücklich gelagerten Fällen Fingerzeige liefert, welcher der drei Schichten ein bestimmtes Wort zugehört. Nun, die Schwierigkeit, die sich hier auftut, verkürzt sich ein wenig, wenn wir in Rechnung stellen, daß die albanischen Entlehnungen aus dem Altgriechischen der Vorrömerzeit sich, wie wir früher erfahren haben, in den Wortfeldern von zwei Fortschritten der Zivilisation massieren: der Bereicherung des Speisezettels sowie der Typenverfeinerung von Waffen und Geräten. Wohl kaum zu erwarten steht, die griechischen Wirkungen auf diese beiden Felder materieller Kultur hätten sich in jenen stürmischen Zeiten fortgesetzt, die auf den Slaweneinbruch des ausgehenden 6. und beginnenden 7. Jh.s folgten. In der Tat gibt es wohl keine Lehnvokabeln, die dieser Vorüberlegung widersprechen. Und im Kirchenwortschatz der Albaner beschränken sich, wie wir gesehen haben, antike Übernahmen aus dem Griechischen auf

---

nes. Bd. 2. Belgrad 1964 S. 9-13. – Nach Wasilewski: Bizancjum S. 92-95 setzt eine Quelle von a. 843-850 (»Uspenskijs Taktikon«) voraus, daß die Abtretung auf das Gebiet um den mittleren Vardar bereits vollzogen war. Wahrscheinlich wurde der Raum a. 838-841 erobert.

[36] Zu dem vom Vatikan zäh festgehaltenem Anspruch, die Bischöfe des Illyricum, zu dem auch die beiden Dakien zählten, seien dem Bischof von Rom untergeordnet, s. Charles Petri: La géographie de l'Illyricum ecclésiastique et ses relations avec l'Église de Rome (V^{e}–VIe siècles). In: Collection de l'École Française de Rome Bd. 77 (Rom 1984) S. 21-59. Spätestens seit der slawischen Landnahme erloschen die faktischen Einwirkungsmöglichkeiten.

sehr wenige, ja lautlich mehrfach offenbar unregelmäßig weiterentwikkelte Vokabeln.

Aus diesen Überlegungen ergibt sich, daß uns die anstehende Frage vor ernstere Schwierigkeiten nur bei der Abwägung stellt, welche Vokabeln schon im 7.-9. Jh. auf dem Boden der alten Heimat, welche dagegen erst seit dem 9. Jh., nach der Umsiedlung, ins Albanische eingingen. Diese Aufgabe wird sich im folgenden – wie der Leser stets im Auge behalten muß – nur sehr provisorisch lösen lassen. Zu hoffen steht, daß der Fortgang der Diskussion das Bild berichtigen und verfeinern wird.

Eine wichtige Hilfe für unsere nächste Wegstrecke ergibt sich aus der uns schon geläufigen Tatsache, daß im fraglichen Zeitabschnitt die Uralbaner und Urrumänen in enger Symbiose gelebt haben. Zu den Gemeinsamkeiten beider christlicher Vorlandvölker gehört, daß sie – wenn unser Ansatz stimmt – in gleicher Weise auf einen Rückhalt beim byzantinischen Reich und seiner Kirche angewiesen waren. Das läßt sich in eine Arbeitshypothese umsetzen: zwei Sprachen, die in ihren vor dem 7. und nach dem 9. Jh. dem Griechischen abgeborgten Lehnschichten keine nennenswerten Übereinstimmungen aufweisen, dürften, solange die bessisch-wlachische Symbiose andauerte, nicht selten dieselben Vokabeln aus dem Byzantinischen übernommen haben, weil damals die kulturellen Voraussetzungen für Wortübernahmen bei beiden Völkern im wesentlichen zusammenfielen.[37] Damit haben wir die Siebe beisammen, mit deren Hilfe wir einen ersten Bestand mutmaßlicher Entlehnungen des 7.–9. Jh.s herausschütteln können.

Einige Lehnwörter, die wir dem genannten Zeitabschnitt zuweisen dürfen, hängen eng mit der Zivilisation jener Grenzzonen zusammen, in denen Bessen und Wlachen sich mit byzantinischen Verhältnissen vertraut machen konnten. Wichtig für eine solche Bekanntschaft war wohl nicht zuletzt der Militärdienst, der über den Einbruch der Slawen hinweg viele junge Bessen (und Hirtenromanen) angezogen haben wird. Anfang des 6. Jh.s begegnen im Heer des Kaisers Anastasius außer Skythen und Goten auch bessische Truppenteile.[38] Zwei Bessen versahen, wie ein Pa-

---

[37] Albanisch-rumänische Wortübereinstimmungen griechischer Herkunft ergeben sich (nicht vollständig) aus H(aralambie) Mihăescu: Influenţa grecească asupra limbii române pînă în secolul al XV-lea. Bukarest 1966. – Das von ihm verzeichnete *këshyrë* fehlt bei Mann: Hist. Alb.-Engl. Dict. und in dem reichhaltigen Lexikon des heutigen Albanischen: Fjalor i gjuhës së sotme shqipe hg. von der Akademia e Shkencave e RPS të Shqiperisë. Instituti i Gjuhësisë dhe i Letërsisë. Tirana 1980. – Aus unserem Zusammenhang herausbleiben müssen solche Wörter, die vermutlich (erst seit dem 9. Jh.) über das Slawische an Albaner und Rumänen weitervermittelt wurden. Das könnte etwa für alb. *përmbikqyrës* u.ä. »Aufseher« < *griech. primikyrios* (< *lat. primicērius*) gelten, das aserb. als *primikjur* u. ä. belegt ist, ebd. S. 172.

[38] Joannes Malalas: Chronographia hg. Ludwig Dindorf. Bonn 1831 S. 393 7.17.

pyrusblatt festhielt, a. 561 Dienst in einer ägyptischen Garnison.[39] Die Soldatenwerbung bei diesem christlichen Volke dürfte auch nach der Katastrophe des 7. Jh.s fortgedauert haben. Als einen aufsteigenden Söldner hat man sich wohl einen Sproß dieses Volkes vorzustellen, der im Byzanz des 8. Jh.s Karriere machte.[40]

Eine Stärke, ohne die das Reich sich nicht hätte verteidigen können, stellte sein ausgebautes Straßennetz dar. Da überrascht es nicht, daß der griechische Normalausdruck für »Straße«, *dromos*, als *drom* ins Albanische einging, neben das später die – an eine jüngere griechische Aussprache angepaßte – Variante *dhrom* treten sollte. Im Rumänischen ergab sich *drum*, das wiederum dem abulg. *drum* zugrundeliegt.

Für den Schutz der Straßen und die Abwehr der Außenfeinde spielten Engpässe eine Schlüsselrolle. Ihre lateinische Benennung als *clausura* wurde zu griech. *klisura* umgesetzt, das im Albanischen zu *këshyrë*, im Aromunischen zu *clisură* geführt hat. Eine wichtige Vokabel des Soldatenlebens, lat. *tenta* »Zelt«, begegnet im gleichbedeutenden alb. *tendë*, geg. *tandë*, (in Skutari: *tan*) wieder, während der Sinn in rum. *tinda* zu »Eingang, Vorraum« verschoben erscheint. Eindeutig ist, daß dieses Wort zumindest im Rumänischen über griech. *tenda* vermittelt sein muß, weil von beiden Sprachen nur das Griechische *-nt-* zu *-nd-* wandelte, während lat. *-nt-* von den Rumänen bewahrt wurde: *intendere* > *întinde* »ausstrecken«, *cantāre* > *cînta* »singen«. Im Albanischen dagegen, wo alle inlautenden Tenues nach Nasalen zu Mediae erweicht sind, erscheint diesmal eine Entlehnung aus dem Griechischen lautlich nicht zwingend.

Durch Männer, die im byzantinischen Heere dienten, dürften weiterhin alb. *traistă*, *trajstë*, *strajcë*, aromun. *tastru*, *trastir*, *trastu*, *tratu* »Futtersack für das Pferd« aus einem seit dem 10. Jh. belegten *ta(g)istron*, *traston* vermittelt worden sein.[41] Ein gleiches gilt für alb. *flamur*, aromun. *flambura*, rum. *flamura* »Fahne«, die nur über das seit dem 6. Jh. bezeugte griech. *phlammouron* auf lat. *flammula* rückführbar sind.[42]

Das wichtigste, bedenkenswerteste Stück in der Wortgruppe, die der militärisch geprägten Zivilisation der byzantinischen Grenzbereiche entstammen wird, ist alb. *fshat* »Dorf«, zu dem es eine Variante *pshat* gibt.

---

[39] The Oxyrhynchus Papyri hg. Bernard P. Grenfell / Arthur S. Hunt: Teil 16 London (1924) Nr. 1903 vgl. 2046. – Heinz Kortenbeitel in: Mitteilungen des Deutschen Instituts für ägyptische Altertumskunde 8 (1939) S. 183 hält für möglich, daß die Bessen Boraides und Zemarchos keine Soldaten, sondern Klosterbewohner waren.

[40] Theophanes: Chronographia. Hg. Carl De Boor. Leipzig 1883 S. 379 Z. 8 über den Patrikios Mauros.

[41] Ebd. S. 114f.

[42] Ebd. S. 173.

Die rumänische Entsprechung lautet *sat.* Gustav Meyer hat die divergierenden Anlaute *fsh* und *psh* als Sprossen aus einer gemeinsamen Wurzel lat. *massātum* hergeleitet, das »Komplex von Ländereien, Landgut« bedeutet haben soll.[43] Die Forschung zieht mittlerweile die Alternative vor, es liege lat. *fossātum* zugrunde. Vermittelt wurde dies, wie mir scheinen will, über griech. *phossáton.* Es handelt sich um eine im byzantinischen Griechisch durchaus gängige Bezeichnung für »Militärlager«, die an die Sicherung durch einen Graben (vor dem Wall) anknüpft. Dieses Wort lebt etwa in dem Namen *Al-Fustat* fort, den das Zentrum von Altkairo bis heute trägt.[44] Sollte alb. *fshat* in der Tat auf *phossáton* zurückgehen, dann eröffnet dieser Zusammenhang wichtige Einblicke in die Verhältnisse, mit denen wir für das frühe Mittelalter im Umkreis der zentralbalkanischen Berge zu rechnen haben. Gewiß besaßen die Albaner einmal ein Erbwort für jenen Dorftyp, der das ganze Jahr hindurch von einer ortsfesten Bevölkerung mit ackerbäuerlicher Komponente bewohnt wird. Das gilt natürlich auch für das Rumänische, das gewiß ein lateinisches Wort für »Bauerndorf«, am ehesten wohl eine Ableitung von *villa,* besessen hat. Wenn Bessen und Wlachen ihre Erbwörter für diesen Begriff durch eine Bezeichnung ersetzten, die eigentlich »Militärlager« bedeutete, dann wirft das ein Schlaglicht auf wilde Zeiten, in denen man in Tallagen nur dort hinreichend sicher war, wo eine Ansiedlung durch Wall und Graben umgeben war.[45]

Aufschlußreich weiter, daß wir dieses Mal nicht mit der Annahme durchkommen, Uralbaner und Urrumänen hätten das fragliche Wort beide parallel und beide unmittelbar von den Griechen entlehnt. Denn rum. *sat* läßt sich wohl nur über uralb. **fsat* auf *phossáton* zurückführen. Denn arom. *fusat, fusatea* »Graben« verraten uns, daß ein vortoniges *o*

---

[43] G. Meyer: Et. Wb. der alb. Spr. S. 112f.

[44] V. Bogrea: Originea rom. SAT. In: Dacoromania 1 (1920) S. 253-257; Max Vasmer: Studien zur albanischen Wortforschung I. In: Acta et Commentationes Universitatis Tartuensis. Humaniora 1. Dorpat 1921 S. 17; Giovanni B. Pellegrini in: Studia Albanica 20 Nr. 1 (1983) S. 74. Çabej: Betrachtungen S. 115 und Martin Camaj in: Actes du Premier Congrès Internationale des Études Balkaniques et Sud-Est Européennes. VI Sofia 1968 S. 839 rechne mit einem albanischen Erbwort. Die Variante *pshat* erkläre ich mir als Wiedergabe eines noch als *tenuis aspirata* ausgesprochenen *ph.* Dagegen dürfte *fshat* mit einem späteren griechischen Lautstand widerspiegeln, den die Uralbaner jenem *f* gleichsetzten, daß sie sich im Zuge von Entlehnungen aus dem Lateinischen angeeignet hatten. Weniger überzeugend scheint mir dagegen die Hypothese von Henrik Barić: Albanorumänische Studien 1. Teil. Sarajevo 1919 = Zur Kunde der Balkanhalbinsel. Quellen und Forschungen 7 S. 76f.: *pshat* und *fshat* stellten Erbwörter dar, die mit unterschiedlichen Präfixen von *sed* »sitzen« abgeleitet seien.

[45] Petar Skok in: Zeitschrift für romanische Philologie 50 (1930) S. 518 deutete den Vokabelbefund so: dörfliche Siedlungen hätten sich zur Zeit der Slaweneinbrüche eng an römische Kastelle angelehnt oder seien aus ihnen hervorgegangen.

der griechischen Lautung im Rumänischen erhalten geblieben wäre.[46] Dieser Befund legt nahe, daß die Bessen sich in niedrigeren Lagen aufhielten als die Urrumänen, die ihre ökologische Nische weiter oben fanden. Dies hatte zur Folge, daß die Uralbaner – vom Heeresdienst einmal abgesehen – intensivere Direktbeziehungen zu den Byzantinern unterhielten, als die Urrumänen sie pflegten, und manches Kulturgut den Urrumänen weitergegeben haben werden, die gleichsam ein Stockwerk höher, ohne Tür auf die Straße, zu Hause waren.

Çabej hat zurecht erwogen, ob nicht auch alb. *kurt*, rum. *curte* »Hof« über eine Vermittlung durch griech. *kurti* auf lat. *curte* zurückgehen.[47] Die Bedeutung ebenso wie der Zusammenhang von Albanisch und Rumänisch würden gut zur »zweiten Welle« passen. Aber gesichert ist dieser Fall nicht.

Was steuern die Bereiche Kultus und Volksglaube bei? Geg. *konë*, tosk. *korë*, »Bild, Kirchenbild« beruhen auf griech. *ikóna*. Daß die Übernahme in die Jahrhunderte fiel, die uns jetzt beschäftigen, wird durch rum. *icoana* noch nicht dingfest gemacht. Denn dieses könnte über kirchenslawische Vermittlung aufs Griechische zurückgehen. Dafür liefert uns einen verläßlichen Anhalt, daß in *konë* < **ikonë* ein unbetonter Vokal als Anfangssilbe verstummt erscheint. Dieser im Albanischen regelgerechte Wandel muß bereits eingetreten sein, als die Slawen, vermutlich vor a. 800, den Namen der Stadt an der Bregalnica, deren Name in der Antike *Astibos* gelautet hatte, als *Štip* lehnfixierten. Aufgrund des gleichen Indizes gehört in unsere Reihe auch *fli*, *flij*, das sich aus griech. *evlogía* herleitet. Wir werden es weiter unten unter die Lupe nehmen.

Bei dem dritten Wort in unserer Reihe, *dreq*, stellt wieder einmal eine Entsprechung im Rumänischen sicher, daß es zur Zeit der uralbanisch-hirtenromanischen Symbiose entlehnt wurde. Die Rumänen gebrauchen *drac* als ihr gängiges Wort für »den Teufel«, während im Albanischen der singularisierte Plural *dreq* mit *djall* konkurriert. Der Singular *drak* hat dagegen den Sinn »Felsblock« angenommen. Den albanischen Teufel in der Einzahl, *djall*, sparen wir uns für eine Erörterung an späterem Orte auf. Uralbaner und Urrumänen haben sich griech. *drákos* zu eigen gemacht, das sich als eine jüngere Variante zu *drákōn* »Drache« erklärt. Als ein wurmgestaltiges Ungeheuer stellte man sich ja gern den Teufel vor, und der konnte auch im Althochdeutschen als *dracho* bezeichnet werden, während das Neuprovenzalische *drac* für »Teufel, Kobold« bewahrt hat.

---

[46] Eine Direktentlehnung behauptet stattdessen Alexandru Rosetti in: Bulletin de linguistique 10 (1942) S. 88-90.

[47] Çabej: Lat. Lehnwörter S. 185.

Die Neuentlehnung *dreq* hat, so möchte ich behaupten, nicht die Kirchensprache Bessisch angereichert, in der »die Teufel« nach wie vor mit einer Nachfolgelautung von lat. *daemones* bezeichnet wurden. Unser drittes Wort weist stattdessen auf eine Neuerung, die dem Bereich volkstümlicher Ausdrucksweisen vorbehalten blieb.[48]

Was fangen wir mit unserer mageren Ausbeute an? Mit der Ikone findet sich darunter ein Stück kirchlicher Kultur, das für die Gottesdienste der Ostkirche von zentraler Bedeutung ist. Wenn jemand – namentlich als Wandermönch oder als entlassener Söldner – aus dem byzantinischen Reich in seine bessische Heimat zurückkehrte, wird man von ihm wohl nicht zuletzt erwartet haben, daß er eine Ikone mitbrachte. Von den zahlreichen byzantinischen Mönchen, die a. 726-787 in der ersten Phase des triumphierenden Ikonoklasmus an der Bilderverehrung festhielten und in Außenzonen Schutz vor ihren Verfolgern suchten, mögen manche den Weg in die bessischen Berge gefunden haben. Aber Ikonen haben nicht erst sie eingeführt. Denn im 8. Jh. war *korë* vermutlich längst eingebürgert.

Alb. *fli* begegnet in einer Doppelbedeutung von 1. Opfer und 2. einem Festtagsgebäck, das in einer besonderen Soße angerichtet wird. Diese Gabelung geht bereits auf die griechische Kirchensprache zurück, in der *evlogía* 1. Opfer im speziellen Sinn des Meßopfers, aber auch in allgemeiner Bedeutung und 2. eine Opfergabe bezeichnete, die aus Brot oder anderem bestand und während eines Festgottesdienstes geweiht wurde. Man möchte die Entlehnung auf den starken Eindruck byzantinischer Gottesdienst-und Festkultur zurückführen. Aber ohne weitere Entlehnungen aus dem gleichen Kontext sollten wir mit Vermutungen vorsichtig bleiben.

Versucht man zu rekonstruieren, welche Wörter vom 7.–9. Jh. nach einer ersten Bestandsaufnahme den Weg von den Griechen zu den Bessen fanden, dann ergibt sich für das geistliche Leben ein recht anderes Bild als für die weltliche Zivilisation. Während der Kontakt zu den byzantinischen Grenzmarken und ihrem stark militärischen Gepräge sich in wichtigen Vokabelübernahmen anschaulich niedergeschlagen hat, bleiben die Übernahmen in dem Bereich der Kirche auffallend selten. Ja, sie erscheinen – von dem einen Wort für »Ikone« abgesehen – gleichsam blindlings, ohne erkennbare Logik gestreut. Dies muß keineswegs bedeuten, die Verbindung zwischen bessischem und byzantinischem Christentum sei in dem fraglichen Jahrhundert spärlich oder gar unwichtig geworden. Eher spiegelt sich hier, daß die Bessen mit einer gewissen

[48] Zu den bei den Albanern üppig entwickelten Teufelsvorstellungen s. Georg Stadtmüller: Altheidnischer Volksglaube und Christianisierung in Albanien. In: Orientalia Christiana Periodica 20 (1954) S. 211-246.

Selbstgenügsamkeit ihr gesondertes Kirchenwesen von eigenem Zuschnitt weiterpflegten: in ihrer eigenen Sprache gehalten, mit dem Brauchtum eines Hirtenvolkes verwoben und ganz besonders von den heimischen Klöstern zehrend, wo die Weitergabe eines geistlichen und kulturellen Erbes in guten Händen ruhte. Ein starker Einfluß der um so viel prächtigeren, kultivierteren Kirche von Byzanz zeichnet sich für das 7.–9. Jh. nicht ab.

III.3 Die Bedeutung nationaler Kirchensprachen für das Überdauern bedrohter Glaubensgemeinschaften

Die slawische Einwanderung in den oströmischen Teil der Balkanhalbinsel, die Ende des 6. Jh.s anlief und im beginnenden 7. Jh. ihren vollen Schwung entfaltete, hat sich über ganz Südosteuropa südlich der Donau ergossen. Es dauerte aber Jahrhunderte, bis die Halbinsel flächig slavisiert war.[49] Rascher ging das in den Niederungen und beackerbaren Tälern vonstatten, später dagegen in den Gebirgen, wo die Alteingesessenen in der Regel noch lange, mindestens bis ins 10. Jh., ihre angestammten Sprachen weitergebraucht haben müssen. Als dauerhaft resistent erwies sich auf dem Subkontinent nur ein – bald durch Neuansiedler aus anderen Teilen des Byzantinerreiches aufgefüllter – Restbestand an Griechen in Hellas, weiterhin eine Küsten- und Inselromanität an der Adria. Ein gleiches gilt außerdem für jene Fluchtromanen aus dem Norden, die teils in den Städten des makedonischen Gürtels, teils in der Zentralen balkanischen Gebirgsgruppe Unterschlupf gefunden haben und sich von dort über andere Gebirge ausbreiteten. Schließlich überdauerte auch ein Block von Bessen, der sich in den Albanern fortsetzen sollte.

Alle diese uneingeschmolzenen ethnischen Elemente haben eines gemeinsam: jahrhundertelang stellten sie Einstreuungen und vorgelagerte Eiländer von Christen in einer Nachbarschaft dar, die militärisch und politisch immer fester von Heiden beherrscht und, mit allmählich anwachsenden Zahlen, auch bewohnt wurde. Erst um a. 865, rund 250 Jahre nach dem großen Slawensturm, ließ sich der Bulgarenkhan Boris I. taufen, und es dauerte noch geraume Zeit, bis die Gesamtheit der Slawen in Südosteuropa sich den neuen Glauben mehr als nur äußerlich zu eigen gemacht hatte.

Noch ein weiteres verbindet die eben genannten resistenten Elemente: sie alle besaßen in einer Epoche, in der ihr Glauben ebenso wie ihre ethnische Eigenständigkeit leicht hätten ausgelöscht werden können, eine

---

[49] S. dazu Schramm: Eroberer S. 140-165; 180-182.

ihnen eigene, in ihrem Kreise jedermann verständliche Liturgiesprache, womit eine volle, nicht auf bloße Hilfsdienste beschränkte Kirchensprache gemeint ist. Ja, dieses Merkmal kennzeichnet von allen Völkern, die es schon in der Antike auf der Balkanhalbinsel gegeben hatte, nur die drei bis heute resistenten Ethnien: Romanen, Griechen und Albaner. Nicht ebenso langlebig war die Ethnie der Goten, von der ein Teil – Nachkommen der Gemeinde des Ulfila – im mittleren Balkangebirge sitzenblieb.[50] Goten hielten sich – bis ins 9. Jh. nachweisbar – in der Dobrudscha auf, und hier lassen sich auch zwei mittlerweile ebenfalls christliche Geschwistervölker, die Skythen und Sarmaten, bis in die gleiche Zeit verfolgen.[51] Daß die Spuren all dieser drei nationalen Christentümer schließlich abreißen, rührt aus ihrer geographischen Lage her. Hatten sie sich doch alle in bedrohten Einbruchs- und Durchbruchszonen ausgebildet, über die sich immer neue Erobererwellen zu ergießen pflegten. Dadurch erklärt sich, daß – zu nicht mehr genau bestimmbaren Daten – von der Bildfläche gewaschen wurde, was sich, solange das Reich noch einen gewissen Schutz hatte bieten können, bestehen geblieben war.

Als Arbeitshypothese dürfen wir formulieren: die Chance, daß eine christliche Bevölkerung inmitten einer Umwelt, die an heidnische Eroberer gefallen war, ihren Glauben zusammen mit ihrer ethnisch-sprachlichen Identität behauptete, wurde entscheidend erhöht, wenn ihre Muttersprache auch als Sakral- und Literatursprache diente. Wie paßt das Deutungsschema, das uns die Befunde im frühmittelalterlichen Südosteuropa so glatt und einfach verstehen läßt, in den weitergesteckten Rahmen der gleichzeitigen Christenheit ein? Wie stimmt das für die Balkaninsel Rekonstruierte zu all jenen Schicksalen, die andere christliche Bevölkerungen durchlebten, nachdem ihre Wohngebiete unter die Vormacht andersgläubiger Eroberer gefallen waren?

Auffällig parallel zu den Befunden gelagert, die sich für die Balkanhalbinsel ergeben, mutet an, was sich in Transkaukasien abgespielt hat. In dieser Wetterecke der Weltgeschichte, über die Sturm auf Sturm hinwegfegte, vermochten zwei Völker – die Armenier und Georgier – ihren

50 Die von Ulfila über die Donau geführten und vom Reich in höheren Lagen des nördlichen Balkangebirges angesetzten Kleingoten lassen sich – dank der wertvollen Mitteilungen des Jordanes etwa a. 550 verfolgen. Eine befestigte Siedlung von Goten in niedrigeren Lagen des gleichen Streifens überdauerte den Ostgotenabzug von a. 488. Um a. 600 wurde sie wohl von den Awaren erstürmt und dann nicht mehr aufgebaut, s. J. Welkow: Eine Gotenfestung bei Sadowetz (Nordbulgarien). In: Germania 19 (1935) S. 149-158; Gerhard Bersu. A 6th century Germanic settlement of *foederati*: Golemanovo Kale, near Sadowec, Bulgaria. In: Antiquity 12 (1938) S. 31-43.

51 S. dazu o. Kap. II Nr. 6 und Kap. VI Nr. 9-13.

christlichen Glauben und ihre nationale Identität bis heute zu behaupten. Ihre erstaunliche Resistenzkraft bliebe unbegreiflich, wäre der Taufe des Königs von Armenien, die um 300 n. Chr. eine nur oberflächliche Christianisierung seines Volkes eingeleitet hatte, nicht jene zweite, gründlichere Bekehrung gefolgt, die zu Ende des 4. Jh.s begann und zwei hochbedeutenden Persönlichkeiten, dem Mönch Maschtotz und dem geistlichen Oberhaupt der Armenier, Sahak, zu danken ist. Der aus dem Amt eines königlichen Sekretärs in den Dienst der Kirche übergetretene Maschtotz machte als Seelsorger die Erfahrung, daß, solange als Liturgie- und Bibelsprachen sich in seiner Heimat das Syrische und das Griechische Konkurrenz machten, die dem einfachen Armenier gleich unverständlich waren, das Evangelium im Lande keine tieferen Wurzeln schlagen würde. Maschtotz erfand für seine armenischen Landsleute ein Alphabet, das genau auf ihre Sprache zugeschnitten war. Und er schuf, mit Sahak als Rückhalt und einem Stab von sprachenkundigen Mönchen als philologischen Helfern, Übersetzungen jener Texte, die für den Gottesdienst gebraucht wurden. Ja, noch zu Lebzeiten der beiden Bahnbrecher konnte eine Übertragung der ganzen Bibel ins Armenische kanonisiert werden, an der eine ganze Anzahl von hervorragend gebildeten Zeitgenossen mitgearbeitet hatte. Von modernen Kennern wird sie als ein Meisterwerk gelobt: ebenso getreu in der Sinnwiedergabe wie flüssig am Stil.

Maschtotz hat darüber hinaus veranlaßt, daß einige georgische Mönche, die zu seinen Schülern gehörten, ihrem Volk eben jene Schätze schenkten, die das Nachbarvolk der Armenier schon besaß: ein nationalspezifisches Alphabet, sorgfältige Übersetzungen und, an diese anschließend, die Anfänge eines eigenständigen Schrifttums in der Volkssprache. Eine dritte, nach dem gleichen Muster für ein weiteres Volk der Kaukasusregion entworfene christliche Kultur geht, wenn die Überlieferung recht hat, ebenfalls auf einen Anstoß des Maschtotz zurück: auch die Aluaner – so hören wir – wollte er mit einem eigenen Alphabet ausgestattet sehen. Dieser dritten transkaukasischen Kirchensprache sollte freilich keine lange Dauer beschieden sein. Denn die Aluaner (im heutigen Daghestan) mußten die volle Wucht des nach Norden ausgreifenden Kalifats über sich ergehen lassen. Ihre große Masse wird den Islam angenommen haben und sprachlich assimiliert worden sein. Daß aber von den Aluanern, die sich heute Uden nennen, immerhin drei Dörfer mit rund 3000 Einwohnern übriggeblieben sind, die ihren christlichen Glauben ebenso wie (wenn auch nicht in einer Literatur und Kirchenliteratur) ihre angestammte Sprache festgehalten haben, zeigt, daß die Bewahrungskräfte, denen wir nachspüren, selbst hier nicht ohne Rest überrollt wurden.

Der transkaukasischen Parallele zu den Verhältnissen, die wir in Südosteuropa freigelegt haben, reiht sich der Fall der Krimgoten an. Zwischen 1560 und 1562 traf ein kaiserlicher Diplomat, Ogier Ghiselin von Busbecq, in Konstantinopel auf einen Griechen aus der Krim, der dort Gotisch erlernt hatte. 68 Wörter und Sätzchen sowie Bruchstücke der Zahlenreihe und ein Verschen ließ sich Busbecq in die Feder diktieren, wobei er ohne Mühe heraushörte, daß ihm ein Idiom vorgesprochen wurde, mit dem seine Muttersprache, das Flämische, verwandt war. Es handelt sich in der Tat um Ostgermanisch, nur auf einem jüngeren Lautstand als Ulfilas Bibel. Unter den Ethnien, die sich schon während der Antike auf der taurischen Halbinsel niedergelassen hatten, sind die Goten die einzigen, die zumindest bis zum Ende des 16. Jh.s überdauerten.[52] Und wiederum paßt unser Schlüssel ins Schloß: ermöglicht wurde dies durch den Umstand, daß es seit dem 4. Jh. den Brauch gab, die ganze Messe auf gotisch zu halten. In dieser Sprache lagen ehrwürdige geistliche Texte, darunter große Teile der Bibel vor, die von Generation zu Generation weitergegeben wurden.

Lehrreich ist auch der Fall der Rätoromanen in Graubünden und Südtirol. Denn das Latein, auf das ihre Idiome zurückgehen, wird in den Alpentälern vermutlich erst dann von größeren Bewohnerzahlen gesprochen worden sein, nachdem die Germanen den Limes endgültig durchbrochen und eine Fluchtbewegung nach Süden und Südwesten ausgelöst hatten. In den höheren Lagen, die sich als Rückzugsgebiete eigneten, werden zunächst einmal vorromanische, wohl nur zum Teil keltische Elemente überwogen haben.[53] Aber eben diese Altbodenständigen sind offenbar erstaunlich rasch und vollständig mit den Romanen verschmolzen, die in der Masse Neuankömmlinge waren. Die Bergromanen, die bald zu Inseln innerhalb einer deutschsprachigen Umgebung schrumpften, haben ihre Sprache bis zum heutigen Tag, rund anderthalb Jahrtausende lang, behauptet. Wieso, hintereinander gestaffelt, ein derartig unterschiedliches Maß von Resistenz bei gleichbleibenden geographischen Gegebenheiten? Wagen wir eine Deutung. Die altbodenständigen Bergstämme der ausgehenden Antike waren nicht an Meßfeiern gewöhnt, bei welchen in Predigt und Liedern, geschweige denn in der Liturgie ihre angestammte Sprache erklang. Das hat, als heidnische Eroberer einbrachen, vielfach den christlichen Firnis rasch abplatzen lassen und das seine dazu beigetragen, daß sie rasch im vorerst heidnischen Germanentum aufgingen. Namentlich in geschützteren Berglagen behielt ein ande-

---

[52] Ernst Schwarz: Die Krimgoten. In: Saeculum 4 (1953) S. 156-164; Piergiuseppe Scardigli: Die Goten. Sprache und Kultur. München 1973 S. 236-265 mit Lit. und dem Busbecq-Bericht.

[53] Dazu s. u. a. J. U. Hubschmid: Sprachliche Zeugen für das späte Aussterben des Gallischen. In: Vox Romanica 3 (1938) S. 49-155.

rer Teil die Sitte bei, Messen mit lateinischer Liturgie zu besuchen. Ja, sie konnten nun nutzen, daß sich dank der Fluchtromanen die Streuung der Kirchenbauten verdichtete und die Wege, die zum Besuch der Messe zurückzulegen waren, vielfach kürzer wurden. Die gemeinsamen Gottesdienste von Alteingesessenen, die bislang wohl nur oberflächlich bekehrt waren, und ihrer neuen, gründlicher christianisierten Nachbarn rückten beide Elemente so nahe aneinander, daß sie sich schließlich auch in ihrem Hausgebrauch auf ein und dieselbe Sprache einigten: eben auf das Romanische. Dies Denkmodell läßt uns verstehen, wieso das – nirgends zur Kirchensprache erhobene – Festlandskeltische in einem breit gesteckten Streifen völlig verschwinden konnte, während in Südosteuropa ein Kernblock des Bessisch-Albanischen überdauerte.

Unsere Überschau endet mit jenen Ländern, über die im 7. und 8. Jh. eine große Welle der Islamisierung und Arabisierung hinwegging. Wo und unter welchen Bedingungen erhielt sich hier ein Teil jener Christenheit, die von Eroberern überschwemmt worden war? Wo dagegen ging sie ohne Rest unter? Starke Gruppen überdauerten in Spanien, Sizilien, Ägypten, Palästina, Jordanien, Libanon, Syrien und Mesopotamien. Das aber heißt: durchweg in Ländern, in denen zur Zeit der islamischen Expansion der Gottesdienst in jener Sprache gehalten wurde, die von der Mehrheit der Bevölkerung auch im Alltag gesprochen wurde: Latein in Spanien und (neben Griechisch) in Sizilien, Koptisch in Ägypten, Syrisch im "fruchtbaren Halbmond" von Vorderasien.

Dazu nun als erstes Kontrastbeispiel Kappadokien. Diese Landschaft im östlichsten Anatolien, die wohl nur in den Städten tieferdringend gräzisiert war, hat im 4. Jh. große Theologen griechischer Sprache gestellt und sehr früh ein blühendes nach Palästina ausgreifendes Mönchtum entwickelt. Ja, zeitweilig bewies Kappadokien eine geistliche Strahlkraft, die von keiner anderen Gegend der Christenheit übertroffen wurde. Und doch ist auch hier das Christentum vom Islam davongefegt worden. Wohlgemerkt: ohne blutige Verfolgungen, ja ohne eine zielstrebige Bekehrungspolitik.

Ganz ähnlich, nur in einem geographisch noch weiter gesteckten Rahmen und in einer historisch noch genauer beschreibbaren Paradoxie, schmolz das Christentum in Nordafrika dahin. Den Streifen, den heute Tunesien und Algerien ausfüllen, überspannte im 5. Jh. ein dichtes Netz von mindestens 500, ja, wahrscheinlich erheblich mehr Bistümern.[54] Ge-

[54] Werner Eck: Der Episkopat im spätantiken Africa: organisatorische Entwicklung, soziale Herkunft und öffentliche Funktionen. In: Historische Zeitschrift 236 (1983) S. 265-295 mit Lit. Vgl. dazu die Karte: Die afrikanische Kirche bis um 600. In: Atlas der Kirchengeschichte. Die christlichen Kirchen in Geschichte und Gegenwart hg. von

wiß schrumpfte die Zahl unter wandalischer Herkunft auf etwa 220. Aber Justinian, der im 6. Jh. das Reichsregiment in Nordafrika wiederherstellte, erhob zur Pflicht, daß auch hier in jeder Stadt ein Bischof residierte. Kam als afrikanische Besonderheit hinzu, daß es hier zahlreiche Bischöfe gab, die auf dem Lande – in Dörfern oder auf Gütern – residierten. Dem reiht sich an, daß an vielen Orten neben einem katholischen Oberhirten noch ein donatistischer Rivale amtierte. Es ist vermutet worden, bei Einbruch der Wandalen hätten, sage und schreibe, tausend Bischöfe, mehr als in irgendeinem anderen Reichsteil, gleichzeitig amtiert. Somit brachen um a. 700 die arabischen Eroberer, wie es scheint, in ein gründlich und dauerhaft christianisiertes Nordafrika ein. Vor diesem Hintergrund wollen die romanisch sprechenden Christen, die sich bis tief ins Mittelalter als Streuminderheit im ganzen Maghreb forterhielten, nur als kümmerlicher Rest erscheinen. Ja, in den meisten Gegenden verlierten sich die Spuren im 12. Jh., während in der Stadt Tunis noch a. 1270, als es Ziel eines Kreuzzuges wurde, Kirchen standen. Mitte des 11. Jh.s gab es gerade fünf afrikanische Bischöfe, a. 1076 nicht einmal die – für eine Ordination benötigten – drei.[55]

In beiden Fällen, die uns als Kontrastbeispiele dienen, haben wir es mit Regionen zu tun, in denen die Kirchensprache nicht mit dem Idiom zusammenfiel, das von der Mehrheit der Bewohner gesprochen wurde.[56] Weder in Kappadokien noch in Nordafrika hatte es einen Pionier gegeben, der die imperiale Norm durchbrochen und es gewagt hätte, Gottesdienst in einer anderen Zunge als in einer der beiden Reichssprachen, Latein oder Griechisch, zu halten. Die frühe Kirche, die hier in der Spur des weltlich-administrativen Brauchs blieb, bemühte sie nie, die regionalen Barbarensprachen wie das Berberische oder das Kappadokische zu verschriftlichen, um mit diesem Mittel auf die Bergbevölkerungen einzuwirken.

In Nordafrika bot sich, noch vor dem Berberischen, das Punische als eine Sprache an, die sich als zweite Kirchensprache neben dem Latein

---

Hubert Jedin, Kenneth Scott Laturette und Jochen Martin (bearbeitet vom letzteren). Freiburg ... 1987 S. 24. – Zu der begrenzten, ja auf dem Lande rückläufigen Romanisierung der sprachlichen und kulturellen Verhältnisse s. Brisson: Autonomisme.

55 William Seston: Sur les derniers temps du Christianisme en Afrique. In: Mélanges d'archéologie et d'histoire de l'École française à Rome 53 (1936) S. 101-124; Christian Courois: Grégoire VII et l'Afrique du Nord. Remarques sur les communautés chrétiennes d'Afrique au XIe siècle. In: Revue historique 195 (1945) S. 97-132; 193-226. Tadeusz Lewicki: Une langue romane oubliée de l'Afrique du Nord. Observations d'un arabisant. In: Rocznik orientalistyczny 17 (1951-1952) S. 415-480; Giovan Battista Pellegrini: A proposito di alcune forme romanze nelle fonti arabe. In seinen: Saggi di linguistica italiana. Storia, struttura, società. Turin 1975 S. 445-461.

56 Zu Kappadokien s. Karl Holl: Das Fortleben der Volkssprachen in Kleinasien in nachchristlicher Zeit. In: Hermes 43 (1968) S. 240-254.

geeignet hätte, mit dem es als Umgangssprache in den Städten konkurrierte. Da es sich hier um eine semitische Sprache mit alter, phönikischer Schrifttradition handelte, scheint es auf den ersten Blick nahegelegen zu haben, Punisch, wie in Syrien das Syrische, als Kirchensprache anzuerkennen. In Wirklichkeit aber blieb es bei mündlichen, improvisierten Verdolmetschungen, die gelegentlich an lateinische Predigten angehängt wurden. Ich möchte meinen, daß dies, ob nun bewußt oder unbewußt, durch eine auch in Kirchenkreisen verbreitete römisch-imperiale Reserve gegenüber der Kultur eines Volkes bedingt war, das von den Römern nur mit großer Mühe bezwungen worden war.

Anders, so ist behauptet worden, hielten es jene Donatisten, die sich über der Frage abspalteten, wie mit Geistlichen zu verfahren sei, die während der letzten Christenverfolgungen keine kompromißlose Glaubenstreue gezeigt hatten.[57] Diese rigoristische Richtung, die sich zu einer stattlichen Gegenkirche mit einem Netz von vielen Bistümern und Gemeinden auswuchs, rückte, je schärfer ihnen Reichskirche und politische Autoritäten zusetzten, von jeder weltlichen Staatsräson ab. Dies mag sie befähigt haben, die brachliegende, den Bedürfnissen vieler entgegenkommende Möglichkeit aufzugreifen, Gottesdienste in punischer Sprache zu halten.[58] Gern wüßte man, ob dieser erste – bisher wohl eher vermutete als bewiesene – Durchbruch den Weg zu der zweiten Neuerung freigab, Liturgie auch in der Sprache jener Berber zu halten, in deren rauhes Bergmilieu sich die Donatisten immer mehr abgedrängt sahen.[59] Anhalte für eine solche Vermutung sind freilich nicht zutage getreten.

Da der donatistische Strang nordafrikanischer Christlichkeit bereits abgestorben war, als die arabischen Eroberer einbrachen, paßt die vergleichsweise rasche und schließlich fast restlose Islamisierung Nordafrikas gut in das entworfene Schema.

---

[57] Zu den Anhängern des Donatus, der eine Amtsenthebung aller in der Verfolgungszeit nachgiebigen Priester forderte, s. W. H. C. Freud: The Donatist Church. A movement of protest in Roman North Africa. Oxford 1952.

[58] Zum Punischen bei den Donatisten s. Brisson: Autonomisme; Ramsay MacMullen: Provincial languages in Roman Empire. In: American Journal of Philology 87/1 (1966) S. 1-17; Wolfgang Rölling: Das Punische im Römischen Reich. In: Sprachen im römischen Reich S. 285-299. T. R. S. Broughton: The Romanisation of Africa Proconsularis. Diss. phil. Baltimore 1929 = John Hopkins University Studies in Historical and Political Science. Extra Volumes, New Series No. 5. – Nichts darüber finde ich bei Grimshaw Willis: Saint Augustine and the Donatist controversy. London 1950. – Daß umgekehrt der Triumph des Christentums die Ausbreitung des Lateinischen in Nordafrika vorangetrieben hat, vermutet Gaston Biossier: L'Afrique romaine. Promenades archéologiques en Algérie et en Tunésie. [3]Paris 1907 S. 341.

[59] Daß die stärkere und länger andauernde Vertretung des Donatismus auf dem Lande und in Numidien vor dem Hintergrund der besseren Durchgreifmöglichkeiten der Reichskirche in den Städten gesehen werden muß, wird dargelegt von Emil Tengström: Donatisten und Katholiken. Soziale, wirtschaftliche und politische Aspekte einer nordafrikanischen Kirchengestaltung. Diss. phil. Göteborg 1964 S. 118-164.

Zum Schicksal der hier alteingebürgerten Sprachen bleibt nachzutragen, daß Punisch von dem verwandten semitischen Idiom Arabisch ebenso aufgesogen wurde wie in Syrien das Syrische, von dem gleich die Rede sein soll. Das Lateinische wird als vorherrschende Sprache der zu Streuminderheiten zusammengeschmolzenen Christen länger überdauert haben. Wenn sich in den nordafrikanischen Bergen das altbodenständige Berberische bis heute erhalten hat, dann bedurfte es dazu, anders als beim Albanischen, keiner Kirchensprache. Denn im Unterschied zu den Slawen in Südosteuropa, die sich allmählich auch an die Nutzung von Bergregionen gewöhnten und beim Vordringen in höhere Lagen die dort Beheimateten einzuschmelzen pflegten, hatten sich die arabischen Eroberer wohl einigermaßen durchgängig an die Ebenen gehalten.

Erst von den Waldensern, dann von Wiclif, Huß und schließlich – mit weltweiten Wirkungen – von der Reformation wurde zum Prinzip erhoben, man solle allen Völkern die Bibel in ihrer Muttersprache zugänglich machen und Gottesdienste so feiern, daß sie von jedermann verstanden würden. Die Reformation hatte zur Folge, daß in kurzer Zeit eine ganze Reihe von Sprachen verschriftlicht wurden, die bislang nur im mündlichen Gebrauch gewesen waren. Dies hat in einer ganzen Reihe von Fällen die Ausbildung eines nationalen (oder, etwa bei Sorben und Graubündener Rätoromanen, doch eines ethnischen) Selbstbewußtseins in ähnlicher Weise vorangetrieben, wie dies Buch es für die Bessen behauptet. Interessante Vergleichsbeispiele bietet auch die katholische Mission in Iberoamerika. In Paraguay, wo die Jesuiten das Guaraní zur vollen Kirchensprache erhoben und auf jede Durchsetzung des Spanischen verzichteten, sind die Bewohner heute zur guten Hälfte, ja in der Hauptstadt zu zwei Dritteln zweisprachig. Guaraní genießt – ein Unikum auf dem ganzen Kontinent – die Würde einer zweiten Staatssprache. Auf der Halbinsel Yucatán hat die Verschriftlichung der Mayasprachen durch Missionare nicht nur dem Abbröckeln der dortigen Sprachgemeinschaften einen Riegel vorgeschoben, sondern sogar langlebige indianische Gegen-Gemeinwesen ermöglicht. Im 19. Jh. kam es zu einer nativistischen Rebellenbewegung, die manches ihrem starken sprachlichen Rückhalt verdanken wird.[60]

In der alten Kirche galt, als sie sich über ihr Ausgangsgebiet Palästina hinaus über das Imperium verbreitete, zunächst das Griechische als allgemeine, einzige Sakralsprache. Ihm traten dann zwei weitere Sprachen zur Seite, die ebenfalls Ansprüche auf eine Vorrangstellung geltend ma-

---

[60] Dazu Wolfgang Reinhard: Sprachbeherrschung und Weltherrschaft. Sprache und Sprachwissenschaft in der europäischen Expansion. In: Humanismus und Neue Welt. Hg. von dems. Weinheim 1987 = Mitteilung XV der Kommission für Humanismusforschung S. 1-36 (hier S. 18 mit Lit.)

chen konnten. Einmal gilt das für das Syrisch-Aramäische, das schon in der gottesdienstlichen Tradition der Juden sakrale Hilfsfunktionen übernommen hatte. Nachdem das Hebräische als Umgangssprache durch das Aramäische verdrängt worden war, wurde es, damit die Gläubigen zum genauen Verständnis von Bibeltexten gelangten, notwendig, eine Übersetzung in ihr Alltagsidiom nachzuschieben. Vielleicht hat auch der Umstand, daß Jesus Aramäisch gesprochen hatte, diese Sprache in der jungen Kirche besondere Achtung eingetragen. Zum anderen konnte nicht ausbleiben, daß in der westlichen Reichshälfte die dort geltende weltliche Offizialsprache Latein auch in der Kirche das Griechische verdrängte. Erstaunlich allenfalls, daß zumindest in der Hauptstadt des Römerreiches die Abendmahlsliturgie bis weit ins 4. Jh. noch immer in der altehrwürdigen griechischen Lautung erklang.

Darüber hinaus ist es zu »vollen Kirchensprachen« fürs erste nur in vergleichsweise wenigen Fällen gekommen. Jedesmal waren die Einsicht, der Mut und die Durchsetzungskraft von Bahnbrechern nötig, die neue Wege einschlugen. In Oberägypten kennen wir nicht einmal den Namen jenes Mannes, dem das sahidische Alphabet und gewiß auch die Grundlegung jener Literatur zu danken ist, der sich bald Texte in zwei anderen koptischen Dialekten anreihen sollten. Die übrigen Pioniere waren der Gote Ulfila, der Armenier Maschtotz, der Besse Niceta und im 9. Jh. die beiden »Lehrer der Slawen« Bischof Konstantin der Philosoph, der unter seinem Mönchsnamen Kyrill in die Geschichte eingegangen ist, und sein Bruder Methodios. Im 14. Jh. folgte, gewiß durch die Lektüre der Kyrill-Vita angeregt, Stefan von Perm', der ein in Nord-Ostrußland gesprochenes ostfinnisches Idiom, das Syrjänische, in eine Kirchensprache mit eigenem Alphabet umsetzte. Es wird sich, wie all die anderen genannten Fälle, um die eigene Muttersprache des Mannes gehandelt haben, der die neue Schriftsprache schuf. Einer großen Zahl anderer Sprachen wurde Entsprechendes nie oder doch bis zur Reformation nicht zuteil. Viele sind nicht zuletzt deshalb ausgestorben.

Uns steht, wohlgemerkt, nicht an zu erörtern, ob die alte Kirche in Fragen der Gottesdienstsprache richtig oder falsch entschieden hat. Wir haben deshalb auch nicht abzuwägen, ob der Gewinn, den die Kirche und abendländische Kultur aus der langen Vorzugsstellung des Lateinischen gezogen hat, den Preis überwiegt, der dafür (bis zum Zweiten Vaticanum) zu zahlen war.[61] Wir verfolgen vielmehr einen strikt historischen

[61] Dazu s. Holl: Kultursprache S. 263, wo unter den Nachteilen, die aus der Unverständlichkeit der Gottesdienstsprache für die Masse der Gläubigen herzurühren pflegte, auch die Tendenz zu einem bloß oberflächlichen Glauben und einer »Religion der heiligen Formen und Formeln« aufgeführt wird. Vgl. dazu – die Einstellung der griechischen Kirche zu anderen Sprachen allzu liberal einfärbend – Paul Fredericq: Les con-

Gedankengang, bei dem es darum geht, eine Vermutung über Südosteuropa, also einen Raum mit spärlicher Dokumentation, in eine Reihe mit typologisch verwandten und von den Quellen heller beleuchteten Fällen zu stellen. Der Besitz »voller Kirchensprachen« war, dieses Fazit dürfen wir festhalten, offensichtlich von durchweg hoher Bedeutung für die Fortdauer des Christentums, wo immer es in die Defensive geraten war. Er trug weiterhin zur Erhaltung von Sprachen bei, die ohne einen solchen Rückhalt vermutlich einem Assimilierungsdruck erlegen wären.

Wir dürfen annehmen, daß ein durchweg in der Muttersprache der Gläubigen erklingender Gottesdienst das Bewußtsein einer ethnischen Zusammengehörigkeit und Identität gefestigt, ja mit einer besonderen Würde ausgestattet hat. Die Liturgie im angestammten Idiom diente darüberhinaus – namentlich im Credo – auch als wichtigstes Mittel, ein religiöses Kernwissen an einfache Leute weiterzugeben. Gerade in bedrohten Zeiten wird das von großer Bedeutung gewesen sein.[62]

III.4 Abzug aus der alten Heimat

Bislang haben wir die Vorfahren der heutigen Albaner östlich jener beiden Flüsse Vardar und Morava kennengelernt, die zusammen die Nord-Süd-Achse der mittleren Balkanhalbinsel bilden. In der Ebene im Osten des mittleren Vardars liegt die Stadt *Štip*. Ihren Namen haben die eindringenden Slawen aus einer bodenständigen Sprache bezogen, die sehr wohl das Uralbanische gewesen sein kann. Die »ältere Heimat«, aus der die heutigen Albaner zuwanderten, muß man sich enger begrenzt vorstellen als den Verbreitungsraum des Uralbanischen. Ihr Herkunftsraum beginnt ostwärts von Štip und umfaßt, grob abgesteckt, den Westteil jener höchsten Berglandschaften der Halbinsel, die sich zu beiden Seiten der heutigen Westgrenze Bulgariens erstrecken. Hier, so haben wir gesehen, lebten die altbodenständigen Bessen seit dem 7. Jh. in enger, auf Wanderweidewirtschaft beruhender Symbiose mit Romanen, die sich vor den eingefallenen Slawen in die Berge gerettet hatten.

---

séquences de l'évangélisation par Rome et par Byzance sur le développement de la langue maternelle des peuples convertis. In: Académie Royale de Belgique (hg): Bulletin de la Classe des Lettres et des Sciences Morales et Politiques et de la Classes des Beaux-Arts 1903 S. 738-751. Vgl. auch Georg Nickel: Der Anteil des Volkes an der Meßliturgie im Frankenreich von Clodwig bis Karl d. Gr. Innsbruck 1930 = Forschungen zur Geschichte des innerkirchlichen Lebens 2. Heft 6 S. 72: »der äußere Anteil des Volkes an der Meßfeier ging mehr und mehr zurück, bis die Gemeinde fast völlig vom äußeren Geschehen der Liturgie ausgeschaltet war.«

62 S. dazu Maurice Michaud: Langue d'Église et droit liturgique. In: L'Année canonique 3 (1954–55). S. 97–128; 5 (1957) S. 157–172.

Für das 9. Jh. läßt sich nun – und damit beginnt ein neuer Abschnitt unserer Geschichte – die Anwesenheit von Uralbanern in Gegenden wahrscheinlich machen, die viel weiter westlich liegen. Nach Indizien, die ihren Ortsnamen ablesbar sind, können diese nicht zum ursprünglichen Verbreitungsgebiet des Bessisch-Albanischen gehört haben. Bislang scheint noch nicht herausgefiltert worden zu sein, welche albanischen Lehnformen für Flüsse und Orte im Kosovo, Westmakedonien und Nordalbanien auf sehr frühen Entlehnungen beruhen dürften. Aber das spärliche Material, das sich schon heute bequem abrufen läßt, hilft unserer chronologischen Neugier mit Anhalten für einen *terminus ante* der Übersiedlung weiter. Die Form *Shkup* »Skopje« setzt eine albanische Entlehnung zu einem Zeitpunkt voraus, als in slawischen *Skъp-*, ein Halbvokal mit *u*-Tönung, noch nicht zu *o* geworden war.[63] Dieser jüngere slawische Lautstand wird uns durch *Skōpion* in einer griechisch abgefaßten Inschrift aus Prespa erstmals a. 984/985 bezeugt.[64] Vor diesem Zeitpunkt muß auch *Dibra*, der albanische Name für *Debar*, die wichtigste slawische Ansiedlung am Schwarzen Drin, übernommen worden sein. Denn die Lautung, die ins Albanische einging, war noch unberührt von der parallelen Hebung von ь (einem ultrakurzen ĭ) zu *e*.[65] Einen ähnlichen chronologischen Anhalt liefern, wenn der albanische Lautwandel von *-s-* zu *-sh-* zurecht um a. 1000 datiert wurde, *Rush* < *Ragusio*, *Drisht* < *Drivasto*, *Ishëm* < *Isamnu*.[66]

Ähnlich weit zurück führt uns ein anderer Namenbeleg. Die ältere albanische Lehnform für die Stadt Ohrid – in einem Druck von a. 1504 als *Alchria* überliefert und heute durch *Ohore*, *Ohëre* verdrängt – kann nicht über slawische Vermittlung auf das antike *Lychnidos* zurückgehen.[67] Vielmehr muß sie von den einwandernden Albanern jener altbalkanischen Sprache abgeborgt worden sein, die einmal an den Ufern des Ohridsees gesprochen wurde, heute aber ausgestorben ist. Nun wurde Ohrid wahrscheinlich zwischen a. 880 und 885 dem Bulgarischen Reich

---

[63] In meinen: Eroberern 38.13.4. habe ich *Skъp-* als Vorform von *Skopje* nur mit Hilfe von historischen Kontextüberlegungen erschlossen. Aleksandar Loma weist mich freundlicherweise darauf hin, daß mein Ansatz auch durch die Namenüberlieferung gestützt wird, die *grad Skьpь*) in der Vita des Heiligen Symeon (aus der Feder seines Sohnes, des serbischen Königs Stefan Nemanja) verzeichnet, s. Pavel Josef Šafařik (hg.): Památki drevniho písemnictví jihoslovanův. Díl předchozí ²Prag 1873 S. 8.

[64] Glossar zur frühmittelalterlichen Geschichte im östlichen Europa, Beiheft Nr. 4, bearbeitet von Vojislav Djurić und Anna Tsitouridi. Wiesbaden 1986 Nr. 28. – Zu der Inschrift und ihrer Datierung s. Jadran Ferluga: La date de la construction de l'église de St. Achillée de Prespa. In seinen: Byzantium on the Balkans. Studies on the Byzantine administration and the Southern Slavs from the VIIth to the XIIth centuries. Amsterdam 1976 S. 355-360. Vgl. auch Schramm: Eroberer 38.12.7.

[65] Karl Treimer: Dibra. In: Archiv für slavische Philologie 35 (1914) S. 601-603.

[66] Norbert Jokl in: Indogermanische Forschungen 36 (1916) S. 151f.

[67] S. o. S. 39.

eingegliedert. In diesem neuen Rahmen sollte es sich rasch zu einem Vorort von großer politischer und geistlicher Bedeutung entwickeln.[68] Kaum anzunehmen, die Albaner wären zu einer Lehnform für Ohrid erst eine geraume Frist nach a. 885 gekommen. Denn zu einem so späten Zeitpunkt hätten sie ihre Lehnlautung gewiß aus keiner anderen Sprache als eben dem Slawischen bezogen. In Nordostalbanien begegnet zweimal der Flußname *Bushtrica* für Zubringer des Drin und des Shkumbini. Er muß vor Ausgang des 9. Jh.s. übernommen worden sein, denn diese slawische Prägung hat nicht mehr am Lautwandel von $\bar{u}_l$ zu *y* teilgenommen.[69] Beide *Bushtrica* fließen im östlichen Randstreifen von Nord- und Mittelalbanien, mittelalterlich gesprochen: im Ostteil des Arbanon und damit im Bereich albanischer Früheinwanderung. Im Südalbanien finden wir stattdessen das später entlehnte *Bistrica.* Die drei erwähnten Flüsse sind übrigens die einzelnen Vertreter einer Gruppe mittellanger Flüsse, die sich zwischen den langen Flüssen (mit vorslawischen Hydronymen) und den durchweg nach Anliegerdörfern benannten Bächen plazieren.

Einen wichtigen Hinweis, der uns hilft, das Datum der Westwanderung einzugrenzen, liefert der albanische Wortschatz, der – im krassen Unterschied zu dem Befund im Rumänischen – über längere Zeit unbeeinflußt von dem christlichen Vokabular der Slawen geblieben ist.[70] Danach müssen die bessischen Übersiedler bereits abgewandert gewesen sein, als das bulgarische Kirchenwesen, das sich seit der Zarentaufe um a. 865 rasch entfaltete, auch auf ihre alten Sitze (und ihre jahrhundertelangen Nachbarn, die romanischsprechenden Wlachen) ausgriff.

Was aber läßt sich über den *terminus post* der Westbewegung aussagen? Der reiche Bestand an Ortsnamen, den die Albaner in ihrer neuen Heimat jenen Slawen abgeborgt haben, die hier in den niederen Lagen die dominante Bevölkerung stellten, setzt durchweg voraus, daß die Entlehnung nach dem Wandel von urslaw. *a* zu *o* stattfand. Das läßt auf eine Lehnfixierung nach a. 800 schließen. Ja, da über die Liquidenmetathese, die zur Einwanderungszeit – nach Ausweis etwa von alb. *Rash* für serb. *Rasъ* < **Ars-* für das slawische Reich, dessen südwestliche Nachbarn

---

[68] Aleksandar Kuzev in: Symposium Methodianum. Beiträge der Internationalen Tagung in Regensburg ... 1985 ... hg. Klaus Trost u. a. Neuried 1988 = Selecta Slavica S. 189. Die abweichende Datierung in meinem: Eroberer 35.2.4. ist zu korrigieren.

[69] Zur Datierung von $u_l > y$ s. George Y. Shevelov: A prehistory of Common Slavic 1964 S. 380: nicht vor dem 8. Jh., im 10. Jh. bereits gemeinslawisch vollzogen; am ehesten ein Wandel des 9. Jh.s.

[70] Eqrem Çabej in: Actes du Premier Congrès international des études balkaniques et Sud-Est européennes VI Linguistique hg. Association Internationale d'Études du Sud-Est Européen. Sofia 1968 S. 446.

die bessischen Umsiedler wurden[71] – schon durchgeführt war, gelangen wir zu einem noch späteren Umsiedlungsdatum, da dieser Wandel im slawischen Namen eines bulgarischen Gesandten von a. 812 – *Dargamērēs* – noch fehlt.[72] Wenn es im albanischen Wortschatz dagegen eine Reihe von Entlehnungen aus dem Slawischen gibt, die ein früheres Übernahmedatum voraussetzen,[73] dann handelt es sich gewiß um Lehngut, das die bessischen Auswanderer sich bereits in ihrer alten Heimat angeeignet hatten.

Insgesamt gibt es somit hinreichend zahlreiche und verläßliche Indizien, die dafür sprechen, daß ein Teil der Bessen (grob abgegrenzt) in der ersten Hälfte des 9. Jh.s seine alte zentralbalkanische Heimat aufgab und neue Sitze im Westen der Halbinsel suchte. Welche Umstände mögen das bewirkt haben?

Im dritten Viertel des 8. Jh.s hatte Byzanz zehn Militärexpeditionen in das feindliche Bulgarenreich geschickt.[74] Um den Gegner dauerhaft zu schwächen, wurden dabei große Zahlen von Slawen nach Kleinasien umgesiedelt. Aber dann waren seit a. 789 die angegriffenen Bulgaren zum Gegenangriff angetreten. Dem großen Khan Krum gelang a. 802-814 eine erhebliche Vergrößerung des bulgarischen Machtbereichs, die sein Sohn Omurtag, der wohl a. 816 als Krums zweiter Nachfolger Khan wurde, in einem auf dreißig Jahre geschlossenen Friedensvertrag absichern konnte. Ja, jetzt begann eine Ausweitung des bulgarischen

[71] Schramm: Eroberer 37.6.

[72] Beispiele bietet das reichhaltige und klarsichtige Werk von Seliščev: Slavjanskoe naselenie v Albanii. Zur Datierung slaw. vor *a* > *o* und der Liquidametathese in Südosteuropa s. Schramm: Eroberer S. 146 (19.3.3.); 148f. (19.3.6.).

[73] Z. B. alb. *daltë* »Meißel« (: bulg. *dlato*), *magulë* »Hügel« (: kslaw. *mogyla*), *matukë* »Haue, Hacke« (abulg. *motyka*). Dazu s. Ivan Duridanov in: Akten des Internationalen albanologischen Kolloquiums. Innsbruck 1977 S. 688-696. Zu vergleichen sind die – wohl fast gleichzeitig – einsetzenden Übernahmen von slawischen Lehnwörtern in die Sprache des Symbiosepartners der Albaner, s. dens.: Die ältesten slawischen Entlehnungen im Rumänischen. In: Linguistique balkanique 34 (1991) Nr. 1-2 S. 3-19.

[74] Zu den bulgarisch-byzantinischen Beziehungen und der Religionspolitik der Bulgarenkhane s. u. a. Veselin Beševliev: Die Feldzüge des Kaisers Konstantin V. gegen die Bulgaren. In: Études balkaniques VII/3 (Sofia 1971) S. 5-17; Tadeusz Wasilewski: Bizancjum i Słowianie w IX wieku. Studia z dziejów stosunków politycznych i kulturalnych. Warschau 1972 = Rozprawy Uniwersytetu Warszawskiego 57; Genoveva Cankova-Petkova: Deux contributions à l'histoire des rapports bulgaro-byzantins au IX s. In: Byzantinoslavica 37 (1976) S. 36-45; Christian Hannick in: Die Kirche des früheren Mittelalters. 1. Halbbd. hg. von Knut Schäferdieck. München 1978 = Kirchengeschichte als Missionsgeschichte Bd. 2 S. 361-308; Hans Dieter Döpmann: Bulgarien als Treffpunkt von östlichen und westlichen Christentum in frühbyzantinischer Zeit. In: Spätantike und frühbyzantinische Kultur Bulgariens zwischen Orient und Okzident, hg. von Renate Pillinger. Wien 1986 = Österreichische Akademie der Wissenschaften (hg.): Schriften der Balkankommission. Antiquarische Abteilung 16 S. 57-69; Peter Schreiner: Das Christentum in Bulgarien vor 864. In: Miscellanea Bulgarica 5. Wien (1987) S. 51-61.

Reichs nach Westen, die um die Mitte des Jahrhunderts in Südalbanien bereits die Adria erreichte.[75] Mir will scheinen, daß jetzt eine Lage eingetreten war, die für einen Abzug eine ganze Reihe von Motiven lieferte: – Krum war mit aller Grausamkeit gegen die christliche Bevölkerung in den Gebieten, die er erobert hatte, vorgegangen. Viele standhafte Gläubige hatten das Martyrium erlitten, andere waren verschleppt worden.[76] Nach Krums Tode a. 814 war es zu einer neuen Welle blutiger Heimsuchungen gekommen. Omurtag setzte (nachweisbar bis in die 20er Jahre) die Verfolgung der Christen fort: wohl, weil er in ihnen kaum zu unrecht Parteigänger der Byzantiner sah, während er sich von einem forcierten Heidentum einen Rückhalt seiner Dynastie und seiner Macht versprach.[77] Sein Sohn Omurtag ist, obwohl er einen langfristigen Frieden mit den Byzantinern abschloß, in seinem Lande nicht minder grausam gegen Christen vorgegangen. In die Zeit zwischen a. 821 und 826 fällt, daß er eine christliche Gemeinde in seinem Reich zum Fleischessen während des großen Fastens veranlassen wollte. Wenn Theodoros von Studion recht berichtet, haben sich zahlreiche Gläubige geweigert und für ihre Standhaftigkeit das Martyrium auf sich genommen.[78] Wenn

---

[75] Zu diesem, nur mit erheblichen chronologischen und geographischen Unsicherheiten bestimmbaren Vorgang einer Westexpansion des 1. Bulgarenreichs s. Petar Koledarov: Političeska geografija. Nach einer Karte des gleichen Autors in seinem: Kliment Ochridskij »pärvi episkop na bälgarski ezik«, na dragovitite v Solunsko i na Velikija v Zapadnite Rodopi. In: Konstantin-Kiril filosof. Jubileen sbornik po slučaj 110-godišninata ot smärtta mu, hg. von der Bälgarska Akademija na naukite. Institut za literatura/ Sofijski Universitet »Kliment Ochridski« S. 141-169 erstreckte sich das Bulgarenreich des 8. Jh.s in seinem Nordwesten erst bis an die Flüsse Timok und Nišava. Für bis zum 9. Jh. bescheidene Dimensionen des Bulgarenreiches plädiert auch G. Cankova-Petkova: O territorii Bolgarskogo gosudarstva v VII – X w. In: Vizantijskij vremennik 17 (1960) S. 124-143.

[76] Enrico Follieri: Accolutia in medita per i martiri di Bulgaria dell 'anno 813. In: Byzantion 33 (1963) S. 71-106; Veselin Beševliev: Eine nichtgenügend anerkannte hagiographische Quelle. In: Polychronion. Festschrift Franz Dölger ... Heidelberg 1968 = Corpus der griechischen Urkunden des Mittelalters und der neueren Zeit. Reihe D Bd. 1 S. 90-104.

[77] Die Gleichsetzung von »Byzantinern« und »Christen« war im griechischen Sprachgebrauch gängig, begegnet aber auch in einer bulgarischen Herrscherinschrift um a. 837, s. Beševliev: Protobulg. Inschriften Nr. 56 und S. 74–77. Wohl keinen verläßlichen Anhalt für ein Abklingen der Feindschaft Omurtags gegen das Christentum liefert, daß er sich in einer Inschrift als *ek theû archon* (für *-ōn*) bezeichnen ließ. Diese Kopie eines christlichen Ehrentitels *ho ek theû basileùs Rhomaiōn*, den der byzantinische Kaiser führte, begegnet auch bei Omurtags beiden Nachfolgern, s. Veselin Beševliev: Souveränitätsansprüche eines bulgarischen Herrschers im 9. Jahrhundert. In: Byzantinische Zeitschrift 55 (1962) s. 11-20.

[78] Theodoros von Studion in seiner Predigt über die heiligen Märtyrer in Bulgarien, s. Nova patrum bibliotheca Bd. 9, hg. J. Cozza-Luzi. Rom 1899 S. 149f. Zur Datierung der »Kleine Katechese« genannten Predigtreihe, der dieses Zeugnis entstammt, s. Charles van der Vorst in: Analecta Bollandiana 33 (1914) S. 32. Frühe Äußerungen des gleichen Autors über das bulgarische Heidentum behandelt Ivan Dujčev: San Teodoro Studita ed i Bulgari. In seinem: Medioevo bizantino-slavo. Bd. 1 Rom 1965 = Storia e letteratura 102 S. 193-205.

Christen freiwillig das Feld räumten, konnte dies Omurtag nur recht sein.
– Daß die Slawen von den Niederungen, in denen sie zunächst Fuß gefaßt hatten, sich die Täler hinauf vorschoben, war schon vor a. 815 spürbar. Es stand zu erwarten, daß dieser Vorgang unter den Bedingungen eines langen Frieden, der ein rasches Anwachsen der Bevölkerung verhieß, zügig voranschreiten würde.[79]
– Mit Serdica, das die Byzantiner a. 809 hatten räumen und a. 813 abtreten müssen, ging dem oströmischen Reich die wichtigste noch einigermaßen intakte Landbrücke zu jenen Bessen verloren, deren Dienste namentlich als Soldaten man seit langem schätzen gelernt hatte.
– Wenn Omurtag die Auswanderungswilligen ziehen ließ, dann bot sich eine ideale neue Bleibe gerade im Vorfeld von Dyrrachion an. Denn diese letzte Bastion, die Byzanz im Mittelband der Halbinsel noch hielt, war dringend darauf angewiesen, daß Feinde möglichst schon im Vorfeld abgefangen wurden. Zuwanderer aus dem Volk, das dem Reich seit Jahrhunderten Soldaten gestellt hatte, mußten hier hochwillkommen sein.

Somit spricht ein ganzes Bündel von Gründen für die Annahme, die Umsiedlung sei ein Baustein zu jener auf längere Dauer berechneten Friedensordnung gewesen, die um a. 816/17 (oder 814/15) zwischen Byzanz und Bulgarien ausgehandelt wurde und die wir – weil von ihrer Fixierung durch eine Inschrift leider bloß ein Bruchstück erhalten geblieben ist – nur zum Teil kennen.[80] Aber wohlgemerkt: wir sollten uns auf dem heutigen Kenntnisstand auch andere Datierungen zwischen Krums Eroberungen und der Taufe des Bulgarenkhans Boris offenhalten. Der entscheidende Grund für den Platzwechsel bliebe auch dann, wenn sich Argumente für ein etwas späteres Umsiedlungsdatum finden würden, derselbe. Eine christliche Bevölkerung, der an ihrer Religion lag, hatte in einer Epoche, in der die Bulgaren ein militantes Heidentum herauskehrten, zwischen a. 802 und a. 865 allen Anlaß, in ein Gebiet mit uner-

---

[79] Zur Slavisierung der Bergregionen s. Schramm: Eroberer s. 150-156; 180-182. Zur demographischen Entwicklung s. beim Theophanus continuatus (Bonner Ausg. 1838) S. 1, demnächst neued. von Igor' Ševčenko: Zar Boris erbat von den Byzantinern Land, weil sein Volk stark gewachsen sei.

[80] Das Inschriftfragment von etwa a. 817, das sich auf der erhaltenen Hälfte einer Marmorsäule beim Dorf Süleiman-Köi (heute Sečište) befindet, umfaßt von den elf Friedensbedingungen nur vier, s. Protobulg. Inschr. hg. Beševliev Nr. 41. Dazu (mit überholter Datierung). J. B. Bury: The Bulgarian Treaty of A. D. 814 and the Great Fence of Thrace. In: The English Historical Review 25 (1910) S. 276-287. Das Fragment bricht mit Vereinbarungen über die Herausgabe christlicher Kriegsgefangener ab. Aus anderen Quellen wissen wir, daß beide Seiten sich verpflichteten, jeden Einfall in das Reich des Vertragspartners zu unterlassen, ebd. S. 206. Die Befristung auf 30 Jahre erklärt sich wohl aus byzantinischer Vorsicht: eine längere Laufzeit hätten die Gebietsabtretungen – bei Übertragung von Regelungen des römischen Privatrechts – als endgültig erscheinen lassen können, s. Ivan Dujčev: Odna iz osobennostej rannevizantijskich mirnych dogovorov. In: Vizantijskij vremennik 15 (1959) S. 64-70.

schütterter byzantinischer Herrschaft auszuweichen. Und sie war dem oströmischen Reiche aufs höchste willkommen.

Somit läßt sich mit guten Gründen behaupten, daß der in seinem Glauben standhafteste, opferbereiteste Teil jener Bessen, die unter den Barbaren der Halbinsel als einziges Volk gründlich christianisiert worden waren und Kirchen wie Klöster zu verlieren hatten, während der ersten Hälfte des 9. Jh.s seine alten Sitze verließ. Am wahrscheinlichsten ist, daß dies um a. 820 geschah.

Unser Augenmerk verdienen auch die Daheimbleibenden. Alle Wahrscheinlichkeit spricht gegen die Annahme, die Bessen seien damals in ihrer Gesamtheit aufgebrochen: in der Weise, wie das bei germanischen, als Heergemeinschaften organisierten und an Ortswechsel gewöhnten Germanenstämmen der Völkerwanderung vorgekommen sein mag. Bei einer Bergbevölkerung, die über eine ausgedehnte Bergregion verstreut lebte, wird man statt dessen annehmen dürfen, daß nur Teile die alte Heimat räumten. (Einige wenige Zehntausende, so würde ich über den Daumen peilen.) Wann die Verbleibenden im Slawentum aufgingen, bleibt ebenso im Dunkeln wie das Schicksal der übrigen Autochthonen in den sonstigen Hochlagen Südosteuropas, die zumeist viel später slavisiert worden sind, als man anzunehmen pflegt.

Auf Bessen, die über die Mitte des 9. Jh.s in ihren zentralbalkanischen Sitzen überdauerten, läßt vielleicht eine Erscheinung im Dakorumänischen schließen. Hier begegnen Entlehnungen von *nomina agentis* aus dem Slawischen auch mit einer adjektivischen Zweitbedeutung, die in der abgebenden Sprache nicht vorgegeben war: etwa *voinic* < abulg. *vojnik* 1. »Krieger, tapferer Mann«, 2. »kräftig, gesund«; entsprechend: *razbojnic* 1. »Krieger«, 2. »kriegerisch«.[81] Ein bulgarischer Philologe hat wahrscheinlich gemacht, daß die Rumänen, die hier von ihrem slawischen Muster abwichen, durch albanische Nachbarn angestoßen wurden. Dafür spricht, daß die Albaner schon aus dem Latein entlehnten Lehnsuffix *-ārius* z. B. in *detar* 1. »Seefahrer«, 2. »zum Meer gehörig« eine zweite, adjektivische Funktion zugewiesen hatten und den aus dem Slawischen bezogenen Substantiv-Suffix *-nik* einen wichtigen Platz in ihrem Flexionssystem einräumten. In einer Gruppe von keineswegs im Regelfall dem Slawischen abgeborgten Adjektiven wie *trashanik* »grob«, *thartanik* »sauer« wird damit die unbestimmte Form gebildet: im Gegensatz zur bestimmten Form und zum Adverb.[82] Die erwähnte Erscheinung begegnet im Dakorumänischen, nicht aber im Aromunischen. Sie dürfte sich deshalb erst ausgebildet haben, nachdem die Aromunen im

---

[81] Alexandre Graur: Nom d'agent et adjectif au roumain. Paris 1929.
[82] Ivan Gălăbov: Bălgarski nomina agentis kato prilagatelni v rumănski i albanski. In: Bălgarski ezik 16 (1966) S. 299-313.

10. Jh. aus der zentralbalkanischen Frühheimat der Hirtenromanen südwärts gewandert waren.[83] Dadurch riß ihre Verbindung zu jenem Volksteil ab, der zunächst dort blieb und erst später das Fundament zu einer neuen Romania nördlich der Donau legte.[84]

Dieser Befund läßt vermuten, daß die Vorfahren der Dakorumänen noch im 10. Jh. die alte Symbiose mit den Bessen pflegten. Dazu stimmt, daß Theophylakt von Ohrid, der im 11. Jh. mit der Wiedereingliederung der bulgarischen Kirche in das byzantinische Reich betraut war, einen Bessen erwähnt.[85] Ein um a. 1080 in einer griechischen Quelle erwähnter *Lekas*, dessen Name sich wohl als *Lekë*, der albanischen Entsprechung von *Alexios*, erklärt, dürfte nach dem Kontext, in dem er begegnet, wohl eher aus dem mittelbalkanischen Bergen als aus dem Arbanon stammen.[86]

Es empfiehlt sich, noch in einer anderen Richtung Ausschau nach Spuren jener Bessen zu halten, die später von den Slawen im Bereich der Zentralen balkanischen Gebirgsgruppe eingeschmolzen wurden. Wenn unser Ansatz stimmt, dann ständen in anderen slawischen Mundarten Übernahmen aus dem Albanischen des 9.-11. Jh.s zu erwarten: im Ostmakedonischen und Westbulgarischen ebenso wie im Ostserbischen. Auf die Isoglosse *fara* »Geschlecht« im Albanischen und Makedonischen machte Jireček aufmerksam, während Ivan Popović mak. *bres* »Gürtel«, *nuse* »Braut«, mittel- und ostserb. *djelak* »Knabe« südwestbulg. *l'uhte* »Kampf« und bulg. *kekav* »schwach, kränkeln« auf albanische Vorbilder zurückführte.[87] Wäre die wortgeographische Aufarbeitung dieser Dialekte nicht bis heute in einem beklagenswerten Rückstand, dürfte man eine noch reichere Ausbeute erwarten.

---

[83] S. u. IV 5.

[84] Schramm: Frühe Schicksale II S. 82-84.

[85] Theophylakt von Ohrid: Epistolae bei Migne: Patrologia Graeca 126 (1864) Sp. 532: Die Deutung von Genoveva Cankova-Petkova: La survivance du nom des Besses au moyen-âge. In: Balkansko ezikoznanie 6 (1963) S. 93-96 überzeugte mich nicht. Ein anderer griechischer Autor des 11. Jh.s, Kekaumenos, erwähnt in seinem: Strategikon, hg. B. Wassilewski und V. Jernstedt. St. Petersburg 1896 Kap. 94 »Daker und Bes(s)en«. Die Koppelung mit »Dakern« (wohl im Sinne von Einwohnern der süddanuvischen Provinzen *Dacia ripuaria* und *Dacia mediterranea*) sowie der übrige Kontext, in dem es um die ursprünglichen Sitze der Wlachen geht, lassen eher auf eine vage historische Reminiszenz als auf gute Information über das 11. Jh. schließen.

[86] Phaidon Malingoudis: Hena albaniko onoma stēs byzantinēs pigēs. In: Byzantina 80 (Thessalonike 1976) S. 161-165.

[87] Jireček: Gesch. d. Bulgaren S. 59; Ivan Popović: Albano-Slavica. Zur Geographie und Chronologie der albanischen Spracheinflüsse auf die Südslaven. In: Südost-Forschungen (1956) S. 512-526.

IV. Ethnische Eigenständigkeit und kirchliches Leben in einem gewandelten Rahmen (9.–12. Jh.)

IV.1 Die neue Bleibe und ihre wirtschaftliche Nutzung

In welcher Gegend fanden die nach Westen abgewanderten Bessen eine neue Heimat? Auskunft gibt uns der Name, den ihre neuen Nachbarn ihnen beigelegt haben. Während die Albaner selber sich *Shqiptaren* nennen, was ursprünglich solche Leute bedeutet haben wird, die sich – als Sprecher der gleichen Sprache – untereinander verstehen,[1] sind die Namen, mit denen sie von den übrigen Völkern bezeichnet werden, dagegen durchweg von dem Landschaftsnamen *Arbanon* (oder seiner Variante *Albanon*) abgeleitet.[2]

Ein Gebiet namens **Albanom* wird es, mag ein Beleg auch fehlen, schon in der Antike gegeben und eine bis heute reichende Namenkontinuität begründet haben, die für Regionen Südosteuropas eher selten ist. Offen muß bleiben, ob die *Albanoi* (mit einem Ort *Albanopolis*), die im 2. Jh. n. Chr. der Geograph Ptolemaios verzeichnet, nach dem Gebiet oder das Gebiet nach dem Volksstamm heißt. Die *Arbanitaì* des mittelalterlichen Griechischen setzten nicht, wie bislang unterstellt, die antike Form *Albanoi* fort, sondern erklären sich als eine Neuableitung von dem Landschaftsnamen. Die Namenkontinuität ist als ein Argument für die Altbodenständigkeit der Albaner in Albanien ausgespielt worden. Entscheidet man sich aber für die Alternative, sie seien erst in nachantiker Zeit ins Land gekommen, dann besagt der Namenbefund etwas anders: die Einwanderer wurden – nach dem althergebrachten Namen ihrer neuen Heimat – als »Leute vom Arbanon« bezeichnet. Daß sich darunter auch die alteingesessenen Albanoi verstehen ließ, verschlug wenig, da diese wohl schon bald von der neuangesiedelten Ethnie eingeschmolzen wurden.

Eine solche Annahme vereint sich gut mit dem ethnischen Bild, das sich für den Gesamtraum Südosteuropa im 9. Jh. rekonstruieren läßt. Denn damals ist in den Gebirgslandschaften noch ziemlich durchweg mit einer Fortexistenz der altbodenständigen Barbarenvölker zu rechnen, die im Altertum ja keineswegs von einer flächigen Romanisierung oder gar

---

[1] Schon Gustav Meyer: Über Sprache und Literatur der Albaner. In seinen Essays und Studien zur Sprachgeschichte und Volkskunde. Bd. 1. Berlin 1885 S. 49-90 (S. 53) erschien das »die einzig mögliche Ableitung«. Die Forschung hat im allgemeinen zugestimmt.

[2] Dazu u.a. Schramm: Eroberer 23.5.1-7. Zu *-lb-* s.o. S. 41. – In der byzantinischen Überlieferung (etwa bei Anna Comnena) begegnet auch die pluralische Variante *tà Álbana* bzw. *Árbara*.

Gräzisierung eingeschmolzen worden waren.[3] Wenn die These des vorliegenden Buches zutrifft, dann läßt sich folgern, es gebe unter den Vokabeln, die bisher dem albanischen Erbwortschatz zugerechnet hat, gewiß einige, die sich als Entlehnungen aus dem heute untergegangenem Idiom jener Stämme erklären, welche man in der Antike unter dem Namen Illyrer zusammenfaßte. Wahrscheinlich machen lassen sich solche Übernahmen nur in glücklich gelagerten Einzelfällen, wo albanische Vokabeln keine Entlehnungen aus einer wohlbekannten Sprache (wie Griechisch, Lateinisch, Slawisch oder Türkisch) darstellen, aber auch kein Uraltbesitz der Albaner vorliegt, weil ein indogermanisches Worterbe hier auf eine Weise fortentwickelt erscheint, die nicht zu den Regeln der frühalbanischen Lautgeschichte stimmen will. Als ein mögliches Beispiel möchte ich die Hain- oder Weißbuche (*carpinus betulus*) in die Debatte einführen, die bei den Albanern *shkozë* heißt. Nach Parallelen in anderen indogermanischen Sprachen liegt hier eine Bildung auf *sk-* zugrunde, das sich in einem albanischen Erbwort zu *h* hätte wandeln müssen.[4] Diesmal läßt sich sogar ein zwar nicht zwingender, aber doch möglicher Grund benennen, warum die bessischen Einwanderer eine im Arbanon altbodenständige Benennung für die Hainbuche entlehnten. In ihren alten Sitzen kam dieser Baum nämlich nur in feuchten Schluchten und an versteckten Nordabhängen vor. In den Regionen, in denen die Umsiedler eine neue Heimat fanden, handelt es sich dagegen um ein häufiges, nicht auf spezielle Lagen beschränktes Gewächs.[5]

Welcher Raum wurde als *Arbanon* bezeichnet? Eine recht genaue Abgrenzung hat ein Gelehrter unserer Tage, gleich bedeutend als Byzantinist und Erforscher des albanischen Mittelalters, anhand des Berichtes der Anna Comnena über die Maßnahmen ihres Vaters, Kaiser Alexios' I., zu a. 1108 vorgenommen, als dieser sich den Normannen unter Bohemund entgegenstellte, die über das Arbanon nach Osten vorzustoßen versuchten.[6] Es handle sich um das Bergland beiderseits des oberen

---

[3] Ebd. bes. S. 157-165; 180f.

[4] Jokl: Vorgeschichte S. 71–78.

[5] Čedomil Silić: Atlas drveca in grmlja. Sarajevo 1973 S. 60.

[6] Alain Ducellier: Arbanon. Die dazugehörige Karte s. u. Božidar Ferjančić: Les Albanais dans les sources byzantines. In: Iliri i Albanci S. 303-322 vermutet das Arbanon, welches er zurecht vom Thema Dyrrachion unterscheidet, im albanischen Inland zwischen den Flüssen Mati und Shkumbini. – In der albanischen Forschung begegnet die Tendenz, den Geltungsbereich des Namens *Arbanum* weit abzustecken und möglichst auf das gesamte heutige Massierungsgebiet der Albaner auszudehnen s. u. a. Kolë Luka: Antiquité et extension du nom ethnique Arbën / Arbër (Albanie) In: Studia Albanica XIX/2 (1982) S. 161-173. Doch dürfte es sich bei der Verwendung für Gebiete südlich und südöstlich des Shkumbini um Spiegelungen der wohl im 13. Jh. einsetzenden Albanisierung dieser Gegenden handeln. Den Usus des 14. Jh.s erfaßt Koço Bozhori: Vëzhgime rreth shtrirjes së emërtimit Arbanon në kohën bizantine. [Beobach-

Shkumbini, das von der Via Egnatia und damit von der wichtigsten Verkehrsachse der Region durchschnitten wurde. Ostwärts werde, so Ducellier, das Arbanon bis zum Westrand des Ohridsees, südwärts bis zum Flusse Devolli gereicht haben. Den Westrand habe der Abfall des Gebirges zu den Küstenebenen markiert.

Bis dahin deckt sich Ducelliers Arbanon weitgehend mit dem Raum, in dem früh ins Albanische entlehnte Ortsnamen auf eine frühe Präsenz der Albaner schließen lassen (*Shkup* »Skopje«, das ostwärts weit außen vor bleibt, kann – als bedeutender, für eine Fernorientierung wichtiger – Platz in den Namenschatz der Albaner eingegangen und darin bewahrt worden sein, ohne daß er zum ursprünglichen Ansiedlungsgebiet der bessischen Auswanderer gehört haben muß).[7] Wenn Ducellier das Arbanon aber (wie vor ihm Šufflay) im Norden, über den die Stelle bei Anna Comnena gar nichts abwirft, schon vor dem Flusse Mati enden läßt, dann bleibt demgegenüber festzuhalten, daß der Horizont der Frühentlehnungen viel weiter nach Norden reicht. Schließt er doch nicht nur die Städte *Shkodër* und *Rush* »Ragusa« sowie die Landesnamen *Rash* »Raszien« und *Boshnjë* »Bosnien« ein, für die wiederum Fernorientierung in Frage kommt, sondern auch den Fluß *Ishëm.*[8] Mit einer Frühansiedlung über den Fluß Mati hinaus nach Norden zu rechnen, legt auch die Verbreitung der offenbar sehr alten albanischen Toponyme auf *-esh* nahe, die sich vom Shkumbini bis auf die Höhe von Alessio (Lezha) finden und als Anzeiger in Frage kommen, wieweit sich das Arbanon nordwärts erstreckte.[9] Sind alle diese Überlegungen richtig, dann ergibt sich für das Arbanon der gleiche Streifen, den zwei hervorragende Kenner der (1913 endenden) albanischen Vormoderne als »Mittelalbanien« abgegrenzt haben: er werde durch ein ganzes Bündel von naturräumlichen und humangeographischen Merkmalen gekennzeichnet.[10]

Der philologische Schluß, das Arbanon habe sich weiter als von Ducellier behauptet nach Norden erstreckt, wird übrigens durch ein Zeugnis des 12. Jh.s erhärtet: für den in der Bergfeste Kruja (20 Kilometer nördlich von Tirana, nahe beim Ishëm) residierenden Bischof begegnet in Zeugnissen, die bis a. 1166 zurückreichen, auch der Titel *episcopus Arba-*

tungen über die Reichweite der Benennung Arbanon in byzantinischer Zeit]. In: Studime historike 26 (9) Nr. 4 (1972) S. 135-140.

[7] S. o. Kap. 13 Anm. 83.

[8] S. Schramm: Eroberer 38.14.; 37.3.6.; 29.3.

[9] Dazu u. Kap. VI Nr. 34.

[10] Hahn: Albanesische Studien (1854) I S. 73-91; Nopcsa: Geographie S. 6f. In der Terminologie von Louis: Albanien S. 126-153 handelt es sich um das »Nördliche Inneralbanien«, aber ohne die hier eingerechneten nordalbanischen Gebirge und Becken (Cukati, Drinfurche, Nordalbanische Alpen). Leicht vorstellbar, daß dieser Raum schon im 9. Jh. als eine zusammenhängende, von den Nachbarräumen abgehobene Landschaft empfunden wurde.

nensis.[11] Da sich später ergeben wird, daß die Rolle Krujas als Vorort des Arbanon bereits für die Zuwanderungszeit gegolten haben wird, darf mit einer Nordausdehnung des ursprünglichen Ansiedlungsraums zumindest bis zu dieser Stadt gerechnet werden. Wenn Stefan Nemanja nach der Vita, die a. 1208 seinen Lebensgang aufzeichnete, mit dem Orte Pilot (alb. *Pulti*, ital. *Polato*) am Nordufer des Skutarisees ein Stück Arbanon eroberte,[12] so sollte man offenlassen, ob eine so weit nach Norden ausgreifende Reichweite bereits auf die Ansiedlungszeit der Arbaniten zurückgeht oder aber auf einer späteren Arrondierung beruht.

Wo immer man die Nordgrenze um a. 850 ziehen mag: auf jeden Fall war um a. 1100 das Territorium, nach dem die Albaner bei all ihren Partnern heißen, ein ausgesprochenes Bergland und – strategisch gesehen – eine natürliche Festung, die im Nordosten bis 2263 Meter und 1978 Meter im Süden aufragt, während der Westrand scharf zur Ebene abbricht.

Die Lebensweise der frühen Albaner stellt man sich gerne so vor, wie sie in einem anschaulichen Bericht von a. 1308 geschildert werden: dies Volk besitze weder Städte noch Burgen, Schanzen und Dörfer, sondern wohne in Zelten. In Haufen und Verwandtschaftsverbänden bewegten sich die Albaner ständig von Ort zu Ort.[13] Damit ist sehr präzise die Lebensform von Bergnomaden umrissen, die von Transhumanzhirten mit festen Winterdörfern dadurch abgehoben sind, daß ihre die Herden vom ganzen Stamm unter Einschluß von Frauen und Kindern begleitet werden, so daß kein Bedarf an festen Dörfern besteht. Mittlerweile ist jedoch klargestellt worden, daß diese a. 1308 skizzierten Verhältnisse nicht in frühere Jahrhunderte der albanischen Geschichte zurückprojiziert werden dürfen, weil sie sich erst aus Zwangslagen ergaben, die kaum vor dem 13. Jh. klar eintraten.[14] Freilich sollte auch die Alternative erwogen werden, daß die Quellen des beginnenden 14. Jh.s die speziellen Verhältnisse in Nordalbanien beleuchten, wo den Winterweiden ausgedehnte Sommerweiden vorgelagert waren, was zusammengenommen eine Nutzung im Rahmen der bergnomadischen Lebensform nahelegte. Um 1900 nomadisierte etwa ein Drittel des nordalbanischen Stammes Kelmendi. Aber auch in Südalbanien begegnete bis in die Moderne diese Lebens-

[11] S. u. IV 3.

[12] *od Rabna Pilota*, entsprechend *ot Arbanas Pilot* in einer Chilandar-Urkunde a. 1198, s. Gavril A. Skurivanić: Oblast srednjovekovnog Pilota u XIV st. In: Istoriski časopis 7 (Belgrad 1957) S. 323-331.

[13] *Civitates, castra, opida et fortalicia et villas non habent, sed habitant in papilionibus et semper moventur de loco ad locum per tumas et cognationes suas*, in: Anonymi Descriptio Europae Orientalis »Imperium Constantinopolitanum, Albania, Serbia, Bulgaria, Ruthenia, Ungaria, Polonia, Bohemia«, anno MCCCVIII exarata, hg. von Olgierd Górka. Krakau 1916 S. 25.

[14] Alain Ducellier: Les Albanais du XIe au XIIIe siècle: nomades on sédentaires? In seinem: L'Albanie entre Byzance et Venise, 6. Abh.

form: hier, wie in Südosteuropa die Regel, als Spezialität der Wlachen.[15] Die bessischen Landnehmer im bergigen Mittelalbanien werden sich statt dessen der Transhumanz gewidmet haben, bei der die Männer (oder ein erheblicher Teil von ihnen) den Sommer über von Sommerdörfern aus Schafe und Ziegen im Gebirge weideten, um dann im Herbst in die stabileren Unterdörfer abzusteigen, die meist in 700-800 Meter Höhe liegen, aber sich mancherorts bis 1000 Meter hochschieben. Die ständige Einwohnerschaft dieser unteren Dörfer bestand vor allem aus Frauen und Kindern.

Gerade für eine solche Wirtschaftsweise taugte Mittelalbanien vorzüglich. Während die Küstenebenen hier vielfach zu sumpfig und zu sehr von der Malaria verseucht waren, um sich im größeren Ausmaß als Winterweide zu eignen, fanden die Herden in den Monaten zwischen Ab- und Auftrieb in den Tälern reichlich Nahrung, weil dort der Nord-Süd-Verlauf der Gebirge die vorwiegend von Westen kommenden Winde abregnen läßt. Ein warmes, aber nicht heißes Klima tut von Herbst bis Frühling ein übriges, um das Gras üppig sprießen zu lassen.[16] Ergänzend zur Viehzucht wird hier Gartenbau betrieben, während der eigentliche Ackerbau und die Rinderhaltung meist erst in niederen Lagen beginnen. Auf den Gartenbau verweisen die insgesamt nicht zahlreichen agrarischen Vokabeln, die im Albanischen Erbwörter oder Frühübernahmen aus dem Griechischen sind. Andere – wie *elb/elp* »Gerste«, *thekër* »Roggen« und *grurë* »Korn« – bezeichnen Produkte, die auch Hirten gerne von Bauern eintauschten, oder – wie *parmëndë* »Holzpflug« – Akkergeräte, die auch dem Hirten vertraut sind.[17]

Wenn die Bessen gerade im bergigen Mittelalbanien Fuß faßten und diese Landschaft auf die ihr angepaßte Weise nutzten, dann läuft dies darauf hinaus, daß die Landnehmer so weiterwirtschafteten, wie sie es aus ihrer älteren Heimat gewohnt waren. Dies Bild wird durch den albanischen Wortschatz bestätigt. Eine Kontinuität der Benennungen, die aus uraltem, altbalkanischem Erbgut stammen, zeichnet sich – Pflanzen- und Tierarten ebenso einschließend wie Nutzungsweisen – für die drei oberen Bewuchsgürtel ab, in denen der Mensch ein Auskommen finden

[15] Nopcsa: Geographie S. 209; André Blanc: L'évolution contemporaine de la vie pastorale en Albanie méridionale. In: Revue de Géographie Alpine 51 (1963) S. 429-461 (besonders S. 434).

[16] Louis: Albanien. S. 54f. Zur Einordnung in den Gesamtkontext Südosteuropa s. Jevto Dediger: La transhumance dans les pays dinariques. In: Annales de Géographie 25 (1916) S. 347-365; Jovan Cvijić: La Péninsule balkanique. Géographie humaine. Paris 1918. S. 177-184; E[lsé] H[aydon] Carrier: Water and grass. A study in pastoral economy of Southern Europe. London 1932, Neudruck 1980.

[17] Eine Liste der einschlägigen Wörter, über die ich mir eine spezielle Untersuchung wünschen würde, finde ich zusammengestellt von István Schütz in: Travaux de Linguistique et de Philologie 30 (1992) S. 422.

kann: nämlich für den Trockenwald (mit Maquis und Eiche) ab 600 bis 900 Meter, den Wolkenwald, in dem Pinien vorherrschen, von 900 bis 2100 Meter und schließlich die alpine Mattenstufe oberhalb der Baumgrenze.[18] Auch die Vertrautheit mit einer ganzen Reihe von Obst- und Gemüsesorten konnten die Neuansiedler ins Arbanon verpflanzen. Dabei sind, wie wir früher hörten, auch manche Entlehnungen aus dem Altgriechischen mitgewandert. Kenntnisse im Ackerbau, die über das Gröbste, auch jedem Hirten Geläufige hinausgehen, hat ihnen erst der Kontakt mit Ältereingesessenen, namentlich mit Slawen, eingetragen.

Mittelalbanien bot bessischen Auswanderern indessen weit mehr als nur den einen Vorteil, daß sie hier ihre bisherigen Lebens- und Wirtschaftsweisen fortsetzen konnten. Als zweiter, nicht weniger gewichtiger Vorzug stellte sich dem an die Seite, daß die christlichen Immigranten hier vorerst nicht von der heidnischen Militanz des Bulgarenreichs behelligt waren, das sich erst im Fortgang des 9. Jh.s bis zur Adria vorschob. Beide Gründe beantworten die Frage, weshalb gerade das Arbanon zur neuen Bleibe von Bessen wurde, noch immer bloß zum Teil oder doch nur aus zwei Blickwinkeln bezeichnet. Hinzuzunehmen haben wir, daß die Byzantiner ihre bessischen Glaubensgenossen gerade hier dringend nötig hatten. Damit ist das nächste Thema angeschlagen.

IV.2 Die Einordnung der Zuwanderer in das byzantinische Reich

Im 7. und 8. Jh., als Byzanz schwer um seinen Fortbestand ringen mußte, schien auch seine Herrschaft auf dem strategisch und handelspolitisch hochwichtigen Ostufer des Adriaausgangs zu zerbröckeln. In fester Hand behielt das Reich jedoch den Hafen Dyrrachion, dessen Mauerring, so eng er allmählich zusammengezogen werden mußte, noch immer wirkungsvoll jene natürlichen Sicherungen ergänzte, die zum Inland hin aus einem sumpfigen Salzsee und gegen das Meer aus Sanddünen bestand.[19] Von dem nie eingestürzten Eckpfeiler Dyrrachion aus ließ sich im 9. Jh. die erschütterte Machtstellung weiter festigen. Nikephoros I. hatte sich a. 807 gegen den kurzfristigen Versuch Karls des

[18] So – das von der früheren Forschung, namentlich von Norbert Jokl und A. M. Seliščev skizzierte Bild genauer auszeichnend – Stadtmüller: Forschungen S. 116f. S. behauptete, die Albaner seien in den Hochlagen des Mati-Gaus autochthon. Dieses Gebiet aber ist für eine frühe Symbiose zweier Völker – der Uralbaner und der Rumänen – viel zu klein und außerdem in einer Nähe zur Dalmatoromania gelegen, die sich mit dem philologischen Befund im Albanischen und Rumänischen nicht verträgt. – Eine Liste albanischer Erbwörter aus den Bereichen Viehzucht und Weidewirtschaft bei Tagliavini: Stratificazione S. 145-151.

[19] Konstantin Jireček: Die Lage und Vergangenheit der Stadt Durazzo in Albanien. In: Illyr.-arb. Forschungen Bd. 1 S. 152-167. – Instruktiv für die geographischen Bedingungen einer Defensive die – auf Landeskenntnis aufbauenden – Überlegungen des Althistorikers Hammond: Illyris S. 1.

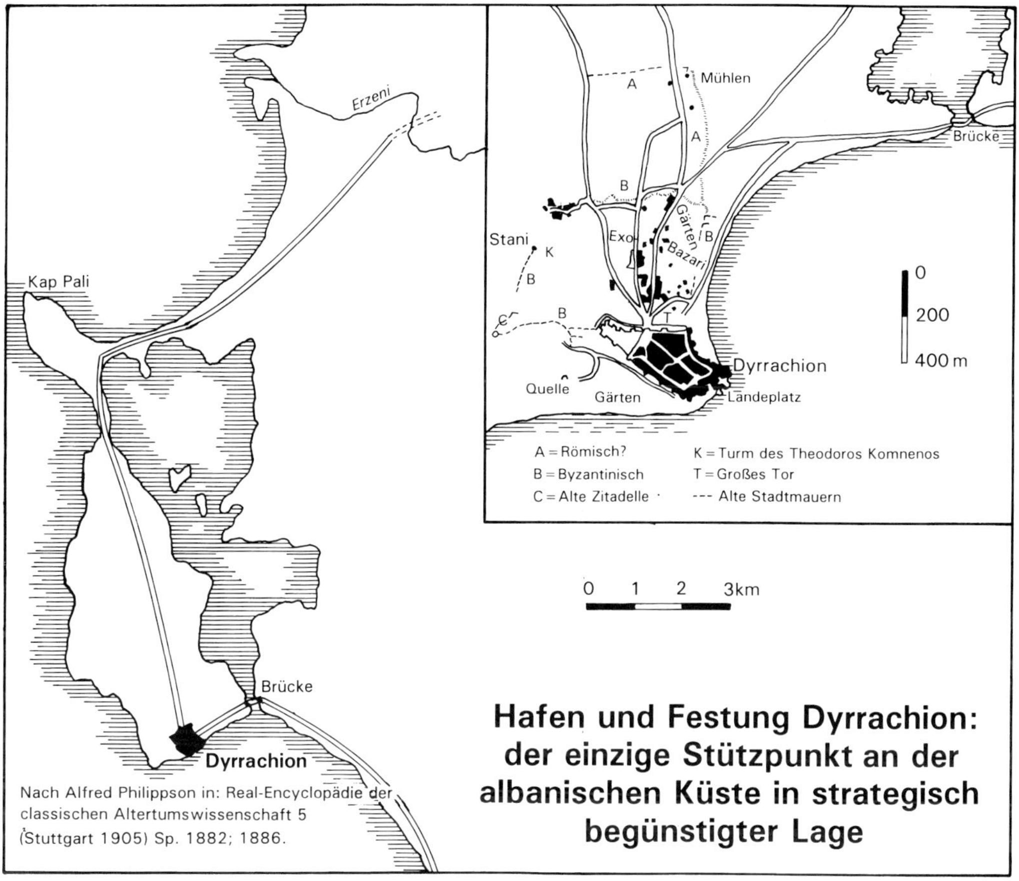

Nach Alfred Philippson in: Real-Encyclopädie der classischen Altertumswissenschaft 5 (Stuttgart 1905) Sp. 1882; 1886.

Hafen und Festung Dyrrachion: der einzige Stützpunkt an der albanischen Küste in strategisch begünstigter Lage

Großen durchsetzen können, seine Oberhoheit auf die albanische Küste auszuweiten. Wohl in diesem Zusammenhang wurde Anfang des 9. Jh.s ein neues Thema Dyrrachion eingerichtet, das die Stadt mit ihrem Hinterland administrativ zusammenschloß. Die Maßnahme beleuchtet, mit welchem Eifer gerade zur Einwanderungszeit der Albaner sich Byzanz anstrengte, seine Stellung in diesem Raum auszubauen.[20] Nützlich war dabei, daß eine – im Norden bis an Antivari reichende – Reihe von Küstenstädten überdauert hatte, die sich nach längerer Kümmerexistenz nunmehr neu entfalten konnten.[21]

Daß die zuwandernden Bessen gerade im Arbanon angesetzt wurden, muß mit dem Bedürfnis der Byzantiner zusammengesehen werden, bulgarische Vorstöße auf Dyrrachion möglichst schon im Vorfeld abzufangen. Damit verband das Interesse an einem Schutz der Via Egnatia, die bis heute die Querachse Albaniens und die wichtigste Brücke zwischen der Adriaküste und Saloniki bildet. Dieser von den Römern angelegte Verkehrsweg ergibt sich aus der Zusammenführung zweier, in Dyrrachion und Aulon beginnender Zufahrtsstrecken zu einer Trasse, die sich zunächst den Shkumbini aufwärts windet und dann zum Ohridsee abbiegt. Die Stadt Ohrid, am Nordufer des Sees, wird noch bis ins ausgehende 9. Jh., wie locker auch immer, ins Reich eingeordnet gewesen sein. Denn ihr Bischof tritt a. 879 auf dem Photianischen Konzil als Suffragan von Konstantinopel auf. Zwischen a. 880-885 jedoch scheint die Stadt und ihr Umland auf friedliche Weise unter die Herrschaft der Bulgaren gefallen zu sein.[22] Diese konnten sich a. 893 in einem ersten, kurzfristigen Ausgriff, von a. 917 dagegen in einem Landerwerb, den sie bis zum Zusammenbruch ihres Ersten Reiches behaupten sollten, an die südalbanische Küste vorschieben. Gehörte, wie im vorigen Kapitel vermutet, auch Kruja bereits zum ursprünglichen Ansiedlungsgebiet der Einwanderer, dann wurde ihnen diese wichtige Bergfeste gewiß in der

---

20 Jadran Ferluga: Sur la date de la création du thème de Dyrrachion. In seinem: Byzantium on the Balkans. Studies on the Byzantine administration and the Southern Slavs from the VIIth to the XIIth centuries. Amsterdam 1976 S. 215-224; ders.: Durazzo e la sua regione nella seconda metà del secolo X e nella prima del secolo XI, ebd. S. 225-244; ders.: Byzanz auf dem Balkan im frühen Mittelalter. In: Südost-Forschungen 44 (1985) S. 1-16. Vgl. auch Milan von Šufflay: Politische Schicksale des Themas Dyrrachion. In: Vjesnik Kraljevskoj Hrvatsko-dalmatskoga Zemelskog Arhiva 17 (1915) S. 273-300, wo Dyrrachion für die Zeit bis 1203 als »wahrhaftiger Stahlhebel byzantinischer Vormacht an der Adria« bezeichnet wird. S. auch dens.: Städte und Burgen Albaniens hauptsächlich während des Mittelalters. Wien 1924 = Denkschriften der Akademie der Wissenschaften. Phil.-hist. Kl. Abh. 63,1.

21 Die Städte mit ununterbrochener Kontinuität bei Apollon Baçe in: Problèmes de la formation du peuple albanais, de sa langue et de sa culture (Choix de documents). Tirana 1985 S. 176.

22 Aleksandar Kuzev in: Symposium Methodianum S. 189.

Absicht anvertraut, Dyrrachion und den Auslauf der Via Egnatia nach Norden hin abzuschirmen.

Zu welchen Bedingungen mögen die Neuankömmlinge in den Dienst des oströmischen Reiches und seines Themas Dyrrachion getreten sein, das vermutlich gerade zur Zeit der Übersiedlung gegründet wurde oder kurz davor entstanden war? So konkret, so speziell zu fragen will bei der Dürftigkeit unserer Nachrichten müßig erscheinen. Was wissen wir schon über die Anfänge der Geschichte der Albaner in Albanien? Zweimal – a. 1043 und a. 1078/79 – haben sich albanische Soldaten – das erste Mal in Italien stehend, das zweite Mal in ihrer Heimat aufgeboten – von einem Usurpator überreden lassen, ihm durch einen Marsch nach Konstantinopel auf den Thron zu helfen.[23] Arbaniten sowie Truppen, die der Exarch von Dalmatien zu Hilfe schickte, waren die ersten Einheiten, die im Gegenangriff, die ehrgeizigen Pläne der a. 1081 bei Dyrrachion gelandeten Normannen unter Robert Guiscard zu durchkreuzen versuchten.[24] Die Verteidigung der Hafenstadt wurde einem Arbaniten anvertraut, der den byzantinischen Titel *Komiskortēs* als Eigennamen führte.[25] Als unter Führung von Bohemund ein zweites Mal ein Normannenheer landete, versperrte ihm der gleiche Alexios I. a. 1107-08 durch Verhaue im Arbanon den Weg ins Inland. Dann verlieren sich für ganze sechzig Jahre die Albaner erneut in einem Dunkel, das von keiner griechischen oder lateinischen Quelle aufgehellt wird. Sie selber bewahren keinerlei Erinnerung an ihre ältere Vergangenheit. »Dieses Volk«, beklagte ein Bahnbrecher der Albanologie, »hat niemals daran gedacht, selbst auch nur die kleinste Notiz über seine Geschichte aufzuzeichnen«.[26] Glücklicherweise wirft aber das wenige, meist von Griechen Überlieferte eine Reihe von Auskünften ab, die sich zu einem geschlossenen Bild zusammenfügen lassen.[27]

1. Die Arbaniten treten durchweg als eine Ethnie auf, die dem byzantinischen Reich loyal verbunden ist. Dieses Volk stellt Truppen, die im Heere des Kaisers gesonderte, arbanitische Einheiten bilden. Zu Feinden werden diese nur, wenn ihr Heerführer sie überzeugen kann, daß ein unwürdiger, unrechtmäßiger Kaiser auf dem Thron sitzt und um der guten Ordnung willen gestürzt werden muß. A. 1043 kam noch hinzu, daß die Albaner sich verletzt fühlten, weil der Oberkommandierende an der italischen Front gegen ihren Anführer ausfällig geworden war.

---

23 S. u. VI Nr. 18f.

24 Anne Comnène: Alexiade. Règne de l'Empereur Alexis I. Comnène (1081-1118) hg. Bernard Leib. Paris 1937 VI 7 = Bd. 2 S. 607.15. Ducellier: Arbanon S. 360-364.

25 Anna Comn.: Al. XIII Kap. V 2 = Bd. 3 S. 104f. Dazu Ducellier: Arbanon S. 353-356.

26 G. Meyer: Sprache und Literatur S. 50.

27 Das folgende stützt sich auf Ducellier: Arbanon, wagt sich aber in einzelnen Punkten über ihn hinaus.

2. Die Berglandschaft Arbanon, nach der die Arbaniten heißen, stellt ein ausgebautes Verteidigungssystem dar. Es soll Angreifern, die über die Via Egnatia in Richtung Thessalonike vordringen wollen, den Weg abriegeln. Da die lange Folge der Einfälle von der Seeseite erst a. 1081 beginnt, darf man annehmen, daß die Sperre sich ursprünglich vor allem gegen einen Angriff von Osten, aus dem Inland der Balkanhalbinsel, richtete.

3. Weltlicher und kirchlicher Vorort des Arbanon war, 20 Kilometer nördlich des heutige Tirana in 600 Meter Höhe am Westrand des Gebirges gelegen, die Bergfeste Kruja. Sie mußte nur nach Westen hin von Menschenhand geschützt werden, während sie nach den übrigen Seiten durch steile, stellenweise senkrechte Felswände jedem Angreifer Trutz bot.[28] Die Romanen nannten die Stadt *Croia*, die Griechen *Kroai*, die Slawen *Kruja*. Falls alle drei eine albanische Neubenennung des Platzes entlehnte, liegt also alb. *kroi* (in der bestimmten Form: *krua*) »Quelle« zugrunde. Doch wird man bei einem Ort mit langer Siedlungstradition wohl eher an eine altbodenständige (»illyrische«) Benennung zu denken haben. Diese setzt vermutlich das von Ptolemaios genannte Albanopolis im Lande der Albanoi fort. Für Anfang des 13. Jh.s ist belegt, daß hier das weltliche Oberhaupt der Arbaniten seinen Sitz hatte. Für diese Autoritätsfigur begegnet zwischen etwa 1190 und 1253 der Titel »Archont von Arbanon«. Als Inhaber dieser Würde sind, wie es scheint, durchweg Albaner bezeugt.[29] Es ist möglich, daß der in der Nachricht zu a. 1043 genannte Archont, mit dem sich der byzantinische Oberbefehlshaber an der Italienfront Michael Dokeianos »wie im Rausch« überwarf, ein solcher »Archont von Arbanon« war, der im Kriegsfall Truppen aus seinem Volk dorthin zu führen hatte, wo sie vom Reich gebraucht wurden.[30] Der Platz muß, wie reiche Funde von Metallgegenständen aus dem 7. und 8. Jh. zeigen, schon vor Ankunft der neuen Inhaber ein bedeutendes Regionalzentrum gewesen sein.[31]

Unsere Nachrichten lassen, so dürftig sie sind, darauf schließen, daß die Arbaniten in dem ihnen zugewiesenen Arbanon seit dem 9. Jh. eine – in ihrem Ausmaß nicht mehr genau bestimmbare – Autonomie unter einem

[28] Šufflay: Städte S. 18f.

[29] Zu den arbanitischen Archonten: Acta et dipl. Alb. I Nr. 147; 133-135; 147; 234. Dazu Ducellier: Arbanon (mit kritischer Auswertung albanischer Arbeiten). Zum Sitz der Archonten N. Drinov in: Vizantijskij vremennik 1 (1894) S. 323.

[30] S. u. VI Nr. 18.

[31] Skëndër Anamali: La nécropole de Krujë et la civilisation du Haut Moyen Âge en Albanie du Nord. In: Studia Albanica 1964 Nr. 1 S. 149-181. Nach Ducellier: Observations sur quelques monuments de l'Albanie = 3. Abh. seines: L'Albanie entre Byzance zeigen Goldohrringe eine für den Balkanraum des 6.-8. Jh.s einmalige Adaption byzantinischer Muster.

Führer aus ihren Reihen genossen.[32] Daß die Byzantiner das Arbanon dem Thema Dyrrachion zuordneten, aber dem Dux an seiner Spitze die Arbaniten nicht einfach wie gewöhnliche Reichsbürger unterordneten, schimmert vermutlich durch jene Gebietsbenennung hindurch, die bei der Teilung des Imperiums nach dem räuberischen Zugriff der Kreuzfahrer von 1203 in den Gebrauch der neuen, venezianischen Herren von Dyrrachion und seines Hinterlandes überging: *provintia Dirrachii et Arbani.*[33] Der Titel eines *capitaneus Durachii et Albanie,* der a. 1275, zur Zeit der angiovinischen Herrschaft begegnet, erklärt sich wohl aus dieser Tradition.[34]

4. Der Region Arbanon als Bereich politischer Selbstverwaltung korrespondiert – wie im folgenden Abschnitt wahrscheinlich gemacht werden soll – ein Bistum Arbanon mit seiner Binnenlage und einer wohl gleich großen Ausdehnung, die kraß von den Bistümern des Themas Dyrrachion absticht: die lagen alle an der Küste und zeigten dieselbe geographische Kleinausdehnung, die für städtereiche Streifen mit einer aus der Antike durcherhaltenen kirchlichen Tradition typisch ist. Wenn der Name Arbanon seit a. 1265 aus den Quellen verschwindet, so mag dies daher rühren, daß die Anjouherrschaft, die dem Land ein schweres Joch aufbürdete, mit der neuen Konstruktion eines *regnum Albaniae* die politische Autonomie der Region Arbanon endgültig einstürzen ließ.

Es hat insgesamt den Anschein, daß wir es hier mit einer langfristig angelegten Ordnung zu tun haben, die nach jeder Erschütterung, die unruhige Zeiten mit sich brachten, zumindestens bis zur Festsetzung der Anjous a. 1270, jedesmal wiederhergestellt wurde, weil sie beiden Seiten, dem Reiche wie den Albanern, nützte. Die Annahme liegt nahe, daß diese Ordnung vereinbart worden war, als die Bessen (nach unserem An-

---

[32] Peter Schreiner in: Byzantion 41 (1971) S. 299 las aus einer Urkunde von a. 1166 eine Unterstellung des Arbanon unter den Dux von Dyrrachion heraus. Da sich – wie mich Pëllumb Xhufi belehrt – das Zeugnis aber auf Cattaro, nicht Kruja bezieht, läßt sich der Schluß nicht halten. – Es lohnt sich, nach möglichen strukturell ähnlich gelagerten Fällen in besser dokumentierten Zeitabschnitten Ausschau zu halten, die Anhalte liefern könnten, wie die Organisation der bessischen Landnehmer vorzustellen ist. In Frage kommt dafür u. a. ein römisch-katholischer Stamm, der sich – aufgrund von Zuwanderung oder Ausgliederung – um 1600 in Nordalbanien formierte. Er hatte einen Hauptort, der als geistliches Zentrum diente, aber auch das weltliche Oberhaupt beherbergte. Sein Amt war erblich und blieb seit dem 18. Jh. in der Familie Gjonmarkaj. Peter Bartl: Die Mirditen. Bemerkungen zur nordalbanischen Stammesgeschichte. In: Münchner Zeitschrift für Balkankunde 1 (1978) S. 27-69. Nach räumlicher Verbreitung und Zahl der Stammesangehörigen (1918: etwa 16 000) handelt es sich (allenfalls) um eine Miniaturentsprechung zu den bessischen Zuwanderern im Arbanon des 9.–13. Jh.s.

[33] Antonio Carile: Partitio terrarum Imperii Romani. In: Studi Veneziani 7 (1965) S. 125-305, (hier S. 220 Z. 65).

[34] Acta et dipl. Alb. I Nr. 344.

satz: am ehesten im beginnenden 9. Jh.) im Vorfeld von Dyrrachion angesiedelt wurden. Byzanz wird ihnen eine Region, eben das Arbanon, zugewiesen haben, wo sie sich – vielleicht mit Einschränkungen, die sich nicht mehr benennen lassen – selber verwalten durften. Ihre geistliche Betreuung wurde einem neueingerichteten, für ganz Arbanon zuständigem Bistum übertragen. Die Arbaniten waren zur Heeresfolge in einem eigenen Kontingent verpflichtet, das von ihrem Anführer befehligt wurde.

Nun, unser Modell kann sich, wohlgemerkt, nur auf wenige Nachrichten stützen. Sie scheinen mir zwar auszureichen, zumal über lange Jahrhunderte respektierte Privilegien, die besondere Karrieremöglichkeiten im Reichsdienst und Entlohnungen verdienter Amtsträger wie Soldaten durch Landgüter nach sich zogen, es leicht machen, die bisher unerklärte Ausbreitung eines Bergvolks, das zunächst in den enggezogenen Grenzen des Arbanon begegnet, über die ganze Weite des heutigen Albanien zu verstehen: mit Einschluß jener Küstenebenen, wo um die Jahrtausendwende noch nichts auf eine zahlenstarke Zuwandererschaft aus dem Arbanon deutet.[35]. Aber natürlich haftet dem gezeichneten Bild soviel Hypothetisches an, daß man für jeden weiteren Anhalt dankbar sein muß. Es lohnt zu überlegen, ob es eine solche hochwillkommene Stütze nicht tatsächlich gibt und zwar ausgerechnet in der Nachricht zu a. 1040, mit der unsere mittelalterlichen Schriftzeugnisse über die Albaner einsetzen.[36] Der Autor, Michael Attaleiates, beklagt mehrere Tatbestände, die etwa so zu rekonstruieren sind. Aufgrund einer Verleumdung wird der verdiente Georgios Maniakes a. 1040 vom Amt eines Katepan von Italien abberufen. Das läßt ganz Sizilien in die Hände der Araber fallen. Michael Dokeianos, zweiter Nachfolger des Maniakes, überwirft sich »wie im Rausche« mit einem seiner Unterführer. Das provoziert die Meuterei der Arbaniten und jener Truppen, die von den verbündeten langobardischen Fürstentümern im südlichen Italien gestellt worden waren. Der Autor bedauert, daß damit ein früher harmonisches Verhältnis in sinnlose Feindschaft umgeschlagen sei. Maniakes, nach einer Haft in Konstantinopel wieder in sein Amt eingesetzt, nutzte die Verbitterung bis dahin loyaler Kräfte für sein frevelhaftes Unternehmen, mit einem Heer über die Adria zu setzen und auf Konstantinopel zu marschieren, um den Kaiser zu stürzen.

---

[35] Ducellier: Façade S. 648 zur Situation um a. 1000 in dem von ihm beleuchteten Küstenstreifen: tout ce qui compte dans le pays est étranger: les grands propriétaires terriens, la haute société urbaine, voire la majorité de la population citadine, l'administration, l'Eglise. Bis um a. 1400 hätten dann die Albaner in all den genannten Schichten den Ton angegeben. Ja, insgesamt bildete sich hier in diesem Zeitraum eines der ethnisch geschlossensten Gebiete des Subkontinentes heraus.

[36] S. u. VI Nr. 18.

Bislang hat man die wehmütige Erinnerung des Autors an die frühere Harmonie auf beide Hilfsvölker, die Arbaniten wie die Lateiner, bezogen. Als Bundesgenossen stellen beide dem Reiche Truppen. Zudem genießen sie dieselben politischen Rechte wie die Byzantiner (oder dürfen innerhalb des Reiches die vollen Rechte von Reichsbürgern wahrnehmen). Schließlich wird hervorgehoben, sie hätten dieselbe Religion wie die Byzantiner. Das alles scheint gut in das 11. Jh., in die Zeit einer doppelten Bedrohung durch Normannen und Araber, zu passen.

Doch scheint es mir an der Zeit, eine Alternative durchzuspielen. Die Beschwörung der »dreigliedrigen Harmonie« ist in unserem Text der Nennung der Arbaniten vorangestellt und ließe sich auch als Aussage verstehen, die allein auf die Arbaniten gemünzt ist. Ja, ihnen dürfte an dieser Stelle das Hauptinteresse des Autors gelten. Denn nur ihr Bruch mit Michael Dokeianos hatte offenbar langfristige Folgen, weil er den Weg zur Teilnahme der Arbaniten an der Rebellion des Georgios Maniakes bahnte. Mit Maniakes hatten die albanischen Truppen bis zu seiner verhängnisvollen Abberufung a. 1043 ein gutes Verhältnis gehabt. Als er wieder in sein altes Amt eingesetzt wurde, folgten sie ihm bei seinem Usurpationsversuch von a. 1043, während die Lateiner sich offenbar nicht in den Streit um den Kaiserthron hineinziehen ließen. Nur auf die Arbaniten bezogen würde die für uns entscheidende Stelle so zu verstehen sein: es gab einmal (*poté*) eine Zeit, in der die alte Ordnung noch intakt war. Das gute Verhältnis zwischen den Arbaniten und dem Reich ruhte auf drei Säulen auf: der Heeresfolge im Status von Bundesgenossen, der politischen Gleichberechtigung (im Sinne von administrativer Autonomie) und schließlich auf der Gleichheit der Religion. Wenn hier – nicht notwendig in der Wortwahl, aber im Sinngehalt – auf eine im 9. Jh. begründete Gemeinsamkeit angespielt wird, dann bezieht sich die Übereinstimmung in der Religion nicht auf die Frontstellung gegen die muslimischen Araber, sondern betonte ursprünglich die Solidarität zweier christlicher Völker, der Arbaniten und der Griechen, die sich (vor der Bekehrung der Bulgaren) beide gegen den Andrang der bulgarischen Heiden in Südosteuropa behaupten mußten. Sollte Michael Attaleiates dies gemeint haben, dann beschwor der Autor, der vollen Zugang zum politischen und historischen Wissen der Reichsspitze besaß, eine Tradition, die zumindestens im Westen des Imperiums ohne Gegenstück geblieben war. Denn hier gab es ja kein anderes christliches Volk, das freiwillig auf Reichsboden übergetreten und Autonomierechte erlangt hatte. Und dies legte den Grund zu der Besonderheit, daß seine Zugehörigkeit zum Reich sich mit wichtigen, wohl mit *isopoliteía* gemeinten Privilegien verband, während die Pflicht zur Heeresfolge nicht aus Untertanengehorsam herrührte, sondern als Leistung von Bundesgenossen definiert war.

Aber damit genug. Berufenere müssen entscheiden, was unser Text wirklich sagen wollte. Uns bleibt zu klären, wie sich Christen, die bislang ihr eigenes Kirchenwesen unterhalten hatten, in die mächtige, eindrucksvolle und wohl auch hochmütige Reichskirche einfügten.

IV.3 Andere kirchliche Verhältnisse

Die Bessen – so ergaben unsere Rekonstruktionen – hatten ihr Christentum vom 7.-9. Jh. unter erschwerten Bedingungen forterhalten müssen. In den niederen Lagen kümmerten oder verödeten die Städte. Soweit die Tradition dort residierender Bischöfe nicht völlig abriß, blieb die Hilfe, die dem Christentum in den Bergen von der Reichskirche geleistet werden konnte, vermutlich bescheiden. Die bessische Kirche gruppierte sich, im groben Umriß nachgezeichnet, wohl nur noch um Pfarreien und Klostergemeinschaften, die abgelegen genug waren, um den Unbilden der Zeit trotzen zu können.

Wenn nun ein Teil der Bessen im 9. Jh. ins Arbanon übersiedelte, dann traf er auf sehr andere Verhältnisse, als sie ihm von daheim vertraut waren. In den Hochtälern, in denen sie wohl vor allem Fuß faßten, werden die Zuwanderer allenfalls ein äußerst bescheidenes, dünn gestreutes Kirchenwesen angetroffen haben. Dafür aber rückten sie nun in die Nähe von Dyrrachion, das wir uns seit Anfang des 9. Jh. als ein erstarkendes geistliches Zentrum vorzustellen haben.[37] Neben dem weltlichen Haupt eines Dux, der das neueingerichtete Thema unter sich hatte, stand ein Metropolit, der sich bemühte, die durch den Slaweneinbruch des 7. Jh. wohl bis auf Dyrrachion und Aulon vernichtete Kette von Bistümern wiederherzustellen. In Südalbanien freilich gelang es dem byzantinischen Reich nicht, ein Vordringen der Bulgaren bis an das Meer zu verhindern. Die bauten hier nach ihrer Bekehrung ein eigenes, vom Metropoliten in Ohrid abhängiges System von Bistümern auf. Die bedeutenden Heiligen Kliment und Naum, die von Devolli am Oberlauf des Semani aus als Prediger und Lehrer wirkten, haben eine rasche, feste Eingliederung Südalbaniens in die bulgarische Kirche herbeigeführt. Nördlich von der Semanimündung aber wurde die Reihe der griechischen Bischofsitze bis zum 12. Jh. zunehmend dichter.

Auf den byzantinischem Außenposten Dyrrachion dürfen wir übertragen, was für andere Reichsteile klarer zutage liegt: die Verwaltung, die Armee und vor allem die Kirchen samt ihren Schulen werden zusam-

---

[37] Im folgenden wird von dem Bild ausgegangen, das ein hervorragender kroatischer Forscher entworfen hat, a. Milan v. Šufflay: Die Kirchenzustände im vortürkischen Albanien. Die orthodoxe Durchbruchszone im katholischen Damme. In: Illyrisch-albanische Forschungen, hg. Ludwig von Thallóczy, Bd. 1. München 1916 S. 188-281.

mengewirkt haben, um das Thema zu hellenisieren und damit noch fester in das Reich einzubinden.[38] Mit der bessischen Einwanderung trafen also zwei sehr verschiedene Kirchentraditionen aufeinander: an der Küste eine Kirche, die in ihrer Sprache wie in der Pracht von Bauten und Gottesdiensten ein imponierendes Stück byzantinischer Reichskultur verkörpert haben wird, und oben in den Bergen Zuwanderer mit einer eigenständigen, volkstümlichen Christlichkeit, deren kultureller Kern der Gebrauch der Muttersprache als volle Kirchensprache war. Denn wenn im vorigen Kapitel vermutet wurde, die Niederlassung dieses ethnischen Elementes im Arbanon habe sich im Einvernehmen mit dem byzantinischen Reich, ja, auf der Basis einer vertraglichen Abmachung vollzogen, dann wird dazu auch die Freiheit gehört haben, die mitgebrachte Kirchensprache weiterzuverwenden.

Malen wir uns aus, was sich seit Anfang des 9. Jh.s abgespielt haben dürfte. Im bergigen, küstenfernen Albanien gab es wahrscheinlich nur wenige Kirchen und, wer weiß, vielleicht überhaupt keine Klöster. So waren die christlichen Zuwanderer gehalten, sich Kirchlein und Klostergebäude selber zu errichten: in der bescheidenen Art, die ihnen aus der früheren Heimat vertraut war. Und hier wurde nun Gottesdienst nach bessischem Brauch gehalten. In den Bergen verbreitete sich damit eine christliche Tradition, die beileibe nicht im Dogma, aber in der Sprache und in ihrem schlichten, unscheinbaren Zuschnitt in augenfälligem Gegensatz zu der kirchlichen Kultur des Küstenstreifens stand. Dort dürfen wir, je mehr sich die Verhältnisse stabilisierten, mit immer mehr und immer prächtigeren Kirchenbauten rechnen.

In der alten Heimat war die Reichskirche eine ferne Wunderwelt gewesen, von der sich die christlichen Bergbauern und Hirten staunend erzählen ließen. In der neuen Heimat aber war sie in ihrer Erhabenheit zum Greifen nahe gerückt und strahlte mit blendendem Glanz in das karge Leben seiner bessischen Zuwanderer herein, denen die Griechen den Namen *Arbaniten* beilegten. Der bezwingende Eindruck wird mit aller Deutlichkeit von dem Wort-und Namenschatz gespiegelt, der mit

---

[38] Vgl. dazu Charanis: Studies, 2. Abh. S. 28: »The administration, the army, the schools, above all the official Church with its insistence upon orthodoxy and its use of Greek, were powerful agents of Hellenization.« – Wenn im folgenden mit einer griechischen Kulturdominante im Küstenstreifen gerechnet wird, dann bleibt – da vorerst ohne offensichtliche Auswirkung auf das Inland – ausgeblendet, daß es daneben einen Strang lateinischer Kirchlichkeit (mit einem *archidiaconus Latinorum* in Dyrrachion) gab, der nicht erst mit der seit dem 11. Jh. namentlich vom Papst betriebenen Einflußnahme der westlichen Kirche auf Albanien beginnt. Voraussetzung dieses Traditionsstranges war, daß die Küstenstädte noch lange Dalmatoromanisch sprechende Mehrheiten aufwiesen.

dem Heiligenkult und dem Festkalender zusammenhängt.[39] Hier stoßen wir auf eine Pforte, durch die offenbar schon früh viel Griechisches in die Kultur der Arbaniten eingedrungen ist.

Wäre das albanische Wort für den »Märtyrer« balkanlateinischen Ursprungs, so stünde die Lehnform ***martur* zu erwarten, in der für griech. *y* noch *u* eingetreten ist. Im Albanischen erscheint diese Lautung verdrängt durch *martir*, das sich aus einer Anlehnung an die jüngere Aussprache von *y* als *i* im griech. *martyros* erklärt. Vielleicht konkurrierte mit diesem Lehnwort von Anfang an die ebenfalls »Blutzeuge« bedeutende Bildung, *dëshmor*, die das Albanische von dem Verbum *dëshmon* < *testimoniăre* abgeleitet hatte. Die (zugleich als Rufnamen gebrauchten) Heiligennamen entpuppen sich im Albanischen als ein buntes Gemisch aus Lautungen lateinischer und griechischer Herkunft. *Todër*, *Todri*, deren Vokalismus griech. *Theódōros*, nicht aber lat. *Theodŏrus* voraussetzt, können, da hier ein zwischenvokalisches *-d-* stehengeblieben ist, erst eine Weile nach der Einwanderung entlehnt worden sein. Bei *Lezhdër* < *Aléxandros*, *Mitër* < *Dimítrios*, *Mëhill* < *Michaíl*[40] läßt sich nicht ausschließen, daß die griechische Lautung bereits in der alten Heimat einwirkte. Der Verbund mit der sicher späteren Übernahme *Todër* spricht aber für eine Übernahme erst in Albanien. Zwei Feste für Heilige mit ausgewechselten Namenlautungen haben den Albanern zwei (wohl allenfalls nur noch regional bekannte) Monatsnamen geliefert: *Shëmitër* »Oktober« und *Shëmehëll* »November«.

Im Festkalender tritt byzantinischer Einfluß an mehreren Stellen zutage. *Ujët e Bekuem* »Epiphanias« und *Java e madhe* »Karwoche« übersetzen griechische Bezeichnungen, die »Wasserweihe« und »große Woche« bedeuten.[41] Der Festtagsname *Panagjir*, *Panagjyr* u. ä., *Panagyri* »Mariä Himmelfahrt« muß – anders als die Variante *Panajir* – bereits vor der griechischen Aussprachewandlung von *g* > *j* (vor hellem Vokal) ins Albanische eingegangen sein. Mit seiner bewahrten Vokalqualität in den unbetonten Silben und zwischen Vokalen erhaltenem *-g-* gehört die Lautung aber auch nicht zu den ältesten Entlehnungen in der neuen Heimat. Mittlerweile hat sie die Bedeutung »(Kirchweih-)Fest, Jahrmarkt« angenommen.

---

[39] Im folgenden werden – soweit eine Sonderung nach den vorliegenden Lexika möglich erschien – nur diejenigen Vokabeln berücksichtigt, die den katholischen und orthodoxen Albanern gemeinsam sind, während der naturgemäß reiche Sonderwortschatz griechisch-kirchlicher Herkunft im Toskischen beiseite bleibt. Zu diesem s. u. a. G. Meyer: Alb. Studien V (über die in Griechenland gesprochenen Mundarten); Gerda Uhlisch: Die neugriechischen Lehnwörter im Albanischen. Diss. phil. masch. (Ost-)Berlin 1964.

[40] Çabej: Alban. u. s. Nachbarspr. S. 45.

[41] Norbert Jokl in: Indogermanische Forschungen 44 (1927) S. 38.

Wenn es wirklich Festgottesdienste im byzantinischen Stile waren, die – vielleicht eindrücklicher, eingängiger als alles andere – mit der Pracht von Kirchenschmuck und Priestergewändern, mit Gesang und Prozessionen den Zuwanderern einen neuen, glänzenderen Begriff von kirchlichem Leben vermittelten: wo vor allem mag sich die reichskirchliche Würde und Pracht vor den Arbaniten entfaltet haben? Mir scheint, daß der Bergfeste Kruja im Norden des Arbanon hierbei eine Schlüsselfunktion zuwuchs. Hier läßt sich seit a. 879 ein Bischof nachweisen.[42] Wenn im 14. Jh. erinnert wurde, das Bistum bestehe schon seit Anfang des 7. Jh.s,[43] so ist das wohl kaum mehr als eine fromme Legende. Denn gerade das 7. Jh., die Einbruchszeit der Slawen, eignete sich wenig für eine Erweiterung des Diözesannetzes ins Inland. Am wahrscheinlichsten ist gewiß, daß dies Bistum eingerichtet wurde, um das Christentum der bessischen Zuwanderer in die Reichskirche einzubinden. Durch Zeugnisse aus der Zeit von 1166-1273 ist belegt, daß der Bischof von Kruja auch den Titel *episcopus Arbanensis* führt.[44] Der gleiche Zusatz begegnet a. 1166 auch für einen Archipresbyter, einen Abt und einen Prior am gleichen Orte.[45] Alle vier waren also – wie das weltliche Oberhaupt der Arbaniten, ihr Archont – in ihrem Titel auf die Landschaft Arbanon bezogen. Ein "Bischof des Arbanon" fiel aus der Norm des Reiches heraus, nach der, altchristlicher Tradition getreu, der Bischof nach einer Stadt, nicht nach einer Landschaft hieß. Ja, das Arbanon war – verglichen mit den Bistümern, die sich an der Küste zu einer immer dichteren Perlenschnur aufreihten – eine übergroße Diözese.[46] Erinnern wir uns daran, daß wir bereits einen parallel gelagerten Fall kennen. In der Dobrudscha war ein in Tomi residierender Bischof für ganz Skythien zuständig.[47] Das gilt auch für den Metropoliten der – dem Reiche vorgelagerten – Gothia auf der Krim, neben dessen Metropole Doros es keine weiteren Bischofssitze gab.[48] Hier wie dort dürfte die Abweichung von der

---

[42] Acta et dipl. Alb. I Nr. 57. – Seit a. 901-907 erscheint »der von Kroai« als Suffragan des Erzbischofs von Dyrrachion regelmäßig in den byzantinischen Bischofslisten, s. Darrouzès: Notitiae ep. 7 Nr. 42 S. 286; 9 Nr. 42; 10 Nr. 43; 13 Nr. 43 (44).

[43] Ebd. Nr. 48.

[44] Ebd. Nr. 93; 133; 301.

[45] Ebd. Nr. 93. Die gleiche Urkunde nennt auch einen *prior Arbanensis*, dessen Stellung sich – ohne weitere Informationen – kaum wird präzisieren lassen. – Ein *archipresbiter Arbanensis* ist auch als Mitunterzeichner einer Urkunde von a. 1199 bezeugt, s. Codex diplomaticus regni Croatiae, Dalmatiae et Slavoniae, Bd. 2, hg. T. Smičiklas. Zagreb 1904 Nr. 312.

[46] Einen gewichtigen Grund, an der tatsächlichen Zuständigkeit des Bischofs von Kruja für ganz Arbanon zu zweifeln, gibt es offenbar nicht. Denn daß ein nicht präzise lokalisierbares Bistum in Mittelalbanien, Stephaniaka, im Landesinneren lag, ist eher unwahrscheinlich. Šufflay: Kirchenzustände S. 195 Anm. 2 vermutete es im Mündungsbereich des Ishmi.

[47] S. o. Kap. II 6.

[48] Darrouzès: Notitiae ep.: Index unter Gotthia.

Reichsnorm dem Zusammengehörigkeitsgefühl eines bekehrten, durch eine eigene Kirchensprache ausgezeichneten Barbarenvolkes Rechnung getragen haben. (Übrigens: auch diese kirchliche Sonderbehandlung der Arbaniten bliebe, wie so vieles, unverständlich, wenn diese seit alters in Albanien bodenständig gewesen wären.)

Wenn der Archont des Arbanon nach früheren Überlegungen wohl von vornherein selber ein Arbanite war, so galt ein gleiches für den Bischof vermutlich nicht. Denn die Zuwanderer waren ohne eine Tradition eigener Bischöfe gekommen. Während zweier im Vorland des Reiches verbrachter Jahrhunderte waren die Bischöfe, an die sie sich – namentlich mit der Bitte, ihre Priester zu weihen – gewandt hatten, Byzantiner gewesen. So werden die landnehmenden Arbaniten kaum Anstoß daran genommen haben, wenn das Bistum, das zu ihrer Betreuung im Arbanon eingerichtet wurde, einem Griechen anvertraut wurde, dem mit dem Erzbischof von Dyrrachion ein anderer Grieche vorgeordnet wurde. Der Bischof von Kruja dürfte ebenso wie der ihm zur Seite gestellte Archipresbyter sein Amt genutzt haben, um byzantinische Kirchlichkeit mit Würde zu verkörpern und zu verbreiten.

Analog dazu verstehe ich auch die Rollen des *Georgius abbas sancti Salvatoris Arbanensis*. Mit einem Bischof und einem Abt als mutmaßlichen Leitfiguren, die beide in Kruja residierten, trat neben die in den Westen verpflanzte bessische Mönchstradition ein Ableger griechischer Mönchskultur des Küstenstreifens. Mag dieser Schluß auf eine kulturelle Doppelspur von monastischem Wesen im Arbanon zunächst kühn erscheinen, so wird er – nach einem dem Leser schon vertrauten Muster – durch den Wortschatz bestätigt, im einschlägigen Felde mehrfach erkennen läßt, daß einer Altentlehnung eine Neuentlehnung gegenübertrat. Neben dem althergebrachten Wort für »Mönche« – *mung, murg* < *monacu* – hat die gängige griechische Bezeichnung *kalógeros* Wurzel geschlagen. Zwar ist geg. *kllogjën*, tosk. *kllogjër* heute nur noch unter zwei Sekundärbedeutungen – »Getreidebrand, Kornrost« und »Kaulquappe« – gebräuchlich. Aber die Primärbedeutung läßt sich noch klar in der Femininentsprechung *kllogjëreshë* »Nonne« greifen, die in der Bildeweise an das ältere *mungeshë, murgeshë* < *monacissa* anschloß. In diesem Fall sollten wir uns nicht durch rum. und arom. *călugăr* zu dem Schluß verleiten lassen, das griechische Wort sei bereits in der alten Heimat entlehnt worden. Denn wenn die Albaner für die Stadt Ragusa früher, wie a. 1685 belegt, die Form *Rush* gebrauchten,[49] dann verrät diese Lautung, daß der albanische Schwund von intervokalischen *-g-* noch nicht vollzogen war, als die Adriaküste in den Horizont bessi-

[49] Schramm: Eroberer 37.4.6.

scher Zuwanderer einrückte. Eine bereits mitgebrachte Zweitbenennung von »Mönch« und »Nonne« hätte somit kein *-g-* bewahren dürfen. Die rumänischen Formen gehen offenbar nicht, wie die albanischen, direkt auf das Griechische zurück, sondern wurden über slaw. *kaluger* vermittelt. *Kllogjën* bürgerte sich zwar erst nach der bessischen Wanderung ein, gehört aber offenbar zu den frühen Übernahmen in der neuen Heimat. Denn die Lautung setzt ein noch nicht zu *je* weiterentwickeltes *ge* voraus, ja hat den Vokal der unbetonten Anfangssilbe synkopiert, statt ihn zu *ë* zu wandeln oder in noch jüngeren Lehnformen die Lautqualität der übernommenen Form beizubehalten. Schließlich ist die toskische Variante noch durch den *n* > *r*-Wandel gegangen, während *l*, wie für ältere Übernahmen typisch, zu *ll* umgesetzt erscheint.

Eine Doppelung der Benennungsweise zeigt sich, wie bei »Mönch« und »Nonne«, auch beim »Kloster«. Denn neben *kuvend* < *conventus* nistete sich das griech. *monastírion* ein. Zunächst ergab sich daraus das gegisch a. 1635 belegte *munshtir*, das mittlerweile durch *monastir*, eine Rückanlehnung an die griechische Lautung, verdrängt wurde.

Wohl nicht mehr rekonstruieren läßt sich, wie in den ersten Jahrhunderten nach der Einwanderung der Abt bezeichnet wurde, für den bei den Katholiken des Norden *abat*, bei den Orthodoxen *igumen* gilt. Beide Worte sind nach ihrem Lautstand, der *-b-* und *-g-* ebenso erhalten hat wie die unbetonte Erstsilbe, jüngere Entlehnungen (oder Rückanlehnungen). Dagegen läßt sich – mit ein bißchen Mut zu dem Unterfangen, historische Schlüsse aus philologischen Befunden zu ziehen – für den Einsiedler und seine Behausung, die in der alten Kirche mit ein und demselben Wort benannt wurden, ein interessanter Entwicklungsstrang freilegen. *Jerm* setzt regelgerecht lat. *erēmus* fort.[50] Die Bedeutung ist aber zu »Wahnsinniger« entgleist. Das deutet wohl auf einen zeitweiligen Verfall der Klausnertradition oder doch eine geschwundene Wertschätzung im Volke hin. *Jerem*, das für 1. »Einsamkeit, Einsiedelei« 2. »Einsiedler« gebraucht wird, hält die beiden ursprünglichen Bedeutungen fest, aber zeigt eine lautliche Teilangleichung an *erēmita*.[51] Das legt die Folgerung

---

50 Ein noch in der alten Heimat entlehntes griech. *erímos* kann nicht zugrundeliegen, da unbetontes *e-* im Albanischen verstummt wäre. Meyer: Etym. Wb. S. 162 geht von ital. *eremita* aus und muß für *j* »slavische Lautgewohnheit« annehmen: Das mutet für ein Stück jenes albanischen Kirchenwortschatzes, der sich weitgehend frei von slawischen Einflüssen gehalten hat, unwahrscheinlich.

51 Die Entwicklung von *e-* > *je-* begegnet auch in Erbwörtern wie *jeshtë* (heute *është)* esti »er ist«. Daneben stehen Beispiele mit *e-* > *ja-* wie das Erbwort *jatëre* »der andere« (dafür heute *tjetër*, *tjatër*) und das mutmaßliche Lehnwort *jashtë* »außer«, das man auf eine provinziallat. *extus* zurückgeführt hatte, s. G. Meyer: Et. Wb. Alb. S. 161f. Dagegen blieb *e-* bei den Übernahmen aus dem Dalmatischen und Italienischen erhalten. Im Gegensatz dazu stehen jüngere Übernahmen wie *eshk(ë)* »als Zunder verwendeter Pilz« m. *esca*. – Ein Irrtum unterlief mir, wenn ich, Vladimir Georgiev folgend, als Ba-

nahe, daß Einflüsse aus Italien den eremitischen Gedanken auf albanischen Boden neu belebt haben. Wenn dagegen griech. *erímos* (nach Ausweis von *-e-* statt *-i-* in *jeremi*) offenbar nicht auf die albanischen Benennungen abgefärbt hat, dann wohl deshalb, weil der geistlichen Kultur im Hinterland von Dyrrachion eine ähnlich lebendige Tradition von Einsiedeleien, wie es sie in Italien gab, fehlte. Gerne wüßte man, seit wann für den Einsiedler auch die nicht entlehnten albanischen Vokabel *vetmar* verwendet wird, die in ihrer Grundbedeutung den »allein, für sich Lebenden« bezeichnet. Daß die Geschichte dieses Wortes vielleicht bis in die Anfangszeit des albanischen Christentums zurückreicht, erscheint durchaus möglich.

Immer mehr Arbaniten, so dürfen wir den Wortbefund auslegen, traten in die Gemeinschaften von Mönchen oder Nonnen ein, in denen, wie es im byzantinischen Reich normal war, die griechische Kultur gepflegt und nach außen hin vertrieben wurde. Wenn das zutrifft, dann muß sich das auch in dem Wortschatz für den Sinnbereich von Unterricht und Schriftkultur niedergeschlagen haben, die ja in den Klöstern ihre eigentliche Heimstätte hatten.

In der Tat: neben die Frühübernahme *shkollë* »Schule« < *lat. scola* rückte das bedeutungsähnliche *mësim*, das »Lehre, Ausbildung, Lektion, Schulstunde» bezeichnet. Dies Wort, das wohl auf griech. *máthima* zurückgeht,[52] kann nicht bereits in der Antike übernommen worden sein, denn *th* ist hier nicht mehr – wie in *trumbë* »Thymian« < *thymbra, tarogëz* »Helm« < *thōrakion* durch *t* substituiert worden.[53] Die Lehnform setzte vielmehr die jüngere, spirantische Aussprache von griech. *th* um: zu einer Zeit, als das Albanische selber noch nicht über das gleiche, in der heutigen Schrift durch *th* wiedergegebene Phonem verfügte. Vermutlich übernahmen die Albaner *mathima* erst nach a. 1000, weil des den Wandel von intervokalischem *s* zu *sh* nicht mehr mitgemacht hatten.

sis des FlN. *Jerma* für einen Zubringer der Nišava einen regionalbarbar. *jermo-* »rasend« (hier im Sinne von »wildschäumend«) annahm. In Wirklichkeit handelt es sich, wenn wir einem vorzüglichen Kenner folgen, bei *Jerma* um eine -noch zu Ende des 19. Jh.s nicht auf den Sprachgebrauch der bäuerlichen Anwohner durchgeschlagene – Namenübertragung von einem Fluß in Lydien, wo Therapon – ein auch an der balkanischen Jerma verehrter Heiliger – das Martyrium erlitten hatte, s. Constantin Jireček in: Sitzungsberichte der Kaiserlichen Akademie der Wissenschaften. Philos.-hist. Kl. 136 (Wien 1897) S. 54-60. Zu prüfen bleibt aber die Alternative, ob der Fluß nicht nach einer aus griech. *er(ē)ma* entlehnten Bezeichnung für »Kloster« heißt, s. Aleksandar Loma in: Onomatoloski prilozi 11 (Belgrad 1990) S. 6.

52 Vasmer: Studien zur alb. Wörterf. I S. 43. – Auch alb. *-m* für griechische Neutra auf *-ma* kennzeichnet relativ frühe Anleihen, s. etwa *kúma* > *kum* »Welle«, *baptísma* > *bagëm* s. o. – Kristophson: Rom. Elemente S. 65 führt abb. *mësoj* ebenso wie rum. *învăța* auf lat. **invitiāre* »unterrichten« zurück.

53 Norbert Jokl: Sprachliche Bemerkungen zur älteren Geschichte der Albaner. In: Studia Albanica 1 (1964) S. 47-50.

Dem entspricht, daß neben *shkruaj* »schreiben« < *lat. scríbere* das Verbum *hartoj* »schreiben, verfassen, entwerfen«, trat: eine Ableitung von *hartë* »Papierblatt, Plan« < griech. *chártis.*

Unsere Überlegungen haben uns weit über ihren Ausgangspunkt hinausgeführt. Denn für die Tiefenwirkung griechischer Kultur, die von Klostern und Kirchen auf die Arbaniten ausgingen, war Kruja nur ein erstes Einfallstor. Schon bald müssen wir mit vielfältigen Fernwirkungen des Küstenstreifens rechnen. Von dort aus mag es auch zu Klostergründungen in den Bergen gekommen sein. Naturgemäß wird die Metropole Dyrrachion die größte Ausstrahlungskraft besessen haben. Wegbereiter griechischer Kultur bei den Arbaniten waren, so möchte ich vermuten, keineswegs nur Griechen, sondern in erheblichem Maße auch Arbaniten, die im Reichsdienst Karriere gemacht hatten. Alexios I. berief, wie wir schon hörten, a. 1078 einen Mann aus diesem Volk an die Spitze der Verteidigung von Dyrrachion.[54] Dieser Arbanite bekleidete nicht, wie man die Stelle bei Anna Comnena lange mißverstanden hat, die Würde eines Komiskortēs, sondern führte diesen Titel als seinen Eigennamen. Diese Merkwürdigkeit dürfte voraussetzen, daß ein Verwandter – am ehesten sein Vater, Großvater oder Onkel – eben jenen Rang bekleidet hatte. Schon für Mitte des 12. Jh.s läßt sich damit ein Albaner in einer Würdenstellung des Themas Dyrrachion wahrscheinlich machen. Ja, schon früher war einer arbanitischen Familie offenbar der Aufstieg in die Reichsaristokratie gelungen, wenn mit Recht aus dem Namen der Familie der Arianitai auf albanischen Ursprung geschlossen wurde.[55] Der Patrikios David Arianites sah sich a. 1011 von Basileios II. mit der Verwaltung von Thessalonike betraut. Den gleichen Familiennamen trug ein hoher Militär, der a. 1050 in einer Schlacht gegen die Petschenegen fiel. Wenn ein arbanitisches Kind um die Mitte des 11. Jh.s auf den Namen *Komiskortēs* getauft wurde, der dem Stolz der Familie auf einen von einem der ihren erklommenen Rang im byzantinischen Reichsdienst Ausdruck gab, dann liest sich das als sprechendes Beispiel, wie die harmonische, für viele Arbaniten zu sozialem Erfolg führende Einordnung in das Reich einer Gräzisierung der arbanitischen Kultur Bahn brach.

Gewiß, in Ostanatolien haben die Reichsarmenier trotz aller Karrieren, die im Militär- und Zivildienst für die Byzantiner gelangen, ihre arme-

---

[54] S. o. IV 2.

[55] Ducellier: Arbanon S. 359f. mit kritischer Ausweitung neuerer albanischer Literatur. Zum späteren Schicksal des Geschlechtes s. Franz Babinger: Das Ende der Arianiten. München 1960 = Bayerische Akademie der Wissenschaften. Philos.-hist. Kl. Sitzungsberichte 1960 H. 4.

nischsprachige Kultur aufrechterhalten.[56] Aber dieser Fall weist – bei allen Ähnlichkeiten – doch wesentliche Unterschiede zu den Arbaniten auf. Die Armenier waren nämlich mit einiger Wahrscheinlichkeit wesentlich zahlreicher, verfügten über eine reich entfaltete Schrifttradition und besaßen im Königreich Armenien, jenseits der Reichsgrenzen, einen starken Rückhalt ihrer Eigenständigkeit, der den Arbaniten abging.

IV.4 Eine auslaufende Spur: die eigene Kirchensprache der Albaner

Eine der zentralen Thesen dieses Buches ist dem Leser längst geläufig: Zu dem bemerkenswerten Bekehrungswerk des Niceta gehörte auch eine eigene, bessische Kirchensprache, die zu einem Kernstück der Christlichkeit seines Volkes wurde. Dieses kostbare Gut bewährte sich vom 7.–9. Jh. in einer Zeit der Bedrohung und der verminderten Außenkontakte als ein wichtiger Rückhalt der gefährdeten christlichen Religion. Dieser Schatz dürfte jenen Teil der Bessen, die im 9. Jh. auswanderten, bis ins Arbanon begleitet haben. Was mag hier aus dem ehrwürdigen Erbe geworden sein?

Die Byzantiner haben, solange ihr Reich bestand, wenig Neigung gezeigt, darin neben dem Griechischen auch andere Kirchensprachen aufkommen zu lassen. Aber wo ihnen – wie im Falle der Armenier und des von Basileios II. um a. 1020 eroberten Bulgariens – nationalspezifische Kirchensprachen in festverankertem Gebrauch begegneten, an dem der zu rütteln die politische Klugheit widerriet, haben sie den Usus geduldet. Ja, in Bulgarien gestanden sie dem Kirchenslawischen zugleich die Rolle einer regionalen Verwaltungssprache zu. Das kulturelle Gewicht der bessischen Schreibtradition, die von den Einwanderern ins Arbanon mitgebracht wurde, war vermutlich erheblich leichter und damit weniger respektheischend, als das für die zitierten Vergleichsfälle gilt. Und wenn wir früher sahen, daß die prächtigen Gottesdienste und Kirchenfeste der Byzantiner das bescheidene bessisch-arbanitische Erbe bald durchdrungen, ja eingedrückt haben, so ist mit ähnlichen Wirkungen auch auf dem Felde der Kirchensprache zu rechnen. Wir brauchen dabei nicht einmal anzunehmen, die Griechen hätten viel daran gesetzt, die barbarische Konkurrenz auszuschalten. Nein, diese wird sich allmählich und von alleine in provinzielle Winkel verkrochen haben, wo ihr schließlich die

[56] Dazu u. a. Peter Charanis: The Armenians in the Byzantine Empire. In seinen: Studies, Abh. 5; V. A. Arutjunova-Fidanjan: Armjane-chalkidonity na vostočnych granicach Vizantijskoj imperii. Jerevan 1980. – Über die Gemeinsamkeiten und eventuell die Unterschiede in der Einordnung von Reichsarmeniern und Arbaniten in das Imperium wären genauere Überlegungen wünschenswert.

Luft ausging. Das freilich sind vage Vermutungen. Welche konkreten Anhalte finden sich?

Für die a. 1203 mit dem Kreuzfahrerstreich der Eroberung von Dyrrachion endende Frühphase einer Geschichte der Albaner in Albanien sind jene Lautungen christlicher Wörter lehrreich, die, weil sie katholischen und orthodoxen Albanern gemeinsam sind, schon vor der – auf albanischen Boden ins 13. Jh. fallenden – Verschärfung der innerchristlichen Glaubensspaltung gegolten haben werden und zudem im Neuen Testament und damit vermutlich auch in Texten vorkamen, die auf bessisch fixiert worden waren und von Generation zu Generation weitergegeben wurden. Fündig werden wir bei den Benennungen des Teufels und der bösen Geister.

Lat. *diabolus* »Teufel« wird in bessischer Wiedergabe, die in die heiligen Texte einging, auf *z* angelautet haben, da die Göttin *Diana* im Albanischen zur Bergfee *Zanë*, *gaudium* zu *gaz*, *gas* und *radia* zu *r(r)ezë* »Strahl« geführt hat. Wenn statt der Form, die wir erwarten, in Wirklichkeit *djall* bezeugt ist, dann erklärt sich dies gewiß durch die Anlehnung der ursprünglichen, dem Lateinischen entnommenen Lehnform an das griechische Muster *diávolos.*[57] Die neue Lautung nahm noch an dem Schwund eines zwischenvokalischen *-v-* teil, der wie der von *Drisht* < *Drivastu* zeigt, sich erst nach der Einwanderung in Albanien vollzog. Zur Übernahmezeit wurde griech. *d* noch als alb. *d* wiedergegeben, während später, der jüngeren griechischen Aussprache entsprechend, dafür *dh* eintrat. Genau parallel gelagert ist der Plural »die Teufel, die Dämonen«. Sie besitzen ebenfalls einen festen Platz in sakralen Texten, weil sie sechsmal im Matthäusevangelium und einmal im Jakobusbrief genannt werden. Geg. *djemën* beruht kaum auf lat. *démones*, da nachtoniges lat. *o* – wie lat. *ljépore* > *lepur*» Hase, Kaninchen“ – ein *u* ergeben hätte.[58] Wenn das Albanische sich offensichtlich an griech. *démones* ausgerichtet hat,[59] dann auch hier vermutlich in Abkehr von der bessischen Bibeltradition und ihrem lateinischen Kulturhintergrund.[60] Dieser bei zwei Teufelsbezeichnungen übereinstimmende Befund zeugt von einer Periode, in der bessische Sakraltexte nicht mehr in derartig allgemeinem Gebrauch waren, daß sie ererbte Lautungen gegen die Übermacht des Griechischen hätten abschirmen können.

---

[57] Thumb: Altgriech. Elemente S. 12f. – Çabej: Alb. und seine Nachbarsprachen S. 47 rechnet mit lat. *diabolus* als Vorbild, das aber zu einer späteren Zeit als das Lehngut mit lat. *di* als *z* übernommen worden sein soll.

[58] Die Form *dhemon* bei den orthodoxen Tosken erklärt sich als Rückanlehnung an die griechische Lautung.

[59] Thumb: Altgriech. Elemente S. 9; Tagliavini: Storia S. 346.

[60] Vasmer: Studien zur alb. Wort. erklärt *dje-* aus einem altserbischen Muster, wofür die auf Nordalbanien beschränkte Verbreitung sprechen soll. Das ist, weil es im albanischen Kirchenwortschatz an Parallelfällen mangelt, unwahrscheinlich.

Lehrreich für unsere Überlegungen ist auch, daß im Albanischen für »Geist« und »Seele« nur ein einziges Wort, nämlich *shpirt* < *spiritu* bezeugt ist. Die Albaner haben also zwei benachbarte Begriffe zusammengeworfen, die in der christlichen Tradition seit anfangs getrennt wurden: einmal griech. *pneuma*, lat. *spiritus* und zum andern griech. *psychē*, lat. *anima*. An einer für die kirchliche Tradition hochwichtigen Stelle des Neuen Testaments und der Liturgie, dem Marienlobpreis Lukas 1,45, sind beide Begriffe gegenübergestellt: »Meine Seele preist den Herrn, und mein Geist jauchzet über Gott, meinen Erretter«. Im Hebräerbrief 4,12 wird von Gottes Wort gesagt, es trenne »Seele und Geist, Mark und Bein«. Eine Sprache, in der solche Texte während des Gottesdienstes erklangen, wird die Benennungen für »Seele« und »Geist« auseinandergehalten haben. Der überlieferte Befund im Albanischen spiegelt also ein Stadium, in dem Albanisch *nicht* mehr als Kirchensprache diente.

Wie lange mag sich die Tradition durcherhalten haben? Weil wir über die Binnenbereiche albanischen Lebens bis zum 19. Jh. im Grunde äußerst dürftig unterrichtet sind, sollte man eine sehr lange Dauer zunächst einmal für möglich halten, um für Überraschungen offenzubleiben.

Im katholischen Norden Albaniens freilich ist die Übung, Albanisch mit einen eigenem Alphabet zu schreiben, offenbar schon früh abgerissen. Aber es gab – nach einem wichtigen Zeugnis eines Landeskenners von a. 1332 – dort muttersprachliche Texte, die durchweg in lateinischen Buchstaben geschrieben wurden.[61] Daß in dieser Literatur auch weltliche Themen abgehandelt wurden, ist uns für a. 1504 bezeugt.[62] Hinweise auf einen geistlichen Parallelstrang liefert uns wohl das berühmte Missale des Gjon Buzuku an die Hand, das 1555 vermutlich in Venedig erschien und von seinem Autor als »erstes Buch in unserer Sprache« vorgestellt wurde: gemeint ist damit wohl das erste gedruckte Werk auf Albanisch. Buzukus Sprache zeigt Einmischungen toskischer Dialektelemente. Als Grund hat ein Albanologe Wirkungen vermutet, die über die Trennlinie zwischen römischer und griechischer Kirche vom orthodoxen Süden in den katholischen Norden Albaniens drangen. Buzuku könnte also nach Indizien in seiner Sprache von einer Schreib- und Übersetzungstradition des orthodoxen Landesteils zehren. Dazu stimmt die Beobachtung, daß dieser Autor, wo er an Bibelstellen, die in der Vulgata vom griechischen Text abweichen, der griechischen Version folgt.[63]

---

[61] S. o. Kap. II 4. Anm. 88.

[62] Ebd. Anm. 89.

[63] Martin Camaj: Il »Messale« di Gjon Buzuku. Contributi linguistici allo studio della genesi. Rom 1960 S. 68f; 73.

Bevor die katholische Erneuerung von Mitte des 16. bis zur Mitte des 17. Jh.s beherzigte, welchen Wert muttersprachliche Texte für eine Festigung des von den Türken bedrängten katholischen Glaubens besaßen, war die eigentliche Heimstatt einer literarischen Tradition der Albaner im Süden Albaniens: bei jener Orthodoxie, der bis zum massiven Durchbruch der Islamisierung im 18. Jh. die Mehrheit der Albaner angehörte. Und dort, wo albanische Orthodoxe siedelten, darf man sich wohl am ehesten Funde erhoffen, die uns weiterhelfen.

Einen ersten Anhalt liefert uns ein Handschriftenblatt, das in der Ambrosianischen Bibliothek zu Mailand ans Licht getreten ist. Es wurde wohl im 15. Jh., vielleicht auch erst zu einem späteren Spätpunkt geschrieben und gehört zu den ältesten bislang bekannten Denkmalen albanischer Literatur.[64] In toskischer Mundart, die hier mit griechischen Buchstaben wiedergegeben wird, hält das Blatt Matth. 17, 62-66 fest, wo Pilatus sich bereden läßt, das Grab des Heilands durch eine Wache und durch Versiegelung vor seinen Jüngern zu schützen, die den Leichnam rauben könnten. Auf der Rückseite dann – mit griechischer Übersetzung – die Freudenbotschaft, Christus sei auferstanden. Für welchen Gebrauch mögen beide Stücke ins Albanische übertragen worden sein?

Unsere Texte erklären sich offenbar aus einer eigentümlichen Nische, die in der ostkirchlichen Tradition einem liturgischen Gebrauch nichtgriechischer Sprachen im Rahmen griechischer Gottesdienste eingeräumt wurde. Für die Hagia Sophia in Konstantinopel ist bezeugt, daß an Festtagen das Evangelium, ja manchmal auch die Epistel auf Latein gesungen wurden. Dieser Brauch geht gewiß auf jene Jahrhunderte zurück, in denen auch im Ostteil des römischen Reiches das Latein (etwa im Recht) den Vorrang der ersten Sprache des Imperiums genoß. Der Würde des Lateinischen erwies die so eng mit der kaiserlichen Macht verbundenen Ostkirche zumindest bei besonderen Gelegenheiten Reverenz. In diese Nische, die in das Gehäuse des griechischen Gottesdienstes eingebaut wurde, vermochten sich später offenbar auch andere Sprachen einzunisten. Ein Platz, in denen ihnen das gelang, war die Osterliturgie.[65]

---

[64] Mario Roques: Recherches sur les anciens textes albanais. Paris 1932 S. 3-9. In moderne Schreibweise transkribiert bei Giuseppe Schirò Junior: Storia della letteratura albanese. Mailand 1959 S. 70. Zu der (umstritten gebliebenen) Datierung Ludwig Braun und Martin Camaj in: Zeitschrift für vergleichende Sprachwissenschaft ... 1972 S. 1.

[65] Nilo Borgia: Pericope evangelica in lingua albanese del secolo XIV da un manoscritto greco della Bibliotheka Ambrosiana. Grottaferrata 1930. In: Studi liturgici. Nuova Serie. Fasc. 2, bes. S. 16-22.

Ein Kenner hat angenommen, es habe eine ostkirchliche Tradition gegeben, nach der der Priester am Morgen des Ostersonntags zuerst das Evangelium von der Grabversiegelung verlesen habe. Dann sei der Triumphgesang »Christ ist erstanden« angestimmt worden.[66] Ist das richtig, dann spiegeln unsere beiden Textstücke, daß die Gemeinde gerade den dramatischsten, feierlichsten Moment des Kirchenjahres in ihrer Muttersprache miterleben und in ihr der Freude über das größte aller Heilsgeschehnisse Ausdruck geben sollte.

Mit jenen frühen Übertragungen liturgischer und biblischer Texte ins Bessische freilich, die es – so eine Kernthese des vorliegenden Buches – einmal gegeben haben muß, steht das kostbare Zeugnis aus Mailand in keinem unmittelbaren Zusammenhang. Ausgeschlossen, daß es eine viel frühere Übertragung nur im Lautstand modernisierte. Denn für »Jünger« erscheint hier nicht *dishepull* < *discepulu*, sondern eine Umsetzung von griech. *mathitís*. Die Vokabel, die für »versiegeln« gebraucht wird, spiegelt nicht lat. *sigillāre*, sondern griech. *sphragízō* wider.[67] Am klarsten beantwortet wird die Frage, welcher Eltern Kind unser Text ist, dort, wo die Pharisäer auf Jesu Verheißung anspielen, er werde nach drei Tagen auferweckt werden. Hier umschreiben sie Jesus als »jenen Verführer«. Unser Übersetzer, der griech. *ho planos* nicht verstand, übernahm es einfach in seine Übertragung. So schleppt der albanische Fluß mit *o plane* einen griechischen Stein mit. Das konnte nur ein Mäßiggebildeter in Kauf nehmen, der keine kundigeren Ratgeber zur Seite hatte, ja philologischen Rat gar nicht gesucht haben wird.

Damit liefert uns das kostbare Bruchstück nicht etwa das, wonach wir vor allem fahnden: einen konkreten Anhalt für die Vermutung, der Strang einer im 4. Jh. begründeten Tradition christlicher Texte in bessischer Sprache habe sich durch lange Jahrhunderte forterhalten. Aber bei genauerem Hinsehen wirft unser Handschriftenblatt immerhin ein mittelbares Indiz ab. Wenn – wie ich vorsichtig vermuten möchte – der Einbau nichtgriechischer Stücke in eine sonst griechische Liturgie eine Auszeichnung darstellte, die nur »vollen Kirchensprachen« wie dem Lateinischen, Slawischen, Armenischen und Georgischen zuteil wurde, dann könnten unsere beiden Texte dadurch möglich geworden sein, daß dem Albanischen einmal eine Vorzugsstellung zuerkannt worden war, die es in eine Reihe mit anderen vollen Kirchensprachen einrücken ließ.[68] Ge-

[66] Cirillo Korolevskij bei Roques: Recherches S. 6, der sich gegen die Ansicht von Borgia: Pericope (s. vorige Anm.) wendet, das Stück aus Matth. 27 sei hier als Ostersamstagsevangelium zu verstehen.

[67] Im heutigen Albanischen gilt *vuloj*, das auf griech. *vullōnō* beruht, s. G. Meyer: Et. Wörterbuch d. alb. Spr. S. 479.

[68] Zum Latein, das die Nische für den Fremdsprachengebrauch in griechischen Gottesdiensten geöffnet haben wird, s. Ludwig Hahn: Zum Gebrauch der lateinischen Spra-

wisse Folgen, die aus diesem besonderen Rang herrührten, können auch in einem Milieu erhalten geblieben sein, wo die bessische Kirchensprache selber schon in Vergessenheit geraten war und Übersetzungen, wie sie für den genannten liturgischen Gebrauch erforderlich waren, neu verfaßt werden mußten.

Das Mailänder Blatt spiegelt nach meinem Eindruck ein Milieu, in dem eine vorwiegend albanischsprachige Gemeinde ein kirchliches Leben mit griechischer Dominante pflegte. Eben das läßt sich am leichtesten für die Städte des orthodoxen Landesteils vorstellen. Aber könnte es nicht daneben auch Gemeinden gegeben haben, die dem übermächtigen Einfluß der griechischen Kultur gleichsam im Winkel entgingen und so die altehrwürdige Tradition von Gottesdiensten mit durchweg albanischer Liturgie bewahren konnten?[69] Für diese Frage sind die albanischen Kolonien im südlichen Italien von besonderer Wichtigkeit. Denn sie entstanden bereits im 15. und 16. Jh. und haben an manchen Bräuchen festgehalten, die ihnen aus ihrem Herkunftsland vertraut waren. Ja, die Bibliotheken und Archive bergen nun einmal in Italien reichere Schätze über vergangene Zeiten als in Albanien. Hier, wenn nicht im Heiligen Lande, könnte am ehesten zutage treten, wonach wir fahnden.

Hier kann für die Suche, die ich anregen möchte, nicht mehr als eine gewisse Vorsortierung geleistet werden. Bei den neapolitanischen Albanern hat ein Bahnbrecher der nationalen Mobilisierung der Italo-Albaner, Demetrio Camarda, Mitte des 19. Jh.s vergeblich nach einer albanischen Schrift gefahndet.[70] Diesen Teil Italiens dürfen wir also vorerst beiseite lasen. Unergiebig erscheint auch das Milieu jener im 16. Jh. aus Griechenland nach Sizilien zugewanderten Albaner, in die uns ein 1592 verfaßter albanischer Katechismus wichtige Einblicke eröffnet. Denn hier handelt es sich um eine Volksgruppe, die in ihrem Herkunftsgebiet offenbar von griechischsprachigen Priestern geistlich betreut worden war. Der geistliche Wortschatz dieser Kolonien enthält so viele Übernahmen aus dem Griechischen, daß sich mit ihm eine Bewahrung von einer Gottesdiensttradition in albanischer Sprache kaum vereinbaren dürfte.[71] Das Hauptaugenmerk der Forschung sollte zunächst einmal Kalabrien, der Sohle des italienischen Stiefels gelten, denn hier setzt die

---

che in Konstantinopel. In: Festgabe für Martin von Schanz ... Würzburg 1912 S. 173–183.

69 Auf albanischen Boden müßte man, wie mir nach der Lektüre von Armin Hetzer: Geschichte der Buchhandels in Albanien. Prolegomena zu einer Literatursoziologie. Berlin 1985 scheinen will, wohl am ehesten in der Bibliothek von Korça nach Spuren suchen, deren ältere Bestände noch nicht systematisch nach altalbanischen, eventuell aus Ohrid verpflanzten Schätzen durchstöbert worden sind.

70 Geitler: Alb. und slav. Schr. S. 62.

71 S. o. Kap. II 5 Anm. 116.

Ansiedlung albanischer Soldaten und Bauern schon a. 1448 ein: sie wurde durch das Privileg begünstigt, daß die Zuwanderer ihre orthodoxe Konfession beibehalten durften. Für Kalabrien gibt es nun in der Tat ein kostbares Zeugnis von a. 1601, das von Gottesdiensten in albanischer Sprache berichtet.[72] Ja, diese Nachricht scheint zu besagen, daß die Besonderheit des »Usus ihrer Sprache«, der die Messen in den albanischen Kolonien Kalabriens vom »lateinischen und griechischen Usus« abhob, auch inhaltliche Besonderheiten einschloß. Daß die hier übliche Liturgie eigene Merkmale aufwies, läßt sich bei einem nationalen Christentum von so ehrwürdigem Alter leicht vorstellen.

An einem der Albanerorte Kalabriens, San Cosmo Albanese 70 Kilometer von Cosenza, riß die Tradition, die das Zeugnis von 1601 zu Tage fördert, erst einmal 1609 ab, weil die dortigen Priester des Albanischen zu wenig kundig waren (Man möchte vermuten, es habe sich – wie in orthodoxen Albanergemeinden häufig – um zugezogene Griechen, nicht um Söhne des Städtchens gehandelt). Wenn es 1609 heißt, die Geistlichen seien nicht fähig, das Vaterunser auf Albanisch vorzutragen, dann verweist das sicher auf eine gottesdienstliche Verwendung dieser Sprache. Denn außerhalb von Messe und Taufe wird das Vaterunser in der Orthodoxie selten gebetet. Die Stelle muß übrigens nicht besagen, daß in in San Cosmo der liturgische Gebrauch des Albanischen bereits auf den einen Rest des Herrengebets zusammengeschmolzen war. Dieses könnte hier ja zu dem Zwecke genannt sein, um mit tadelndem Zungenschlag ein klägliches Mindestmaß von Sprachbeherrschung zu bezeichnen, unter das der örtliche Klerus heruntergefallen sei. Übrigens ließ der zuständige Erzbischof 1639 die unterbrochene Tradition wiederaufleben und sorgte dafür, daß die Priester die dazu erforderlichen Kenntnisse erwarben.[73]

Um die benediktinische Abtei von San Benedetto Ullano, 30 Kilometer nordöstlich von Cosenza, hat sich im 18. Jh. ein kulturelles Zentrum von Nachfahren albanischer Auswanderer gebildet, die in dieser Gegend besonders zahlreich waren. Ja, zu ihrer Betreuung wurden a. 1719 ein orthodoxes Bistum und ein geistliches Kolleg eingerichtet, die a. 1794 an einen anderen Ort der gleichen Gegend, S. Demetrio Corona, verlegt

[72] Girolamo Marafioti: Chroniche ed antichità di Calabria. Padua 1601 in einem Passus über die Albaner in Kalabrien. H. 273 b – 274: *Fanno gl'ufficij della Chiesa secondo l'uso della loro lingua, laqual' è molto differente dell' vso latino e greco*; s. Shuteriqi: Shkrimet Nr. 21. Marafioti wirkte im kalabrischen Polistena.

[73] P. P. Rodotà: Dell' origine, progresso e stato presente del rito greco in Italia Bd. 3 Rom 1763 S. 101. Auf diese Stelle stieß Gunnar Hering, der, in meine Beobachtungen eingeweiht, die Fährte einer Verwendung des Albanischen als Liturgiesprache in Süditalien aufnahm. Er steuerte auch Erläuterungen bei, die ich eingewoben habe.

wurden.[74] Hier, meine ich, besteht die größte Wahrscheinlichkeit, daß eines Tages die Spur jener Tradition von Gottesdiensten in albanischer Sprache zutage tritt, die sich an albanische Texte in einer alten albanischen Schrift hielten.

IV.5 Auseinanderdriftende Völkerschicksale: Albaner und Rumänen

Seitdem wir jenem Teil der Bessen gefolgt sind, der ins Arbanon auswanderte, haben wir jene Wlachen aus dem Auge verloren, die zwei bewegte Jahrhunderte in enger Symbiose mit den Bessen verbracht hatten.[75] Die Schicksale beider Völker – oder genauer: die Lose der Wlachen und der Arbaniten, die nicht, wie ihre daheimbleibenden bessischen Stammesbrüder, im Slawentum aufgingen – sind seit Anfang des 9. Jh.s weit auseinandergedriftet. Dennoch lohnt es sich, die Wlachen erneut in unsere Überlegungen einzubeziehen. Ein weiteres Mal wird sich nämlich der Vergleich als ein Mittel bewähren, mit dem sich Jahrhunderte ausloten lassen, die nur wenige Zeugnisse hinterlassen haben. Die Differenzen in der Art und Weise, wie zwei christliche Völker in zwei verschiedene christliche Reiche eingegliedert wurden, erweisen sich als ebenso aufschlußreich wie die Übereinstimmungen.

Warum hat sich zu Anfang des 9. Jh.s nicht auch ein Teil der Wlachen dem religiösen und demographischen Druck der Bulgaren durch Abwanderung entzogen? Wahrscheinlich, weil ihre besondere Lebensweise es den Hirtenromanen ermöglichte, Bedrängern geschickt und wendig auszuweichen, ohne irgendein Gebiet endgültig zu räumen. Im 7. Jh. hatten die Romanen – wie wir uns erinnern – Zuflucht gerade in besonders hohen Berglagen gefunden. Hier waren sie, von der Not getrieben, auf eine in Südosteuropa nicht altbodenständige Wirtschaftsart verfallen. Sie entdeckten nämlich jene bergnomadische Extremform von Viehwirtschaft, die auf langen sommerlichen Wanderwegen auch den dünnen Bewuchs oberhalb der Waldgrenze zu nutzen verstand. Zum Bergnomadismus gehört, daß die Herden nicht nur von gedungenen Hirten, sondern vom ganzen Klan begleitet werden. In dem Maß jener Beweglichkeit innerhalb eines Gebietes mit weitgestecktem Radius, die durch diese Wirtschaftsform eingeübt wurde, mögen die Wlachen selbst jenen bessischen Nachbarn überlegen geblieben sein, die sich ebenfalls auf

---

[74] Luigi Alberti: Il Vescovato ed il Collegio italo-greco degli Albanesi di Calabria. Appunti. In: Roma e l'Oriente, anno VI Bd. 11 (1916) S. 123-133. – Insgesamt zu den albanischen, mit den Katholiken unierten Orthodoxen in Italien s. Adrian Fortesene: The Unite Eastern Churches. The Byzantine Rite in Italy, Sicily, Syria and Egypt. Hg. von George D. Smith. London 1923 S. 115-124.

[75] Was im folgenden über die Wlachen behauptet wird, beruht auf der Rekonstruktion meiner Aufsatzfolge: Frühe Schicksale der Rumänen III. Neu ist der Vergleich mit den Arbaniten für die Zeit nach der räumlichen Trennung beider Völker.

Herden und Hochweiden spezialisierten, aber (im Rahmen der altererbten Wirtschaftsform der Transhumanz) auf feste Dörfer angewiesen blieben. Anders als das Nachbarvolk konnten sich die Hirtenromanen durch geschmeidiges Chassieren auf den Hochlagen der alten Heimat durch die Ungunst der Zeit retten, bis die Taufe des Bulgarenkhans um a. 865 ihre Lage auf einem Schlag erleichterte.

Spätestens um etwa a. 900 wird die neue, christliche Ordnung des Bulgarenreiches soweit durchgesetzt, eingespielt und institutionell ausgebaut gewesen sein, daß man darangehen konnte, dem unsteten Element der Wlachen eine Stellung im neuen Zuschnitt des politischen und kirchlichen Verbandes anzuweisen. Der Grund, der damals gelegt wurde, dürfte mit dem Jahrzehnte früher vorgenommenen Einbau der bessischen Zuwanderer im Arbanon dies gemein haben, daß beide Regelungen auf einer Gemeinsamkeit im Glauben fußten und sich in der Erprobung von Jahrhunderten immer von neuem als tragfähig erwiesen. Bis 1375-96 das Zweite Bulgarische Reich den Türken erlag, genossen die Wlachen in Bulgarien die Stellung eines zweiten Reichsvolks mit fest verankerten Rechten. Beide Seiten hielten an der einmal gestifteten, beiden Seiten nützenden Ordnung fest. Ja, das Joch, das ihnen die Byzantiner um a. 1000 aufzwangen, haben sie in einem gemeinsam unternommenen Aufstand a. 1085-86 abgeschüttelt. Bezeichnenderweise waren Peter Asen, der das Fürstenhaus des befreiten Landes begründete, aber auch andere Führer der Erhebung Wlachen. Kein Zweifel, daß seine Ethnie nun in ihren alten Rechten bestätigt wurde.[76]

Mangels direkter Zeugnisse können wir die politische Seite dieses dauerhaften Verhältnisses nur, so gut es gehen will, erraten. Vermutlich genossen die Wlachen das Recht, sich unter eigenen Häuptlingen zu organisieren. Weiterhin dürfte diesem Volk freigestellt worden sein, die Höhenlagen des gesamten bulgarischen Reiches zu beweiden. Erst das machte es, wie ich annehmen möchte, möglich, daß es schon bald statt des einen, ursprünglich wlachischen Ballungsraumes in der Zentralen Balkanischen Berggruppe mehrere Gebiete gab, in denen diese Ethnie in dichterer Streuung vorkam. Neuerschlossen wurde jetzt der makedonische Südstreifen, den sich die Bulgaren im 9. Jh. zugewonnen hatten. Hier treten die Aromunen um a. 976 in das Licht unserer Überlieferung, und hier sind sie bis heute am zahlreichsten vertreten. Daß dies durch

---

[76] Eroberer: S. 164f; Borislav Primov: Crearea celui de-al doilea ţarat bulgar şi participarea vlahilor. In: Relaţii româno-bulgare de-a lungul veacurilor (sec. XII-XIX). Studii Bd. 1 Bukarest 1971 S. 9-56; Nicolae-Şerban Tanaşoca: De la Vlachie des Assénides au Second Empire Bulgare. In: Revue des Études Sud-Est Européennes 29 (1981) S. 581-594; Şerban Papacostea: Selbstbewußtsein oder eingeführtes Streugut: der Romanitätsgedanke der Rumänen im Mittelalter. In: Dacoromania 1 (1973) S. 114-123.

rechtliche Regelungen begünstigt gewesen sein dürfte, legt ein Vergleich mit den nordwestlichen Reichen der Balkanhalbinsel nahe. Auch hier sind romanische Wanderhirten eingedrungen. Aber die Tendenz, sie, so eng irgend möglich, an den Feudalbesitz anzubinden, den besonders die Klöster ausbildeten, hat es hier – vorläufig und vorsichtig abgeschätzt – nicht zu vergleichbar großen Zahlen von romanischen Hirten kommen lassen. Die sogenannten Morlaken (d. h. Maurowlachen) in diesen Gegenden sind schließlich, von dem Splitter der Istrorumänen abgesehen, im Slawentum aufgegangen.

Die Byzantiner folgten in Nordgriechenland offenbar dem – durch Erfolge empfohlenen – bulgarischen Muster, wenn sie den eingewanderten Wlachen für wertvolle Dienste, die diese zu leisten bereit waren, auch weitgehende Rechte zugestanden. Erst wenn wir solche Privilegien annehmen, läßt sich erklären, warum es vom 12.-13. Jh. zu neuen Konzentrationen von Wlachen kam, die sich von den umliegenden Gebirgen aus sogar in die thessalische Ebene ergossen und sie zu einem »Groß-Wlachien« machten.[77] Was für die Hirtenromanen im nördlichen Hellas bezeugt ist, erlaubt es, auf das Erste Bulgarenreich rückzuschließen: die Wlachen verpflichteten sich, bei Bedarf Truppen zu stellen. Sie leisteten wohl auch hirtentypische Abgaben wie Käse und das fünfzigste Schaf.[78] Nützlich waren sie – vielleicht, ohne daß sie sich dazu verpflichten mußten – auch als Begleiter von Karawanen auf den gefährdeten Wegen durch die balkanischen Bergländer. Daß die Wlachen – wie die Arbaniten – außerdem die Pflicht übernahmen, strategisch wichtige Pässe gegen Angreifer zu sperren, ist nicht auszuschließen, aber bei der wenig ortsverhafteten Lebensweise der Wlachen nicht gerade wahrscheinlich.

Wie ordnete sich dieses Volk in das bulgarische Kirchenwesen ein, das bis rund a. 900 im wesentlichen ausgebaut war? Auskunft gibt ein Chrysobull von a. 1020, mit dem Kaiser Basileios II. bisher geltende Regelungen bestätigt.[79] Die über Bulgarien, das er gerade eroberte, verstreut lebenden Wlachen sollten allesamt durch den Erzbischof von Ohrid betreut werden. Damit blieben sie aus der Diözesangliederung des wiedergewonnenen bulgarischen Gürtels herausgenommen, was sie vor einer Zersplitterung auf eine ganze Reihe von Bistümern bewahrte. Diese Ordnung hat einen Grundzug mit der Gründung eines »arbanensischen Bistums« in Kruja gemeinsam: hier wie dort wurde ein Bergvolk zu seiner Gänze einem einzigen geistlichen Oberhaupt unterstellt. Nur trug

---

[77] Schramm: Frühe Schicksale III S. 81 Anm. 153.

[78] Zu den wlachischen Abgaben s. Mátyás Gyóni in: Études Slaves et Romaines I (1948) S. 154f. mit Lit.

[79] Der Text u. a. in Izvori za bălgarskata istorija Bd. 11 (Sofia 1965) S. 46. Dazu u. a. B. Granić: Kirchenrechtliche Glossen zu dem vom Kaiser Basileios II. dem autokephalen Erzbistum von Ohrid verliehenen Privilegien. In: Byzantion 12 (1937) S. 395-415.

die Regelung in Bulgarien jener weiten Streuung Rechnung, die für die romanischen Bergnomaden typisch war. (Ein wlachisches Bistum, das die Byzantiner in der Mitte des 11. Jh.s im eroberten Nordmakedonien wohl im Raum von Prilep einrichteten,[80] wollte vermutlich einer zeitweiligen Massierung von Wlachen in einem Teilgebiet Bulgariens kirchenorganisatorische Rechnung tragen.[81] Längere Dauer war dieser Neuerung offenbar nicht beschieden.)

Wie sehr die Wlachen damit zufrieden waren, daß sie dem Erzbischof von Ohrid unterstellt worden waren, zeigt sich in dem erstaunlichen Faktum, daß die Ende des 12. Jh.s nach Siebenbürgen eingewanderten Rumänen über lange Zeit nicht die Einrichtung eines eigenen orthodoxen Bistums betrieben haben, sondern sich weiterhin der Erzdiözese Ohrid (und Vidin als dem Siebenbürgen am nächsten liegenden bulgarischen Bistum) zugeordnet fühlten.

Das Schicksal der Wlachen läuft dem Los der Arbaniten auch darin parallel, daß beide ihre eigene Kirchensprache verloren. Wenn das Bessisch-Albanische aus der Liturgie verdrängt wurde, so fiel bei diesem Vorgang, wie früher vermutet wurde, eine Schlüsselrolle dem »arbanensischen Bischof« in Kruja zu, dessen Amt in den ersten Generationen nach der Besseneinwanderung wohl von Griechen bekleidet wurde. (Bei dieser Charakterisierung kommt es nicht auf die ethnische Herkunft, sondern auf die Vertretung byzantinischer Reichskultur an.) Man könnte erwägen, eine genau entsprechende Wirkung sei vom Ohrider Patriarchenstuhl ausgegangen, auf dem bis zur byzantinischen Eroberung ja durch anderthalb Jahrhunderte Bulgaren saßen. Aber bei der schon bald sehr weiten Streuung der Hirtenromanen ist ein so starker Einfluß, wie ihn der in Kruja amtierende Arbanitenbischof ausgeübt haben wird, wenig wahrscheinlich. Bei den Wlachen ergab sich eine Slavisierung ihrer Kirchlichkeit vermutlich einfach auf die Weise, daß in die Kirchen im Tal, die man bisher mit den Bessen geteilt hatte, jetzt ein bulgarischer Klerus einzog, der die Gottesdienste in slawischer Sprache hielt. Sich mit diesem Wandel abzufinden, bereitete den Romanen kaum Schwierigkeiten. Denn sie pflegten ja ihre Winterweiden mittlerweile bei slawischen Bauern zu pachten, mit denen sie alljährlich mehrere Monate in engster Nachbarschaft verbrachten. Dies hatte zur Folge, daß zumindest

---

[80] Erstmals in der unter Alexios I. Kommenos (1081-1188) vorgenommenen Neuredaktion eines Bistümerverzeichnisses: s. Heinrich Gelzer: Ungedruckte und ungenügend veröffentlichte Texte der Notitiae episcopatuum. Ein Beitrag zur byzantinischen Kirchen- und Verwaltungsgeschichte. München 1900. S. 60.

[81] Lit. bei Schramm: Frühe Schicksale III S. 81 Anm. 111. Nach Gelzer: Patriarchat S. 11 sollte der Amtsträger auf dem neugeschaffenen Bischofsstuhl (*episkopos Breanótēs ētoi Bláchōn)* den Erzbischof von Ohrid »die geistliche Obsorge für die wandernden Rumänen« abnehmen. Das ist möglich, aber nicht sicher.

die männliche Hälfte der Hirtenromanen das Slawische seit etwa 900 als Zweitsprache beherrschte. Leicht konnte sich deshalb der Brauch einbürgern, in den Wintermonaten slawische Gottesdienste zu besuchen und für die eigenen Kasualien slawische Popen zu bemühen. Damit ist für die Preisgabe des Lateins als der wlachischen Kirchensprache ein so einfacher Grund gefunden, daß es kaum mehr nötig scheint, auf weitere Momente zu verweisen, die ebenfalls gewirkt haben könnten: auf den Glanz etwa, der von den Metropolen der bulgarischen Kirche ausging, oder auf die Karrieren, die Wlachen im Bulgarenreich machen konnten.[82]

Wann waren die neuen Verhältnisse eingespielt? Gewiß schon, bevor die Aromunen nach Süden abwanderten, was, wie wir sahen, vor etwa a. 976 geschehen sein wird. Denn aus ihrer zentralbalkanischen Heimat müssen die Südrumänen bereits eine slawisch durchsetzte christliche Terminologie mitgebracht haben.[83] Ja, die Beimischung war vermutlich stärker, als das moderne Aromunische erkennen läßt. Denn gerade in Bereichen, die mit der Kirche zu tun haben, wird viel Slawisches durch jüngere Entlehnungen aus dem Griechischen verdrängt worden sein. Nimmt man mit aller Vorsicht an, die Wlachen hätten zu Anfang des 10. Jh.s ihre kirchliche Eigenständigkeit verloren, dann spricht für diesen Ansatz, daß er sich aufs beste mit der mutmaßlichen Chronologie der Einflüsse verträgt, die das Slawische in anderen Lebensbereichen auf das Rumänische ausgeübt hat. Erst nachdem im Südslawischen die schwachen Jers geschwunden waren, was sich am ehesten auf das ausgehende 10. Jh. datieren läßt, darf man mit einem – alle Lebensbereiche durchdringenden – Masseneinstrom slawischer Vokabeln rechnen.[84]

Weder die Arbaniten noch die Wlachen hat der Verlust einer eigenständigen Kirchlichkeit ihre Identität als Volk mit einer eigenen Sprache gekostet. Das bleibt bemerkenswert, weil gerade im 9., 10. und vielleicht noch im 11. Jh. viele alte Balkansprachen untergegangen sein dürften, die keineswegs bereits dem großen Slaweneinbruch des 7. Jh.s. zum Op-

[82] Ganz unglaubhaft wird der Übergang der Rumänen zur slawischen Kirchensprache von Forschern dargestellt, die mit einer romanischen Kontinuität nördlich der Donau rechnen. Nach Nicolae Iorga und in seinem Gefolge N. Bănescu: L'ancien État bulgare et les Pays roumains. Bukarest 1947 soll es sich um einen Niederschlag von kulturellen Fernwirkungen des Zweiten Bulgarischen Reiches gehandelt haben, die nicht von einem politischen Ausgreifen nach Norden begleitet waren.

[83] Theodor Capidan: Die Mazedo-Rumänen. Historischer und beschreibender Versuch über die rumänischen Volksteile der Balkanhalbinsel. Bukarest 1941 S. 75. Unter den dort verzeichneten Beispielen sind für uns aussagekräftig besonders *pumean* »Trauergabe«, *piscură* »Weihbrot«, *miluesc* »spende Almosen«. In diese Reihe gehört wohl auch *călugăr* »Mönch«, das gewiß über slawische Vermittlung aus dem Griechischen ins Aromunische gelangte. Alle diese Wörter sind dem Slawischen entlehnt und haben Entsprechungen im Dakorumänischen.

[84] S. o. K. III.4.

fer gefallen waren. Ich erkläre mir das so: Die Lenker christlicher Reiche erkannten zwei Völkern, die ihr Christentum seit alters unbeirrt festgehalten hatten, eine besondere Würde zu. Sehr zu Recht versprachen sie sich wertvolle Dienste von diesen beiden Volksverbänden. Und deshalb haben sie diese – anders als die übrigen Ethnien ihres Reiches – intakt gelassen, ja durch Regelungen weltlichen und geistlichen Rechts abgesichert. Die beiden im 9. und 10. Jh. begründeten Ordnungen ruhten auf so vielen Pfeilern, daß eine von diesen Stützen, nämlich die eigene Kirchensprache, wegbrechen konnte, ohne daß die Festigkeit des Gebäudes erkennbaren Schaden litt.

V. Ausblick: Die fortdauernde Zusammengehörigkeit eines gespaltenen Volkes (13.–20. Jh.)

Ein junger Albaner in Italien hat 1848 einem Werk, das sich um sein Volk dreht, die Widmung vorangestellt: *Alla mia nazione divisa e dispersa ma una.*[1] Diese Worte atmen den Geist des Revolutionsjahres und der italienischen Einigungsbewegung, in der manche begeisterungsfähige Jünglinge aus den albanischen Kolonien in Italien für eine Freiheit stritten, die, so hofften sie, über die Adria ausgreifen würde. Diese Jünger italienischer Geschichtsauffassung haben den Aufbruch ihres Volkes, dem sie die Bahn brechen wollten, in der Spur von *rinascità* und *risorgimento* als eine Wiedergeburt, *rilindja*, begriffen. Was in ferner, illyrischer Vergangenheit und dann wieder im 15. Jh. unter der Führung Skanderbegs schon einmal eins gewesen war, ja, in den Herzen, wenn auch nicht mehr in der politischen Wirklichkeit eins geblieben war, sollte nun auch auf einer von fremder, türkischer Herrschaft befreiten Erde so zusammenfinden, wie das – schon jetzt oder doch in naher Zukunft – den italienischen Freunden beschieden war.

Solche Visionen wollen dem kritischen Historiker bislang als reine Romantik anmuten. Was gab es, nüchtern betrachtet, schon wiederherzustellen? Nachdem die letzten Illyrer auf albanischem Boden im 2. Jh. v. Chr. von Rom unterworfen worden waren, sind die Albaner – von den kurzlebigen, schon zwanzig Jahre nach seinem Tode weggefegten Erfolgen des Berghelden Skanderbeg im 15. Jh. abgesehen – allein von fremden Herren in einem einzigen Staatswesen zusammengeschlossen worden: von Römern, Byzantinern, Angiovinen und schließlich den Türken. In die Selbständigkeit vom November 1912, die weit weniger dem Befreiungswillen eines Volkes als dem endgültigen Zusammenbruch der osmanischen Herrschaft über Südosteuropa zu danken war, konnten die Albaner als einziges Staatsvolk des Subkontinents keine gewachsenen Traditionen von Staatlichkeit einbringen. Über zwei Drittel des Volkes waren Muslime. Ja, viele Albaner hatten dem Osmanenreich, aus dem man sich jetzt löste, als Soldaten und Offiziere gedient. Ein erheblicher Teil der Großwesire, der Richter und Ärzte waren albanischer Herkunft. Es lag danach für viele Betrachter nahe, in der Masse der Albaner lediglich albanischsprechende Türken zu sehen. Zumindest fiel es in Albanien schwerer als irgendwo sonst, eine nationale Identität auszuprägen, die sich klar, ja möglichst antagonistisch von den türkischen Herren ab-

[1] Vincenzo Dorsa (1823-1885): Degli Albanesi, ricerche e pensieri. Neapel 1848, zitiert nach G. Meyer: Sprache u. Lit. S. 68.

setzte. Nach dem Reichsbewußtsein der Osmanen war die Bevölkerung, die sie beherrschten, eben nicht in Ethnien, sondern in Religionsgemeinschaften untergliedert und rechtlich abgestuft. Und die Albaner – das machte ihre auffälligste Besonderheit aus – wurden, anders als die meisten anderen Völker Südosteuropas, gerade nicht durch das Band einer einzigen Religion, geschweige denn durch eine nationale Kirchenorganisation zusammengeschlossen. Die Christen unter ihnen waren noch einmal untereinander gespalten: Rund 20 Prozent der Albaner sind Orthodoxe und 10 Prozent Katholiken. Die Träger des Nationalgedankens konnten also nicht, wie für balkanische Freiheitsbewegungen die Regel, die Bindung an eine bestimmte Religion für nationale Ziele mobilisieren. Vielmehr mußten sie an ein Zusammengehörigkeitsbewußtsein appellieren, das religiöse Trennwände übergriff, ja für unwichtig erklärte oder einzureißen versuchte.

Es hat seine innere Logik, wenn die Kommunisten, die als erste ernsthaft darangingen, die Nation von äußeren Abhängigkeiten freizumachen und das Land mit Entschlossenheit zu modernisieren, als erstes und, Gott sei Dank, bisher einziges Regime der Welt jedwede Religion schlichtweg verboten. Das galt nicht nur für den Kultus in Kirchen und Moscheen, sondern in der rüden Praxis, die jahrzehntelang waltete, sogar für den Besitz von Koran und Bibel, von Gesangbüchern und Ikonen, von Haustaufen, kurz: auch für die daheim geübte Frömmigkeit. Auf den Sockel, von der die Religionen mit barbarischer Entschlossenheit herabgestürzt wurden, thronte nun ein streng säkularer, aber nichtsdestoweniger hochpathetischer, pseudoreligiöser Nationalismus, den man als »Albanismus« anpries.

Einem besonders auffälligen Rückstand der Albaner gaben die Türken Ausdruck, wenn sie von ihnen als »Leuten ohne Bücher« redeten.[2] (Das klang besonders abschätzig, weil der Koran unter diesem Etikett ja die Angehörigen jener Religionen zusammenfaßte, die sich im Unterschied zum Islam, Judentum und Christentum nicht auf ein einheitliches Buch gründeten und deshalb in der islamischen Reichsordnung einen minderen Status zugeteilt erhielten.) Bei bloßen Ansätzen zu einer in der eigenen Sprache blieb es noch bis tief ins 19. Jh., nachdem Bemühungen des 16. Jh.s zu einer geistlichen Nationalliteratur auf den katholischen Norden beschränkt blieben, ja im 17. Jh. wieder abgerissen waren.
Als 1912 ein Staat Albanien ausgerufen wurde, steckte hier ein muttersprachliches Schulwesen erst in bescheidenen Anfängen. Lange hatte man sich noch nicht einmal einigen können, mit welchen Schriftzeichen das Albanische wiedergegeben werden sollte.

---

[2] Schirò: Storia S. 78.

Der Kongreß von Monastir (Bitolj), der die Lage 1908 klären sollte, endete mit einem Kompromiß, der zwei Alphabetentwürfe als gleichberechtigt anerkannte. Erst seit der 1912 ausgerufenen Unabhängigkeit bahnte sich an, daß sich alle Albaner auf eine dieser Schriften einigten, die 1908 aus der Kombination mehrerer Alphabete hervorgegangen war und aus lateinischen Buchstaben bestand. Ja, erst 1972 wurde endgültig festgelegt, welcher Dialekt des Albanischen der nationalen Schriftsprache vor allem zugrunde gelegt werden sollte. (Die Wahl fiel auf das Toskische, die Mundart des Südens.)

Verspätungen also über Verspätungen. Welches neues Licht fällt nun auf die *nazione divisa et dispersa* durch die Schneise, die dieses Buch geschlagen hat? Welche Gesichtspunkte liefert jene ferne Vergangenheit, die in den voraufgegangenen Kapiteln rekonstruiert wurde, für die jüngere Vergangenheit, die, grob abgegrenzt, mit dem 13. Jh. begann? Mir scheint, daß manche eingebürgerte Vorstellungen umgestülpt werden müssen. Bislang schien es, als habe alles für eine moderne Nation Wesentliche sich bei den Albanern spät, oft schmerzhaft spät eingestellt. Wenn die Grundthesen dieses Buches stimmen, zeichnet sich das glatte Gegenteil des bislang Angenommenen ab. Die Grundmerkmale nationaler Identität waren bei den bessischen Vorfahren der Albaner gerade bemerkenswert früh ausgeprägt. Diese sahen sich in die Christianisierung des römischen Reiches nicht etwa, wie die anderen Bergvölker, erst mit Verzögerung und nur wenig gründlich einbezogen. Nein, die Erhebung des Bessischen zur Kirchensprache erlaubte – im Verein mit einer durch Mönche bis in die letzten Täler vorgetragenen Mission – eine besonders frühe und intensive Ausbreitung des Christentums. Ja, auf diese Weise wurde eine ethnische Eigenständigkeit gegen die einebnenden Wirkungen der römischen Reichszivilisation abgeschirmt.

Seine Bewährungsprobe bestand das christliche Volk der Bessen, das sogar im Heiligen Lande Mönchsgemeinschaften als selbständige Konvente, aber auch als Untergruppen von Klöstern unterhielt, vom 7.–9. Jh., als es seine Kirchen und seine christlichen Lebensformen inmitten einer weithin heidnischen Umgebung zu behaupten wußte, während anderswo auf der Balkanhalbinsel die große Mehrzahl der Gotteshäuser verfiel. In dieser Zeit wird man bereits von politischer Selbständigkeit reden dürfen, weil das oströmische Imperium die Bessen nicht mehr einzubinden vermochte, während dem Ersten Bulgarenreich vor dem 9. Jh. noch die Kräfte und die Reichweite fehlten, um die hohen Bergregionen im Innern der Halbinsel in den Griff zu bekommen.

Klarer faßbar wird die Fähigkeit der Ethnie, ihre Schicksale selbst zu steuern, nach der Umsiedlung ins Arbanon. Hier wurde ihr offenbar eine Autonomie als Bundesgenossenvolk zugestanden, die ziemlich weit aus den byzantinischen Normen herausfiel. Auch kirchlich erfuhren die Arbaniten eine Sonderbehandlung, weil für sie ein einziges, als »arbanitisch« bezeichnetes Bistum von ungewöhnlichen geographischen Ausmaßen zuständig wurde. Die Eigenständigkeit der Arbaniten war damit um a. 850 politisch durch ein Gefüge aus Rechten und Pflichten gegenüber dem Reich, kirchlich durch ein eigenes Bistum und kulturell durch eine gemeinsame, auch als Kirchensprache dienendes Idiom so scharf umrissen und so sicher abgestützt, wie das für kein anderes Barbarenvolk der Balkanhalbinsel galt. Das Wunder, die Besonderheit der Albaner besteht also nicht darin, daß sie so spät zur Nation wurden, sondern, zugespitzt, daß dies so früh geschah.

Aber – damit münden unsere Überlegungen in den altvertrauten Gang albanischer Geschichte ein – gerade diesem Volk widerfuhr, daß seine frühe, weit über die Gemeinsamkeit der Sprache hinausreichende Identität Belastungen ertragen mußte, die zu immer neuen Brüchen und Verwerfungen führten. Das Erbe, das wir mit den Skalpellen der Wissenschaft erst mühsam freigelegt haben, wurde dabei gründlich verunklärt und verschlissen. Es begann damit, daß die stolze und eindrucksvolle Reichskultur der Byzantiner mit ihrem so betont griechischen Gepräge die Eigenart bessischer Kirchlichkeit, vor allem die eigene Kirchensprache, in einem vermutlich völlig friedlichen Vorgang in den Hintergrund drängte, ohne daß sich heute schon sagen ließe, wie lange die Tradition albanischer Gottesdienste noch fortdauerte. Kam hinzu, daß sich Albanien zu einer ausgesprochenen Wetterecke europäischer Geschichte entwickelte. Hier wurden Auseinandersetzungen über die Vormacht an der Adria ausgetragen und Brückenköpfe für den Ausgriff nach Byzanz errichtet. Dyrrachion – so hat ein hervorragender Kenner nachgerechnet – wechselte zwischen a. 992 und 1392 nicht weniger als 31mal die politische Herrschaft: öfter als jede andere Stadt des Mittelmeerraumes.[3] In die Identität der Arbaniten griff dabei am tiefsten ein, daß seit dem 11. Jh. die westliche, von Rom gesteuerte Kirche Fuß in Albanien zu fassen versuchte. Nachdem die Kreuzfahrer a. 1203 Dyrrachion und 1204 Konstantinopel erobert hatten, gelang eine Wiederaufrichtung byzantinischer Macht nur südlich des Shkumbini, während Venedig sich den Norden, namentlich Durazzo und sein Hinterland, sicherte.[4] Damit

---

[3] Milan Šufflay in: Vjesnik hrvatskog arhiva 17 (1915) S. 274.

[4] Zu dem tiefgreifenden Wandel, den die Zerschlagung des byzantinischen Reiches durch die Kreuzfahrer für Albanien nach sich zog, s. u. a. Ducellier: Façade maritime und Ivan Božić: Albanija i Arbanasa u XIII, XIV i XV veku. In: Glas CCCXXXVIII Srpske akademije nauka i umetnosti. Odeljenje istorijskich nauka 3 (1983) S. 11-116. Zur Fortdauer byzantinischer Herrschaft in Südalbanien s. Donald M. Nicol: The Despotate of Epirus. Oxford 1957. Kritisch dazu Philippe Lemerle in: Byzantinische Zeitschrift 51 (1958) S. 401-403 und (den Begriff »Despotat von Epirus« problematisie-

grub sich die zunehmend tiefer durch die Christenheit gefurchte Grenze zwischen West- und Ostkirche mitten durch das Arbanon, den Kernraum des Einwanderervolks. Damals dürfte die Scheidung des Albanischen in zwei Hauptdialekte – Gegisch nördlich des Shkumbini und Toskisch im Süden – schärfere Konturen angenommen und die Spaltung gleichsam ohrenfällig gemacht haben.

Gerade im Umkreis dieses Flusses, wo der geschwächte Zusammenhalt der Albaner am Tage lag, sollte dann den türkischen Eroberern der erste feste Bodengewinn gelingen und die Islamisierung der Albaner beginnen. Wie in Bosnien, wo die Spaltung der Christen in Katholiken, Orthodoxen und katharische Bogumilen der Ausbreitung des Islam den Weg bereitete, so nutzte auch in Albanien die neuauftretende Religion gleichsam die Schadstellen der alten Mauer, um die erste Bresche zu schlagen. In Südalbanien, wo es erst im 18. Jh. zu – meist oberflächlich bleibenden – Massenkonversionen zur Lehre des Propheten kam, fand dann der Derwischorden der Bektaschis einen günstigen Nährboden. Er entfaltete sich hier stärker als irgendwo sonst.

Der voranschreitenden Zersplitterung des albanischen Volkes in immer mehr Religions- und Konfessionsgemeinschaften steht nun gegenüber, daß die Zusammengehörigkeit der Ethnie nicht etwa zerriß. Die Albaner sind nie in »Religionsvölker«, wie sie Serben, Kroaten und Muslime in Bosnien-Herzegowina und Makedonien darstellen, auseinandergebrochen, sondern blieben, weit über das bloß Sprachliche hinaus, in ihren Sitten und dem Bewußtsein, wen man als seinesgleichen anerkannte, *una nazione divisa e dispersa ma una*. Wir fassen das in der Beweglichkeit, mit der die albanischen Adelsgeschlechter sich im späteren Mittelalter mit den regionalen Gewalten diesseits und jenseits des Shkumbini, mit katholischen und orthodoxen Herren, arrangierten, ohne sich der einen oder der anderen Seite fester zu verschreiben. Aufschlußreich ist weiterhin eine Religiosität, die nach dem im Kern übereinstimmenden Urteil zahlreicher Beobachter aus verschiedenen Jahrhunderten in den meisten Landesteilen auffällig gedämpft und relativ blieb, ja nach den Erfordernissen der Lage ausgewechselt werden konnte. Man war es gewohnt, daß sich bei Familienfeiern ebenso wie bei Dorffesten Christen und Muslime um einen Tisch setzten. Oft nahmen die Männer den Islam an, während die Frauen orthodox oder katholisch blieben. Dies mochte sich bisher so erklären, daß in einer Welt, deren eigentliche kulturprä-

---

rend) Lucien Stiernon in: Revue des Études Byzantines 17 (1959) S. 90-126. Zur Abgrenzung der Machtbereiche innerhalb des heutigen Albaniens während der Anjouherrschaft und zu den Beziehungen zwischen diesen Bereichen s. Donald M. Nicol: The relations of Charles of Anjou with Nikephoros of Epirus. In: Byzantinische Forschungen 4 (1972) S. 170-194.

gende Mitte ein hocharchaisches Milieu von rauhen, analphabetischen und kriegerischen Berghirten bildete, das Unterscheidende der Konfession und Religion gar nicht recht wahrgenommen wurde. So hielten sie sich allesamt, um es im Beispiel zu verdeutlichen, an das eine harte Gesetz der Blutrache, das in den albanischen Bergen – wie in nur wenigen hochaltertümlichen Regionen Europas – bis in unsere Tage seine unerbittliche Herrschaft ausübte.

In dem neuen Lichte, das unsere Rekonstruktion auf die albanische Geschichte wirft, zeichnen sich neue Möglichkeiten ab, die Besonderheiten in der Lebensform der Albaner zu verstehen. Für die Relativierung der religiösen Trennwände kommt ein neuer Grund ins Spiel. Mitgewirkt haben dürfte, daß die Albaner, obwohl von außen her in immer neue ihre Einheit bedrohende Zusammenhänge einbezogen wurden, einen sehr alten Zusammenhalt zu verteidigen hatten, der aus mehreren Klammern bestand und ein halbes Jahrtausend überdauert hatte: Zeit genug, um sich tief ins Bewußtsein als ein Wert einzuprägen, den es, so gut das angehen mochte, zu bewahren galt. Man wählte Verhaltensweisen, die es erlaubten, von dem Erbe soviel zu retten, wie zu retten war. Bezeichnend für Albanien, daß die vergleichsweise freigeistige, ein Gegenextrem zum Fundamentalismus bildende Sekte der Bektaschis hier größere Anteile der muslimischen Bevölkerung zu gewinnen wußte als irgendwo sonst. Die albanischen Bektaschis erhoben ausdrücklich zur Regel, keinen Glauben zu leugnen, sondern alle zu achten.[5]

Über weite Strecken will der Vorgang, den ich vorerst nur mit experimentierenden Strichen umreißen kann, als bloß defensiv erscheinen. Sein Ergebnis mutet als schillernde Brechung eines klaren Ausgangsbildes an. Was hätte ein Volk unter diesen Rahmenbedingungen denn auch, bevor eine moderne Nationalbewegung neue Möglichkeiten eröffnete, an Konstruktiv-Neuem schaffen können? Nun, zumindest e i n e bemerkenswerte Leistung ist ihm trotz allem gelungen. Der Franziskanerpater Shtjefën Gjeçovi sah in den zwanziger Jahren unseres Jahrhunderts voraus, daß die modernen Staatsbildungen Albanien und Jugoslawien mit ihrem an westlichen Vorbildern orientiertem Gerichtswesen die gewachsenen Rechtstraditionen der Albaner schon bald wegfegen und ihre Spuren verwischen könnten. Deshalb fragte er in Nordalbanien und dem Kosovo ein Gewohnheitsrecht ab, das unter dem Namen »Kanun des Lek Dukagjini« bekannt war. 1933 veröffentlichte er das Ergebnis seiner

---

[5] So in einer Regelzusammenstellung von 1896 bei Norbert Jokl: Die Bektashis von Naim Bej Frashëri. In: Balkan-Archiv 2 (1926) S. 226-256 (hier S. 235; 244). Vgl. dazu John Kingsley Birge: The Bektashi Order of Dervishes. London 1937; Hans-Joachim Kiessling: Zur Frage des Bektašitums in Albanien. In: Oriens 15 (1962) S. 281-286.

dankenswerten Sammeltätigkeit als Buch.[6] Der Inhalt will mir das letzte in der Reihe von Wundern der albanischen Vormoderne erscheinen. Mehreres verdient alle Aufmerksamkeit:

– Der Text, der in der deutschen Übersetzung 145 Seiten füllt,[7] dürfte auf jeden Fall durch eine ganze Reihe von Jahrhunderten in rein mündlicher Weitergabe tradiert worden sein.
– Der Kanun regelt zwölf Lebensbereiche in durchdachter, systematischer Abfolge: 1. Kirche 2. Strafgerichtsbarkeit 3. Wahl der Ehepartner 4. Ehe und Familie 5. Erbschaft 6. Haus, Vieh, Landgut 7. Handel 8. Ehre 9. Schäden 10. Verbrechen 11. Ältestenrat 12. Befreiungen und Ausnahmen.
– In Südalbanien galt der »Kanun des Papazhuli«, der fast bis aufs Wort mit dem nordalbanischen Recht übereinstimmt.
– Was für Kirchengebäude, Kirchenland und Geistlichen vorgeschrieben wird, unterscheidet sich in der orthodoxen Redaktion nur wenig von der katholischen. Ja, der ziemlich sicher auf christlichem Boden entstandene Kanun wurde mit vergleichsweise geringen Retuschen auch den Bedürfnissen der Muslime angepaßt, bei denen ein Hodscha dem christlichen Pfarrer entsprach.

Wann wurde der »Urkanun« abgefaßt, der den uns überlieferten Varianten zugrunde liegt? Die wohl einzig entschiedene Antwort, die bisher auf diese wichtige Frage gewagt wurde, verlegt die Entstehung ungefähr ins 12. Jh. Damals habe ein Adliger namens Lek aus dem Geschlecht der Dukagjin, der nach der Volksüberlieferung in Alessio (Lezhë) an der nordalbanischen Küste residierte, den Kanun geschaffen.[8] Zwei gründliche Kennerinnen der albanischen Volkskultur sahen dagegen in Lek Dukagjini lediglich den Redaktor einer in ihrem Kern viel älteren Rechtssammlung.[9] Längst wäre es an der Zeit, die liegengebliebene Datierungsfrage neu anzugehen und zu prüfen, ob sich Schichten mit verschiedenen Entstehungszeiten ablösen lassen. Für uns muß reichen, daß es sich mit ziemlicher Sicherheit um ein Korpus von bemerkenswert hohem Alter handelt. Man sollte es endlich einmal systematisch mit sonstigen mündlich weitergegebenen Texten in Europa vergleichen. Auf unserem Kontinent, der in der Fähigkeit, Texte mündlich von Generation zu

[6] Neu hg. als: Kanun i Lekë Dukagjinit/The Code of Lek Dukagjini. Albanian text collected and arranged by Shtjefan Gjeçov, translated ... by Leonard Fox. New York 1989.
[7] Marie Amelie Freiin von Godin: Das albanische Gewohnheitsrecht I In: Zeitschrift für vergleichende Rechtswissenschaften einschließlich der ethnologischen Rechtsforschung. 56 (1953) S. 1-46; II ebd. 57 (1954) S. 5-73; III ebd. 58 (1956) S. 121-165.
[8] Franz Nopcsa: Die Herkunft des nordalbanischen Gewohnheitsrechtes des Kanun Lek Dukadjinit. Ebd. 40 (1923) S. 371-376.
[9] Godin: Alb. Gewohnheitsrecht III S. 186-196; Margaret Hasluck: The unwritten law in Albania, hg. J. H. Hutton. Cambridge 1954 S. 12f.

Generation weiterzugeben, weit hinter anderen Kulturen, etwa der indischen, zurückbleibt, dürfte es schwerhalten, einen Text ähnlicher Länge aufzustöbern, der über lange Zeit ohne stärkere Verwitterung, ohne ein Auseinanderdriften von Versionen, an unterschiedlichen Orten erinnert wird.

Dies Wunder aufzuhellen fehlt mir jede Kompetenz. Aber gänzlich unerklärt möchte ich, nach soviel erörterten Wundern, auch dieses letzte Wunder nicht stehenlassen. Mit aller Vorsicht äußere ich die Vermutung, die Bewahrung dieses Textes habe mittelbar etwas mit der im 4. Jh. begründeten Tradition zu tun, muttersprachliche Texte festzuhalten und weiterzugeben. Dies geschah, wohlgemerkt, zunächst in schriftlicher Form. Durchaus wahrscheinlich will mir anmuten, daß jenes Alphabet, in dem die bessische Kirchensprache festgehalten wurde, zuerst im katholischen Norden Albaniens außer Übung geriet. Denn ein Zeuge des 14. Jh.s betont ausdrücklich, hier würden »Bücher« – hier wohl im Sinne von muttersprachlichen Texten – ausschließlich in lateinischer Schrift abgefaßt. Mir will scheinen, führende Kräfte im jungen nordalbanischen Katholizismus, die sich auf einen bedrohten Außenposten gestellt vorkamen, hätten hier den Gebrauch der albanischen Nationalschrift unterbunden, um die Kluft zum orthodoxen Süden zu vertiefen. Dieser Schritt unterstrich in der Tat die Spaltung der Albaner in besonders kräftiger, für manche wohl auch schmerzlicher Weise. Wenn, wie es scheinen will, der Kanun des Lek Dukagjini gerade im katholischen Milieu des Nordens entstand, dann möchte ich zur Diskussion stellen, ob nicht Kreise, denen weiterhin an einem Zusammenhang über die höher werdenden Barrieren der Konfession hinweg gelegen war, eine Kultur- und vor allem eine Rechtskultur entwickelten, die sich bewußt und lageangepaßt des Mittels der mündlichen Weitergabe bediente, weil diese von keinen Barrieren aufgehalten wurde.

Daß unser Text so lange und über so weite Entfernungen im wesentlichen unverändert geblieben sein dürfte, setzt die Entwicklung und Perfektionierung von Techniken voraus, mit denen die Korrektheit der Weitergabe sichergestellt wurde. Ist das richtig geraten, dann wäre zu fragen, ob sich bei den Albanern noch andere Niederschläge dieser Kunst des getreulichen Weitergebens finden, aber auch, ob es in anderen Kulturtraditionen Entsprechendes gibt. Schön wäre es, wenn irgendwo in der Welt noch etwas in lebendiger Übung ist, dessen Grundmuster im Analogieschluß auf das vormoderne Albanien übertragen werden kann.

Noch einmal zugespitzt: was uns selber nur als archaische Vorform schriftlicher Tradition geläufig ist, könnte in unserem Fall die Folgeerscheinung einer abreißenden Tradition schriftlicher Weitergabe sein. Das ist, zugegeben, eine verschränkte Erklärung. Aber das Denkmal, das es typologisch einzuordnen gilt, fällt nun einmal aus der Reihe heraus. Es dürfte aufgrund ganz bestimmter, ja einmaliger historischer Voraussetzungen entstanden sein. Und die eben gilt es freizulegen.

Für uns ist es Zeit abzubrechen. Dies Buch wurde geschrieben, während die kommunistische Diktatur in Tirana zusammenbrach und der im zweiten Anlauf gelungene, überwältigende Wahlsieg der Demokratischen Partei vom 23. März 1992 eine neue Zukunft eröffnete und das Tor zu einem radikalen Neuanfang aufstieß. Aber wie soll der gelingen, wo die Erblast einer Rückständigkeit, die von den Kommunisten gerade nicht behoben worden war, bleischwer auf dem Lande liegt und viele Menschen entmutigt? Von jener vermessenen Selbstvergötterung einer kleinen Nation, die der albanischen Variante des Kommunismus zugrunde lag, bis zur Überschattung der Gegenwart durch Zweifel an den eigenen Fähigkeiten, ist der Abstand nur kurz. Ein wenig, so wage ich zu hoffen, könnte in dieser schwierigen Lage die Einsicht helfen, die Albaner hätten einmal mehr fest verankerte Eigenständigkeit besessen, als ihnen heute bewußt ist. Es gibt ehrwürdige, weit über Albanien hinaus bemerkenswerte Traditionen, in die es sich gerade in einer Zeit der Verunsicherung zu vertiefen lohnt. Sie wollen freigelegt und bewußt gemacht werden.

VI. Quellentexte, Alphabete und Karten

(Die Übersetzungen in Zusammenarbeit mit Klaus Widdra)

A: Niceta von Remesiana

Nr. 1

Bei einem Hausbau in der ostserbischen Stadt Bela Palanka, dem antiken Remesiana, wurde nahe der türkischen Festung ein Marmorfragment gefunden, dessen Inschrift aus dem 4.-5. Jh. einer Kirche entstammt und wohl bei Gelegenheit ihrer Weihe angebracht wurde:

ECCLESIA]M PROTEGANT PE[TRUS ET] PAULUS APOSTOLI [SANT] IQUE OMNES[.].

Das Zeugnis kann sehr wohl aus der Bischofskirche des Niceta stammen und auf ihn zurückgehen, s. Arthur John Evans: Antiquarian research in Illyricum IV. In: Archaeologia 49 (London 1885) S. 78-167, hier S. 163-16; Corpus Inscriptionum Latinarum Bd. III Suppl. 1 hg. Theodor Mommsen u. a. (Berlin 1902) Nr. 8259; Inscriptions de la Mésie sup. IV Nr. 77.

Nach Burn: Niceta XXII Anm. 3 lautet die Inschrift: *»Ecclesiam protegite Petre et Paule apostolique santique omnes: Petrus und Paulus, ihr Apostel, und alle Heiligen, schützt diese Kirche«*. Es kommen auch andere Ergänzungen in Frage.

Nr. 2

Aus einem Brief, den Hieronymus a. 396 in Jerusalem an seinen Freund Heliodorus, Bischof von Altino bei Venedig, schrieb, s. Sancti Eusebii Hieronymi epistulae Pars I rec. Isidor Hilberg. Wien ... 1910 = Corpus ecclesiasticorum Latinorum Bd. 54, III 60.

Bessorum feritas et pellitorum turpa populorum, qui mortuorum quondam inferiis homines immolabant, stridorem suum in dulce crucis fregerunt melos, et totius mundi uox Christus est.

Übersetzung

Die Wildheit der Bessen und ihr garstiger Haufe von pelzbedeckten Leuten [oder Völkerschaften], die früher bei Totenopfern Menschenopfer schlachteten, haben ihre schrillen Schreie zum süßen Gesang vom Kreuz gebändigt, und der Ruf des ganzen Erdkreises lautet »Christus«.

Erläuterung

Zu diesem Text s. o. Kap. II.1. – *turpa* kontaminiert *turba* »Haufe« und *turpis* »garstig«. – Egon Flaig belehrt mich, daß echte Menschenopferungen (am Altar) und die von den Christen vielfach damit vermengten rituellen Tötungen (etwa von Kriegsgefangenen) für die antiken Balkanvölker offenbar nicht bezeugt sind. Für die lateinische Tradition verzeichnet Kurt Latte in: Pauly-Wiss. RE 9 (1916) Sp. 1541-1543 nur Opfer von Tieren und Feldfrüchten, nicht von Menschen für die *inferi*. Eine Erinnerung an altbalkanische Menschenopfer für unterirdische Gottheiten könnte sich in einem weit über Südosteuropa verbreiteten Balladenstoff erhalten haben, der auch bei den Albanern begegnet: eine Frau sei lebendig in einem Brückenpfeiler (oder in die Mauer einer Burg oder Stadt) eingemauert worden, um dem Werk Bestand zu verleihen, s. Karl Dieterich in: Zeitschrift des Vereines für Volkskunde in Berlin 12 (1902) S. 147–150; Svetislav Stefanović: Die Legende vom Bau der Burg Skutari (Ein Beitrag zu interbalkanischen und vergleichenden Sagenforschungen). In: Revue Internationale des Études Balkaniques 1-2 (1935) S. 188-210. Hahn: Alb. Studien I S. 160 berichtet, er habe (um 1850) erfahren, daß vor kurzem bei einem Brückenbau in Elbasani 12 Schafsköpfe vergraben worden seien. »Die Sage, daß man zu dem Ende früher Menschen geopfert habe, scheint in ganz Albanien bekannt zu sein, doch konnte ich hierüber keine Lokalsage erfahren.«

Nr. 3

Paulinus von Nola widmete dem wohl a. 400 aus Nola bei Neapel an seinen Heimatort Remesiana zurückkehrenden Freund Niceta ein Abschiedsgedicht, s. Sancti Ponti Meropii Paulini Nolani Carmina … rec. et commentario critico instruxit Guilelmus de Hartel. Prag 1894 = Corpus scriptorum ecclesiasticorum Latinorum Bd. 30 S. 81-95. – Zur Datierung s. Pierre Fabre: Essai sur la chronologie de l'oeuvre de Saint Paulin de Nole. Paris 1948 = Publications de la Faculté des Lettres de l'Université de Strasbourg, Fasc. 109 S. 155f. und Joseph I. Lienhard S. J.: Paulinus of Nola and early Western monasticism. With a study of the chronology of his works, and an annotated bibliography, 1879-1976. Köln … 1988 = Theophaneia Bd. 28, S. 165. – Zur Gattung des Abschiedsgedichts s. Felix Jaeger: Das antike Propemptikon und das 17. Gedicht des Paulinus von Nola. Diss. phil. München 1913. Zum Autor s. Abbé F. Lagrange: Geschichte des heiligen Paulinus von Nola, dt. Mainz 1882.

Da die wichtigsten Nachrichten über das Missionswerk des Niceta an den Bessen in unseren Texten 3 und 4 stecken, sei jedem, der sich für das Thema der Bessenbekehrung interessiert, geraten, das 17. Gedicht ganz und das 27. zumindest teilweise zur Kenntnis zu nehmen. Diese Zeugnisse vermitteln – in einem begeistert-pathetischen und gleichzeitig zartfühlenden Stil – den Geist jener Aufbruchszeit des abendländischen Mönchtums, an der Niceta teilhatte. Ohne diese Spiritualität ist er nicht zu verstehen. Die in dem Text eingewobenen Angaben über Nicetas Wirken müssen – so sehr sie im Entscheidenden zutreffen werden – als Teile eines hymnischen Lobpreises begriffen werden, der das Tatsächliche weit überhöht.

Lied XVII

Übersetzung

(mit einer auf die Verse des lateinischen Originals bezogenen Zeilenzählung)

1 Scheidest du schon und läßt uns, davoneilend, zurück; uns, die du indessen nur nach der Gegend verläßt, da wir künftig mit dir ohne Ende in geistiger Verbindung zusammensein werden? Gehst du schon, weil das Land, das du bewohnst, dich längst aus der Ferne heimruft?[1]

5 Aber du bleibst auch hier zurück, heiliger Nicetes,[2] weil wir dich auch nach der Abreise mit dem Herzen festhalten. *10* Geh und behalte uns im Gedächtnis; und bleib hier, wenn du gehst,im Geiste gegenwärtig und umgekehrt eingepflanzt in unsere Herzen. Wohne in unseren Seelen, führe und trage mit dir die Menschen, die du in deinem Herzen hegst. O Land und Leute, ihr allzu beglückten, zu denen du gerade jetzt auf deiner Heimreise von uns aus kommst; *15* ihr, die Christus besuchen wird, indem er mit deinem Fuß und Mund zu ihnen kommt! Du wirst zu den Dakern im fernen Norden gehen, du wirst gehen und man wird dich in beiden Epirus[3] sehen können. Durch die Fluten der Ägäis wirst du nach Thessalonike gelangen.

20 Aber jetzt wird dich der erste, lange Weg von den apulischen Landen auf dem weiten Meer dahinführen, wo die mit Purpur von Canusium ge-

---

[1] Als Beispiel für den (in den übrigen Textproben nicht graphisch kenntlich gemachten) Strophenbau von Carmen XVII: 1-4 *Iamne abis et nos properans relinquis, | quos tamen sola regione linquis | semper adnexa sine fine tecum | mente futuros? | iamne discedis reuocante longe | quam colis terra? sed et hic resistis, | sancte Niceta quoniam et profectum | corde tenemus.*

[2] Nach V. 165 bevorzugte Paulinus das griechische Vorbild des Namen Niceta: *Nicetes.* Vielleicht ist das als Reverenz vor der gründlichen, die griechische Literatur einschließenden Bildung seines Freundes zu verstehen.

[3] 18*Epiro gemina* meint die Provinzen *Epirus vetera* und *Epirus nova.*

färbten Felle strahlen.[4] Aber, wenn sich der Weg ein bißchen hinzieht, möge dir Christus, so bitte ich, sanfte Fluten geben, und eine leichte Brise blase dir ohne Wolke vom trockenen Kalabrien. So wie die Flut durch die Weihe des Kreuzes unter den Händen des alten Propheten [Mose], als das Holz geworfen war, süß wurde und die Merra ihre unangenehmen Säfte ablegte,[5] so möge sich dir der Himmel jetzt eben lindern; die von der leichten, heiteren Atmosphäre gelinderte Luft blase mit reinen Luftstößen sanft in die gesunden Lüfte. [Sonst dagegen] pflegt [dort] die Luft, erfüllt vom Blasen, aus dem Sumpf gräßliche Schlangengerüche mitzuführen und die vom groben Wind geschwollenen Körper in Krankheiten aufzulösen.

Jetzt aber möge der mächtige Herr der Dinge der Luft befehlen, sie solle weichen oder sich läutern, und seinem Priester jetzt gute Luftströme voll Gesundheit liefern. Wie einstmals, als Ägypten unterging und vom Dunkel dichter Nacht bedeckt war, der Welt das Licht leuchtete, in der das Volk die heiligen Feiern des lebendigen Gottes beging, diese Sichtweise wird zur Zeit im ganzen Erdkreis gebilligt; wo der fromme Teil des heiligen Glaubens von Christus erstrahlt und der Irrtum die übrigen mit seinem Dunkel bedeckt: so möge der Herr meinem Nicetes, an welche Küste gebracht er dahineilt, alles günstig fügen, bis dieser, wie er es wünscht, fröhlich seine Heimatstadt erreicht.

Setze deine Fahrt fort, Nicetes, auf dem Weg, auf dem du, von Christus geleitet, deine glückliche Heimreise eilig vollbringst! Schon lange quälen dich deine Leute und fordern dich nachts und tags zurück, so wie der Acker nach dem Regen lechzt, der seine Saaten aufrichten soll, die weichen Kälber nach ihren Müttern begehren, die ihre Milch zurückgehalten haben. Deshalb müssen wir uns in unserem Wunsch geschlagen geben und, natürlich unbefriedigt, den gerechten Bitten der Deinen nachgeben, die ihren Vater, wie es billig ist, zurückerbitten.

Und weil die Hoffnung schon schwindet, wir könnten dich hier halten, drängt uns nun der Wunsch, deine Willensentscheidungen zu unterstützen. Zugegeben, wir hassen jene Wege schon, die dich entführen, wir hassen sie tüchtig, aber wir lieben sie zugleich, weil sie uns aus der Ferne die Möglichkeit brachten, dein Angesicht zu sehen. Wir flehen, von überwältigender Liebe gefesselt, daß sie sich dir leicht ebnen unter dem Namen des höchsten Christus, der auf den Ländern und dem Meer voranschreitet. Er möge dir auf der ganzen Reise die steilen Berge

---

[4] 23f. Gemeint sind Felle, die für die Purpurfärbung mit Steinflechte von Canusium behandelt und zum Trocknen ausgelegt werden.

[5] 30f. 2. Mose 15,25 in der Vulgata: *Et venerunt in Mara, nec poterant bibere aquas de Mara, eo quod essent amarae; unde et congruum loco nomen imposuit, vocans illum Mara, id est amaritudinem. Et murmuravit populus contra Moysen, dicens: Quid bibemus? At ille clamavit ad Dominum, qui ostendit ei lignum; quod cum misisset in aquas, in dulcedinem versae sunt.*

zurückdrängen und dafür Ebenen breiten. Er möge die tief eingeschnittenen Täler auffüllen, die holperigen Wegstellen glätten und die Spalten schließen. Wenn du auf deiner Reise durch Hydruntum und Lupiae kommst,[6] dann mögen ehelose Scharen von Brüdern und Schwestern zugleich einherschreiten und dabei aus einem Mund den Herrn besingen. Wer gäbe mir Flügel wie einer Taube,[7] daß ich schnell bei jenen Chören weilte, die unter deiner Führung mit ihrem Gesang auf den Gott Christus die Sterne berühren? Aber mögen wir auch krank von der trägen Verbindung mit dem Körper festgehalten werden, so fliegen wir dennoch im Geist hinaus hinter dir her und sprechen mit dir zusammen dem Herrn unsere Hymnen. Denn zugleich tief mit deinen Gedanken verflochten, kommen auch wir, zumal wenn du singst und betest, zusammen mit deiner von dir ausgehenden Bitte und Stimme zum Ausdruck.

Von dort aus wird schon der hingebreitete Adriagolf den Ländern Folge leisten, während das Meer herantritt. Die Woge wird sich legen und die Segel vom sanften Zephyrus schwellen. Du wirst gehen, hingleitend auf dem ruhenden Meer, und auf einem Schiff, das ausgerüstet ist mit dem Zeichen des Heils, wirst du als Sieger unter der Rahe des Kreuzes gehen,[8] sicher vor Wogen und Südwinden.

Und froh werden die Seeleute gemeinsam den gewohnten Rudertakt singen, wobei sich die Melodien in Hymnen gewandelt haben, und mit frommen Stimmen werden die Gefährten die Lüfte aufs Meer mithinausnehmen. Vorsängerin wird für alle, wie eine widerhallende Trompete, die Stimme des Nicetes sein, die Christus melodisch besingt. Zur Zither wird auf dem ganzen Meer der ewige Zitherspieler David singen. Die zum Zittern gebrachten Wale werden das »Amen« hören und zu dem Priester, der dem Herrn singt, werden von weither froh die Seeungeheuer mit ausgelassenem Schwimmen kommen. Von allen Seiten werden sich, geöffneten Mauls, kraftstrotzende Delphine mit spielerischer Bewegung nähern, werden ihre Freude ausdrücken, die, obgleich stimmlos, doch mit menschlichen Zungen wetteifert. Denn was schmeckt und lebt nicht durch Gott, durch dessen bloßes Wort alles in der Welt wurde? Daher können die Tiefen des Meeres das Lob Gottes und seiner stummen Weiten rufen. Dies bezeugt uns das Meerungetüm des alten Propheten[9] [Jona], das auf den Wink des Herren der Tiefe entstieg, um den Untergegangenen aufzufangen und den Verschluckten danach wieder herauszugeben. Es selbst, das bloß bis zu unserem Seher

[6] 85 *te per Hydruntum Lupiasque nectum innubae fratrum simul et sororum ambient uno dominum canentes ore cateruae.*

[7] 89 Ps. 55,7.

[8] 106-108 Mast und Rahe werden als Abbild des Kreuzes verstanden.

[9] 129f. Jona 2,1.

wild war, wird mit seinen Ohren nur fromme Gesänge verschlingen. Und es wird seinen ungefütterten Bauch sättigen, wenn es mit einem Lied gefüttert ist.

Wo immer du die Reise fortsetzen magst, sei es durch die Wogen, sei es über Land, sei es durch die Feinde: du wirst gewappnet gehen mit dem Helm, mit Christus als Helmzier. Raphael möge zu dir gesandt werden und herbeifliegen. Wie einst dem Tobias bei den Medern,[10] so möge der Engel selber dem Nicetes als Weggefährte bis zu den Dakern beistehen. Geradeso möge jener Führer diesen seinen Diener führen, wie Gott einstmals Jakob, den Flüchtling, aus dem Angesicht des überheblichen Bruders zum Heil führte.[11]

Denn Nicetes ist ebenso Flüchtling. Was der Patriarch nur einmal getan hat, das macht dieser immer: aus der Welt flieht er zu den Mauern des hohen Himmels, strebt er auf jene Sprossen, auf denen jener [Jakob] die Engel in umgekehrter Richtung einhergehen sah,[12] überwindet sein Leben [= seine Seele] die Wolken, indem es über die Leiter des Kreuzes zu den Sternen eilt. Dort betrachtet Gott, Strahlen zum Boden sendend, von seinem gleißenden Thron aus die mannigfachen Mühen und Kämpfe des Herzens. Und du, Nicetes, der du mit Recht ein Sieger über den Leib genannt worden bist, wie jener Israel genannt wurde,[13] da er tief im Herzen den höchsten Sämann erblickte. Deshalb wird mein Nicetes als ein wahrer, echter Israeliter anerkannt, der mit dem Lichte festen Glaubens Christus als Gott wahrnimmt.

Dieser unser Gott, auf immerdar unser Weg, sei uns Weggefährte; sei auch [unsere] Vorhut, ein Licht unseres Pfades[14] und das Gespräch mit dir eine Laterne für unsere Füße, wo wir durch die undurchschaubaren Untiefen unserer dunklen Zeit mit der Fackel des wahren Lichtes gelenkt werden, bis wir die ersehnten Hafenanlagen des Heils berühren dürfen.

Jetzt streben wir ihnen erst durch eine bewegte See entgegen, solange wir in der Brandung unseres unsteten Geistes hinundherschwappen, gefahren von einem irdenen Körper wie von einem zerbrechlichen Kiel. Aber während das Steuerruder des Kreuzes dieses unser Schiff jetzt lenkt, breiten wir in uns die frommen Segel des Herzens aus, und Christus bringt uns Glückliche mit rechtem Windhauch heim.

Also möge derselbe Führer dich jetzt auf dem Wege geleiten, auf dem du nun, heimkehrend, deine Reise beschleunigst, Nicetes; möge er

[10] 141f. *ut olim Tobiae Medis, ita prosequendo ipse Nicetae comes usque Dacos angelus adsit*. Vgl. Tob. 1,16.

[11] 146 1. Mose 28,12.

[12] 154 1. Mose 28,12.

[13] 163 1. Mose 32,38.

[14] 172 Ps. 118, 105.

dich auf heimischer Schwelle in Sicherheit bringen.[15] Aber wenn du das brandende Meer durchmessen hast, *190* bleibt wiederum auf dem Lande die Mühsal der Wege, auf daß du fährst bis zu den glücklichen Küsten, denen du als Priester gewährt wurdest. Du wirst die Gefilde von Philippi in Makedonien, wirst die Stadt Tomi[16] durchreisen und als Gast Dardaniens *195* nach Scupi gehen, das deiner Heimat benachbart ist.[17] O, von welchem Jubel wird dann jene Erde widerhallen, wo du die unbeugsamen Völkerschaften lehrst, die wilden Nacken dem sanften Christus *200* zu beugen! Und wo der Boreas [= der Nordostwind] an den riphäischen Breiten die Flüsse mit dichtem Reif fesselt, da löst du mit himmlischem Feuer die froststeifen Gemüter.[18]

205 Denn die Bessen, die nach den Gegenden [die sie bewohnen] und ihren Gemütern gleichermaßen hart sind, sogar härter als der Schnee ihrer Heimat, sind jetzt zu Schafen gemacht und scharen sich unter deiner Führung als Herde im Gehege des Friedens. Ihre Nacken, die sie *210* stets, unbesiegt vom Krieg, der Knechtschaft zu übergeben verweigerten, freuen sie sich jetzt, dem Joch des wahren Herrn unterworfen, hinzustrecken. Jetzt jubelt der Besse, bereichert durch den Lohn seiner Mühe: das Gold, das er *215* vorher am Boden und mit der Hand suchte, sammelt er jetzt mit seinem Herzen im Himmel ein. O, welche Veränderungen der Lage! Wie hat sich die Lebensweise zum Guten gewandelt! Die Berge, unwegsam zuvor und bluttriefend, bergen jetzt als *220* Zöglinge des Friedens Menschen, die aus Straßenräubern zu Mönchen gewandelt wurden. Was einst ein Land des Blutes war, das ist jetzt ein Land des Lebens, die fromme Gewalt der [ehemaligen] Straßenräuber verkehrt im Himmel, und Christus ist jenem Raubzug gewogen, der die Himmelsreiche zu erbeuten trachtet.[19]

---

[15] 185 *ergo dux idem modo prosequatur te uia, qua nunc properas reuertens ire, Niceta patrioque reddat limine tutum, sed freto emenso superest uiarum*

[16] 190 *rursus in terra labor, ut ueharis usque felices quibus es sacerdos praestitus oras. tu Philippeos Macetum per agros, per Tomitanam gradieris urbem,*

[17] 195 *ibis et Scupos patriae propinquos Dardanus hospes, o quibus iam tunc resonabit illa gaudiis tellus, ubi tu rigentis edoces Christo fera colla miti.* – Paulinus gibt als Reisestation zwischen Philippi und Remesiana irrtümlich den Schwarzmeerhafen Tomi an. Genannt hat ihm Niceta stattdessen vermutlich Stobi am mittleren Vardar. Hätte der Heimkehrende seine Reise wirklich von Stobi über Scupi – das heutige Skopje – fortgesetzt, dann wäre das auf einen Umweg nach Westen hinausgelaufen. Wollte er in Scupi den dortigen Amtsbruder besuchen? Oder unterläuft Paulinus hier ein weiterer Irrtum? Mit einem westbalkanischen Tomea o. ä. als Station auf Nicetas Reise rechnet Gh. Ştefan in: Dacia N. S. 11 (1967) S. 253–258.

[18] 200–204 *subdere gentes! quaque Riphaeis Boreas in oris adligat densis fluuios pruninis, his gelu mentes rigidas superno igne resoluis.* – 197-204 und 245-252 schreiben dem Niceta Wirkungen auf den gesamten Nordosten des Reiches, also weit über sein Bistum Remesiana hinaus, zu. Historisch kann das zutreffen (s. o. Kap. II.6.).

[19] 205–225 *nam simul terris animisque duri et sua Bessi niue duriores nunc oues facti duce te gregantur pacis in aulam. quasque ceruices dare seruitui semper a bello indomiti negarunt, nunc iugo ueri domini subactas sternere gaudent, nunc magis diues pretio laboris Bessus*

Wo einmal das Gebaren von wilden Tieren herrschte, da blüht jetzt die heilige Sitte von Engeln, und der Gerechte findet in den Höhlen Unterschlupf, in denen der Räuber selbst gelebt hat. Zum Raub für die Heiligen wird jener alte Räuber, und der Mörder *230* stöhnt, nachdem seine Strafen gewandelt sind: rechtmäßig ist er der Waffen des Verbrechens entblößt von Christus, der ihn entwaffnet. Erneut ist, mit Satans Sturz, der neidische Kain zugrunde gegangen, und der wiederauferstandene Abel *235* weidet die Lämmer, die für den Preis des vergossenen Blutes gekauft wurden. Bravo Nicetes, du braver Knecht Christi, der es dir gibt, Steine in Sterne zu wandeln und mit lebenden Steinen heilige Tempel *240* zu bauen! Weglose Waldgebirge, wüste Gebirgskämme durchstreifst und entsühnst du, während du nach einem Weg suchst, und den unfruchtbaren Wald unkultivierten Geistes besiegst du, verwandelst ihn in fettes Ackerland.

245 Dich nennt die ganze Nordostregion ihren Vater. Bei deinen Worten

---

exultat: quod humi manuque ante quaerebat, modo mente caelo conligit aurum. o uices rerum! bene uersa forma! inuii montes prius et cruenti nunc tegunt uersos monachis latrones pacis alumnos, sanguinis quondam, modo terra uitae est, uertitur caelo pia uis latronum, et fauet Christus supera occupanti regna rapinae. mos ubi quondam fuerat ferarum,

214-216 und 269-272 spielen auf die Goldgewinnung (hier: durch Aufsammeln) an, die für die Bessen typisch war. – Friedrich Wiegand: Die Stellung des apostolischen Symbols im kirchlichen Leben des Mittelalters I. Symbol und Taufkatechumenat. Leipzig 1899 = Studien zur Geschichte der Theologie und der Kirche Bd. 4 H. 2 S. 109 wies darauf hin, daß Niceta selbst in seinen Katechumenenpredigten auf die landesübliche Goldgewinnung anspielte, um Geistliches zu veranschaulichen: »Wie der Goldgräber zuvor das Edelmetall vom Schmutz reinigt, ehe er es in die Tasche steckt, so will auch Christus am Taufbrunnen nur solche Taufbewerber sehen, die im festen Glauben an ihn den Schmutz aller teuflischen Werke abgetan haben«.

219 *latrones:* zu dem Topos, der die Bessen als »Räuber« bezeichnet: s. o. Kap. II.2.

226–260 *nuncibi ritus uiget angelorum, et latet iustus quibus ipse latro uixit in antris. praeda fit sanctis uetus ille praedo.*

230 *et gemit uersis homicida damnis, iure nudatus spoliante Christo crminis armis, interit casu satanae uicissim inuidus Cain, rediuiuus Abel* 235 *pascit effusi pretio redemptos sanguinis agnos. euge, Niceta, bone serue Christi, qui tibi donat lapides in astra uertere et uiuis sacra templa saxis* 240 *auios saltus, iuga uasta lustras, dum uiam quaeris, sterilemque siluam mentis incultae superans in agros uertis opimos.* 245 *te patrem dicit plaga tota Borrae, ad tuos fatus Scytha mitigatur et sui discors fera te magistro pectora ponit, et Getae currunt et uterque Dacus,* 250 *qui colit terrae medio uel ille diuitis multo boue pilleatus accola ripae, de lupis hoc est uitulos creare et boui iunctum palea leonem* 255 *pascere et tutis caua uiperarum pandere paruis, namque mamsueto pecori coire bestias pulsa feritate suades, qui feras mentes hominum polito* 260 *inbuis ore.*

245-252 vgl. 197-204.

249 *Getae* meint kaum die Goten, weil »gotisch« im zweiten Abschnittsgedicht (s. u. Nr. 4 v. 339) durch *Gothicus* ausgedrückt wird. Paulinus setzte also offenbar nicht in klassizistischer Manier die Goten mit den Geten gleich. Unsere Stelle spielt wohl auf Geten in der Dobrudscha (Kleinskythien) an. *uterque Dacus:* Bewohner der Provinzen *Dacia ripuaria* »Donaudakien« und *Dacia mediterranea* »Binnendakien«. Im letzteren Gebiet lag Remesiana.

253 Esra 11, 7-8

261 *orbis in muta regione per te barbari discunt resonare Christum corde Romano placidamque casti uiuere pacem.*

wird der Skythe sanft gestimmt und er, der mit den Seinigen zerstritten ist, legt, wenn du sein Lehrer bist, das wilde Herz ab. Herbeigeeilt kommen außerdem die Geten und beide Daker, er, der im Zentrum des Landes wohnt, und jener, der, filzkappenbedeckt, Anwohner des an Rindvieh reichen Ufers ist. Das bedeutet, aus Wölfen Kälber zu ziehen, den Löwen mit dem Rind zusammengeschirrt in der Spreu weiden zu lassen und Schlangenhöhlen ungefährdeten Jungen zu öffnen. Denn du rätst den wilden Tieren, nachdem du ihnen ihre Wildheit ausgetrieben hast, sich mit den Haustieren zu gesellen, der du die wilden Gemüter der Menschen mit kultiviertem Munde begabst.

In einer stummen Gegend des Erdkreises lernen Barbaren durch dich, aus einem römischen Herzen den Namen Christi widerhallen zu lassen und keusch den sanften Frieden zu leben. So geht der Wolf friedlich mit dem Schafpferch um, einträchtig weidet das Kalb mit dem Löwen. Und der Kleine spielt in den schaurigen Grotten, aus denen man die Natter herausgezogen hat.

Die gewitzten Goldsucher verwandelst du in Gold und in ihnen selbst ahmst du sie selber nach: aus ihnen förderst du mit dem schürfenden Wort lebendiges Gold zutage.[20] Indem du diese Reichtümer für den ewigen Herren einbringst und aus diesen Gewinnen einen heiligen Zentner[21] aufhäufst, wirst du hören [= Audienz halten], glücklich inmitten der Freuden des ewigen Herren.

Wenn dich das segenspendende Haus, das reich ausgestattet ist mit der heiligen Gemeinschaft der Brüder, in seinen Chören aufgenommen hat, dann, so bitte ich, füge diesen auch uns in der Frömmigkeit des liebenden Herzens hinzu. Denn Gott sei Dank, daß er uns in solcher Liebe mit dir durch verborgene Fesseln an dich gebunden hat. So kann keine Kraft die innere Kette sprengen. Daher umschlingen wir ohne Ende deine teure Brust und hängen so an einem zuverlässigen Strick: wohin du künftig auch eilst, wir werden in anhänglichem Geiste deine Begleiter sein. Christi Liebe, die vom Himmel segensreich ausgeströmt ist, verbindet uns tief innen in unseren Herzen so stark, daß wir auch, wenn wir durch entlegene Welten auseinandergerückt sind, nicht weit [voneinander] getrennt werden können.

Keine Zeit wird uns von dir losreißen, keine Gebrechlichkeit oder eine andere [= kommende] Welt und auch nicht der Tod. Wenn das Leben des Leibes stirbt, wird das Leben der Liebe leben. Solange wir diese beschwerlichen Glieder bewohnen, werden wir dich stets im erinnernden Herzen hegen. Und du, du wirst wünschen, daß wir in ewiger Zeit mit dir zusammen sind. Denn dich, der du an Verdiensten hoch

---

[20] 269-272 Vgl. 214-215

[21] 274 heiliger Schatz: Math. 25,21.

stehst, wird deine wertvolle Tüchtigkeit auf einen hohen Gipfel setzen und dich über der Stadt der Lebenden den großen Türmen hinzufügen. Wir werden dich, getrennt durch soviel Plätze, wie wir verdient haben, aus weitem Abstand niedrig unter den hohen Schutzherren in der Ferne in den heiligen Scharen der Gefährten von unten her erblicken. Wer wird uns dies [Glück] an jenem Tage zuteil werden lassen, daß wir unter dem Schatten deiner Seite stehen und der Lufthauch deiner Ruhe uns das Feuer mildert? Dann, so bitte ich dich, gedenke unser gar sehr, lehne dich auf dem Schoß des heiligen Vaters zurück und vertreibe von uns [wie es Lukas 16, 24 der reiche Mann in seiner Höllenqual vom armen Lazarus erhofft] mit deinem taufeuchtem Finger die tobende Flamme.

Nun geh und gehab dich wohl. Aber während du heimkehrst, eile stets im Geiste hierher zu uns zurück. Sei mit uns, selbst wenn du zu deiner Vaterstadt gekommen bist.[22] Denn daß du nicht Lehrer nur eines Volkes seiest, hat Gott gegeben; auch daß du nicht Bürger nur eines Landes seiest. Schau, unser Vaterland nimmt dich für sich in Anspruch. Teile jetzt deine Zuneigung mit gerechter Zärtlichkeit unter beiden [Ländern] und verweile in beiden Regionen als Bürger, bei uns mit deiner Liebe, bei deinen Mitbürgern in deiner sichtbaren Gestalt. Vielleicht muß auch dieses Vaterland hier als bedeutender angesehen werden, wo du in den Häusern der Herzen, die niemand von Hand erbaut hat, geborgen bist und Menschen als lebendige Stadt bewohnst. Wie du ein Bischof bist, so bist du ein würdiger Gast des segenspendenden Christus, da du in christlichen Herzen als gleichberechtigter Nachbar des Tempels des Herrn wohnst. Jetzt leb uns wohl, liebe uns für alle Zeit und bringe als guter Mensch deine Reise bis zu ihrem guten Ende. Dann nimm den Kranz, der den Gerechten verheißen ist.

Nr. 4

Nach einem zweiten Besuch in Nola trat Niceta am 1. Weihnachtstag a. 403 die Rückreise an (zum Datum s. o. die Einleitung zu Text Nr. 3). Wieder verfaßte sein Freund Paulinus ein Abschiedsgedicht, für das er diesmal den Hexameter als Versmaß wählte. Aus Carmen XXVII – S. 262–291 in der gleichen Ausgabe wie o. Nr. 3 – sind für uns die Verse 43-107 (S. 264-266) wichtig:

[22] 319f. *esto nobiscum, licet ad paternam ueneris urbem.*

Übersetzung

(mit einer auf die Verse des lateinischen Originals bezogenen Zeilenzählung)

So werden, wie es recht ist, die Gnadentaten Christi berichtet: Der Verehrung aller würdig ist der Tag, an dem Gott, von der Jungfrau geboren, *45* für uns alle menschliche Gestalt annahm. Ehrfurcht gebührt auch dem Tag, an dem die Magier, vom Sterne geleitet, den Knaben erblickten und ihm kniend geheimnisbergende Geschenke darbrachten. Desgleichen der Tag, an dem, seinen Täufling mehr fürchtend als die Wellen des Jordans, Johannes ihn in Wasser tauchte: ihn, der alle Wellen zum Heil der Menschen heiligte. *50* Noch heiliger sei der Tag, an dem Gott erstmals ein Wunderzeichen tat, als er, den Fluß wendend, die Wasser in Wein, in süßesten Himmelstrank verwandelte. Verkündigt doch die Kirche in einem fort [das Passions- und Ostergeschehen] mit all ihren Mündern, *55* zeugt sie doch, daß der Herr am Kreuz gestorben ist und vom Kreuze herab allen das Leben kommt. Betet die ganze Welt doch alljährlich, im vorgeschriebenen Monat, dieses erhabene Geheimnis der großen Liebe an, die allen zuteil wird: allüberall wird in gleicher Dienstbarkeit gepriesen, daß der Leib des ewigen Königs auferstanden ist.
60 Es folgt dieser heilige Tag (sieben Wochen zählen wir, und das festliche Licht kehrt zu den Völkern zurück), der heilige Tag, an dem einmal der Geist, vom Himmel herabgeschickt, die Zungen mit feurigem Lichte zerteilte. Damals durcheilte der eine Gott selber die Münder, die verschiedenen, und ließ *65* jeden von ihnen in verschiedenen Sprachen erschallen. Allen verlieh er die Gabe, Worte zu sagen, die ihnen selber unbekannt waren. Und so vernahm jeder sein eigenes Volk, als spräche es mit fremden Munde, und merkte nicht, daß aus dem eigenen Munde eine ausländische Sprache tönte. Der Barbar sang zu Menschen, die er nicht kannte, Worte, die diesen wohlbekannt waren, *70* während er sich zu den Seinen in fremder Sprache wandte. Aber in Zungen lobte der eine Geist den einen Gott in verschiedenen Stimmen. Wie Zitherspieler mit dem Schlag des Stäbchens verschiedene klingende Saiten bewegen sollen oder es der Flötenspielerin aufgegeben ist, die Lippen beim Durchzug ihres Hauches an den zusammengebundenen Rohrpfeifen zu reiben; wie sie *75* aus *einem* Munde *ein* Lied hervorbringt; wie sie, die Meisterin, es tönen läßt, als wäre sie nicht nur *eine*; wie sie verschiedene Töne gegeneinander auswägt; wie sie mit ausdrucksvollem Anhauch die Löcher regiert; wie sie mit beweglichen Fingern sie öffnet und schließt; wie sie im süßen, in den Takt sich einstimmenden Wehen, im luftigen Gang hin und her jene *[80]* Melodien entfaltet, die sie in sich aufgenommen hat: so ist Gott, der eine, einzige Tonmeister und Gebieter einer vieltönigen Harmonie, mit denen er die Dinge durchdringt. Gott ist der Schöpfer der Natur und jeder Kunst, bei jedem Werke Quelle und Ende.

Er tut das Gute und erhält, was er erschaffen hat, *85* während er stets derselbe bleibt. Er ruht in sich, mitten in der Liebe: hier herrscht der Vater im Wort, der Sohn im Vater.
Ohne ihn wäre nichts geschaffen, durch ihn bleibt alles Geschaffene in ihm. Er ruft alles, was neu ist, mit seinem Wort als Urheber ins Leben. Dies Wort aber erhob sich durch den Purpurfluß seines teuren Blutes – *90* steil wie ein Vogel sich aufschwingt und höher noch als die Cherubim – in die Höhe des Himmels.
Da sitzt er zur Rechten des Vaters und gießt von daher seine himmlischen Gaben aus: den Heiligen Geist, der aus dem eingeborenen Sohn und dem Vater hervorgeht und der, selber göttlich, von Gott kommt, ihn immer begleitet. *95* Feurig aber schnellt er hinzu, wo die Jünger, die Apostel, in einträchtiger Gemeinschaft versammelt waren. Bald schon ließ er sich auf den Vielen, die von der Stadt herbeigeströmt waren, auf den Männern aus jedwedem Volke nieder: wie eine Flamme, die mit vieltönigem Gebraus durch alle fährt und in allen zugleich lodert. *100* Wie einer mit leichtem Kamm die Saiten der Leier melodisch erklingen läßt, so sang der Geist mit geteilten Zungen ein und denselben Lobpreis, ließ er durch Menschen, als seien sie Orgelpfeifen, verschiedene Stimmen erschallen. Wo erfüllte je ein solcher Rausch versammelte Gemüter? Wo wohl anderswo rülpsten *105* Gott je trunkene Herzen aus nüchterner Gurgel heilige Lobpreisungen? Wer wird sich meiner erbarmen und aus diesem Fluß trinken, der trunken macht und eben dadurch ernüchtert?

Erläuterung

Das 27. Lied entfaltet sich zu einer immer freier schwebenden christlichen Meditation. Viel weiter als das erste, um vier Jahre ältere Abschiedsgedicht löst es sich von der Person des abschiednehmenden Niceta. Für dessen Biographie scheint sich hier auf den ersten Blick nur zu bestätigen, daß Paulinus zu dem Freund als dem Älteren, im Wissen wie im heiligmäßigen Leben Überlegenen aufblickt: 230-234 ... *Nicetes, domini puer atque sacerdos. longinqua tellure mini modo missus ad istum / ecce diem uenit, uir tam bonus ore magistro quam sacer est unictore animo uel corpore uicto;* 243 *lateri meus adsident ipse magister;* 246 *sapientis ab ore;* 269f.*in ora magistri ... docto ... pectore;* 325 *pectore docto;* 345 *sancte parens, vgl. o. Nr. 3 v. 5.* In V. 500 wird der Freund wiederum als Sänger geistlicher Gesänge vorgestellt: *ingredere haec psalmis recinens, antistes, et rhythmis.*
Bei genauerem Hinhören gibt für unseren Zusammenhang zu denken, daß der Dichter – wohl dadurch inspiriert, daß Niceta laut v. 145-155 diesmal seine Heimreise am Tage des Weihnachtsfestes antrat – hintereinander die großen Heilsereignisse des Neuen Bundes samt der ihrer

gedenkenden Feste beschwört: von Christi Geburt über seine Taufe, den Beginn seiner Wundertaten in Kana, über Kreuzestod und Auferstehung bis zur Ausgießung des Heiligen Geistes. Erst jetzt – bei der Besinnung auf das Pfingstereignis, mit dem die Reihe endet – wird Paulinus ausführlich. Hier läßt er seiner poetischen Phantasie freien Lauf. Die rührende Hingabe, mit der er sich gerade in das Pfingstwunder versenkt, wird begreiflich, wenn wir annehmen, er habe damit dem scheidenden Freunde eine besondere Freude bereiten wollen. Denn der Heilige Geist, dessen Fest Pfingsten ist, bedeutete für den Glauben, für die Theologie und das missionarische Lebenswerk des Niceta viel. Die Lehre von der dritten Person in der Dreieinigkeit zu systematisieren, schien ihm, nachdem das Dogma der Gottgleichheit Christi fest im Bekenntnis verankert und die arianische Herausforderung besiegt war, eine vordringliche Aufgabe seiner Generation. Er hat dazu Formulierungen beigesteuert, mit denen er wohl stärker als in jedem anderen Felde theologisch fortwirken sollte (s. o. Kap. II.1).

Aber noch eindrücklicher spielt unsere Textstelle darauf an, daß Niceta sich den Jüngern, auf die der Geist ausgegossen wurde, offenbar in ganz besonderer Weise verbunden fühlte. Der Pfingsttext hat in der Kirchengeschichte wahrscheinlich allen, die sich – wie Niceta – anschickten, die christliche Botschaft in weitere Sprachen zu übersetzen, als Ermunterung und Rechtfertigung gedient. Nach einer frühen heilsgeschichtlichen Vorstellung ordnete sich die Sprachenverwirrung, die seit dem Einsturz des Turmes von Babel die Menschheit auseinandergerissen hatte, im Pfingstwunder zur süßen Harmonie eines vielstimmigen Gotteslobes.[23] Als Missionar der Bessen wurde Niceta – der kundige Freund der Musik und der Sprachen – von dem Wunsche beflügelt, dem himmlischen Chor, dem Chor der Kirche seine eigene Muttersprache, das Bessische, als eine neue Stimme einzureihen.

Seit der *Constitutio Antoniniana* von a. 212 waren die Bessen wie alle Bewohner des Imperiums Reichsbürger, gehörten also im Rechtssinne nicht mehr zu den Barbaren. Gerade das vorliegende Zeugnis läßt, als Spiegel der Ansichten des Niceta verstanden, darauf schließen, daß dieser mit der Erhebung des Bessischen zur Kirchensprache den Barbarenbegriff aufwertete. Das Fortleben nichtlateinischer und nichtgriechischer Idiome auf Reichsboden sollte die Brücke zu den vielen Sprachen

[23] Den Zusammenhang, in den diese Vision gehört, beleuchten die beiden ersten Bände des großen Werkes von Arno Borst: Der Turmbau von Babel. Geschichte der Meinungen über Ursprung und Vielfalt der Sprachen und Völker. Stuttgart 1957-59.- Neben der Pfingstgeschichte hat gewiß auch der Schluß des Markusevangeliums inspirierend gewirkt, wo Jesus den elf zu Tische sitzenden Jüngern erscheint und sie zur Predigt des Evangeliums in die ganze Welt aussendet. Zu den Zeichen der Gläubigen wird u. a. gehören, daß sie in »neuen Sprachen« zu reden vermögen (Markus 16,17).

und Völkern schlagen, die jenseits der Reichsgrenze noch der Missionierung harrten. Wie sehr sich diese Schau abhob von gängigen Überzeugungen der römischen Welt, beleuchtet ein Zeitgenosse von hohem literarischem Rang. Bei dem christlichen Dichter Prudentius (a. 348 – nach 405) heißt es, Christus habe der Macht Rom eine weltweite Ausbreitung vorgeschrieben: imperiales Recht solle die Vielzahl der Sitten und Sprachen, der Kulte und Gesinnungen zähmen und vereinheitlichen. Dieser Vorgang wird in das Bild einer Auflösung von dissonantem Sprechen in Gleichklang gefaßt.[24] Und anderswo: die Römer und die (als Heiden vorgestellten) Barbaren stünden einander im Wesen so fern wie ein Vierfüßler dem Zweifüßler, wie der Stumme dem Sprechenden.[25] Damit ist – durch eine Stimme aus dem früh und über weite Strecken gründlich romanisierten Spanien – der Gegenpol zum Denken des Niceta markiert, der keinen lateinischen Einklang, sondern Vielstimmigkeit wollte.

Nicht so kraß, aber doch keineswegs geringfügig unterschied sich damit Niceta von dem großen Mailänder Bischof Ambrosius, der in Fragen des Dogmas und der Kirchenpolitik für Niceta die vermutlich wichtigste Autorität unter den Zeitgenossen dargestellt haben wird (vgl. u. Nr. 7). Denn Ambrosius blieb bei allem theoretisch-philosophischen Kosmopolitismus im Fahrwasser jener alteingebürgerten Bewußtseinstradition, die eine tiefe Kluft zwischen Römern und Barbaren annahm.[26] Die Einstellung des Ambrosius, die von der Sehweise seines Amtsbruders in Remesiana abwich, erklärt sich leicht aus der sozialen Herkunft und einem Lebensweg in einem vermutlich rein lateinischen Milieu: Ambrosius, Sohn eines hohen Reichsbeamten, wuchs in Rom auf und wirkte dann in Mailand. Möglich erscheint, daß Niceta sich durch die wohlbekannten griechischen Kirchenväter des 4. Jh.s anregen ließ, die ein im Interesse der Mission idealisiertes Barbarenbild erkennen lassen. Im lateinischen Westen herrschte vermutlich die traditionelle Negativvorstellung von Barbaren vor. Der Unterschied war wohl entscheidend dadurch mitbedingt, daß der griechische Osten durch das Beispiel von Syrern und Ägyptern an Barbarensprachen gewöhnt war, die dank einer alten Schreibtradition schon früh den Rang von christlichen Kirchensprachen

---

[24] Aurelii Prudentii Clementis Carmina, hg. Maurice P. Cunningham. Turnhoch 1966 = Corpus Christianorum, series Latina Bd. 126 S. 271f. (in dem Gedicht *Peristefanon* »Über die Kronen der Märtyrer« II) v. 413-431, dort u. a.: *Ut discrepantium gentium / Mores et observantias / Linguasque et ingenia et sacra / Una domares legibus … / Idem loquuntur dissoni / Ritus, id ipsum sentiunt.*

[25] Contra Symmachum II ebd. S. 239 v. 816-819: *Sed tantum distant Romana et barbara, quantum / quadrupes abiuncta est bipedi uel muta loquenti / quantum etiam qui rite dei praecepta sequuntur / cultibus a stolidis et errorum erroribus absunt.*

[26] Hans Freiherr v. Campenhausen: Ambrosius von Mailand als Kirchenpolitiker. Berlin … 1929 = Arbeiten zur Kirchengeschichte 12 S. 95. Dazu auch: Paolo Brezzi: Romani i barbari nel giudizio degli scrittori cristiani dei secoli IV-VI. In: Settimane di studio del Centro italiano di studi sull' Alto Medievo Bd. 9 (1961) S. 565-594, (S. 570).

erklommen. Die Lateiner des Westens waren nirgendwo gehalten, einer Kulturtradition von solchem Range Rechnung zu tragen.[27]

Gewiß: wenn unser Text wirklich der Leistung des Freundes als Schöpfer einer weiteren Kirchensprache und als Missionar eines Barbarenvolkes huldigt, dann in der verfremdeten Form reiner und hoher Poesie und mit nicht immer leicht entschlüsselbaren Anspielungen. Ein wichtiges Detail immerhin macht den Bezug offenkundig. Folgt man den zitierten Versen, so wird die Gabe, in fremden Zungen zu reden, nicht nur – wie es die Apostelgeschichte in Kap. 2 überliefert – der Jerusalemer Gemeinde verliehen. Sie wird vielmehr all denen gegeben, die aus vielen Völkern nach Jerusalem geströmt waren. Ja, laut v. 69-71 ist es ausdrücklich »der Barbar«, der Worte redet, die ihm vorher unbekannt waren und die den Seinen als »Fremdes« *(aliena)* erscheinen:
barbarus ipse sibi non notis nota canebat uerba, suis aliena loquens; sed in omnibus unum uoce deum uaria laudabat spiritus unus.

Hier löst sich Paulinus von der biblischen Geschichte, in der die »Männer aus jedem Volk« – die Parther, Meder, Elamiter und all die anderen – die Angesprochenen bleiben. In unserem Gedicht werden sie dagegen zu Empfängern der gleichen Wundergabe, die den Jüngern verliehen wird. Wir dürfen uns ausmalen, daß die bekehrten Barbaren, von der Kraft des heiligen Geistes erfüllt, nun weitere Barbarenvölker bekehren werden.

Paulinus spiegelt hier kaum eigene Erfahrungen. Denn er war schon als Kind von Bordeaux in die Gegend von Neapel gekommen und wird kaum je Barbarensprachen gehört haben. Sehr wohl aber könnte er hier in Poesie umsetzen, was ihn bei zwei Besuchen sein Freund Niceta in den innigen Gesprächen hatte nachempfinden lassen: Von einem Barbarenvolk, das in seiner Sprache angesprochen und vom Heiligen Geist angerührt werde, dürfe man hoffen, daß es ungesäumt die Botschaft an andere Völker weitergebe, bis eines Tages alle Zungen des Erdkreises im Jubelchor mitsängen. Er selbst scheint das dadurch wahrgemacht zu haben, daß er – wie o. in Kap. II.6. ausgeführt – die Abfassung christlicher Texte in skythischer und sarmatischer Sprache anregte.

---

[27] Dazu Helmut Josef Weyer: Über das Verhältnis der Begriffspaare »Hellenen – Barbaren« und »Christen – Heiden« bei den griechischen Kirchenvätern des 3. und 4. Jh.s. Diss. theol. masch. Köln 1953. Die durch den christlichen Missionsauftrag eröffnete Möglichkeit, die Eigenart fremder Völker zu respektieren, ist auch im griechischen Kulturkreis schon bald wieder weitgehend verschüttet worden, s. Klaus Erich Müller: Geschichte der antiken Ethnographie und ethnologischen Theoriebildung. Von den Anfängen bis auf die byzantinischen Historiographen. Teil II Wiesbaden 1980 = Studien zur Kulturkunde 52. Bd.

Nr. 5

Den ersten der beiden Besuche, die ihm sein Freund Niceta abstattete, erwähnt Paulinus von Nola in einem Brief an einen anderen Freund, Sulpicius Severus, dem wir die Vita des Martinus von Tours verdanken, s. Paulinus de Nola: Epistolae hg. Wilhelm von Hartel. Prag ... 1894 = Corpus scriptorum ecclesiasticorum Latinorum Bd. 29, Brief XXIX Abschn. 14 (S. 261f.). Der Brief stammt wohl aus dem Jahre 400, s. Letters of St. Paulinus of Nola, englisch mit Anm. von P. G. Walsh Bd. 2. London 1968 – Ancient Christian writers No. 36 S. 323.

... *quo genere te et uenerabili episcopo atque doctissimo Nicetae, qui ex Dacia Romanis merito admirandus aduenerat, et plurimis dei sanctis in ueritate magis tui praedicator quam mei iactans reuelaui.*

Übersetzung

[Paulinus hatte der Melania, einer frommen Christin von hohem Stande, die Martinusvita vorgelesen]. Ebenso habe ich dich auch dem verehrungswürdigen und höchst gelehrten Bischof Niceta geoffenbart, der aus Dakien angereist war und die Bewunderung der Römer verdient; außerdem einer großen Schar von Heiligen Gottes. Dabei habe ich mehr dich gepriesen als von mir Aufhebens gemacht.

Erläuterung

Unter der »Offenbarung« vor Niceta und den übrigen frommen Brüdern ist wohl, wie bei Melania, zu verstehen, daß Paulinus ihnen die Martinsvita vorlas und die Verdienste ihres Verfassers rühmte. Der Schlußsatz ist ein Bescheidenheitstopos, wie er für Paulinus und seinem Kreis typisch war.

Nr. 6

Gennadius von Marseille (gest. um a. 500) erweiterte um a. 480 ein Verfasserlexikon *De viris inlustribus*, das Hieronymus angelegt hatte, s. Sammlung ausgewählter kirchen- und dogmengeschichtlichen Quellenschrift H. 11 hg. Carl Albrecht Bernoulli: Freiburg ... 1895 S. 70 sowie Texte und Untersuchungen Bd. 14/1, hg. E. C. Richardson. Leipzig 1896 S. 70. Hier wird im Kap. XXII (CLVII) eine Übersicht über das literarische Werk des Niceta gegeben, die allen modernen Versuchen, es zu rekonstruieren, zugrunde liegt, s. Kap. II. 1.

Niceas Romatianae ciuitatis episcopus edidit simplici et nitido sermone sex conpetentibus ad baptismum instructionis libellos. In quibus primus continet qualiter se debeant agere competentes qui ad baptismi gratiam cupiunt pervenire. Secundus de gentilitatis erroribus in quo dicit suo pene tempore Melcidium quendam patrem familias ob libertatem et Gaderium rusticum ob fortitudinem ab ‹ethnicis› esse ‹inter deos relatos›. Tertius liber de fide unicae maiestatis. Quartus adversus genealogiam. Quintus de symbolo. Sextus de agni paschalis uictima. Dedit et ad lapsam uirginem libellum omnibus laudibus emendationis [incentiuum].

Übersetzung

Niceas, Bischof der Stadt Romatiana (= Remesiana), veröffentlichte in einfachem, glänzendem Stil sechs Büchlein zur Unterweisung von Taufbegehrenden. Davon enthält das erste [eine Erörterung], wie sich Menschen verhalten sollen, die zur Gnade der Taufe gelangen möchten. Das zweite behandelt die Irrtümer der Heiden. Hier sagt er, fast noch zu seiner Zeit sei ein gewisser Familienvorstand namens Melcidius wegen seiner Freiheitsliebe und ein Bauer namens Gaderius wegen seiner Tapferkeit von den Heiden unter die Götter versetzt worden. Das dritte Buch betrifft den Glauben an die einzige Majestät. Das vierte [polemisiert gegen] den Stammbaum [der Götter]. Thema des sechsten ist die Opferung des Osterlamms. Das fünfte behandelt das Glaubensbekenntnis. Er schrieb auch ein Büchlein, das sich an eine gestrauchelte Jungfrau richtete und, indem es alle Lobpreisungen [in Aussicht stellt], sie zur Besserung anspornen wollte.

Erläuterung

In seiner Predigtreihe zur Taufvorbereitung griff Niceta u. a. die Irrtümer der Heiden an. Sie glaubten – statt an den einzigen, allmächtigen Gott – an eine Vielzahl von Göttern, die untereinander – durch verästelte Verwandtschaftsbande – zusammenhingen. Oft waren diese, wie viele Christen und wohl auch Niceta entrüstet darzulegen pflegten, durch Ehebruch und Jungfrauenschändung zustande gekommen. Niceta entsetzte sich auch darüber, daß noch in der jüngsten Vergangenheit Menschen – nur weil sie ihren Zeitgenossen durch gewisse Stärken Eindruck gemacht hatten – unter die Götter versetzt wurden: *pater familias* und *rusticus* haben hier wohl den Unterton »ganz gewöhnliche Leute«. Beide lebten vermutlich im Gesichtskreis von Remesiana, im Kenntnishorizont seiner Hörer. Hellhörig macht, was zwei Leuten die göttliche Ehre eingetragen hat: *liberalitas*, hier wohl als »Freiheitssinn« zu verstehen, und *fortitudo* »Tapferkeit«. Beides sind Eigenschaften, die das Imperium den normalen, zivilen Bürgern seiner Provinz gerade aberziehen wollte, ja weithin aberzogen hatte. Hier fällt – so möchte ich vorsichtig vermuten – ein Schlaglicht auf das Milieu, in dem Niceta wirkte. Dort, in einem abgelegenen Winkel des Reiches mit schroffen Bergen als Hinterland, hatte ein Sinn für Freiheit und Selbstbestimmung überdauert, den die jahrhundertelange Römerherrschaft noch nicht hatte entwurzeln können. Niceta, der die herkömmlichen, aber heidnischen Versuche, diesem Bewußtsein Ausdruck zu geben, als Christ bekämpfte, hat dem

Wunsch seiner bessischen Landsleute, sich Selbständigkeit zu bewahren, auf eine andere, christliche Weise aufgenommen, gerechtfertigt und gefördert.

Bei wörtlicher Übersetzung des Schlußsatzes ergäbe sich: »Er legte auch ein Büchlein an eine gestrauchelte Jungfrau als Ansporn mit Hilfe aller Lobpreisungen der Besserung vor.« (Die Verfehlung, der Niceta entgegentritt, ist wohl der Bruch eines Gelöbnisses, Nonne zu werden.) Da das ebenso unschön wie schwer verständlich wäre, wurde einer freien Übersetzung der Vorzug gegeben.
Zum Stand der gelehrten Diskussion über die Frage, welche der von Gennadius aufgeführten Schriften des Niceta uns erhalten sind, s. Aimé Solignac in: Dictionnaire de la spiritualité ascétique et mystique, doctrine et histoire 11 (1982) Sp. 214-219.

Nr. 7

Ein Werk, das Cassiodor Mitte des 6. Jh.s für die Mönche seiner Klostergründung Vivarium verfaßte, entwirft im Buch I einen Grundriß christlicher Bildung, s. Cassiodorus Senator: Institutiones divinarum et humanarum litterarum. hg. Roger A. B. Minors. Oxford 1961. Hier wird in Kap. 3 S. 53f. die Lektüre von Nicetas *De fide* empfohlen.

Restat nunc ut memoriam faciamus illorum qui libris suis aliquid venerabiliter de sancta Trinitate dixerunt. [...] si quis vero de Patre et Filio et Spiritu sancto aliquid summatim praeoptat attingere, nec se mavult longa lectione fatigare, legat Nicetae episcopi librum quem de Fide conscripsit, et doctrinae caelestis claritate completus in contemplationem divinam compendiosa brevitate perducitur; qui voluminibus sancti Ambrosii sociatus est, quos ad Gratianum principem destinavit.

Übersetzung

Bleibt also, daß wir diejenigen erwähnen, die in ihren Büchern etwas in verehrungswürdiger Weise über die Dreieinigkeit gesagt haben. [...] Wenn aber jemand etwas über Vater, Sohn und Heiligen Geist lieber aufs Wesentliche verkürzt zur Hand nehmen will und sich nicht durch langes Lesen ermüden möchte, möge er das Buch lesen, das Bischof Niceta über den Glauben geschrieben hat. So wird er von der Klarheit der himmlischen Lehre erfüllt und durch die kürzende Knappheit zur Anschauung Gottes geführt. Dieses [Buch] steht in engem Zusammenhang mit den Bänden des heiligen Ambrosius, die dieser für den Kaiser Gratian bestimmt hatte.

Erläuterung

Im Schlußsatz ist *quos* eine *constructio ad sensum* für *quae.* Ambrosius, a. 374-397 Bischof von Mailand – eine Schlüsselgestalt der frühen christlichen Kirche – war als entschiedener Antiarianer, eifriger Seelsorger, Förderer des mönchischen Gedankens und durch ein aus seinen Predigten hervorgegangenes literarisches Schaffen in vielseitiger Weise Vorbild für Niceta. Auf Kaiser Gratian vermochte Ambrosius von a. 378 bis zu dessen Tod a. 383 zunehmenden Einfluß zu nehmen und auf ein entschieden antiarianisches Christentum festzulegen.

B: Goten am Nordabhang des Balkangebirges

Nr. 8

A. 551 verfaßte Jordanes unter Benutzung eines – uns nicht erhaltenen – Werkes von Cassiodorus eine Geschichte der Goten: Getica, hg. Theodor Mommsen, Berlin 1882 in: Monumenta Germaniae historica. Auctores antiquissimi Bd. V/1. Über die Kleingoten (*Gothi minores*), die als verfolgte Christen unter Führung des Ulfila über die Donau geflohen waren und vom Imperium eine Bleibe angewiesen bekamen, heißt es in Kap. LI, Abschn. 267:

hodieque sunt in Moesia regionem incolentes Nicopolitanam ad pedes Emimonti gens multa, sed paupera et inbellis nihilque habundans nisi armenta diversi generis pecorum et pascua silvaque lignarum: parum tritici citerarumque specierum terras fecundas. Vineas vero nec, si sunt alibi, certi eorum cognoscent ex vicina loca sibi vinum negotiantes: nam lacte aluntur que.

Übersetzung

Es gibt sie auch heute noch in Mösien als Bewohner der Gegend von Nikopolis am Fuß des Balkangebirges: eine zahlreiche und unkriegerische Volksgruppe. Das einzige, was sie reichlich haben, sind Herden von Kleinvieh verschiedener Art und Weiden und Wald mit [Nutz-]Hölzern. Zu wenig haben sie von fruchtbaren Böden für Weizen und andere Arten [von Feldfrüchten]. Und Weingärten werden bestimmte Leute von ihnen auch nicht erkennen, wenn sie woanders sind, da sie [die Kleingoten] sich den Wein aus benachbarten Gegenden kaufen. Denn die meisten ernähren sich von Milch.

Erläuterung

Nicopolis ad Istrum, eine Gründung Trajans, lag 7-8 km von der Einmündung der Rosica in die Jantra und lebt in dem Dorfe Nikjup fort, Schramm: Eroberer 34.4.

Eine Crux ist, daß *armenta pecorum* nach klassischem Sprachgebrauch »Großviehherden von Kleinvieh« bedeuten würde. Sinnvoll wird die Stelle erst, wenn wir einen spezifischen Gebrauch von *armenta* als »Herde« annehmen, der seine inhaltliche Füllung durch die Genetivattribute *diversi generis pecorum* [= Schaf- und Ziegenherden] erhält. Auch wären Besitzer von reichlich Großvieh kaum arm geblieben.

Nach der genau beschriebenen Wirtschaftsweise kann *ad pedes Emimonti* nicht am »Fuße des Balkangebirges« bedeuten. Vielmehr ist eine Lage weit oberhalb von Nicepolis (130 m) und über den fruchtbaren Akkerböden anzunehmen: wohl beiderseits des wichtigen Verkehrsweges, der von Nicopolis über den Šipkapaß (1333 m) die Balkankette überquerte. Die Höhenlage des Ansiedlungsgebietes läßt sich aufgrund der modernen Verhältnisse bestimmen, wie sie Johannes F. Gellert: Mittelbulgarien. Das kulturgeographische Bild der Gegenwart. Beobachtungen und Untersuchungen. Speyer 1937 S. 19, 46 beschreibt. Armut an Getreideäckern, die an den Nordhängen des mittleren Balkans heute bis 1000 m begegnen, reichlicher Zugang zu Holz, das hier bis 900 m wächst, und viel Kleinvieh, das im oberen Waldgürtel und auf den anschließenden Hochweiden gehalten wird, weist auf Wohngebiete von rund 800–1000 m Höhe.

C: Skythische, sarmatische, getische und gotische Christen in der Dobrudscha

Nr. 9

Die 8. Homilie des Johannes Chrysostomos, der unser folgender Text entnommen ist, stellt eine Predigt dar, die der große Kanzelredner als Patriarch von Konstantinopel wohl a. 399, spätestens aber Mitte a. 400, vor einer Gemeinde aus hauptstädtischen Goten hielt. (Zur Datierung s. Pierre Batifol: De quelques homélies de S. Jean Chrysostome et de la version Gothique des écritures 1. In: Revue biblique 8 (1899) S. 566-572.) Nach Weisung des Patriarchen waren in diesem Gottesdienst auch, wie in dieser Gemeinde vermutlich die Regel, Gebete und eine Predigt in gotischer Sprache zu hören. Der Text bei Migne: Patrologia Graeca 63 (1860) Sp. 499-501 sowie in: Polnoe sobranie tvorenij svatogo otca našego Ioanna Zlatousta Bd. 12 T. 1 S. Petersburg 1906 S. 329. Umstritten blieb, ob orthodoxe Goten angesprochen wurden oder ob es um die Zurückgewinnung von Arianern ging, s. Zeiller: Origines S. 544f.; P. Chrysostomus Baur: Der heilige Johannes Chrysostomus und seine Zeit. Bd. 2 München 1930. S. 69f.; Thompson: Visigoths S. 133f. Zur Lokalisierung des Predigtortes s. Heinz Eberhard Giesecke:

Die Ostgermanen und der Arianismus. Leipzig ... 1939 S. 82 mit Lit. Wenn Theodoret von Kyros: Eccl. hist. bei Migne: Patrologia Graeca 82 (1859) Sp. 1267 überliefert, Chrysostomos habe sich selber um eine Missionierung von »Skythen« bemüht, denen er Priester und Diakone ihrer Sprache geschickt habe, so nennt der Autor das gemeinte Volk wohl kaum bei seinem richtigen Namen, sondern verwendet nach klassizistischer Manier das Etikett »Skythen« für irgend ein Nordvolk. Hier sind offenbar Goten gemeint. Denn die ihnen zugeschriebene Anfälligkeit für den Arianismus ist besonders für die Goten und gerade nicht für die Skythen der Dobrudscha typisch, deren Treue zur Orthodoxie vorbildlich war. Und die 8. Homilie des Chr. macht sicher, daß er in einer gotischen Kirche (in Konstantinopel) predigte. Die unmittelbar anschließende Nachricht (V 31) bezieht sich dagegegen wohl auf Hunnen s. u. Nr. 11.

Zu den politischen Begleitumständen s. Gerhard Albert: Goten in Konstantinopel. Untersuchungen zur oströmischen Geschichte um das Jahr 400 n. Chr. Paderborn 1984 = Studien zur Geschichte und Kultur des Altertums N. F. 1. Reihe 2. Bd. Vgl. auch Andres: Missionsgedanke.

Ἐβουλόμην παρεῖναι Ἕλληνας σήμερον, ὥστε τῶν ἀνεγνωσμένων ἀκοῦσαι καὶ μαθεῖν πόση τοῦ σταυρωθέντος ἡ ἰσχὺς, πόση τοῦ σταυροῦ ἡ δύναμις, πόση τῆς Ἐκκλησίας ἡ εὐγένεια, πόση τῆς πίστεως ἡ εὐτονία, πόση τῆς πλάνης ἡ αἰσχύνη, πόσος τῶν δαιμόνων ὁ γέλως. Τὰ μὲν γὰρ τῶν φιλοσόφων καὶ παρὰ τοῖς ὁμοφώνοις καταλέλυται, τὰ δὲ ἡμέτερα καὶ παρὰ ἑτερογλώσσοις πολλὴν ἔχει δύναμιν· καὶ τὰ μὲν ἀράχνης εὐκολώτερον διεσπάσθη, τὰ δὲ ἀδάμαντος στεῤῥότερον πέπηγε.

Ποῦ τὰ Πλάτωνος καὶ Πυθαγόρου καὶ τῶν ἐν Ἀθήναις; ἐσβέσθη. Ποῦ τὰ τῶν ἁλιέων καὶ σκηνοποιῶν; οὐκ ἐν Ἰουδαίᾳ μόνον, ἀλλὰ καὶ ἐν τῇ τῶν βαρβάρων γλώττῃ, καθὼς ἠκούσατε σήμερον, ἡλίου φανότερον διαλάμπει· καὶ Σκύθαι καὶ Θρᾷκες καὶ Σαυρομάται καὶ Μαῦροι καὶ Ἰνδοὶ καὶ οἱ πρὸς αὐτὰς ἀπῳκισμένοι τὰς ἐσχατιὰς τῆς οἰκουμένης, πρὸς τὴν οἰκείαν ἕκαστος μεταβαλόντες γλῶτταν, τὰ εἰρημένα φιλοσοφοῦσι ταῦτα·

Übersetzung

Ich wollte, heute wären Griechen anwesend, so daß sie aus dem Vorgelesenen hören und verstehen könnten,
– wie groß die Kraft des Gekreuzigten ist,
– wie groß die Macht des Kreuzes,
– wie groß die Vornehmheit der Kirche,
– wie groß die Reingestimmtheit des Glaubens,
– wie groß die Schande der Verderbtheit,
– wie groß das Gelächter über die Dämonen ist.

Denn die Worte der Philosophen sind zuschandengeworden, sogar bei denen, die die gleiche Sprache sprechen [wie wir, d. h. Griechisch]. Aber unsere Worte haben große Kraft auch bei denen, die eine andere Sprache sprechen. Und die einen sind leichter zerfetzt als ein Spinnennetz; die anderen stehen gehärteter da als Stahl. Wo sind die Worte eines Platon, eines Pythagoras und der Athener? Sie sind ausgelöscht worden. Wo sind die Worte der Fischer und Zeltmacher? Sie leuchten heller als die Sonne: nicht nur in jüdischer Sprache, sondern, wie wir heute gehört haben, auch in der Sprache der Barbaren. Skythen, Thraker, Sarmaten, Mauren, Inder und der Siedler an den äußersten Enden der bewohnten Welt haben sie jeder in seine heimische Sprache übertragen und vertiefen sich in den Sinn ihrer Worte.

Erläuterung

Eine Aufzählung von Völkern, die sich dem Evangelium geöffnet haben, gehörte offenbar zum panegyrischen Repertoire der frühen christlichen Literatur, s. etwa Tertullian (2.-3. Jh.): Adversus Iudaeos VII 4, wo auch u. a. Mauren, Sarmaten und Skythen genannt werden. Bei Johannes Chrysostomos vergleicht sich Homilie 28 zu Gen. 9, 8-10 bei Migne: Patrologia Graeca 53 Sp. 258 (etwa a. 388).

Während man für die vier Völker, mit denen die Völkerliste der Predigt vor einer gotischen Gemeinde beginnt, gute Informiertheit voraussetzen darf, wurden Maurern und Inder wohl hinzugefügt, um – in typisch panegyrischem Überschwang – die Siegeslinie des Kreuzes bis an die Enden der bewohnten Erde auszuziehen. Daß Christen über Gott und die christliche Botschaft »philosophierten«, wurde von Chrysostomos, als er Bischof in Antiochien war, auf einfache, gewiß analphabetische syrische Bauern bezogen, die griechische Gottesdienste besuchten, ohne dem dort Gesagten genauer folgen zu können, s.o. Kap. II.1. Anm. 31. Zur Formulierung, bekehrte Barbaren hätten über die christliche Botschaft »philosophiert«, vgl. Hieronymus: Epistolae I 4: *Socrates disputavit in carcere, Indus, Persa, Gothus, Aegyptius philosophantur.*

Unser Text spiegelt wider, daß Chrysostomos in Konstantinopel unter dem Eindruck der missionarischen Leistungen von Ulfila, Theotimus und gewiß auch Niceta zu einem neuen Verständnis von Gläubigkeit und frommer Meditation gekommen ist, die nunmehr auf das Gotteswort im Sinne von genau verstandenen Texten in der Muttersprache der Bekehrten gründet. Vgl. auch Andres: Missionsgedanke; Gerd Podskalsky: Die Sicht der Barbarenvölker in der spätgriechischen Patristik (4.-8. Jahrhundert). In: Orientalia Christiana Periodica 51 (1985) S. 330-351 (hier S. 340-343).

Nr. 10

Eine weitere Predigt hielt Johannes Chrysostomos bei Gelegenheit einer feierlichen Mitternachtsprozession, an deren Spitze die Kaiserin Eudoxia Märtyrerreliquien aus der Großen Kirche von Konstantinopel durch die Stadt trug. Der folgende Ausschnitt stammt aus der Homilia 2 in martyrio bei Migne: Patrologia Graeca 63 (1890) Sp. 472.

...Ἐκείνη δῆμον ἕνα ἐξάγουσα ὁμόγλωττον, σὺ δὲ μυρίους δήμους ἑτερογλώσσους. Καὶ γὰρ μυρίους ἡμῖν ἐξήγαγες χορούς, τοὺς μὲν τῇ Ῥωμαίων, τοὺς δὲ τῇ Σύρων, τοὺς δὲ τῇ βαρβάρων, τοὺς δὲ τῇ Ἑλλάδι φωνῇ τὰ τοῦ Δαυῒδ ἀνακρουομένους ᾄσματα· καὶ διάφορα ἔθνη καὶ διαφόρους χοροὺς ἦν ἰδεῖν μίαν κιθάραν ἅπαντας ἔχοντας, τὴν τοῦ Δαυῒδ, καὶ ταῖς εὐχαῖς σε στεφανοῦντας.

Übersetzung

Jene [die Gottesmutter Maria] schritt an der Spitze nur eines Volkes von gemeinsamer Sprache; du aber führst unzählige Völker mit unterschiedlichen Sprachen. Du schrittest bei uns unzähligen Chören voraus, von denen die einen auf Römisch [= Lateinisch], andere auf Syrisch, andere in der Sprache von Barbaren und wieder andere in griechischer Sprache die Lieder Davids [Psalmen] anstimmen. Und verschiedene Völker und verschiedene Chöre konnte man sehen: alle zusammen hatten nur eine Kithara, nämlich die Davids, und bekränzten dich mit ihren Gebeten.

Erläuterung

Der Prediger spricht Eudoxia, die Gemahlin des Kaisers Arkadios, an. (Damals war sie noch seine Gönnerin, später ließ sie sich in das Lager seiner Gegner hinüberziehen.) Den frommen Dienst der Herrscherin, die an der Spitze der Prozession schreitet, vergleicht er mit dem heiligmäßigen Leben und Tun von Frauen der Vergangenheit. Als Prototyp für die gegenwärtige Prozession wird beschworen, daß die Gottesmutter Maria dem Volk die Gebeine Josephs vorangetragen habe. (Hier liegt offenbar eine Legende zugrunde, Marias Gatte sei auf der Flucht nach Ägypten gestorben). Während Maria ihre pietätvolle Handlung – so dürfen wir die heilsgeschichtliche Einordnung durch den Prediger genauer auszeichnen – nach Gottes Wundertat im alten Bunde, dem Ertränken der Ägypter bei der Verfolgung der Israeliten – vollzog, folgte der Dienst der Kaiserin auf die Wunder des neuen Bundes, im Beispiel gesprochen: auf die Ersäufung der bösen Geister (Luk. 8,33).

Der Text dürfte darauf verweisen, daß in der Prozession nichtgriechische Gäste und Mitbewohner mitzogen, die fromme Lieder in ihren Sprachen anstimmten. Bei der Aufzählung werden die als besonders ehrwürdig eingeschätzten alten Kultur- und Kirchensprachen Latein und Syrisch namentlich aufgeführt, während die Barbarensprachen nur pauschal erwähnt werden. In der Aufzählung erscheinen sie indessen keineswegs so plaziert, daß sie eine nachgeordnete Stellung erhalten. Gemeint sind vermutlich die im vorigen Text (Nr. 9) vom gleichen Prediger genannten Goten, Skythen, Sarmaten und Thraker. Die Vielstimmigkeit wird später in den Zusammenhang einer weltweiten Ausbreitung der Heilsbotschaft gestellt: »Was dort geschehen ist, werden die Enden der Erde hören und alles Erdreich, auf das die Sonne scheint.« (Sp. 471).

Nr. 11 . . .

Der im 5. Jh. schreibende Kirchenhistoriker Sozomenos berichtet in seiner Ecclesiastica historia, hg. Robert Hussey Oxford 1960 Bd. 2, VI 12 über den Skythenbischof Theotimus, der am Ausgang des 4. Jh.s gewirkt hatte.

'Εν τούτῳ δὲ Τόμεως καὶ τῆς ἄλλης Σκυθίας τὴν ἐκκλησίαν ἐπετρόπευε Θεότιμος Σκύθης, ἀνὴρ ἐν φιλοσοφίᾳ διατραφείς· ὃν ἀγάμενοι τῆς ἀρετῆς οἱ παρὰ τὸν Ἴστρον Οὖννοι βάρβαροι θεὸν Ῥωμαίων ὠνόμαζον· καὶ γὰρ δὴ καὶ θείων ἐπ' αὐτῷ πραγμάτων ἐπειράθησαν...

...φασὶ δὲ κομήτην αὐτὸν διαμεῖναι καθ' ὃ σχῆμα φιλοσοφεῖν ἀρξάμενος ἐπετήδευσε, λιτὸν δὲ τὴν δίαιταν, τροφῆς δὲ οὐ τὸν αὐτόν, ἀλλ' ἐν τῷ πεινῆν ἢ διψῆν τὸν καιρὸν ὁρίσαι· φιλοσόφου γὰρ ἦν, οἶμαι, καὶ τούτοις πρὸς χρείαν, οὐ διὰ ῥᾳστώνην εἴκειν.

Übersetzung

Damals verwaltete die Kirche von Tomi und des übrigen Skythiens Theotimos, ein Skythe, ein philosophisch gebildeter Mann. Ihn nannten die hunnischen Barbaren im Bereich der [unteren] Donau voller Bewunderung für seine Fähigkeiten »Römergott«. Sie hatten an ihm nämlich die Probe gemacht, daß er über göttliche Kräfte verfügte. [Für die Wunder, die Theotimus gewirkt haben soll, gibt der Text ein Beispiel.] Er soll dabei geblieben sein, sein Haar lang zu tragen: nach einer Mode, die er, als er anfing zu philosophieren, übernommen hatte.

Erklärung

Warum der Bischof von Tomi lange Haar trug, hat Sozomenos wohl mißverstanden. In Wirklichkeit sollten sie wohl die Zugehörigkeit zum Volke der Skythen herausstreichen (s. o. Kap. II.6).

Hunnen, die jenseits der Donaumündungsschleife Pferdenomadismus betrieben, stellten durch ihre wiederholten Einfälle namentlich nach Kleinskythien eine ernste Gefahr für das Imperium dar. Hier wie anderswo lag es nahe, ein bedrohliches Barbarenvolk durch christliche

Mission zu entschärfen. Diese Hunnen dürften wohl in einer Nachricht gemeint sein, die nach klassizistischer Manier auf eine präzise ethnische Benennung verzichtet und von »Skythen« im Sinne von »Nordvolk« redet. Theodoret von Kyros (5. Jh.) berichtet in seiner Kirchengeschichte, hg. von Léon Parmentier (Leipzig 1911) V 31 S. 330f., Johannes Chrysostomos habe (als Patriarch von Konstantinopel a. 398-404) erfahren, daß gewisse jenseits der Donau nomadisierende Skythen nach dem Heil dürsteten. In einem Brief an den Bischof Leontios von Ankyra teilte J. Chr. mit, er habe diesem Volk geistliche Führer gesandt. Man möchte meinen, den Anstoß zu dieser Aktivität habe ihm sein Amtsbruder Theotimus, der »Bischof vor Ort«, geliefert. Daß auch für Hunnenmission christliche Texte in einer Barbarensprache formuliert wurden, klingt aus der panegyrischen Formulierung in einem Brief des Hieronymus (um a. 400) heraus: *Hunni discunt psalterium, Scythiae frigora fervent calore fidei, Getarum rutilus et flavus exercitus ecclesiarum circum fert tentoria* (ep. CVII). Vgl. E. A. Thompson: Christian missionaries among the Hs. In: Hermathena 67 (1946) S. 73-79.

Nr. 12

Der um a. 400 geborene Salvianus von Marseille wurde a. 422 Mönch in Lerinum, später Bischof von Lyon und starb a. 480. In seiner Mitte des 5. Jh.s verfaßten Schrift erklärt er den Fall des weströmischen Reiches als göttliche Strafe für die Sünden der Bevölkerung. Im Buch IV Kap. 17 berichtet er von Barbaren verschiedener Volkszugehörigkeit, die das Christentum angenommen hätten, ohne ihre Sitten zu bessern, s. Migne: Patrologia Latina 53 (1847) Sp. 89f.

Quae cum ita sint, magna videlicet nobis praerogativa de nomine Christianitatis blandiri possumus, qui ita agimus ac vivimus ut hoc ipsum quod Christianus populus esse dicimur, opprobrium Christi esse videamur. At e diverso in paganis quid horum simile quae dicimus? Numquid dici de Chunis potest: Ecce quales sunt qui Christiani esse dicuntur? Numquid de Saxonibus aut Francis: Ecce quae faciunt qui asserunt Christi esse cultores? Numquid propter Maurorum efferos mores lex sacrosancta culpatur? Numquid Scytharum aut Gepidarum inhumanissimi ritus in maledictum atque blasphemiam nomen Domini Salvatoris inducunt? Numquid dici de ullis istorum potest: Ubi est lex catholica quam credunt? Ubi sunt pietatis et castitatis praecepta quae discunt? Evangelia legunt, et impudici sunt; apostolos audiunt, et inebrantur; Christum sequuntur, et rapiunt; vitam improbam agunt, et probam legem habere se dicunt. Numquid haec de ulla istarum gentium dici queunt? Non utique. De nobis quippe omnia ista dicuntur. In nobis Christus patitur opprobium, in nobis patitur lex Christiana maledictum. De nobis enim dicitur illud quod supra diximus: Ecce quales sunt qui Christum colunt.

Übersetzung

Weil das so ist, erscheint es nur natürlich, daß wir uns mit dem besonderen Vorrecht aus unserem Christentum brüsten können. Wir handeln und leben [jedoch] so, daß wir genau deshalb, weil wir Christen heißen, eine Beschimpfung für Christus darstellen. Aber andererseits: was gibt es zu dem von uns Gesagten Vergleichbares? Was kann man denn etwa von den Hunnen sagen? Schau: wie sehen sie aus, von denen man sagt, sie seien Christen? Was etwa von den Sachsen und Franken? Schau, was tun die [von ihnen], die für sich in Anspruch nehmen, sie verehrten Christus? Erhebt man etwa ein Schuldvorwurf gegen das unantastbar-heilige Gesetz, weil die Sitten der Mauren roh sind? Führen etwa die unmenschlichen Bräuche der Skythen oder Gepiden zur Verfluchung und Lästerung des Namens unseres Herren und Heilandes? Kann man vielleicht etwas über irgendwelche von denen sagen? Wo ist das katholische Gesetz, an das sie glauben? Wo sind die Gebote von Frömmigkeit und Sittenreinheit, die sie erlernen? Sie lesen die Evangelien und sind [doch] schamlos. Sie hören die Apostel und betrinken sich. Sie schließen sich Christus an – und rauben. Sie führen ein Leben der Untugend und behaupten, sie hätten ein Gesetz der Anständigkeit. Kann man dies etwa [nur] von irgendeinem dieser Völker sagen? Nein, auf keinen Fall. Denn alles das sagt man [auch und gerade] von uns [Römern]. Bei uns leidet Christus Schimpf, bei uns leidet das christliche Gesetz Lästerung. Über uns nämlich sagt man jenes, wovon wir oben gesprochen haben. Schau, was sind das für Leute, die Christus verehren?

Erläuterung

Der Text spielt auf Missionserfolge unter verschiedenen Barbarenvölkern an: Hunnen, Sachsen, Franken, Mauren, Skythen, Gepiden. Unter den Aussagen, die von den Christen in diesen Stämmen gemacht werden, erscheint auch, daß sie die Evangelien läsen. Das war – schon mangels Bibelübersetzung in die jeweilige Sprache – gewiß nicht allen von ihnen möglich. Aber für Gepiden und Skythen, die – am Ende der Völkeraufzählung genannt und damit am nächsten zu der Angabe *»Evangelia legunt«* plaziert – stimmt, was wir aus anderen, verläßlicheren Quellen wissen: die Gepiden konnten die Ulfilabibel benutzen, weil deren Sprache auch die ihre war, und für christliche Texte im Gebrauch der Dobrudscha-Skythen gibt es weitere Anhalte (s. o. Nr. 9; 10; 13). Dagegen macht es für die Mitte des 5. Jh.s Schwierigkeiten, sich Sachsen, Franken und Mauren bei der Lektüre der Evangelien vorzustellen.

Zu großer Vorsicht bei der Auslegung unserer Stelle mahnt freilich der literarische Kontext. Der Verfasser benutzt, um seinen Lesern die Leviten zu lesen, einen Kunstgriff. Den Widerspruch zwischen dem Glauben, zu dem einer sich bekennt, und dem Leben, das er lebt, macht Salvian an Barbarenvölkern augenfällig: in ihren Reihen hätten viele sich bekehren lassen, ohne ihre rohen Sitten abzustreifen. Dabei kann Salvian auf Zustimmung seiner römischen, zivilisierten Leser rechnen, denen es nicht schwerfiel, den Splitter im Auge von ungeschlachteten Barbaren zu entdecken. Aber dann wird der Spieß umgedreht: die Diskrepanz zwischen Glauben und Leben gelte für alle Christen, auch die nichtbarbarischen, zivilisierten. Der für uns wichtige Satz, es gebe christliche Barbaren, die in den Evangelien läsen und doch schamlos lebten, wurde also, wohlgemerkt, in der Absicht aufgenommen, ihn den römischen Christen als Spiegel vorzuhalten. Salvian hätte ihn aber kaum formuliert, wenn er nicht von barbarensprachigen Bibeltexten und zwar am ehesten wohl bei Gepiden und Skythen gehört hätte.

Zu den Ansichten des Verf. über Barbarenvölker s. Andreas Schaefer: Römer und Germanen bei Salvian. Diss. phil. Breslau 1930.

Nr. 13

Walahfrid Strabo (gest. 849), 829 Erzieher Karls des Kahlen, a. 830-840/41 Abt der Reichenau, verfaßte einen Libellus de exordiis et incrementis rerum ecclesiasticarum in: Monumenta Germaniae historica. Legum sect. II t. II hg. Alfred Boretius/Viktor Krause. Hannover 1897.

Bei Erwägungen über die deutsche Sprache stellt der Verf. in Kap. 7 S. 418f. fest, manche ihrer Wörter stammten aus dem Lateinischen, das in einigen Fällen wiederum aus dem Griechischen entlehnt habe. Einiges sei unmittelbar aus dem Griechischen ins Deutsche gelangt (Nur zum Teil sind seine Vokabelstammbäume richtig angesetzt).

Si autem quaeritur, qua occasione ad nos vestigia haec Grecitatis advenerint, dicendum et barbaros in Romana republica militasse et multos praedicatorum Grecae et Latinae locutionis peritos inter has bestias cum erroribus pugnaturos venisse et eis pro causis multa nostros, quae prius non noverant, utilia didicisse, praecipueque a Gothis, qui et Getae, cum eo tempore, quo ad fidem Christi, licet non recto itinere, perducti sunt, in Grecorum provinciis commorantes nostrum, id est Theotiscum, sermonem habuerint et, ut historiae testantur, postmodum studiosi illus gentis divinos libros in suae locutionis proprietatem transtulerint, quorum adhuc monumenta aud nonnullos habentur; et fidelium fratrum relatione didicimus apud quasdam Scytharum gentes, maxime Thomitanos, eadem locutione divina hactenus celebrari officia. Hae autem permistio-

nes et translationes verborum in omnibus linguis tam multiplices sunt, ut propria singularum iam non sint paene plura, quam cum aliis communia vel ab aliis translata.

Übersetzung

Fragt man aber, bei welcher Gelegenheit diese Spuren des Griechentums zu uns gelangt sind, so ist zu sagen, daß im römischen Staat auch Barbaren Kriegsdienste leisteten und daß viele Prediger, die der griechischen und lateinischen Sprache kundig waren, sich unter die hiesigen Bestien begaben, um mit ihren Irrtümern zu kämpfen. Aus diesen Gründen haben die Unseren viele nützliche Dinge gelernt, die ihnen vorher unbekannt waren: besonders von den (auch Geten genannten) Goten. Denn zu dem Zeitpunkt, als diese zum Glauben Christi – wenn auch nicht auf dem richtigen Wege – geführt wurden und sich in den Provinzen der Griechen aufhielten, gebrauchten sie unsere, also die deutsche Sprache. Später haben, wie Werke der Geschichtsschreibung bezeugen, Gelehrte dieses Volkes die heiligen Schriften in ihre Muttersprache übersetzt. Davon gibt es bei einigen Leuten jetzt noch Denkmale. Und aus dem Bericht von gläubigen Brüdern haben wir gelernt, daß bei einigen skythischen Völkerschaften, vor allem unter den Bewohnern der Stadt Tomi, Gottesdienste in derselben Sprache noch immer gefeiert werden.

Diese Einmischungen und Übersetzungen von Wörtern sind in allen Sprachen so vielfältig, daß der Wortbestand, der nur der jeweiligen Sprache eignet, beinahe zahlenschwächer ist als diejenigen Vokabeln, die eine Sprache mit anderen gemein hat oder die aus anderen Sprachen übersetzt sind.

Erläuterung

Der Passus über Skythien beruht auf einer Nachricht, zu der Walahfrid bei Hofe, aber auch anderswo, etwa auf der Reichenau, gelangt sein mag. Als Informanten werden *fideles fratres* genannt. Hier wird *fidelis* kaum »rechtgläubig« bedeuten und die Gewährsleute vor dem Verdachte schützen, sie seien arianische Ketzer gewesen. Denn die Information berührt ja nicht das Dogma. So will der Zusatz *fideles* wohl bloß eindeutig machen, daß mit *fratres* Mönche gemeint sind. Der Stelle wird man nicht entnehmen dürfen, Walahfrid habe, wie er berichtet, unmittelbar von Augenzeugen der Gottesdienstpraxis in Tomi erfahren. Daß hier sehr wohl eine Nachricht aus dritter Hand vorliegen kann, ist für die Interpretation wichtig.

Mit Recht nimmt die Forschung an, diese kostbare Quellenstelle bezeuge, die vom Ulfila im 4. Jh. gestiftete Kultustradition mit gotischer Kirchensprache habe sich in der Dobrudscha bis ins 9. Jh. gehalten. Das ist erstaunlich, da die Verwüstung durch die Awaren dieses Gebiet schwer und namentlich in seinen Städten anhaltend traf. Ja, die oströmische Herrschaft lief hier nach dem Zeugnis der Münzfunde offenbar im 7. Jh. aus, s. Vulpe: Hist. anc. de la Dobr. S. 376; 383-386. Für das 8. Jh. scheint allenfalls in Frage zu kommen, daß die Byzantiner einzelne wiederhergestellte (oder neuerrichtete) Stützpunkte unterhielten und so zumindest punktuell und zeitweilig präsent blieben, s. Aurelian Petre: Byzance et Scythie Mineure au VII siècle. In: Revue des Études Sud-Est Européennes 19 (1981) S. 555-568. Offenbar blieb die Dobrudscha von einem festeren Zugriff des heidnischen Bulgarenreiches vorerst verschont. Als Walahfrid schrieb, war das altehrwürdige Christentum der Dobrudscha wohl schon dem Ansturm heidnischer Bulgaren erlegen.

Nicht stutzig gemacht hat bisher, daß jene Gottesdienste, die – namentlich in Tomi – »auf Deutsch« (zu verstehen als: »in ostgermanischer Sprache«) stattfanden, von »gewissen Skythenstämmen« gefeiert worden sein. Daß die Goten und die ihm gleichfalls geläufigen Gepiden als »Ostvölker« (*Scytharum gentes*) eingestuft werden, wäre leicht vorstellbar, wenn es sich um einen byzantinischen Autor handelte, für den auch die Ostgermanen eine unverständliche, exotische Sprache gebrauchten, s. u. a. F. Zucker: Germanen im römischen und byzantinischen Ägypten. In: Geistige Arbeit 6 Nr. 13 (1939) S. 3-5. Würde man dagegen »gewisse skythische Stämme« als nichtgermanische Barbarenvölker auffassen, dann ergäbe sich die gänzlich unwahrscheinliche Behauptung, diese hätten sich des Gotischen als Kirchensprache bedient. Ein glaubhafter Sinn schält sich erst heraus, wenn man eine Vermutung wagt, welche Nachrichten zu Walahfrid gelangten und wie dieser damit umging.

Er wird von gotischen Gottesdiensten in Tomi gehört haben, die er mit Hilfe seiner sonstigen Kenntnisse historisch richtig einzuordnen wußte. Aber bei gleicher Gelegenheit mag er auch, ebenfalls vor allem für Tomi, von einem muttersprachlichem Kultus *apud Scytharum gentes* Kunde erhalten haben. In erster Linie wird man dabei an die als Reitervölker in die Dobrudscha gelangten Skythen und Sarmaten denken. Sehr wohl könnten aber auch die altbodenständigen Geten mitgemeint gewesen sein. Denn es gibt Anhalte, daß im 4. Jh. christliche Texte in die Idiome ebendieser Völker übersetzt wurden [s. o. Nr. 3]. Vor diesem historischen Hintergrund freilich wußte Walahfrid begreiflicherweise nichts. So konnte – wenn unser Versuch einer Klärung uns nicht in die Irre geführt hat – der ostfränkische Autor, den die Information über mehrere Parallelstränge von barbarensprachlichen Gottesdiensttraditionen in Kleinskythien verwirrten, sich an den einzigen Strang in diesem Bündel halten, der ihm von anderswo bekannt war. Diesem, nämlich dem gotischen, werden die übrigen Stränge zugeordnet. Für ein lang durchgehaltenes, vermutlich auf der Verwendung der Muttersprache als Kirchensprache basierendes ethnisches Eigenständigkeitsbewußtsein dürfte sprechen, daß ein Kosmograph wohl des 8. Jh.s, über den die Forschung viel gerätselt hat, sich *Aethicus Hister philosophus ... natione Schitica* bezeichnet, s. Kurt Smolak in: Miscellanea Bulgarica 5 (1987) S. 23–29.

Zu *theotiscus*, das hier »verwandt mit der ostfränkischen Sprache des Autors« bedeutet, s. Leo Weisgerber: Der Sinn des Wortes Deutsch. Göttingen 1949 S. 41-50.

D: Gottesdienstsprachen und bessische Mönche in Klöstern des Heiligen Landes

Nr. 14

Aus der Regel für Mar Saba, ein a. 478 gegründetes und noch heute bestehendes Kloster bei Jerusalem: verfaßt von seinem Gründer, dem heiligen Sabba (gest. 524), 1890 hg. von A. Dmitrievskij, übernommen von Ed. Kurtz in: Byzantinische Zeitschrift 3 (1894) S. 169 Z. 12-17. Zur textgeschichtlichen Problematik s. S. Vailké in: Échos d'Orient 2 (1898-99) S. 2-4. Zum Sabas-Kloster ders. ebd. S. 332-341; 3 (1899-1900) S. 18-28; 168-177.

Μὴ ἔχειν δὲ ἐξουσίαν μήτε τοὺς Ἴβηρας μήτε τοὺς Σύρους [ἢ τοὺς Φράγγους] λειτουργίαν τελείαν ποιεῖν ἐν ταῖς ἐκκλησίαις αὐτῶν, ἀλλὰ συναθροιζομένους ἐν αὐταῖς ψάλλειν τὰς ὥρας καὶ τὰ τυπικά, ἀναγινώσκειν δὲ τὸν Ἀπόστολον καὶ τὸ Εὐαγγέλιον τῇ ἰδίᾳ διαλέκτῳ καὶ μετὰ ταῦτα εἰσέρχεσθαι εἰς τὴν μεγάλην ἐκκλησίαν καὶ μεταλαμβάνειν μετα πάσης τῆς ἀδελφότητος τῶν θείων καὶ ἀχράντων καὶ ζωοποιῶν μυστηρίων.

Übersetzung

Den Iberern (= Georgiern), den Syrern und den Franken ist nicht gestattet, den ganzen Gottesdienst in ihren eigenen Kirchen zu halten. Vielmehr sollen sie sich dort nur versammeln, um in ihrer Sprache die Horen zu singen und die Perikopen aus dem Evangelium und den Episteln des Apostels [Paulus] zu lesen. Anschließend sollen sie in die Hauptkirche kommen, um zusammen mit allen Brüdern an den makellosen, lebenspendenden Mysterien [= den zentralen Stücken der Meßliturgie] teilzunehmen.

Erläuterung

In einer Ende des 5.Jh.s für ein Kloster in Palästina erlassenen Ordnung geben fränkische Mönche keinen Sinn. Ihre Erwähnung wurde – wohl als Sammelbezeichnung für »Westeuropäer« – erst später eingefügt. Wenn die Franken in der vorliegenden Liste ein anderes Volk abgelöst haben, dessen Nennung sich mittlerweile erübrigt hatte, weil es in Mar Saba keine Mönche mehr stellte, kommen für den ursprünglichen Text außer Armeniern auch Bessen in Frage.

Nr. 15

Aus dem Lobpreis des Heiligen Theodosios (gest. 529), verfaßt von seinem Schüler Theodoros von Petra, s. Der heilige Theodosios. Schriften des Theodorus und Kyrillos, hg. von Hermann Usener. Textverbesserung durch Karl Krumbacher bezogen sich nicht auf die folgenden Auszüge. Den »Lobpreis« übersetzte A.-J.Festugière in: Les Moines d'Orient Bd. III/2. Paris 1963 S. 9-147.

Das Kloster wurde nach und nach durch neue Gebäude erweitert. Es gab dort Werkstätten für die verschiedensten Handwerke, die den Mönchen mit allem Notwendigen versorgen, und Unterkünfte für Freunde: für Mänchs- und Laienpilger sowie für Bettler. Theodosios sorgte dafür, daß Blinde, Gebrechliche und Pilger jeden erforderlichen Beistand erhielten, auch vom Wahn Besessene, ja er nahm sich dieser Gruppe persönlich an. Täglich waren rund hundert Tische gedeckt, und Bedürftige erhielten auch Kleider. Nach Kap. 18 (ed. Usener S. 44 Z. 15-45 Z. 4) wurden regelmäßig Gottesdienste in verschiedenen Sprachen gehalten.

Kap. 18 ed. Usener S. 44f.:

ἀλλὰ σμικρὰ ταῦτα καί περ ὄντα τοιαῦτα πρὸς τὴν ἑξῆς τῶν κατορθωμάτων ἀφήγησιν. τίς γὰρ ἀκούων τῆς νύκτωρ τε καὶ μεθ' ἡμέραν ἀναπεμπομένης ἐνταῦθα τῷ δεσπότῃ τῶν ὅλων ἀγγελικῆς ψαλμῳδίας καὶ ταύτης ἐν ἑτέραις γλώσσαις οὐκ εὐφρανθήσεται τὰ ὦτα καὶ τὸν νοῦν ἁγιασθήσεται καὶ πρὸς δοξολογίαν τοῦ ποιητοῦ τῶν ἁπάντων κινηθήσεται | τοῦ καὶ ταῦτα οὕτως b διὰ τοῦ μακαρίου τούτου γενέσθαι εὐδοκήσαντος; ὥςπερ γὰρ ἐπὶ λύρας τῷ ἀμοιβαίῳ κρούματι τὸ διάφορον τῶν φωνῶν ἕλκεται παραδόξῳ ῥυθμῷ, οὕτω κἀνταῦθα τῷ διαφόρῳ τῶν γλωσσῶν τέλειός τις ἀπαρτίζεται ποικιλλόμενος ὕμνος· ὁ γὰρ σοφίᾳ μᾶλλον κεκοσμημένος ἢ ὁ Βεσελεὴλ ἐκεῖνος ὁ τῆς θείας ἀρχιτέκτων σκηνῆς, ὅσον ἐκεῖ μὲν σωματικὴ καὶ σκιώδης, ἐνταῦθα δὲ πνευματικὴ καὶ ἀληθινὴ τῷ δεσπότῃ τῶν ὅλων προσάγεται λατρεία, τέσσαρας ἔνδον τοῦ μοναστηρίου κατεσκεύασεν ἐκκλησίας· μίαν μὲν ἐν ᾗ Ἑλληνίδι φωνῇ πατέρων πλῆθος ἰδιαζόντως τὴν τῆς αἰνέσεως, καθὰ γέγραπται, θύει τῷ θεῷ θυσίαν· ἑτέραν δὲ ἔνθα κατὰ τὴν οἰκείαν γλῶσσαν γένος Βεσσῶν τῷ ὑψίστῳ τὰς εὐχὰς ἀποδίδωσιν· ἄλλην δὲ καθ' ἣν Ἀρμένιοι τῆς ὑμνῳδίας διὰ παντὸς ἐχόμενοι ἰδίᾳ φωνῇ τῷ κοινῷ δεσπότῃ ταύτην προσάγουσιν· ἑτέραν δὲ ἐν ᾗ οἱ ὑπὸ τοῦ μιαροῦ δαίμονος στρεβλούμενοι ἀδελφοί, ὧν φθάσαντες μνήμην πεποιήμεθα, τὴν εὐχαριστίαν ἅμα τοῖς διακονεῖν αὐτοῖς ἀφιερωμένοις τῷ σωτῆρι προσάγουσι Χριστῷ τάχα που μόνον εἰς τοῦτο νήφοντες εἰς ὃ καὶ γεγόνασιν. οὕτω μὲν οὖν ἐν ταύταις ὁ ἱερὸς τῆς ψαλμῳδίας ἐπιτελεῖται κανὼν ἑπτάκις τῆς ἡμέρας, τὸ δὴ λεγόμενον, τὸν πάσης κτίσεως αἰνούντων ποιητήν. εἰς δὲ τὴν τῆς ἁγίας κοινωνίας σύναξιν τὴν τῆς λειτουργίας ἀκολουθίαν ἀπ' ἀρχῆς ἄχρι τῆς τῶν θείων εὐαγγελίων ἀναγνώσεως ἐν τῇ οἰκείᾳ τούτων ἕκαστοι ἁγίᾳ ποιούμενοι ἐκκλησίᾳ, οὕτως ἅπαντες πλὴν τῶν δαιμονώντων ἀδελφῶν κατὰ τὴν μεγάλην τῶν Ἑλληνισταρίων συναθροίζονται ἐκκλησίαν κἀκεῖσε τῶν θείων Χριστοῦ τοῦ θεοῦ ἡμῶν μέτοχοι γίνονται μυστηρίων.

Übersetzung

All dies [erscheint], so wertvoll es ist, gering im Vergleich mit dem, was nun von den Taten [des Heiligen] zu berichten ist. Wem wohl, wenn er die engelgleiche Psalmodie hört, welche hier bei Nacht und bei Tag – und das in verschiedenen Sprachen – zum Herrn des Alls emporgeschickt wird; wem werden nicht die Ohren erfreut und der Geist geheiligt werden? Wird er nicht zum Lobpreis des Schöpfers aller Dinge bewegt werden, der es gut fand, daß auch dieses so durch diesen Heiligen eintrat? Denn gerade wie auf einer Leier durch den wechselnden Anschlag der Unterschied der Töne in unglaublicher Abgestimmtheit dahingezogen wird [= dahinfließt], so fügt sich auch hier aus der Unterschiedlichkeit der Sprachen eine Art von vollkommenem, bunttönenden Hymnus zusammen. Denn wer war mit Weisheit mehr ausgezeichnet als jener Beseleel [= Bezaleel], der Baumeister des göttlichen Zeltes [nach dem 2. Buch Mose 31, 1-39, 42]. Und in dem Maße, wie dort nur körperliche und schattenhafte Dienstleistung dem Herrn des Alls zugeführt wird, so hier im Geiste und in der Wahrheit. Er [Theodosios] errichtete innerhalb des Klosters vier Kirchen: die eine, in der die Menge der Patres Gott in griechischer Sprache auf besondere Weise das Lobopfer darbringt, wie [im Psalm 50, 14] geschrieben steht. Eine andere aber [erbaute er], wo das Bessenvolk nach seiner eigenen Zunge dem Höchsten seine Gebete darbringt. Eine weitere [Kirche errichtete er], in deren Bereich Armenier, die ganze Zeit unablässig mit Hymnengesang beschäftigt, in ihrer eigenen Sprache dem gemeinsamen Herren diese [Sprache] zuführen. Eine weitere aber [erbaute er], in der die von dem unreinen Dämon verdrehten Brüder, die wir zuvor schon erwähnt haben, ihre Dankbarkeit Christus, dem Retter darbringen: zusammen mit den Brüdern, die ihnen zur Betreuung geweiht waren. Vielleicht sind sie [die Verdrehten] gewissermaßen nur zu diesem Zweck nüchtern, für den sie [ja] auch geboren sind. So wird also in diesen [Kirchen] siebenmal täglich die heilige Regel der Psalmodie, wie sie denn [in Offenbarung Johannis 6,13] genannt wird von denen erfüllt, welche den Schöpfer der ganzen Weltgründung preisen. Für die Versammlung der heiligen Gemeinschaft feiern sie die Abfolge der Liturgie vom Anfang bis zur Lesung der heiligen Evangelien jeweils in der ihrer Gruppe eigenen Kirche. So [= Dann] versammeln sich alle außer den besessenen Brüdern in der großen Kirche der auf Griechisch Feiernden und werden dort der göttlichen Mysterien Christi, unseres Gottes, teilhaftig.

Nr. 16

Ein Pilger aus Piacenza, den man früher fälschlich mit dem Heiligen Antonius von Piacenza gleichsetzte, verfaßte einen Bericht über seine zwischen a. 560 und a. 570 unternommene Wallfahrt ins Heilige Land, s. Celestina Milani: Itinerarium Antonini Placentini. Un viaggio in Terra Santa 560-570 d. C. Mailand 1977. Die von bessischen Mönchen am Sinai zeugende Textstelle lautet in einer Hschr. der holprigen und verderbten überlieferten Recensio prior, Kap. 4, S. 204:

1 Qui perambulantibus per heremum, octaba decima die venimus ad locum, ubi Moyses de petra eduxit aquas. Et exinde alia die devenimus ad montem Dei Chorep.
2 Et inde moventes ut ascenderemus Sina, et ecce multitudo monachorum et heremitarum innumerabilibus cum crucis psallentes obviaverunt nobis, qui prostrati in terra adoraverunt nos, simili modo et nos facientes flentes.
3 Et introduxerunt nos in vallem inter Choreph et Sina, ad cuius pedis montis est fons illa, ubi Moises vidit signum rubi ardentes, in quo et oves adaquavit.
muros munitis, in quo sunt tres abbatis scientes linguas, hoc est latinas et
4 Quae fons inclausa est intra monasterium; qui monasterius circumdatus gregas, syphus et egiptias, bessus, vel multi interpretes singulorum linguarum. In quo sunt condita monachorum.

(In einer jüngeren Version, die unter Einfluß der karolingischen Renaissance das Latein der Rec. prior glättet, heißt es in Absch. 4 u.a. *bessam* statt *bessus*, ebd. S. 205).

1 Nachdem wir durch Wüste gewandert waren, kamen wir am achten Tage an dem Ort, an dem Mose aus Felsen Wasser herausgeholt hatte. Von dort gelangten wir am nächsten Tage zum Gottesberg Horeb.

2 Von dort brachen wir auf, um den Sinai zu besteigen. Dort trafen wir auf eine Menge Mönche und Einsiedler, die uns mit zahlreichen Kreuzen und Psalmen singend entgegenkamen. Sie fielen uns zur Erde und beteten uns an [= begrüßten uns betend]. Auf ähnliche Weise brachten sie auch uns zum Weinen.
3 Sie führten uns in das Tal zwischen dem Horeb und dem Berge Sinai. An seinem Fuß ist die Quelle, wo Moses das Zeichen des brennenden Busches erblickte und aus der er seine Schafe tränkte.
4 Diese Quelle ist in ein Kloster eingeschlossen, das von wehrhaften Mauern umgeben ist. In dem Kloster gibt es drei Äbte, die folgende Sprachen kennen: Latein, Griechisch, Syphisch [= Syrisch], Ägyptisch und Bessisch. Außerdem gibt es viele Dolmetscher für die einzelnen Sprachen. Hier [innerhalb der Klostermauern] finden sich die Mönchszellen.

Nr. 17

Eine Handschrift der Biblioteca Ambrosiana in Mailand, von der Teile dem 12. Jh. entstammen, findet sich ein Stück aus dem Neuen Testament in fünf parallelen Kolumnen dargeboten: äthiopisch, syrisch, koptisch, arabisch, armenisch. Nach Auskunft von Alexander Böhlig handelt es sich um dem Schluß des Galaterbriefs. Liturgische Erläuterungen, die nur auf arabisch und syrisch folgen, lassen erkennen, daß der Text für die gottesdienstliche Verwendung gedacht war. Vermutlich wurde die Epistel auf koptisch verlesen. Die Parallelversionen gaben Gastmönchen und solchen Klostermitgliedern, denen Koptisch nicht oder nicht gründlicher vertraut war, die Möglichkeit, der Lesung verstehend zu folgen. Die Erläuterungen setzen voraus, daß in der Klostergemeinschaft Arabisch und Syrisch die geläufigsten Umgangssprachen waren. Dazu M. Hugh G. Evelyn White: The monasteries of the Wādi 'n Natrūn Teil 2 New York 1932, Neudruck 1973, Tafel VIII. Über diese Klöster s. auch Ch. Martin in: Nouvelle Revue Théologique 62 (1935) S. 113-134; 238-252.

Mehrsprachige Texte der vorliegenden Art, von denen sich noch weitere in den Klöstern der gleichen Gegend Ägyptens gefunden haben, waren vermutlich für Mönche aus anderen Völkern bestimmt, die namentlich an Festtagen in großer Zahl zu den Gottesdiensten kamen. Diese fanden in koptischer Sprache statt, aber Texte wie der vorliegende ermöglichten es, den Gästen mitlesend zu verstehen, was koptisch gesprochen und gesungen wurde. Malt man sich aus, wo Texte in bessischer Sprache erhalten geblieben sein könnten, ist auch an derartige Parallelversionen zum liturgischen Gebrauch in Klöstern des Heiligen Landes zu denken.

E: Der Eintritt der Albaner in die byzantinische Überlieferung

Nr. 18

Ein hoher byzantinischer Beamter, Michael Attaleiates, verfaßte a. 1079/80 ein Geschichtswerk über die Jahre 1034-1079 s. Michaelis Attaliotae historia, hg. W. Brunet überarbeitet von Immanuel Bekker. Bonn 1853. = Corpus scriptorum historiae Byzantinae Bd. 49. Zum Autor s. Moravcsik: Byzantinoturcica I. Die byzantinischen Quellen der Geschichte der Türkvölker. 2Berlin 1958 S. 427-429.
Von Attaleiates S. 8f. werden erstmals Albaner, und zwar als Soldaten unter dem Kommando des Michael Dokeianos, erwähnt, der a. 1038-40 in Sizilien den Oberbefehl im Kampf gegen die Araber führte. Daß der Autor hier von *Albanoi* und nicht, wie in den beiden folgenden Texten, von *Arbanitai* spricht, bedeutet keinen Unterschied in der Sache, sondern erklärt sich – bei einem klassizistisch schreibenden Autor kaum erstaunlich – als Rückgriff auf die von Ptolemaios verwendete »klassische« Form. Daß neuere Deutungen, die hier mit Italienern aus den Albanerbergen bei Rom oder mit Normannen aus Albany in England rechnen, abwegig sind, zeigt Ducellier in seinem: L'Albanie entre Byz. et Venise S. 299-306. Zum historischen Hintergrund s. Vera von Falkenhausen: Untersuchungen über die byzantinische Herrschaft in Süditalien vom 9. bis ins 11. Jahrhundert. Wiesbaden 1967 = Schriften zur Geistesgeschichte des östlichen Europa Bd. 1 S. 72f., 11f., 58, 61, 72, 91f., 186 zu G. Maniakes; 89; 186 zu M. Dokeianos; zu den langobardischen Fürstentümern S. 26, 34 und Index unter: Langobardia.

S. 8 *Ἄρτι τὰ Ῥωμαίων σκῆπτρα διέποντος τοῦ τῆς εὐσεβοῦς
λήξεως βασιλέως Μιχαήλ, ᾧ πατρὶς ἡ τῶν Παφλαγόνων ἐγ-
νωρίζετο ἐπαρχία, κατεπολεμήθη τὸ τῶν Ἀγαρηνῶν φῦλον*
S. 9 *πρὸς ἑσπέραν ἐν Σικελίᾳ ναυτικαῖς τε καὶ πεζικαῖς Ῥωμαίων
δυνάμεσι· καὶ εἰ μὴ διαβληθεὶς περὶ τυραννίδος ὁ τὴν στρα-
τηγίαν τῶν ὅλων ἐμπιστευθεὶς Γεώργιος ἐκεῖνος ὁ Μανιάκης
ἐκ μέσου γέγονε, καὶ ἄλλοις ἀνετέθη τὰ τοῦ πολέμου, κἂν
ὑπὸ Ῥωμαίοις ἐτέλει νυνὶ νῆσος οὕτω μεγάλη καὶ περιβόητος
καὶ πόλεσι περιεζωσμένη μεγίσταις καὶ τῶν ἄλλων χρηστῶν
οὐδενὸς ἀποδέουσα. νῦν δὲ ὁ φθόνος καὶ τὸν ἄνδρα καὶ τὰς
πράξεις καὶ τοσοῦτον κατειργάσατο ἔργον· αἰσχρῶς γὰρ καὶ
ἀγεννῶς βουλευσαμένων τῶν ὕστερον στρατηγῶν σὺν αὐτῇ
καὶ τὸ πλεῖστον τοῦ στρατεύματος ἀπολώλει Ῥωμαίοις. οὐ
μὴν δὲ ἀλλὰ καὶ οἵ ποτε σύμμαχοι καὶ τῆς ἰσοπολιτείας ἡμῖν
συμμετέχοντες, ὡς καὶ αὐτῆς τῆς θρησκείας, Ἀλβανοὶ καὶ
Λατῖνοι ὅσοι μετὰ τὴν ἑσπερίαν Ῥώμην τοῖς Ἰταλικοῖς πλη-
σιάζουσι μέρεσι, πολέμιοι παραλογώτατοι ἐχρημάτισαν ἐμπε-
παρῳνηκότος εἰς τὸν ἄρχοντα τούτων τοῦ τότε τὴν στρατη-
γίαν ἰθύνοντος Μιχαὴλ δουκὸς τοῦ Δοκειανοῦ.*

Übersetzung

Während gerade der [a. 1034] fromm verschiedene Kaiser Michael, als dessen Heimat die Provinz Paphlagonien bekannt war, das Szepter des rhomäischen [=byzantinischen] Reiches führte, wurde das Volk der Agarener [=Araber] im Westen, in Sizilien, durch die rhomäische See- und Landstreitkräfte niedergerungen.

Und wenn jener bekannte Georgios Maniakes, dem [a. 1038-40] das Gesamtkommando anvertraut war, nicht aufgrund der Verleumdung, er strebe nach der Herrschaft, beseitigt worden wäre, und nicht anderen die [Leitung] des Krieges übertragen worden wäre, dann stünde auch jetzt noch eine so große, berühmte, von sehr großen Städten umgürtete Insel, die keinerlei Mangel an anderen [= irgendwelchen] wertvollen Gütern leidet, unter der Herrschaft der Rhomäer. Jetzt aber hat die Mißgunst sowohl den Mann, als auch seine Maßnahmen, als auch ein so gewaltiges Werk [=die Rückeroberung von Sizilien] zunichte gemacht. Denn als die späteren Feldherren schändliche und unedle Planungsentscheidungen getroffen hatten, war für die Rhomäer mit ihr [=der Insel] auch der größte Teil des Heeres verloren. Leider geschah [das Unglück], daß [gerade] Leute, die einmal unsere Bundesgenossen und mit uns Teilhaber an den gleichen Bürgerrechten gewesen waren wie auch an der selben Religion, nämlich Albaner und alle Lateiner, die hinter dem westlichen Rom den italischen Regionen [unseres Reiches] benachbart sind, sich gegen alle Vernunft [oder: gänzlich unerwartet] zu Feinden entwikkelten, als Michael Dokeianos als Oberbefehlshaber wie im Rausch sein Kommando damals gegen [die Person von] deren Führer [statt gegen die Araber] richtete.

Erläuterung

Unter den im Schlußsatz genannten Lateinern sind Truppen aus den sog. langobardischen Fürstentümern Capua, Gaeta, Neapel, Benevent und Salerno südlich von Rom zu verstehen. Sie sahen sich damals durch erobernde Normannen bedroht und fühlten sich deshalb zu dieser Zeit besonders eng mit Byzanz verbunden. Zu der Möglichkeit, daß die Aussage über eine Kampf-, Rechts- und Religionsgemeinschaft, die den Schlußsatz einleitet, nur auf die Albaner und nicht zugleich auf die Lateiner zu beziehen ist, s. o. IV 2.

Albanoi statt der byzantinischen Regelform *Arbanitai*, die der Autor an einer späteren Textstelle (s. u. Nr. 20) verwendet, erklärt sich hier und in Nr. 19 als klassizistische Wiederbelebung der von dem antiken Geographen Ptolemaios erwähnten *Albanoi*.

Nr. 19

Das gleiche Geschichtswerk berichtet S. 18f.:

Εὐεργετικώτερος δὲ τοῦ προβεβασιλευκότος ὁ Μονομάχος ἀποδειχθείς, καὶ πάντας σχεδὸν βασιλικοῖς ἀξιώμασι καὶ δωρήμασι φιλοτίμοις ἀποσεμνύνας, ηγάθυνε τὸ ὑπήκοον· ἐξαίφνης δὲ νέφος ἐκ τῆς ἑσπέρας ἐγείρεται τετριγὸς καὶ ὀλέθριον καὶ πανωλεθρίαν αὐτῷ καὶ τῆς βασιλείας ἀπέλασιν ἀπειλοῦν, ἀνὴρ αἱμοχαρὴς καὶ γενναῖος, ὁ προμνημονευθεὶς Γεώργιος, ᾧ Μανιάκης ἐπώνυμον, ἐκ τῆς Ἰταλικῆς ἀρχῆς ἐπαναστὰς μετὰ τῶν ἐκεῖσε συνόντων στρατιωτῶν Ῥωμαίων καὶ Ἀλβανῶν, διὰ παρόρασιν τοῦ βασιλέως ἀνιαθεὶς καὶ προηγησαμένας ἔχθρας μετ' αὐτοῦ δεδιώς. καὶ τὰ μὲν λοιπὰ τῶν συναντησάντων στρατεύματα συνετάραξε καὶ κατέβαλε, πρὸ δύο δὲ τῆς Θεσσαλονίκης ἡμερῶν στρατοπεδευσάμενος περὶ δείλην ὀψίαν προσβάλλει τῷ μεγίστῳ βασιλικῷ στρατοπέδῳ·

Übersetzung

[Konstantin IX] Monomachos [a. 1042-55] zeigte sich noch wohltätiger als [Michael V.] sein Vorgänger auf dem Kaiserthron. Er zeichnete fast alle mit kaiserlichen Ehrungen und mit Geschenken aus, die dem Ehrgeiz schmeichelten, und erfreute die Untertanen. Plötzlich sammelt sich im Westen ein alarmierendes Gewölk und bedroht ihn mit gänzlichem Untergang und Vertreibung vom Thron. Der schon früher erwähnte Georgios mit dem Beinamen Maniakes, ein blutdürstiger Kraftmensch, begann [a. 1043] vom italischen Reichsteil aus eine Erhebung mit den dort stehenden rhomäischen und albanischen Soldaten, weil ihm ein Mangel an Beachtung durch den Kaiser wehgetan hatte und er vor diesem aufgrund von früheren Feindseligkeiten Angst haben mußte. Und den Rest des Heeres, der sich ihm entgegenstellte, brachte er völlig durcheinander und warf ihn nieder. Nachdem er zwei Tagesmärsche vor Thessalonike sein Lager aufgeschlagen hatte, griff er gegen Abend das kaiserliche Lager an [Der Herausforderer wurde tödlich verwundet, sein Heer besiegt].

Nr. 20

Ein drittes Mal erwähnt das gleiche Werk im byzantinischen Kriegsdienst stehende Albaner auf S. 297 (zu a. 1078).

Ἐν ὅσῳ δὲ ταῦτα ἐπράττετο καὶ γαλήνη τις σταθηρὰ ἐκ τῶν τυράννων ὑπεσημαίνετο, ἕτερόν τι σκῶλον ἢ ζιζάνιον διαφθεῖραι τὸν σῖτον φιλονεικοῦν ἐκ τῆς Ἐπιδάμνου πόλεως ἀνεφύη καὶ διετάννυτο. ὁ γὰρ ἐκεῖσε ὑπὸ τοῦ προβεβασιλευκότος ἀποσταλεὶς δούξ, ὁ πρωτοπρόεδρος Βασιλάκης, μετὰ τὸ φθάσαι παρελθεῖν τὸν Βρυέννιον καὶ ἀπελθεῖν εἰς Ἀδριανούπολιν καταλαβὼν τὸ Δυρράχιον, στρατιὰν ἐκ πασῶν τῶν ἐπικειμένων ἐκεῖσε χωρῶν συνελέγετο, καὶ Φράγγους μεταπεμψάμενος ἐξ Ἰταλίας φιλοτίμοις δεξιώσεσι τῆς ἑαυτοῦ μερίδος καὶ συμμορίας ἐτίθετο δεξιῶς. ἤθροιζε γὰρ χρυσίον ἐκ πάσης αἰτίας καὶ τρόπου παρὰ τῶν πειθομένων καὶ καταδυναστευομένων αὐτῷ, καὶ κατάλογον θέμενος πρόφασιν ἐποιεῖτο τῆς τοιαύτης ὁπλίσεως τὴν κατὰ τοῦ Βρυεννίου ὡς ἀποστάτου ἐπίθεσιν. ἐπὰν δ' ἔγνω πολύ τι στρατόπεδον συναγηοχὼς καὶ ἀξιόμαχον δύναμιν (εἶχε γὰρ καὶ Ῥωμαίων πολλῶν στρατιωτικόν, Βουλγάρων τε καὶ Ἀρβανιτῶν, καὶ οἰκείους ὑπασπιστὰς οὐκ ὀλίγους), ἄρας ἐκεῖθεν πρὸς τὴν Θεσσαλονίκην ἠπείγετο.

Übersetzung

Als dieses [= der Tod des Mönches Michael, der die zivilen Angelegenheiten des Reiches leitete] geschah und sich allmählich eine beständige Windstille von seiten der Usurpatoren abzeichnete, bahnte sich eine andere Katastrophe an oder [anders gesagt]: sie breitete sich aus mit einem giftigen Unkraut, das darauf aus war, das Getreide zu verderben. [Die Gefahr kam] aus der Stadt Epidamnos [= Dyrrachion]. Der dorthin von letzten Kaiser geschickte Dux, der Protoprohedros Basiliakes, nahm, nachdem es ihm gelungen war, Bryennios auszuweichen und nach Adrianopel abzuziehen, Dyrrachion und sammelte dort aus allen benachbarten Gegenden ein Heer. Indem er mit ehrenvollen Geschenken für seine Seite warb, ließ er Franken aus Italien in sein Gebiet kommen und versuchte sie auf seiner Seite einzusetzen. Er trieb auch mit jeglicher Begründung und auf jede Weise Geld von jenen ein, die ihm gehorchten und unterstanden, legte eine Liste an und schützte für eine solche Rüstung vor, er wolle Bryennios als Abtrünnigen angreifen. Nachdem er sich vergewissert hatte, daß er ein großes Heer und eine kampfstarke Streitmacht – bestehend aus vielen Rhomäern [= Byzantinern], Bulgaren und Arbaniten [= Albanern] sowie aus eigenen Soldaten – beieinander hatte, brach er von dort auf und eilte nach Thessalonike.

Erläuterung

Albaner im Heere des Aufrührers Nikephoros Basiliakes a. 1078 werden auch in einer anderen Quelle erwähnt, s. Eudoxos Th. Tsolakis: Hē synecheia tēs chronographias tu Ioannu Skylitsē [Ioannes Skylitzes continuatus]. Thessalonike 1968 = Hetaireia makedonikōn spondōn (Hg) Bd. 105 S. 182 Z. 20.

F: Alphabete

Nr. 21 Die koptische Schrift

In Ägypten verwendeten die Christen zunächst Griechisch als Kirchensprache. Dabei blieb es namentlich in Alexandrien, wo Griechisch zugleich die herrschende Umgangssprache war. In Oberägypten, das am wenigsten von griechischer Kultur durchdrungen war, erhoben Christen in der 2. Hälfte des 3. Jh.s dortige Regionaldialekte zu vollen Kirchensprachen. Entsprechendes geschah bald auch in Unterägypten. Das dabei verwendete Alphabet übernahm 26 Buchstaben aus der griechischen Schrift und fügte für die speziell ägyptischen Sonderlaute 7 Zeichen hinzu, die der demotischen Schrift, einer landesüblichen Kursive für ägyptische Texte, entstammten. Bis auf *f*, das in der Buchstaben- und Ziffernfolge für ein griechisches Zahlzeichen ohne Lautwert eintrat, wurden die ägyptischen Sonderzeichen in der Alphabetanordnung ohne Sekundärfunktionen als Ziffern an den griechischen Zeichenbestand angehängt:

Zahlenwert	Lautwert	Name	Koptisch	Demotisch	Hieroglyphen
–	*š*	*šāj*	ϣ		
90	*f*	*fāj*	ϥ		
–	*ḫ*	*ḫāj*	ϧ		
–	*h*	*hōri*	ϩ		
–	*ǧ*	*ǧanǧa*	ϫ		
–	*(g, č) š*	*šima*	ϭ		
–	*ti*	*dīj*	ϯ		

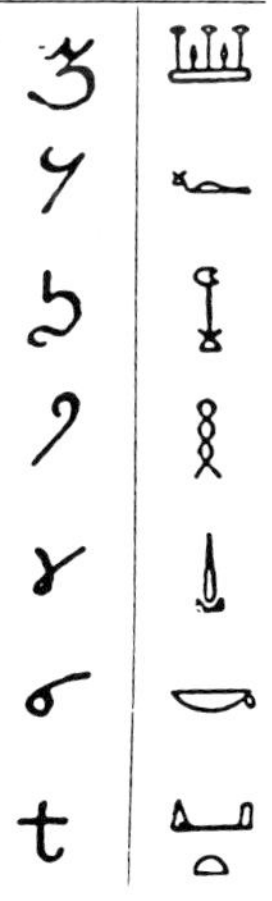

Dazu Siegfried Morenz in: Handbuch der Orientalistik Bd. I/1. Leiden 1959 S. 91f.

Nr. 22
Zugrunde liegt folgendes Alphabet:

Zahlenwert	Lautwert	Gotische Unziale	Vorbild	Schriftart des Vorbildes	Zahlenwert	Lautwert	Gotische Unziale	Vorbild	Schriftart des Vorbildes
1	*a*	𐌰	α	gr.	60	*j*	𐌾	G	lat.
2	*b*	𐌱	B	gr.	70	*u*	𐌿	ᚢ	Run.
3	*g*	𐌲	Γ	gr.	80	*p*	𐍀	Π	gr.
4	*d*	𐌳	Δ	gr.	90	–	𐍁	Ϙ	gr.
5	*ē*	𐌴	Є	gr.	100	*r*	𐍂	R	lat.
6	*q*	𐌵	q	lat.	200	*s*	𐍃	S	lat.
7	*z*	𐌶	Z	gr.	300	*t*	𐍄	T	gr.
8	*h*	𐌷	h	lat.	400	*w*	𐍅	Y	gr.
9	*þ*	𐌸	Ψ	gr.	500	*f*	𐍆	F	lat.
10	*i*	𐌹	I	gr.	600	*χ*	𐍇	X	gr.
20	*k*	𐌺	K	gr.	700	*hw*	𐍈	Θ	gr.
30	*l*	𐌻	λ	gr.	800	*ō*	𐍉	ᛟ	Run.
40	*m*	𐌼	M	gr.	900	–	𐍊	Ϡ	gr.
50	*n*	𐌽	N	gr.					

Wie die Textprobe (Nr. 23) folgt das Alphabetschema Haarmann: Universalgesch. S. 436; 433.

Entworfen wurde diese Schrift vom dem a. 341 zum Bischof von Gothien geweihten Westgoten Ulfila, der damit christliche Texte in seiner Muttersprache festhalten wollte. Als Grundstock dienten – wie bei der koptischen Schrift (s. o. Nr. 22) – griechische Buchstaben. Daneben verwendete Ulfila lateinische und runische Zeichen (s. o. Kap. II. 3. Anm. 81). Sehr wohl möglich, daß er sich das Schema der koptischen Schrift hatte erklären lassen und ihm darin folgt, daß er in seinem Alphabet Buchstaben aus unterschiedlichen Schreibtraditionen zusammenordnet. Wenn Ulfila für die Längen ē, ī, ō eigene Zeichen einführte, ā und ū aber graphisch mit a und u zusammenwarf, dann orientierte er sich am griechischen Alphabet, das auf dieselbe Weise inkonsequent verfuhr. Neu bei ihm ist, daß er seine griechische Hauptvorlage nicht nur dort ergänzt, wo sie zur Wiedergabe gotischer Laute nicht taugte, sondern in einzelnen Fällen ohne erkennbaren Grund Zeichen anderer Herkunft verwendete: etwa das *s* aus dem lateinischen Alphabet. Offenbar wollte Ulfila zum Ausdruck bringen, daß die gotisch-christliche Kultur sich zwar als Ableger der griechischen verstand, aber neben der griechischen Tradition auch lateinisches und germanisches Erbe hochhielt.

Nr. 23

Im Codex argenteus, der in Uppsala aufbewahrten wichtigsten gotischen Bibelhandschrift, sieht das Vaterunser so aus:

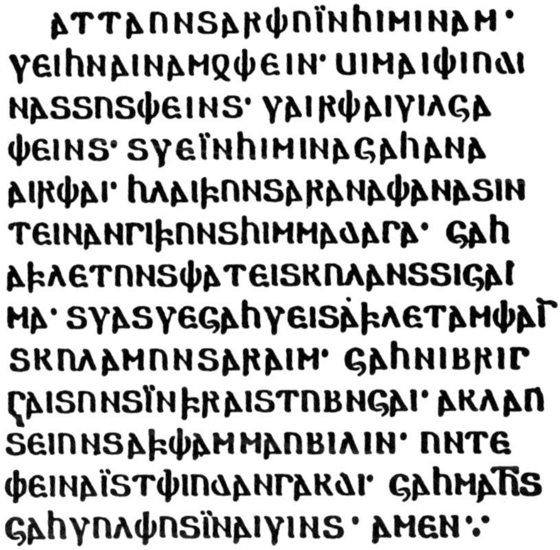

Die überlieferten, in gotischer Schrift abgefaßten Zeugnisse gehen durchweg auf Ostgoten des 6. Jh.s zurück. Bezeichnend für deren Sprachbestand war, daß *ai* und *au* dort monophthongiert und mit *e* und *o* zusammengefallen waren: was *ei* und *au* geschrieben wurde, ist also als *e* und *o* zu lesen, s. A. von Lee: Zur Aussprache der gotischen Digraphen *ei* und *au*. In: Festgabe für L. L. Hammerich. Kopenhagen 1962 S. 125-162. J. E. D'Alquen: Gothic *ai* and *au*. A possible solution. Den Haag ... 1974 = Janua linguarum. Series practica 151 stützt mit guten Gründen, daß Ulfila für *e*, das in seinem Westgotisch als eigenständiges, nicht mit *ai* zusammenfallendes Phonem erhalten geblieben war, ein (uns nicht erhaltenes) Zeichen einsetzte: am ehesten ein Abbild des griechischen Epsilon.

Da Niceta die – in kurzem Abstand von Remesiana entstandene – gotische Schrift mit aller Wahrscheinlichkeit gekannt hat, muß sie den Ausgangspunkt für alle Mutmaßungen über das bessische Alphabet bilden. Vom gotischen Vorbild wird er sich dadurch abgehoben haben, daß er statt des griechischen Sockels einen lateinischen wählte. Die für alle frühen christlichen Alphabetschöpfer typische Tendenz, zumindest beim Konsonantismus phonematische Genauigkeit anzustreben, dabei aber mit möglichst wenig Zeichen auszukommen, ist auch ihm zuzutrauen. Zur Sparsamkeit der Mittelverwendung könnte beigetragen haben, daß sich Niceta bei der Wiedergabe der Vokale an die lateinische Schreibtradition anschloß, die für die Lang- und Kurzvariante eines Vokals durchweg das gleiche Zeichen verwendete. Möglich aber auch, daß die bessische Sprachentwicklung den phonematischen Unterschied von Lang- und Kurzvokalen bereits eingeebnet hatte, so daß sich ein Wiedergabeproblem hier gar nicht erst stellte. Daß Ulfila vor allem für den Christusnamen ein eigenes, dem griechischen Alphabet entstammendes Zeichen *x* für den ungotischen Laut *ch* einführte, könnte Niceta sehr wohl zur Nachahmung angeregt haben. Eine Sekundärverwendung der Buchstaben als Zahlzeichen, die Ulfila nach griechischem Vorbild einführte, ist dagegen für Niceta kaum wahrscheinlich, weil die lateinische Schreibtradition diesen Zweitgebrauch nicht kennt, s. o. Kap. II. 4.

Nr. 24

Die albanische Todhrischrift

Unter den Albanern von Elbasan entdeckte Johann Georg v. Hahn den Gebrauch eines Alphabets, das er 1850 veröffentlichte. Die Schrift soll von dem gelehrten Kirchenmann Theodhor (Todhri) Haxhifilipi (um 1730-1805) aus Moschopolis importiert worden sein. Ja, er galt auch als Schöpfer dieses Zeichensystems, das noch bis Ende des 19. Jh. an mehreren Orten verwendet wurde (s. o. Kap. II.4.).

Hans Jenssen: Die Schrift in Vergangenheit und Gegenwart. [3]Berlin 1969 S. 494.

Als Schriftprobe Johannes 16, 1–10, übersetzt in den gegischen Dialekt des Albanischen:

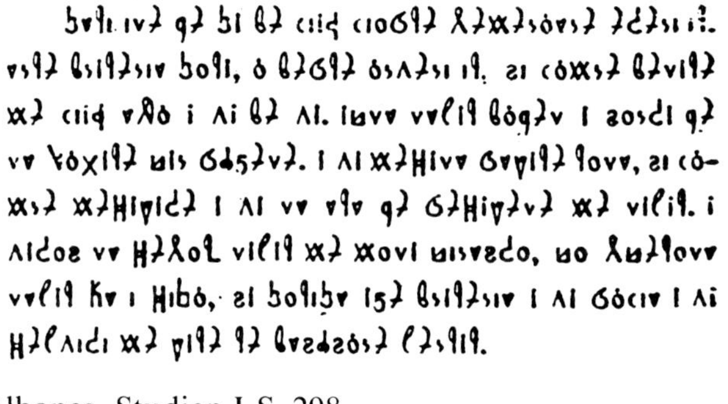

s. Hahn: Albanes. Studien I S. 298.

Die Todhri-Schrift reihte die Buchstaben in einer – von Hahn nur teilweise variabel angetroffenen – Weise und zeigte folgende Buchstabenformen:

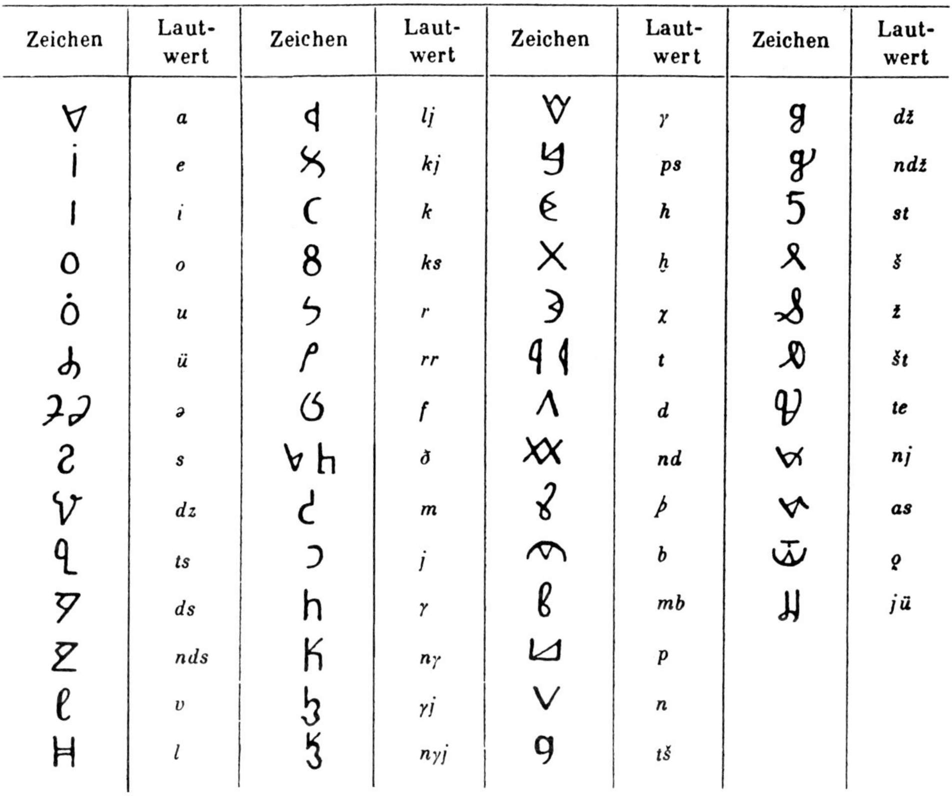

G: Albanien im Altertum (zu Kap. I.2)
Nr. 25

Die illyrischen Stämme der Antike und ihre Nachbarn

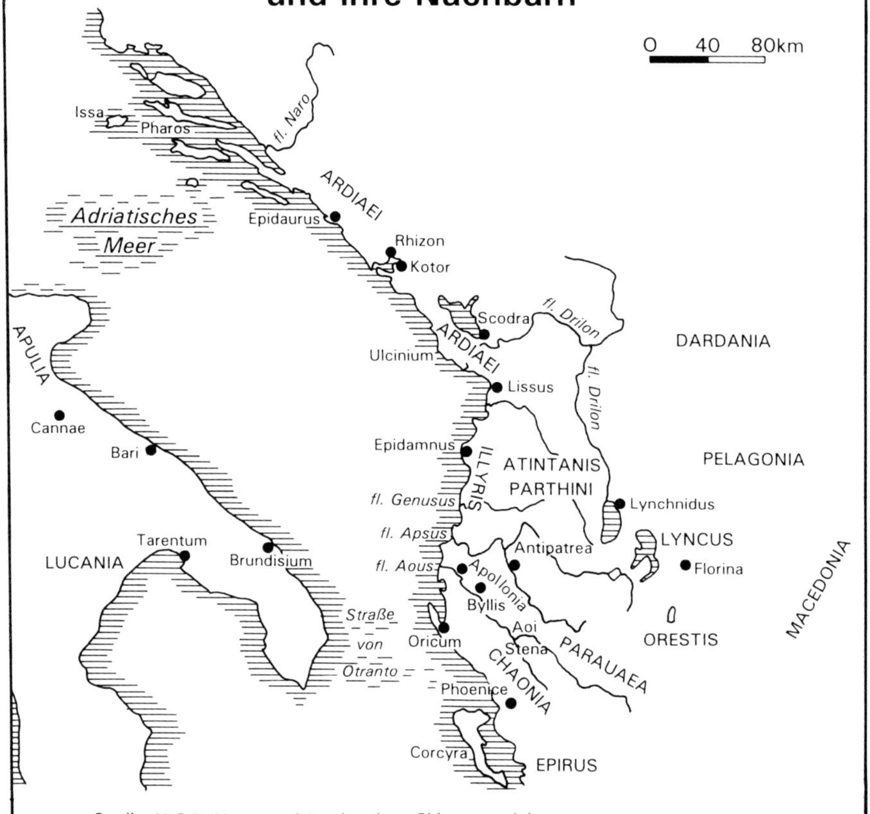

Quelle: N.G.L. Hammond (nach seiner Skizze gezeichnet von Helen Waugh) in: The Journal of Roman Studies 58 (1968) S.5.

Aus dem Zusammenschluß der Stämme am Ostufer der südlichen Adria und seinem Hinterland ging ein Königreich hervor, das a. 168 v. Chr. von den Römern unterworfen wurde. Für eine Reichsbildung im Vorland der hellenistischen Welt ist mit intensiven hellenischen Kultureinflüssen zu rechnen. Der schmale Bestand altgriechischer Lehnwörter im Albanischen stimmt dazu nicht. Dies spricht gegen die Annahme, die Albaner seien Nachfahren der Illyrer.

Nr. 26

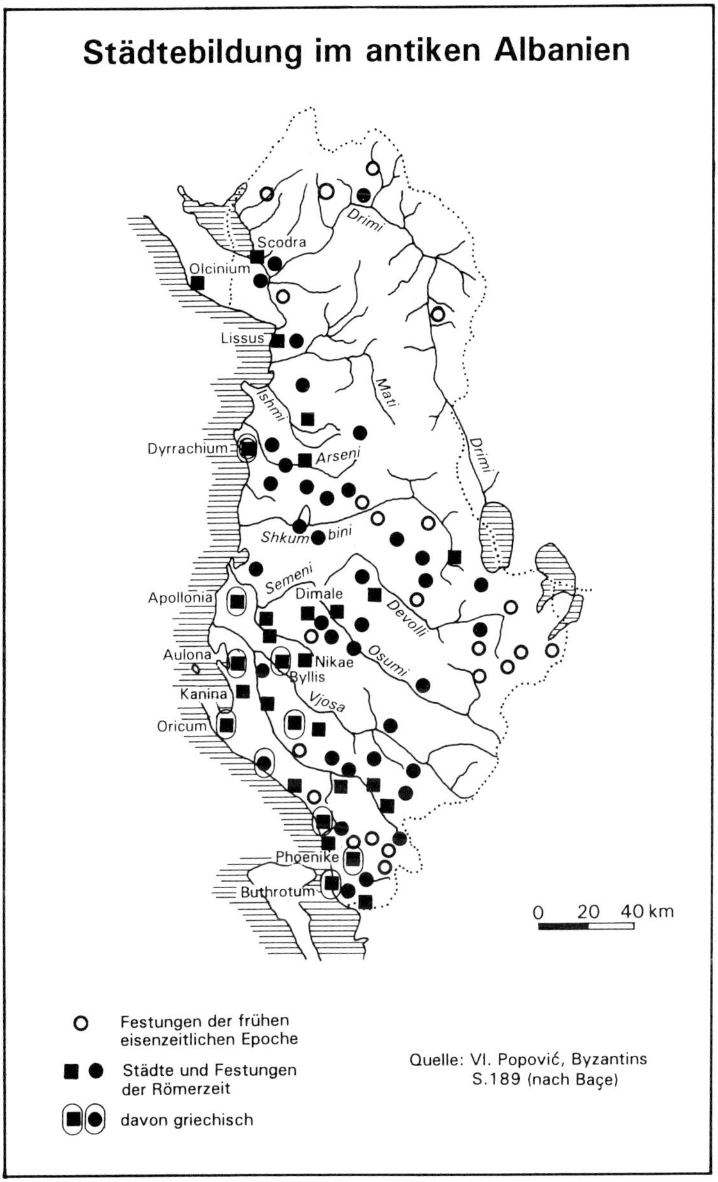

Vom Shkumbini an südwärts zeichnet sich ein tief ins Inland reichendes Städtenetz ab, dessen Ausbildung gewiß durch die küstennahen griechischen Kolonien angestoßen worden ist. Im Zuge der Urbanisierung müssen zahlreiche zivilisatorische Einflüsse aus der griechischen Welt zu den illyrischen Stämmen gelangt sein. Wären die Albaner in Albanien autochthon, müßten sie diesen Einflüssen wesentlich mehr Lehnwörter verdanken, als ihre Sprache tatsächlich bewahrt hat. Bei einer auch Südalbanien einbegreifenden Altbodenständigkeit wären hier, wo durch die Römerzeit das Griechische als Kultursprache dominierte, mehr altgriechische Lehnwörter zu erwarten. Das aber trifft für das Toskische gerade nicht zu.

Nr. 27

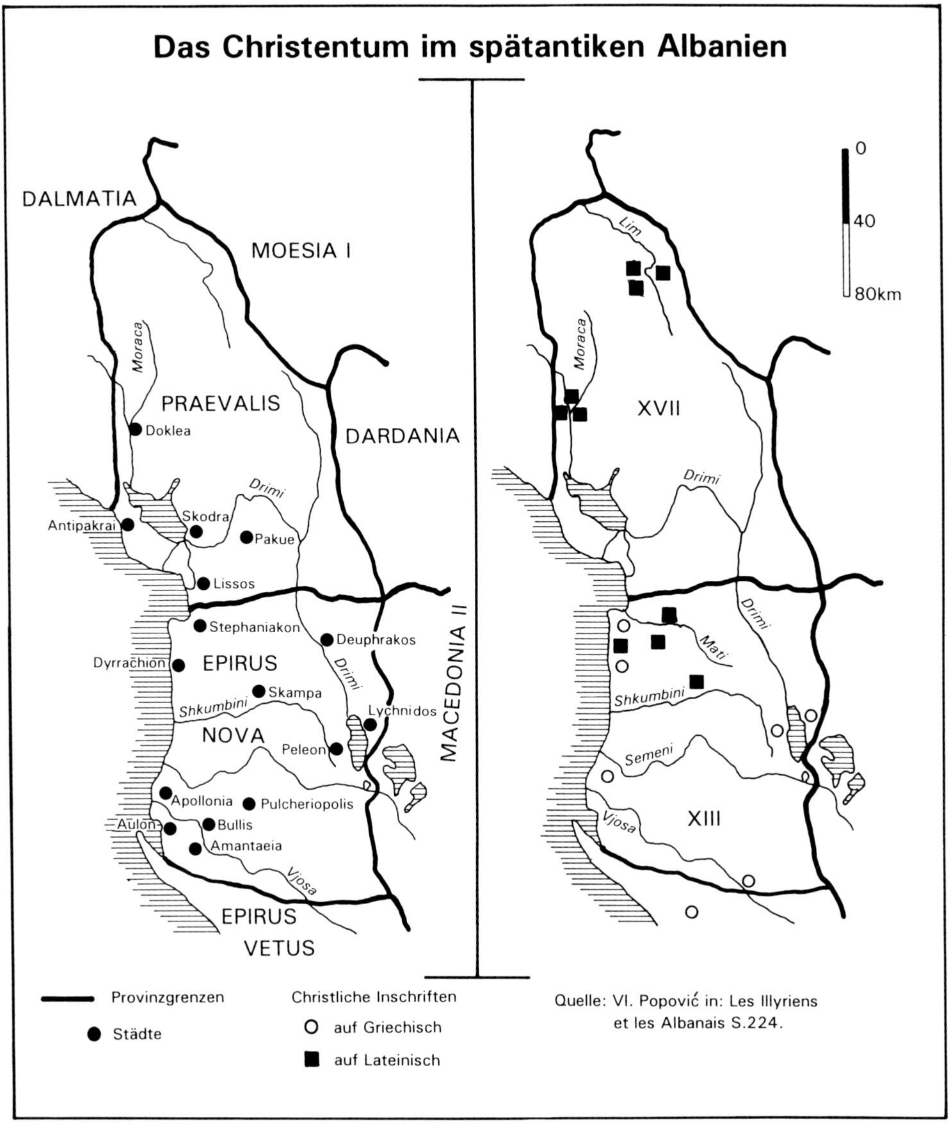

Auf der linken Karte fehlen drei Bischofssitze, deren Lokalisierung ungeklärt bleibt. Der rechten Karte läßt sich entnehmen, daß vom Shkumbini an südwärts das Griechische, nordwärts dagegen das Lateinische als Kirchensprache diente. Für beide Kulturzonen ist mit einer ähnlich großen Zahl von Bischofssitzen zu rechnen. Bei Autochthonie b e i d e r *albanischer Dialekte hätte das zu einem unterschiedlichen Lehnbestand in den beiden Hauptdialekten des Albanischen führen müssen. Für das Toskische stünde ein griechischer, für das Gegische ein lateinischer Sockel des christlichen Vokabulars zu erwarten. In Wirklichkeit ist ein lateinisches Fundament beiden Mundarten gemeinsam. Auch dieser Befund spricht gegen eine Autochthonie südlich des Shkumbini.*

Nr. 28

Die slawische Landnahme in Albanien

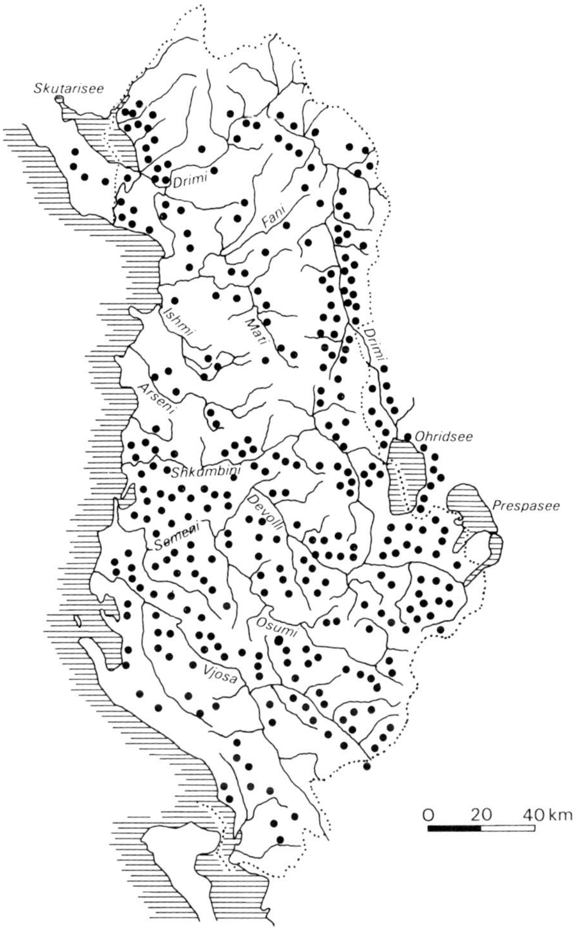

● Ortsnamen slawischer Herkunft

Quelle: Vl. Popović: Byzantins S.212 nach den Angaben bei A.M. Seliščev: Slavjane

Die Karte, deren Vervollständigung wir von Xhelal Ylli erwarten dürfen, zeigt die Streuung von Ortsnamen slawischen Ursprungs auf albanischem Boden. Slawen setzten sich im 7. Jh. zunächst in den Ebenen fest. In Südalbanien haben sich ihre Siedlungen auch in den bergigen Ostteilen verdichtet, nachdem das Erste Bulgarische Reich sich in der zweiten Hälfte des 9. Jh.s bis an die Küste vorschob. Die dünnere Streuung ihrer Ortsnamen im Norden wird sich aus der Tatsache erklären, daß ihnen die Arbaniten seit spätestens Mitte des 9. Jh.s das Einsickern erschwerten. Daß es unter den albanischen Ortsnamensentlehnungen aus dem Slawischen keine hinreichend sicheren Entsprechungen zu dem kleinen, aber unstrittigen Bestand an Wortübernahmen vor a. 800 gibt, stützt die Einwanderungsthese: die Albaner kamen nach a. 800 nach Albanien und zogen aus einem Raume zu, in dem sich engere Beziehungen zwischen Slawen und Uralbanern bereits angebahnt hatten.

H: Das Bessenland und sein Umfeld vom 4.-10. Jh.

Nr. 29

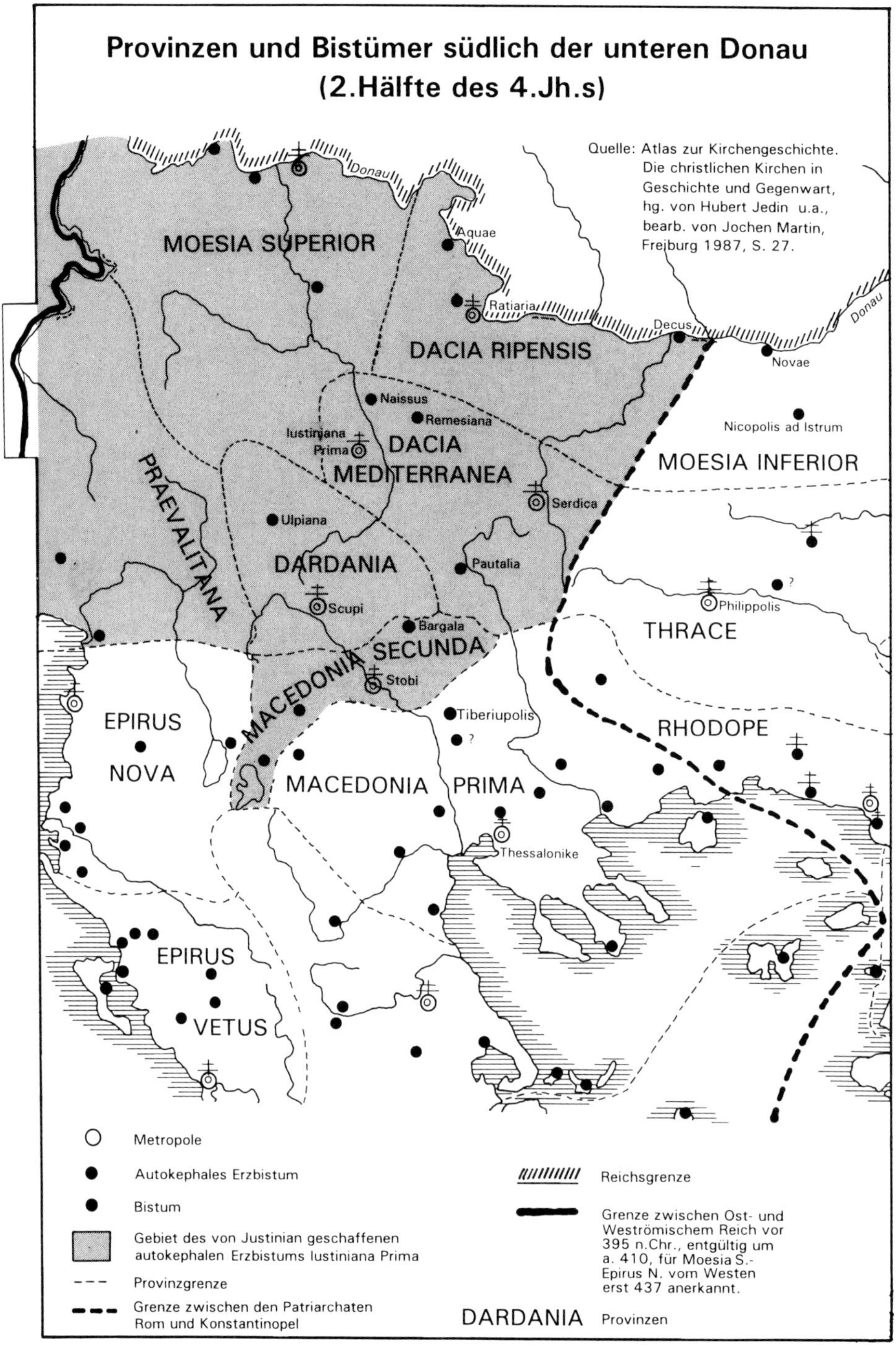

Nr. 30

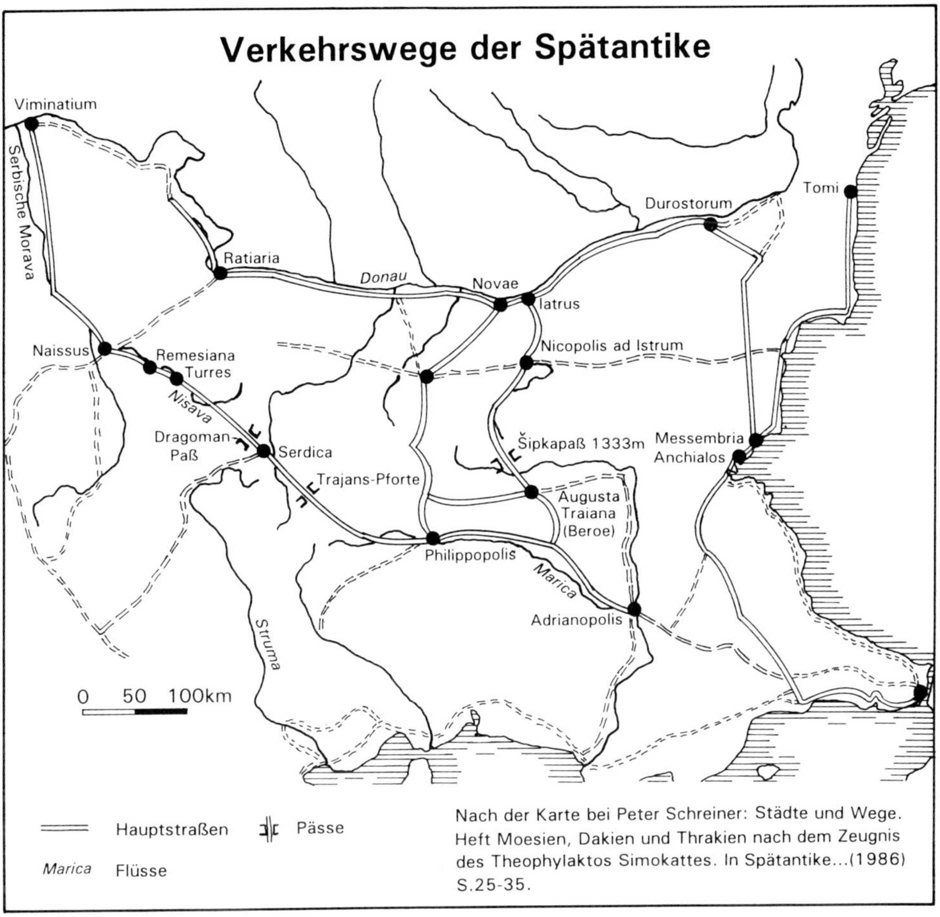

Wenn (s. o. Nr. 8) christliche Kleingoten unter Ulfila um a. 346 an den Nordhängen des Mittleren Balkangebirges angesiedelt wurden, dann diente die Maßnahme gewiß einer Sicherung der Reichsstraße, die von Iatrus an der unteren Donau zunächst der Jantra folgte und über Nicopolis ad Istrum – mit dem Šipkapaß als Scheitelpunkt – über das Gebirge führte. Eine andere Reichsstraße, die anfangs der Morava und dann der Nišava folgend, Viminatium an der mittleren Donau mit Serdica verband, wurde durch räuberische Bessen gefährdet. Dies wird eines der Motive geliefert haben, die Bischof Niceta in dem an dieser Straße gelegenen Remesiana veranlaßten, sich einer Bekehrung der bessischen Bergbevölkerung zu widmen. (s. o. Kap. II.2).

Nr. 31

Die slawische Landnahme (Ende 6.-1.Hälfte des 7.Jh.s)

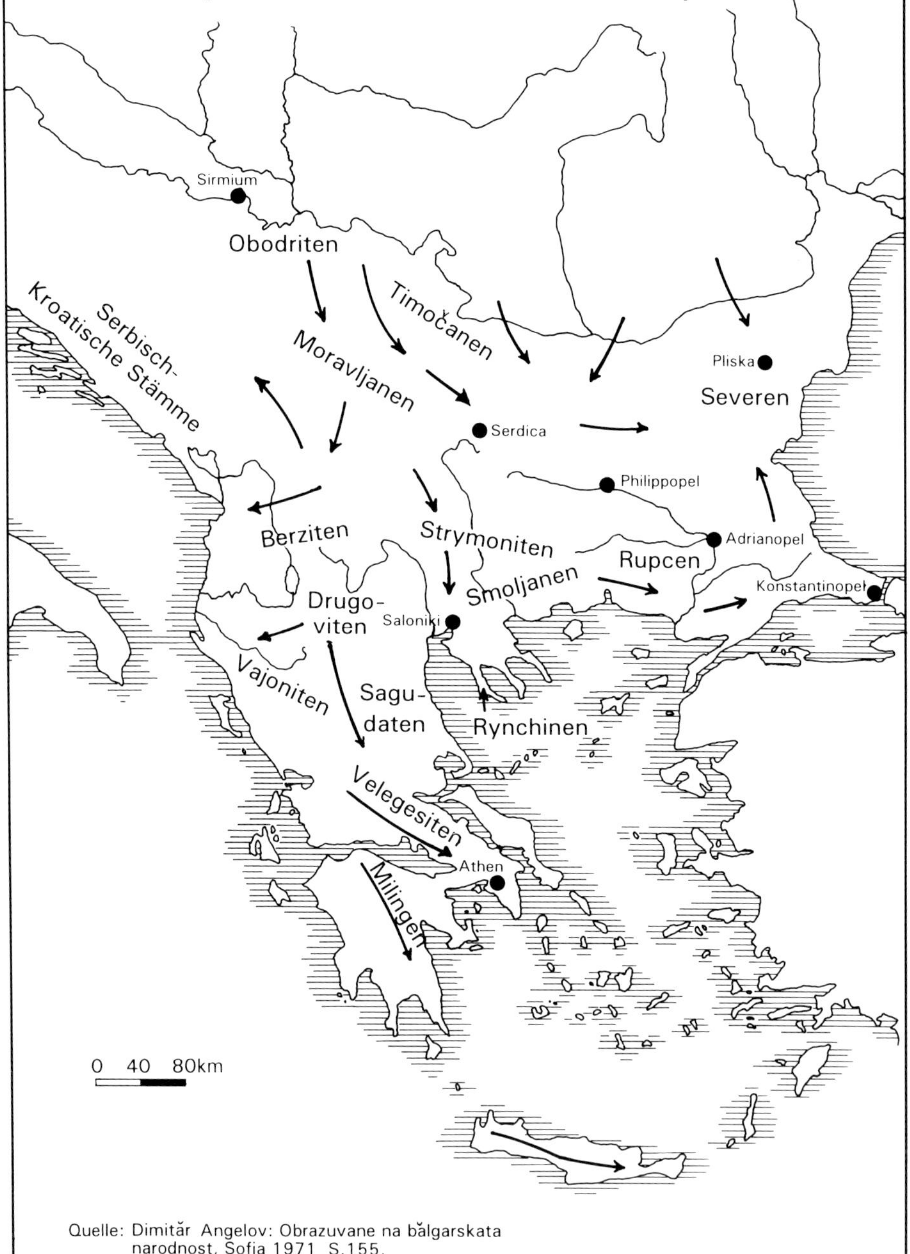

Quelle: Dimităr Angelov: Obrazuvane na bălgarskata narodnost, Sofia 1971 S.155.

Nr. 32

Byzantinische Herrschaft in Südosteuropa um a.800

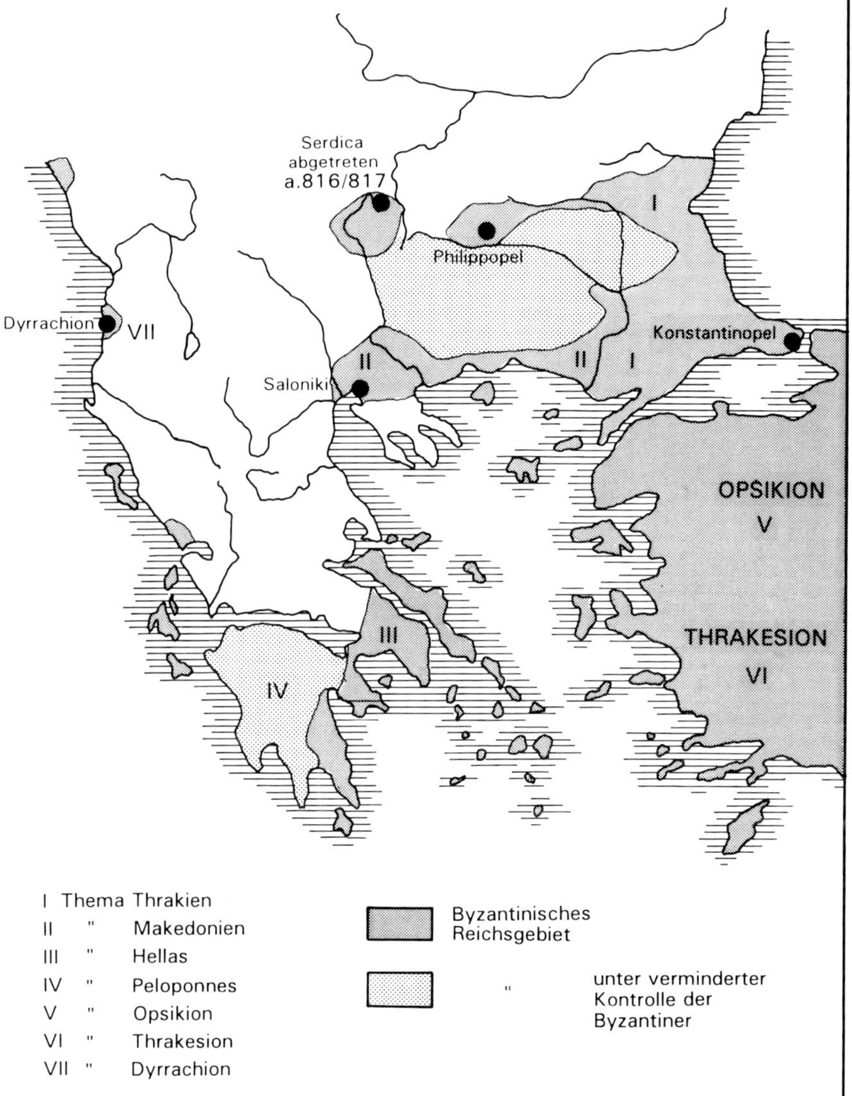

Quelle: Nach der Karte von Ralph-Johannes Lilie in: Jahrbuch der österreichischen Byzantinistik 26 (1977) S.44.

Nr. 33

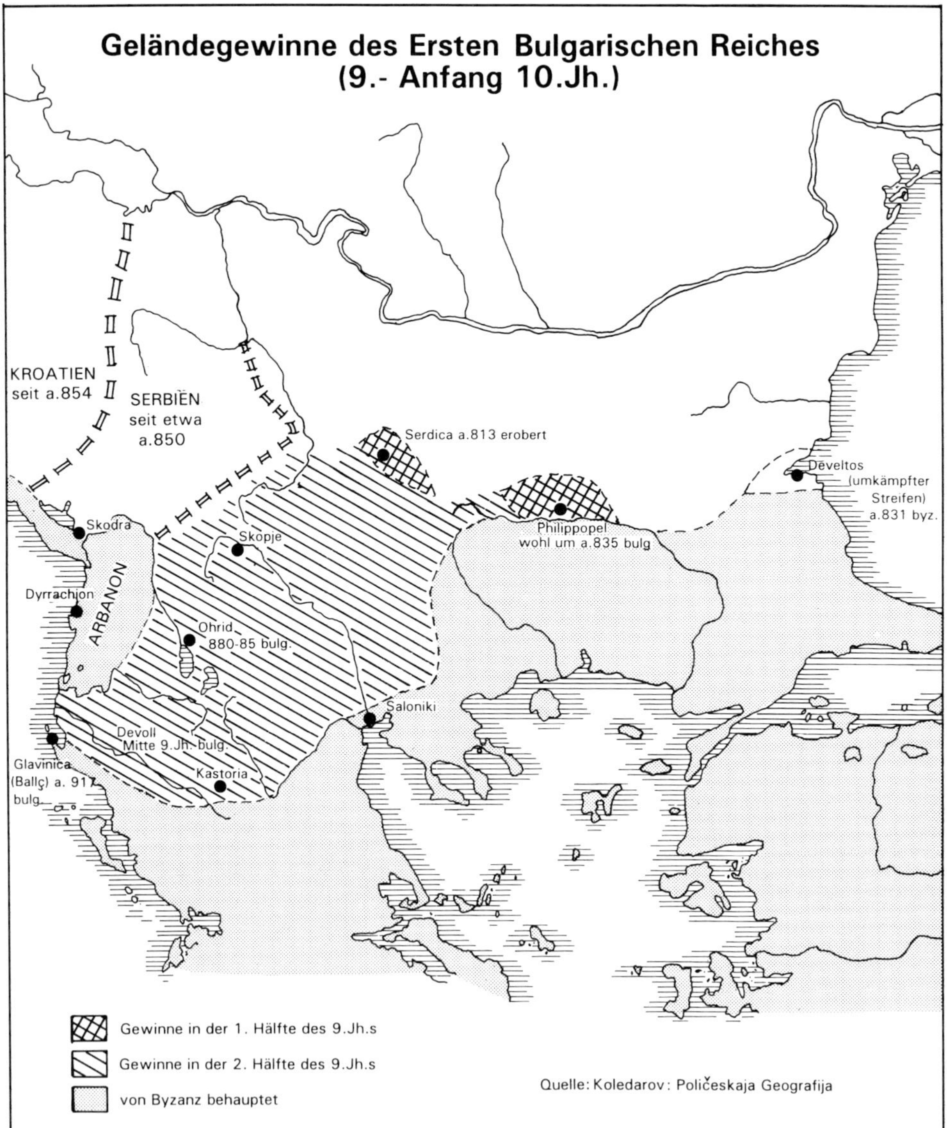

Die – in den Grenzverläufen stark hypothetische – Karte zeigt, daß sich Bulgarien durch das ganze 9. Jh. in Schüben nach Süden und Südwesten ausdehnte. Als Byzanz a. 816/17 Serdica (das spätere Sofia) abtreten mußte, verloren die Bessen ihre Landbrücke zu den Oströmern und wohl auch den letzen Rückhalt an einem Bistum in ihrer Nähe. Die Bulgaren schoben sich von jetzt ab nicht zuletzt durch bessisches Gebiet in Richtung auf den Vardar vor, wobei sie sich vermutlich relativ locker verfaßte slawische Stammesreiche (sog. Sklavinien) einverleibten. Eine Verpflanzung von größeren Teilen des Bessenvolkes aus der Mitte der Hauptinsel in das Vorfeld von Dyrrachion ist erst nach dem Fall von Serdica wahrscheinlich (s. o. Kap. III.4).

I: Die Arbaniten im Hinterland von Dyrrachion vom 9.–13. Jh. (zu Kap. III)

Nr. 34

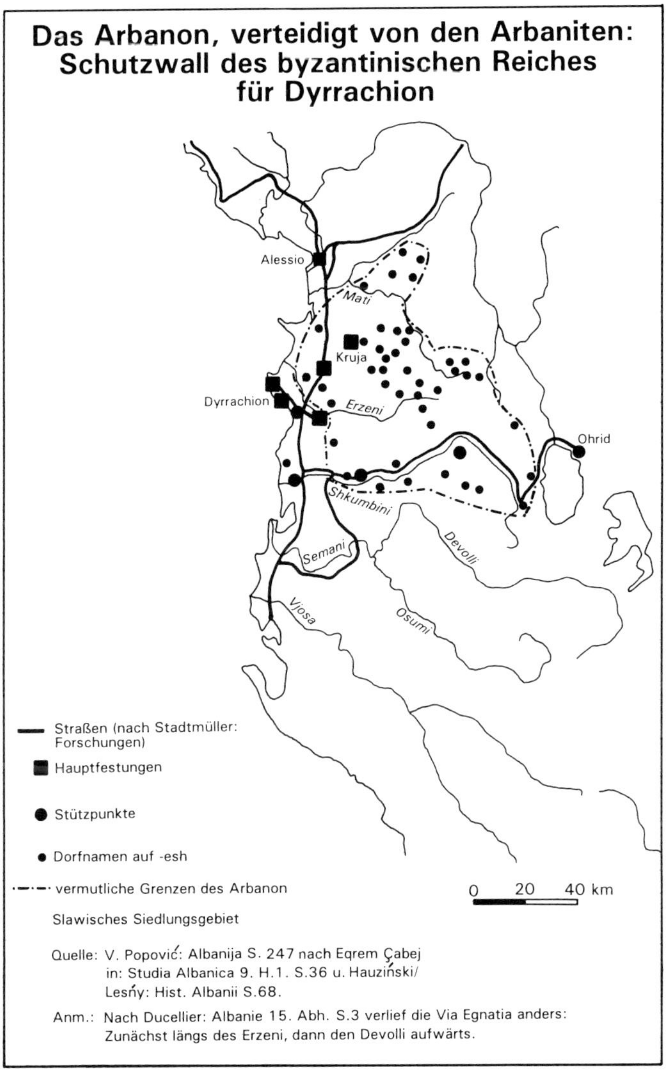

Das Suffix -esh, das auf lat. -ensis zurückgeht, ist im überlieferten Albanischen nicht mehr produktiv. Die altertümlichen Ortsnamenprägungen, in denen es begegnet, dürften sich auf das gesamte Gebiet verteilen, in dem Byzanz die bessischen Zuwanderer ansetzte. Genauer als die erzählenden Quellen erlaubt vermutlich dieser Namenbestand ein Urteil, wieweit sich das Arbanon im 9. Jh. ausdehnte. Die Niederlassungen zugewanderter Bessen im Arbanon erklärt, warum die Bulgaren sich nur südlich davon einen dauernden Zugang zur Adria eröffnen konnten. (Eine nur kurzfristige Eroberung von Dyrrachion gelang ihnen kurz vor a. 900).

Nr. 35

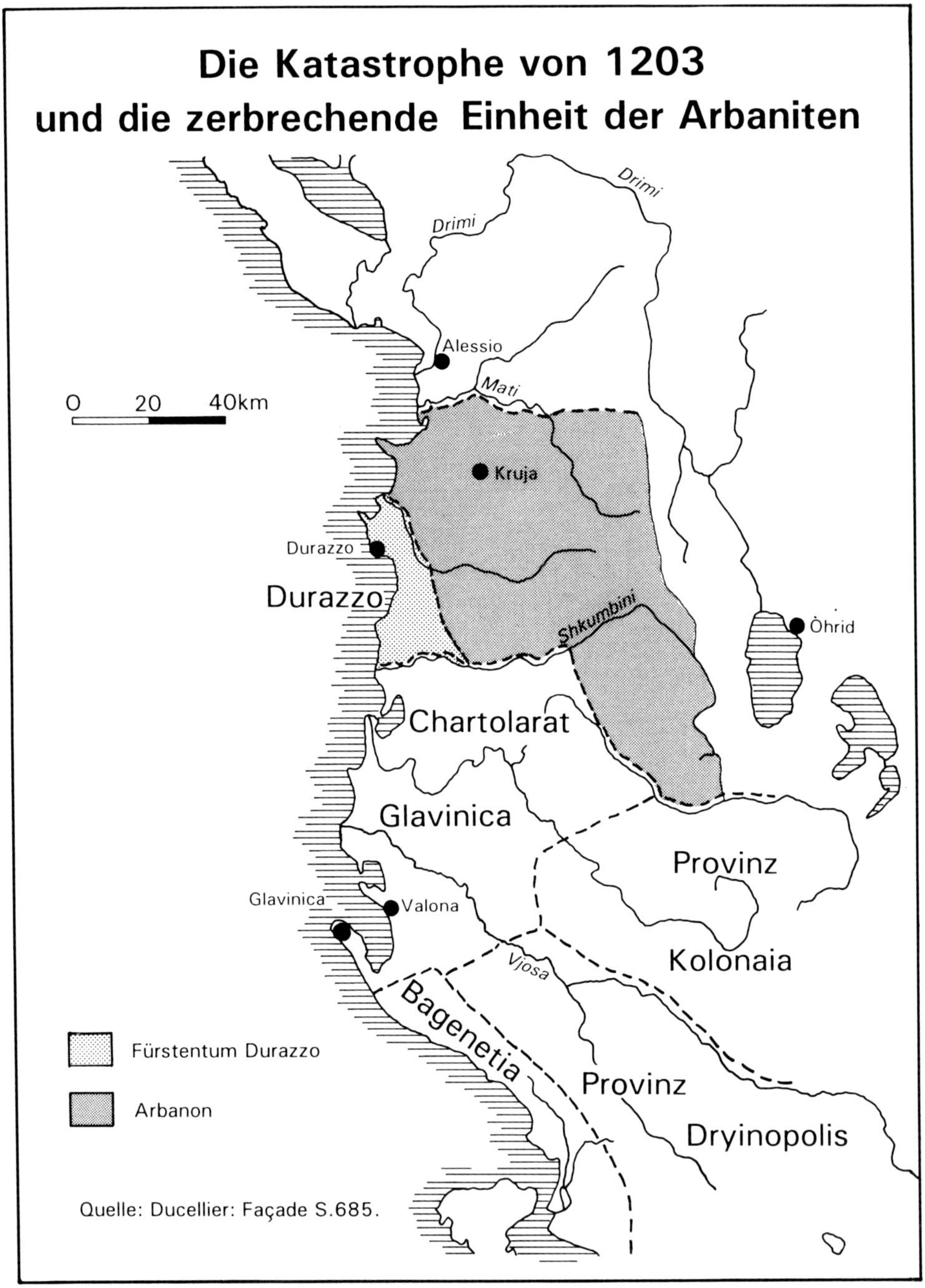
Die Katastrophe von 1203
und die zerbrechende Einheit der Arbaniten
Drimi
Drimi
Alessio
Mati
0 20 40km
Kruja
Durazzo
Durazzo
Shkumbini
Ohrid
Chartolarat
Glavinica
Provinz
Glavinica
Valona
Kolonaia
Vjosa
Bagenetia
Fürstentum Durazzo
Arbanon
Provinz
Dryinopolis
Quelle: Ducellier: Façade S.685.

VII. Abgekürzt zitierte Literatur

(außer leicht zugänglichen antiken Autoren)

Acta et diplomata res Albaniae mediae aetatis illustrantia, hg. v. Ludwig v. Thallóczy, Constantin Jireček, Milan v. Šufflay. 2 Bde. Wien 1913–1916.
Ancient Bulgaria. Papers presented to the International Symposium on the Ancient History and Archeology of Bulgaria, University of Nottingham, 1981, hg. v. A. G. Poulter. 2 Teile, Nottingham 1983 = University of Nottingham. Department of Classical and Archeological Studies (Archeological Section): Monograph Series I.
Andres, Paul: Der Missionsgedanke in den Schriften des Heiligen Johannes Chrysostomus. Bottrop 1935 = Theol. Diss. Münster 1935.
Barič, Henrik: Albano-rumänische Studien. 1. Teil. Sarajevo 1919. = Zur Kunde der Balkanhalbinsel. Quellen und Forschungen 7.
Brisson, Jean-Paul: Autonomisme et christianisme dans l'Afrique romaine de Septime Sèvère à l'invasion vandale. Paris 1958.
Burn, E. A.: Niceta of Remesiana. His life and work. Cambridge 1985.
Çabej, Eqrem: Das Albanische und seine Nachbarsprachen. In: Die Sprache 13 (1967), S. 37-51.
–: Betrachtungen über die rumänisch-albanischen Sprachbeziehungen. In: Revue Roumaine de Linguistique 10 (1955), S. 101-115.
–: Zur Charakteristik der lateinischen Lehnwörter im Albanischen. In: Revue Roumaine de Linguistique 7 (1962), S. 161-169.
–: Studime etimologjike në fushën e shqipes [Etymologische Studien auf dem Felde des Albanischen], Bd. 1-3. Tirana 1976-1987.
Darrouzès, Jean: Notitiae episcopatuum ecclesiae Constantinopolitanae. Texte critique, introduction et notes. Paris 1981 = Géographie ecclesiastique de l'Empire byzantin. Bd. 1.
Ducellier, Alain: L'Arbanon au XI siècle. In seinem: L'Albanie entre Byzance et Venise, Xe – XVe siècles. London 1987, IV. Abhandlung.
–: La façade maritime de l'Albanie au Moyen Âge. Durazzo et Valona du XIe au XVe siècle. Saloniki 1981 = Documents et recherches des pays byzantins, islamiques et slaves et leurs relationes commerciales au Moyen Âge Bd. 13.
Gamber, Klaus: Niceta von Remesiana: Instructio ad competentes. Frühchristliche Katechesen aus Dacien. Regensburg 1964. = Textus patristici et liturgici. Fasc. I.
Geitler, Leopold: Die albanischen und griechischen Schriften. Wien 1868.
Gelzer, Heinrich: Das Patriarchat von Achrida. Geschichte und Urkunden. Leipzig 1903 = Abhandlungen der philologisch-historischen Klasse der Königlich Sächsischen Gesellschaft der Wissenschaften 20 Bd. 5. Abh.
Godin, Marie-Amelie Freiin von: Das albanische Gewohnheitsrecht. I. In: Zeitschrift für vergleichende Rechtswissenschaften ... 56 (1953), S. 3-46; II. ebd. 58 (1954), S. 5-73; III. ebd. 58 (1955), S.121-166.
Haarmann, Harald: Der lateinische Lehnwortschatz des Albanischen. Hamburg ... = Hamburger philologische Studien 1979.
–: Universalgeschichte der Schrift. Frankfurt/M. 1990.
Hahn, Johann Georg von: Albanesische Studien. 3 Hefte. Jena 1854. Neuhg. als Bd. 152 der Bibliotēkē istorikōn meletōn. Athen 1981.
Hammond, Nicholas G. L.: Illyris, Rome and Macedon in 229–205. In: Journal of RomanStudies 58 (1968) S. 1–21.

Hamp, Eric P.: The position of Albanian. In: Ancient Indo-European dialects. Proceedings of the Conference of Indo-European linguistics. 1963. Berkely 1966 S. 97-121.

Hauziński, Jerzy und Leśny, Jan: Historia Albanii. Breslau ... 1992.

Holl, Karl: Kultursprache und Volkssprache in der altkirchlichen Mission. In: Allgemeine Missionszeitschrift 36 (1909), S. 257-266.

Les Illyriens et les Albanais. Série des conférences tenues du 21 mai au 4 juin 1986 = Académie Serbe des Sciences et des Arts. Colloques scientifiques. Nr. XXXIX. Classe des Sciences Historiques v. 10. Belgrad 1988.

Inscriptions de la Mésie Supérieure, hg. vom Centre d'Etudes Épigraphique et Numismatiques de la Faculté de Philosophie de l'Université de Beograd, vol. IV: Naissus-Remesiana-Horreum Margi. Belgrad 1979.

Jokl, Norbert: Zur Vorgeschichte des Albanischen und der Albaner. In: Wörter und Sachen 12 (1929), S. 63-91.

Kanitz, Felix: Das Königreich Serbien und das Serbenvolk von der Römerzeit bis zur Gegenwart. Zweiter Band: Land und Bevölkerung ergänzt von Bogoljub Jovanović. Leipzig 1909.

Katičić, Radoslav: Ancient languages of the Balkans. I. Den Haag 1976 = Trends in linguistics. State of the art reports 4.

Koledarov, Petăr: Političeskaja geografija na sredno-vekovnata bălgarska dăržava. Teil 1. 681-1018. Sofia 1979.

Kristophson, Jürgen: Romanische Elemente im Albanischen. In: Zeitschrift für Balkanologie 24 (1988) S. 51–93.

Lienhard, Joseph T. (S. J.): Paulinus of Nola and early Western monasticism. With a study of the chronology of his work, and an annotated bibliography (1879-1976). Köln 1976 = Theophaneia Bd. 28, S. 178.

Lilje, Ralph Johannes: »Thrakien« und »Thrakesion«. Zur byzantinischen Provinzorganisation am Ende des 7. Jahrhunderts. In: Jahrbuch der österreichischen Byzantinistik 26 (1977), S. 7-47.

Louis, Herbert: Albanien. Eine Landeskunde vornehmlich auf Grund eigener Reisen. Stuttgart 1927 = Geographische Abhandlungen. 2. Reihe H. 3.

Mann, Stewart E.: An historical Albanian-English dictionary. London 1948.

Meyer, Gustav: Albanesische Studien. 6 Bde. Wien 1883-1897.

–: Etymologisches Wörterbuch der albanischen Sprache. Straßburg 1891.

–: neubearb. v. Wilhelm Meyer-Lübke: Die lateinischen Elemente im Albanesischen. In: Grundriß der romanischen Philologie, hg. v. Gustav Grötzer, Bd. 1 Straßburg 1904-1906, S. 1038-1057.

Miklosich, Franz: Albanische Forschungen II: Die romanischen Elemente im Albanischen. Wien 1871. In: Denkschriften der Kaiserlichen Akademie der Wissenschaften. Phil.-hist. Kl. 20, S. 1-88.

Nopcsa, Franz Baron: Geographie und Geologie Nordalbaniens. In: Geographica Hungarica. Series Geologica III. Budapest 1929.

Popović, Vladislav: Byzantins, Slaves et autochtones dans les provinces de Prévalitaine et Nouvelle Épire. In: Collection de l'École Française de Rome 77 (Rom 1984) S. 181-243.

Prokop von Caesarea: Bauten. = seine: Werke Bd. V, Griechisch-deutsch, hg. v. Otto Veh, Archäologisch kommentiert v. W. Pülhorn. München 1977.

Die protobulgarischen Inschriften, hg. v. Veselin Beševliev. Berlin 1963. = Berliner byzantinische Arbeiten, Bd. 23.

Reallexikon für Antike und Christentum. Sachwörterbuch zur Auseinandersetzung des Christentums mit der antiken Welt. Stuttgart. Hg. v. Theodor Kanz, Stuttgart 1950ff.

Roques, Mario: Recherches sur les anciens textes albanais ... Paris 1932.

Schäferdick, Knut: Wulfila. Vom Bischof von Gotien zum Gotenbischof. In: Zeitschrift für Kirchengeschichte 90 (1979), S. 107-146.

Schirò jr., Giuseppe: Storia della letteratura albanese. Mailand [1959].

Schramm, Gottfried: Balkanische Anfänge eines christlichen Wortschatzes der Slava: cьrky »Kirche« und krьstъ »Christus, Kreuz, Taufe«. In: Zeitschrift für slavische Philologie 45/1 (1985), S. 58-94.

–: Eroberer und Eingesessene. Geographische Lehnnamen als Zeugen der Geschichte Südosteuropas im ersten Jahrtausend n. Chr. Wiesbaden 1981.

–: Frühe Schicksale der Rumänen. Acht Thesen zur Lokalisierung der lateinischen Kontinuität in Südeuropa. In: Zeitschrift für Balkanologie XXI/2 (1985), S. 223-241; XXII/1 (1986), S. 104-125; XXIII/1 (1987), S. 78-94.

Seliščev, A[fanasij] M[aleevič]: Slavjanskoe naselenie v Albanii. Sofia 1931, Nachdruck besorgt von Reinhold Olesch. Köln 1978.

Shuteriqi, Dhlimitër: Shkrimet shqipe në vitet 1332-1850. [Albanische Schriften in den Jahren 1332-1850]. Tirana 1978.

Spätantike und frühbyzantinische Kultur Bulgariens zwischen Orient und Okzident, hg. von Renate Pillinger. Referate gehalten im Rahmen eines gemeinsamen mit dem bulgarischen Forschungsinstitut in Österreich organisierten Arbeitsgespräch vom 8. bis 10. November 1983 (Wien 1986) = Akademie der Wissenschaften. Schriften der Balkankommission, Antiquarische Abteilung XVI.

Stadtmüller, Georg: Forschungen zur albanischen Frühgeschichte. In: Archivum Europae Centro-orientalis 7 (Budapest 1941), S. 1-196, ²Wiesbaden 1966 = Albanische Forschungen Bd. 2.

Stanovništvo slovenskog porijekla u Albaniji. (Zbornik radova sa medjunarodnog naučnog skupa održanog u Cetinju 1990), Titograd 1991.

Die Sprachen im römischen Reich der Kaiserzeit. Kolloquium vom 8. bis 10. April 1974. Köln ... 1980. = Beihefte der Bonner Jahrbücher, Bd. 40.

Šufflay, Milan von: Die Kirchenzustände im vortürkischen Albanien. Die orthodoxe Durchbruchszone im katholischen Damme. In: Illyrisch-albanische Forschungen, zusammengestellt von Ludwig von Thallóczy, Bd.1 München 1916, S. 188-281.

–: Städte und Burgen Albaniens hauptsächlich während des Mittelalters. Wien 1924 = Denkschrift der Akademie der Wissenschaften Wien. Phil.-hist. Klasse 63,1.

Symposium Methodianum. Beiträge der Internationalen Tagung in Regensburg (17. bis 24. April 1985) hg. von Klaus Trost, Ekkehard Völkl und Erwin Wedel. Neuried 1988 = Selecta Slavica 13.

Tagliavini, Carlo: Storia di parole pagane e cristiane attraverso i tempi. Brescia 1963.

–: La stratificazione del lessico albanese. Elementi indoeuropei (1943). Neudruck Bologna 1965.

Thompson, Edward Arthur: The Visigoths in the time of Wulfila. Oxford 1966.

Thumb, Albert: Altgriechische Elemente des Albanischen. In: Indogermanische Forschungen 26 (1910), S. 1-20.

Tomaschek, Wilhelm: Die alten Thraker. Eine ethnologische Untersuchung Wien 1893-1894 = Sitzungsbericht der Philosophisch-historischen Klasse der kaiserlichen Akademie der Wissenschaften (Phil.-hist. Kl.) Bd. 128, 130, 131 (1893-1894).
Valentini, Giuseppe: Contributi alla Cronologia albanese. Teil 1 337-395 d. Cr. Rom 1942, ergänzt 1957, Teil 2 395-700 d. Cr. Rom 1957.
Vasmer, Max: Studien zur albanischen Wörterforschung, I. In: Acta et Commentationes Universitatis Tartuensis B Humaniora 1. Dorpat 1921, S. 1-71.
Velkov, Velizar: Thracia und Dacia in der politischen Entwicklung des spätantiken Imperiums. In: Spätantike, hg. v. R. Pillinger, S. 7-12.
–: Cities in Thrace and Dacia in the late antiquity (Studies and materials). Amsterdam 1977 = Publications of the Henri Frankfort Foundation Bd. 4, S. 96f.
Vulpe, Radu: Histoire ancienne de la Dobroudja. In: La Dobroudja. Bukarest 1938 = Académie Roumaine (Hg.): Connaissance de la terre et de la pensée roumaines IV, S. 35-454.
Weigand, Gustav: Sind die Albaner die Nachkommen der Illyrer oder der Thraker? In: Balkan-Archiv 3 (1927), S. 227-251.
Wolfram, Herwig: Geschichte der Goten. Von den Anfängen bis zur Mitte des sechsten Jahrhunderts. Entwurf einer historischen Ethnographie. 2 München 1980.
Zeiller, Jacques: Les origines chrétiennes dans les provinces danubiennes de l'Empire Romain (1918). Neudruck Rom 1967 = Studia historica 48.

Indices

Anmerkungsziffern werden durch Schrägstrich von der Seitenzahl abgesetzt, Örtlichkeiten nach der Zugehörigkeit zu heutigen Staaten grob lokalisiert: Alb. = Albanien, Bulg. = Bulgarien, Grie. = Griechenland, It. = Italien, Kro. = Kroatien, Mak. = Republik Makedonien, Serb. = Serbien

1. Vokabeln und Namenformen

FlN = Flußname, GN = Gebietsname, ON = Ortsname,
PN = Personenname, VN = Volksname
ahd. = althochdeutsch, aksl. = altkirchenslawisch, alb. = albanisch, arom. = aromunisch, bulg. = bulgarisch, frz. = französisch, grie. = griechisch, idg. = indogermanisch, it. = italienisch, lat. = lateinisch, mak. = makedonisch, srbkr. = serbokroatisch

2. Behandelte Themen